『中国传媒大学MBA全方位育人特色商科教育模式』系列丛书

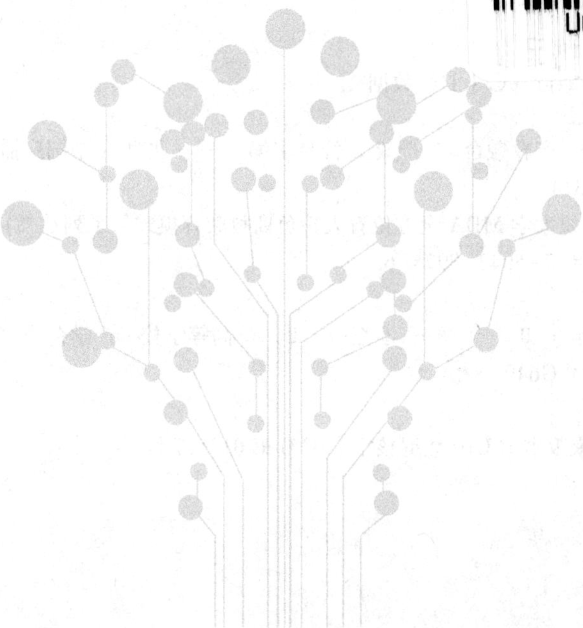

行动学习
产教融合

ACTION LEARNING
INTEGRATE INDUSTRY AND EDUCATION

严　威
汪　琴　主编

用马克思主义铸魂、用爱国情怀强基、用人文素养修身、
用国际视野拓界、用特色项目托举、用未来媒体创新，
培养德才兼备的卓越传媒商科人才。

中国广播影视出版社

图书在版编目（CIP）数据

行动学习 产教融合 / 严威，汪琴主编. -- 北京：中国广播影视出版社，2023.4
（“中国传媒大学MBA全方位育人特色商科教育模式”系列丛书）
ISBN 978-7-5043-8975-6

Ⅰ. ①行… Ⅱ. ①严… ②汪… Ⅲ. ①高等学校－产学合作－研究－中国 Ⅳ. ①G640

中国国家版本馆CIP数据核字(2023)第017517号

行动学习 产教融合

严威 汪琴 主编

责任编辑 毛冬梅
责任校对 龚 晨
装帧设计 九章文化

出版发行 中国广播影视出版社
电 话 010-86093580 010-86093583
社 址 北京市西城区真武庙二条9号
邮 编 100045
网 址 www.crtp.com.cn
电子信箱 crtp8@sina.com

经 销 全国各地新华书店
印 刷 悦读天下（山东）印务有限公司

开 本 710毫米×1000毫米 1/16
字 数 260千字
印 张 26.25
版 次 2023年4月第1版 2025年1月第2次印刷

书 号 ISBN 978-7-5043-8975-6
定 价 98.00元

前 言

中国传媒大学 MBA 创办于 2009 年，依托中国传媒大学优势学科，率先开办国内首个以“文化传媒”为特色的 MBA 教育项目，着力培养国家和社会急需的“懂文化传媒，善经营管理”的高级复合型人才，成为国内最具办学特色和影响力的 MBA 项目。

中国传媒大学 MBA 践行“爱与责任”双心教育。强调商业伦理和企业社会责任教育，强调沟通能力和团队合作能力训练，强化立德树人导向，把思想价值引领贯穿教育教学全过程。

中国传媒大学 MBA 践行“四个课堂”培养理念。第一课堂不输清北，更有独一无二的文化传媒特色课程；第二课堂直面挑战，创新创业大赛、案例大赛、经营模拟大赛精彩纷呈；第三课堂走进企业，产教融合，知行合一；第四课堂海外研学，聆听国际前沿，讲好中国故事。

中国传媒大学 MBA 践行“六个维度”育人模式。用马克思主义铸魂、用爱国情怀强基、用人文素养修身、用国际视野拓界、用特色项目托举、用未来媒体创新，培养德才兼备的卓越传媒商科人才。

十年发展，十年传承，十年创新。近年来，中国传媒大学 MBA 将立德树人、产教融合等方面的经验做法进行归纳整理，凝练出全方位育人特色的商科教育模式。

在产教融合工作中，中国传媒大学MBA面向经济社会发展主战场，突出问题意识，强化实践导向，注重理论与实践的结合，构建起专业学位高质量人才培养体系。本书记录了2020级和2021级MBA学生的行动学习实践，展示了中国传媒大学MBA的产教融合教育成果，体现了全方位育人特色商科教育模式的成功探索。

最后，对中国广播影视出版社在本书出版过程中所做的各项工作也深表谢意。

严　威
中国传媒大学经济与管理学院
2022年8月

目　录

CONTENTS

第三部分

拓展营销思路

第四部分

第一部分

拥抱智能时代

猫眼娱乐：大数据赋能电影智能宣发

电影既是艺术，也是商品，可以给观众带来文化娱乐和精神享受，具有交换价值和商业价值，属于经济范畴，遵循经济规律。然而，电影作为精神文化商品，又不同于一般的商品，其特殊性表现为：电影属于意识形态范畴，具有超越经济之外的文化、社会和政治属性，承担着弘扬主流意识形态和核心价值观的任务。电影行业既包含着与国家经济体制相适应的生产、流通到消费的过程，又有其特殊的制片、宣传、发行、放映的组织管理方式，具有独特的行业性。

随着中国电影的产业化进程，宣传与发行的重要性愈发凸显。电影宣传领域的两方面显著变化：一是随着传播途径的变化与拓展大步跨进“新媒体”时代；二是呈现出越来越明显的专业化与细分化态势，电影宣传从意识到实践都有极大的进步。

院线电影传统宣发思路

一、院线电影发展现状

电影院是为观众放映电影的场所。电影在诞生初期，是在咖啡厅、茶馆等场所放映的。随着电影的进步与发展，出现了专门为放映电影而建造的电影院。电影的发展从无声到有声乃至立体声，从黑白片到彩色片，从普通银幕到宽银幕乃至穹幕、环幕，从胶片到数字，使电影院的形体、尺寸、比例和声学技术都发生了很大变化。

电影院上游主要是投资方、制片方和发行方等提供片源，下游为线上票务，最后影片呈现给观众，电影院线赚取渠道价值，产业链各环节按比例分账。

国产片票房蛋糕

一、院线分配

票房	国家电影专资办	税务部门	院线（含影城）	发行方及片方
100元	5元	5元（近似）	51.3元	38.7元

二、发行方片方分配

发行方及片方	中影或华夏	发行方代理费	发行方代垫宣发费用	投资方
38.7元	0-2.7元	3.87元	固定金额	?

图 1　国产电影票房分账情况

近十年，随着中国城镇化的发展，银幕数和观影人次的增加，中国电影进入高速发展时期，总票房增长近 20 倍。制片方对于影片宣发投入的力度，使得电影宣传已然成为银幕之外的另一个战场，推动着中国电影市场格局的改变。

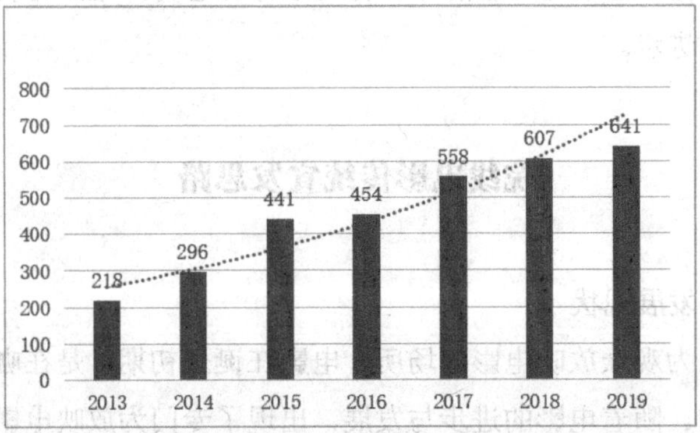

图 2　中国电影票房综合收入变化

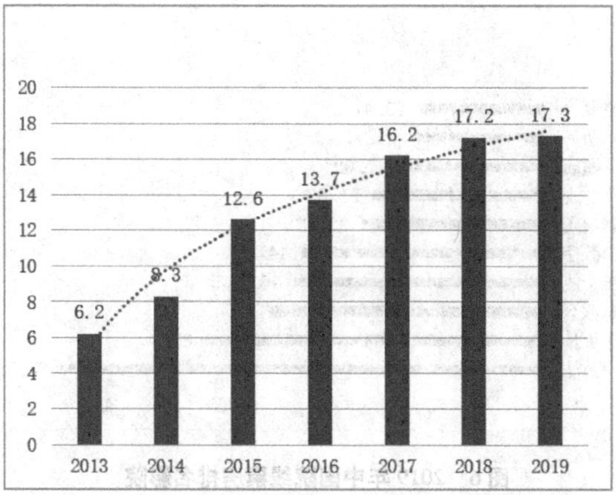

图 3　观影人次变化（亿）

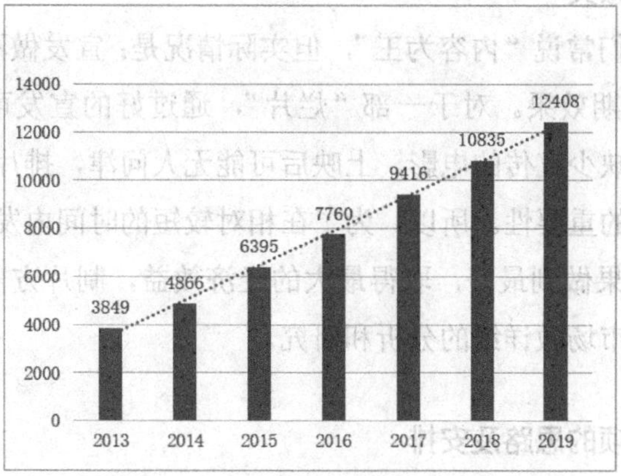

图 4　影院数量变化

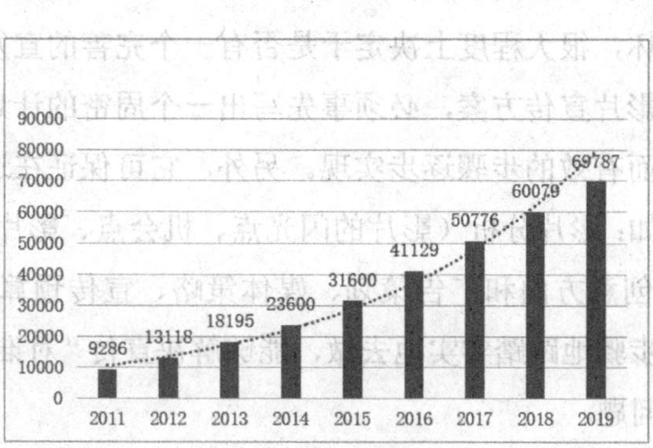

图 5　银幕数量变化

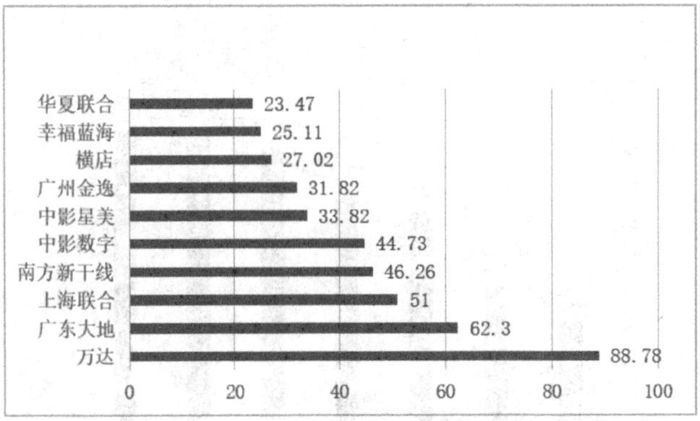

图 6　2019 年中国院线票房排名影院

二、电影宣发的意义

在影视业我们常说“内容为王”，但实际情况是：宣发做不好，出彩的内容也很难达到预期效果。对于一部“烂片”，通过好的宣发可以在前期让票房过亿。而一部缺少宣传的电影，上映后可能无人问津，排片更是一席难求。这就是电影宣传的重要性。所以，为了在相对较短的时间内发挥宣传的功势，将影片的受众效果做到最好，取得最大的经济效益，制片方需要做一个周密的宣发方案，对市场做详细的分析和研究。

三、传统宣发事项的思路及安排

从目前整体的行业情况看，各部影片的宣发比重不断提高，宣发市场的总量也在不断提高。电影的宣传推广是一个包罗万象、内涵丰富的整体。一部电影的宣发好坏，很大程度上决定于是否有一个完善的宣发计划。如果想完成一套出色的影片宣传方案，必须事先写出一个周密的计划，因为决策过程均需经过合理而有效的步骤逐步实现。另外，它可保证在运作过程中不至于有重大失误。如：影片分析（影片的闪光点、机会点、影片定位等）、目标观众心理分析、创意方向和广告策划、媒体策略、宣传预算、效果测定等，按照这些计划有步骤地踏踏实实地去做，能够解决宣传“对谁说”、“说什么”和“怎么说”的问题。

宣发所针对的主体范畴很大，电视剧、电影、网剧网大、短视频等，方法也各有差异，传统宣发是点对点为主的，大家被动接受。主要包含以下几种方式：

1．整体策划

这是对于电影宣传的整体规划及把控，包括影片的宣传营销定位、不同渠道之间的协调及节奏安排等。这部分工作很大程度上直接决定了电影营销的成败，也是一个电影宣传公司宣传营销能力的集中体现。

2．影院阵地宣传

传统的影院阵地宣传通常包括宣传物料和影院落地活动两部分。宣传物料方面，比较常见的有立牌、展架、灯箱、电子海报屏、预告片屏、地贴等形式。此外，院线的内部刊物、与影片相关的落地活动等，一般也认为是影院阵地宣传的组成部分。

3．媒介营销

包括传统媒体如报纸、杂志、广播、电视、网站等，也包括新媒体和自媒体营销，例如借助微博大 V、微信公众号等。

4．硬广投放

一般包括传统的地铁灯箱、LED、电子海报、公交站灯箱、公交车身、户外广告牌等。这种优缺点很明显，优点就是铺设面广泛、直观，缺点是成本较高。

5．商务合作

负责与电影营销相关的产品、品牌、媒体等，通过资源置换、植入、捆绑营销、联合营销等方式，获得宣传位置及宣传资源，实现影片的宣传效果。

6．公关热点事件营销

通过制造、引导具有新闻价值的事件，提高影片的关注度及美誉度，典型的是电视宣传期内的各种绯闻及话题预热等。

猫眼娱乐－院线电影智能宣发

传统的宣发分离模式已过时，打广告、抢排片这种单一的拉动，无法有效推动观众走进影院。互联网生态下的电影市场需要更为智能化、系统化和精准化的宣发模式。

过去认为做宣发就是买概念、买图、买情怀、买场地、买粉丝、买平台、买明星资源、买数据……可随着融媒体的不断发展壮大，现在的信息量越来越大，宣传方式更多，且更加隐蔽、无孔不入，不知不觉就送到了用户眼前。

一、猫眼娱乐公司简介

猫眼娱乐是中国领先的互联网创新全文娱服务平台，亦是国内最大的电影票务平台。经过多年的发展，已经成长为全国领先的在线娱乐票务平台、娱乐内容服务平台以及在线娱乐社区。作为“赋能型平台”为产业各环节提供服务，多场景交易、泛娱乐内容分发、大数据服务和工具以及泛文娱数字营销等多点开花。猫眼影院平台为全国8000多家影院提供营销支持和精细化运营等增值服务，打造的交易平台助力影城通过线上场景提升卖品销售能力，同时提供丰富的正版授权衍生品。猫眼智慧系统将猫眼行业价值与微信平台价值强力结合，智慧影院已经成为影院OMO的领跑者。

二、猫眼矩阵

猫眼MCN矩阵打造出通过“直播＋短视频＋网综”的节目形式，结合平台化运营，打造年轻人最喜欢的娱乐文化。猫眼MCN能够提供专业内容策划、流量支持和技术支持，并且对渠道进行分发，获取优先合作资源。

猫眼打造的大数据平台是国内最大的“互联网＋电影”的平台，大数据覆盖2亿＋购票用户影视文娱大数据，猫眼平台大数据及分析能力为电影产业等各个环节提供数据决策依据。

猫眼研究院基于猫眼平台大数据及分析能力，为电影产业等各个环节提供数据决策依据。目前可提供IP价值评估、影片剪辑优化、宣发策略制定、宣传效果监测、影片排片指导等多项服务。

猫眼专业版为内容产业提供全方位数据产品，业内首选的数据和服务工具，为行业提供电影实时票房、电视实时收视率、网络实时播放量等全方位数据，被行业广泛认可并应用。

猫眼通一站式营销服务平台能够全渠道覆盖，进行多样化营销，提供专业数据跟踪，精准投放10亿泛娱乐消费人群，具备全链条和全方位营销策划能力，基于海量泛娱乐数据进行精准营销，提供数据驱动的全渠道宣发服务。

三、猫眼产品

猫眼影业是专业的影视投资发行机构，在电影发行领域迅速跻身一线阵营，与90%的片方都有合作。在早、中、晚期不同阶段介入成功运作的头部大片案例，显示了猫眼平台的市场化运作能力。猫眼研究院基于猫眼平台大数据及分析能力是专业的数据研究机构，为电影产业等各个环节提供数据决策依据，包括筹拍阶段的概念测试，以及制作阶段的试映调研等。猫眼影视行业服务是影视人创作一站式服务平台。

四、猫眼优势

1．流量优势

流量入口价值和平台数据是猫眼进行影视和剧集宣发的基础及最大优势所在。猫眼手握QQ、微信和美团三大核心入口，拥有大量像快手、抖音和微博等触达通道，已打造出覆盖社交平台和短视频平台的账号矩阵，用户覆盖达到10亿级别。此外，平台还掌握了海量的用户购票数据和观影数据，便于分析用户及时调整和优化宣发策略，精准触达用户。

在2020年猫眼就与百度达成深度合作关系，通过将新片宣发触角伸向搜索场景，猫眼的线上宣发阵地又成功增添了一块重要流量入口。现在，猫眼娱乐的宣发版图仍在不断完善扩大。

2．通过“猫爪模型”和“腾猫联盟”，进行全文娱战略布局

猫眼始终坚持以用户为中心，精准定位，不断加强平台自身服务能力，日臻完善在宣发方面的战略布局，助力全文娱行业发展。

2019 年 7 月 9 日，猫眼正式发布全文娱战略“猫爪模型”，由票务、产品、数据、营销及资金五大平台组成，服务于电影、剧集、现场娱乐、音乐、艺人、短视频等全文娱产业链。猫眼利用自身在消费互联网上积累的能力、经验和资源，为用户提供多元化的一站式娱乐服务，吸引更多的新用户以及提高老用户黏性，并利用不断积累的用户数据反向赋能制作、投资、发行、营销、放映和票务等各产业链环节，形成生态闭环。

宣布“猫爪模型”的同时，“腾猫联盟”正式启动，致力于推出中国顶级全链路文娱消费平台。猫眼联合腾讯共同打造电影行业顶级宣发体系，联通微信生态、QQ、腾讯视频等超级平台，通过与腾讯进行流量融合、会员联合和数据共享，完成线上到线下的全链路消费行为，满足用户一站式购票体验，在竞争激烈的电影宣发市场抢占先机。猫眼娱乐持续拓宽数据来源，以强大的底层建设，助力文娱全行业发展。

3．不断创新智能宣发新玩法，实现精准营销触达

猫眼娱乐宣发能力强大，已为全国 90% 票房以上的影片提供各类宣发服务。2020 年上半年，猫眼加大线上宣发能力和资源的布局，陆续推出“猫眼云聊”“极速 24 小时”“电影背后的故事：大咖请回答”等宣发产品，并于 2020 年 7 月在猫眼专业版正式上线“智能宣发”板块，全面展示和提供共计八大类 33 项宣发产品和服务。此外，猫眼还与 KOL 合作进行直播，解说影片精彩之处，用户可以实时发送互动留言，享受“云观影”的乐趣。

猫眼突破性地创新宣发工具，打破行业对传统宣发的认知，为新老长视频作品提供服务。猫眼基于用户思维，运用大数据对影片和剧集的宣发进行数据化赋能，利用智能化工具提升物料的生产及分发效率，助力影片更精准触达核心用户，推动影视行业发展，为文娱行业带来更多想象空间。

五、猫眼宣发案例

《长安十二时辰》的走红，便是猫眼娱乐平台能力的一场跨界实验，虽然只讲了“一天”的故事，但情节迂回引人。猫眼数据显示，《长安》评分稳定在 8.7 分，全网热度最高达 9775.79，并有 40 天都达到 9000 以上。

线上到线下，渠道到内容，猫眼持续在影片之外讲述《长安》传奇，吸引了更多的潜在观众。节目热播期间，猫眼娱乐旗下账号的“猫眼大明星”专访了易烊千玺、雷佳音、周一围等主演。不到5分钟的采访中，易烊千玺表演了剧中叉手礼的现场教学，每一个动作就极为讲究。此次采访在微博获得近万次转载、超6000个点赞和60万的播放量。与此同时，猫眼旗下“幕后电影”“喵不可言”等多个抖音账号通过揭秘影片拍摄花絮、绘制立体人物画像等，吸引了大量的用户关注，转化为潜在的观众。

“内容为王”的时代，无论影片还是宣发，优质内容都是引流的第一动力引擎。基于内容，猫眼已打造出覆盖微博、微信、抖音、小红书、美拍的账号矩阵。爆款视频时时登上文娱类账号排名的榜首位置，粉丝量也十分可观。以此次采访易烊千玺的“猫眼大明星”，累计粉丝达到650万，点赞超1.8亿。

为进一步扩大《长安》的曝光范围，猫眼将影院中线下取票机和猫眼电影App开屏首页，作为《长安》的宣发阵地。一方面，全国范围的线下取票机页面上，出现《长安》的宣传海报；另一方面，易烊千玺的剧照连续5天登上猫眼电影App开屏，雷佳音剧照也霸屏2天，强势曝光。《长安》的爆火，是猫眼“破圈”剧集的一次成功案例。

院线电影宣发的未来

一、智能宣发优势总结

为电影找到精准受众，至少需要三个宣发要素：规模化投放、数据可视以及用户互动。围绕投放渠道的规模化，宣发效果量化以及营销数据可视化，帮助客户优化宣发策略，让电影精准触达用户。

网络购票平台发展史就是中国电影宣发的进化史。2012年90%的电影票是在电影院购买，而今线上购票比例刚高达90%。购票方式的改变，关键节点发生在2013年下半年在线选座功能的推出，解决了过去线上买票、线下还要排队选位的痛点。另一个关键节点则是2016年票务平台评分系统的推出。评分和评论系统的出现，完成了从营销平台向观影决策平台的转型。从

2017年到现在，用户的观影决策80%会在购票平台上完成。而观众在观影后，猫眼平台会自动弹出评论窗口，使购票平台成为了口碑发酵的阵地。在用户口碑至上的今天，成为用户观影决策平台，就相当于掌握了电影票房的关键。

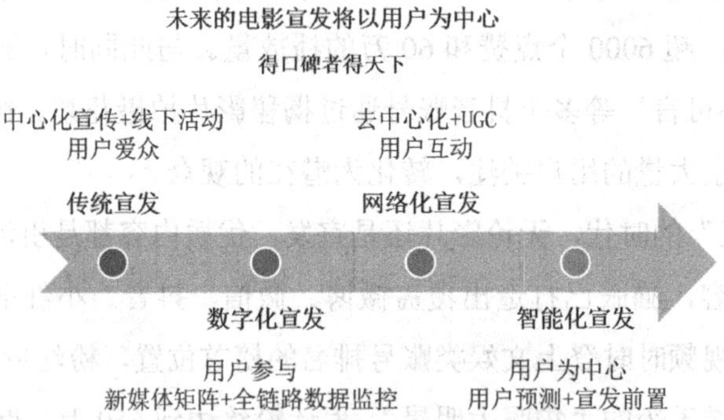

图7 不同时期电影宣发的变化

电影宣发从过去的曝光触达进入用户运营时代。在传统的曝光触达模式下，物料制作的精良程度以及密集路演是核心。但这种做法的有效性，随着宣发互联网化而大大降低，取而代之的是社区互动、评论与分享产生的口碑。规模化覆盖需要最短时间、最大强度地覆盖过亿用户群，传统意义上的路演发布会显然无法实现。

制片方宣发人最关注渠道和热度的关系、口碑和票房走势的关系。猫眼专业版利用不同功能模块，解决电影营销的广告与媒体投放，通过大数据方便制片方进行宣发决策。这些功能贯穿着猫眼做智能宣发的逻辑，一部电影要跟用户达到成交目的，中间有一个“认知—兴趣—购买”的路径。口碑对电影的推动在C端用户群中非常重要。猫眼有大量像快手、抖音、微博等触达通道，便于快速形成用户和口碑。猫眼专业版为所有片方和宣发方展示全链路的用户画像和模型，成为高效的电影互联网宣发平台。

二、聚焦未来电影宣发趋势

回顾近几年电影大盘快速增长的历史阶段，也正是移动互联网流量爆发和电影行业宣发改造的阶段：

线上购票平台兴起，并逐渐从产业链终端向上游延伸。各种流量入口层出不穷，自媒体兴起并逐渐商业化，影片宣发从发布会方式转到以微博为代表的新流量平台、自媒体进行宣传，通过高互动性、裂变传播的宣发模式，让很多影片在票房上大获成功。

2017 年以来短视频流量快速发展，电影宣发迎来短视频时代，MCN 崛起成为新的市场热点，由于电影自带内容和娱乐的属性、短视频平台的算法，让千人千面的宣发模式成为可能，早期试水的《前任 3》收获了 19.41 亿的票房，《哪吒之魔童降世》获得了 9.6 的高分，《八佰》首周票房达到 6.38 亿，《我和我的家乡》物料总播放达到 1.28 亿，《唐人街探案 3》想看指数创纪录达到 312.9 万人，电影宣发越来越离不开短视频的宣发平台。

接下来，短视频宣发和直播带货将成为下一轮票房增长的重要推动力。媒介在不知不觉中再次改变。视频是承载信息的重要方式，短视频提供流量、商业化平台和内容账号作为宣发的基础设施，由点赞、投币评论替代转发裂变，同样也可以实现快速的社交触达。另外，短视频的直播电商可以看作新的团购形式拉动电影消费，并在平台上实现宣发到消费的闭环，这大幅提高了宣发费用的使用效率。最重要的是行业找到了对三四线城市观众精准触达的宣发平台，抖音和快手是城镇居民集中的主流平台，而这部分潜在观影人群是行业重要的增量票房来源。

有人将 2020 年称之为“互联网电影年”。在移动互联几乎颠覆了所有行业的今天，电影行业线上与线下的碰撞迟早都会到来。疫情加速了这一碰撞，将时间提前。流媒体模式的出现，打破观影时间限制、空间限制、门槛限制，让更多的电影有了展示的可能，也为电影提供了新的赛道。从影院、到网站、虚拟现实，传播的渠道和载体在变。传统的宣发渠道或许不会被取代，但随着观影模式的改变，电影的收入结构、宣发渠道终将为技术进步所颠覆。

网络电影

一、网络电影简介

1. 网络电影的定义

网络电影原本叫“网络大电影”，2019年10月，“网络大电影”正式更名为“网络电影”，其狭义定义为“特指专供网络传播的音频作品”，亦可简单理解为“非院线电影”。通常网络电影时长超过60分钟，拍摄时间较短，具备完整电影的结构与容量，并且符合国家相关政策法规，以互联网为首发平台的电影称之为“网络电影”。

2. 网络电影题材的变迁及代表作品

网络电影发展初期，主打小投资、差异化需求，侧重对别样、稀缺内容的满足，题材定位“新、奇、怪”，比如僵尸、鬼怪、穿越等，代表作有《道士出山》等。

经过一段时间的野蛮发展，网络电影电影出现“精品化”萌芽，开始孵化各类IP，代表作品有《齐天大圣 — 万妖之城》等。

近一两年，网络电影行业出现了更多专业出身、技术过硬，既懂电影语言，又有片场经验的的创作者。网络电影题材开始呈现多样化趋势，不仅有喜剧、动作、惊悚、爱情、悬疑、玄幻等娱乐大众的题材，也开始承载时代精神，突出时代感和现实意义，代表作有《大地震》《毛驴上树》等。

3. 网络电影的发展历程

2015年，共创作600多部网络电影，爱奇艺为主要的网络电影独播平台；

2016年，共创作2200多部网络电影，搜狐视频、腾讯、优酷和乐视也加入到自制网络电影大潮中，各自出台了扶持计划、成立了专项基金；

2017年，出现了多部千万级网络电影，同时，《电影产业促进法》出台，网络电影野蛮生长的阶段结束，各项审查收紧；

2018年，院线电影进入寒冬，但超30部网络电影票房分账突破了1000万元。到2018年年底，爱奇艺、优酷和腾讯分别发行网络电影1018部、337

部及 127 部；

2019 年，网络电影市场监管力度再度升级，2 月出台“重点网络影视剧信息备案系统”，10 月发布“关于推动网络电影在新时代承担新责任的联合倡议”，网络电影正式进入双备案时代；

2020 年，在疫情宅经济红利影响之下，网络电影提质减量再度升级，票房屡创新高。爱奇艺一个平台上半年 TOP 10 影片累计票房 2.15 亿，相较 2019 年同比增长 97%。

4．2016 年 /2020 年网络电影发展初期生态及内容质量

（1）2016 年

网络电影行业监管及审查制度尚未出台，网络电影处于“野蛮生长”的阶段，内容参差不齐。蹭名和六分钟反差现象是这一阶段网络电影的主要特征。

蹭名：但凡一部院线电影火起来，大批“蹭热度”的网络电影就会成堆出现。用与院线电影相似的影片名称，吸引观众的注意力。但这些网络电影的内容，实际上与院线电影基本没有任何联系，质量也差得让人大跌眼镜。

六分钟反差：由于网络电影前六分钟免费观看，所以在这个行业中，普遍存在一种叫“六分钟反差”的魔咒。很多网络电影为了在这个“免费有效观看”的时长内吸引眼球，可谓花尽心思，也占据了较多的成本投入。这就导致前面六分钟非常吸引人，而一旦过了六分钟，品质顿时直线下降，整部电影敷衍了事。

2016 年的网络电影生态呈现“数量繁多、品质低劣、内容低俗”的整体特色，爱奇艺、乐视、腾讯和优酷土豆为网络电影的主要播放平台。观众最爱看的网络电影类型为爱情、悬疑、青春和冒险，7 月 29 日上映的《危情别墅》为当年网络电影的票房冠军。

（2）2020 年

院线电影陷入停摆，网络电影在这个特殊时期爆发出巨大的内容价值，在票房成绩上实现了历史性的突破，呈现少量优质、百花齐放的面貌。73 部电影票房过千万，IP 作品成熟，原创作品空间巨大，网络营销、消费渠道变

化大等现象成为2020年网络电影行业生态的主要特征。

73部电影票房过千万：2020年网络电影上映量远少于往年，但市场表现居于头部的的影片大增。上线影片中有73部分账票房破千万，排在第一的是在爱奇艺和腾讯双平台播出的《奇门遁甲》，分账票房超过5300万。这种整体实力的增长，同时也带动大盘上升。其中《倩女幽魂：人间情》以4577万分账登顶2020年单平台网络电影票房分账冠军。

IP作品成熟，原创作品空间巨大：从2020年分账票房破千万影片原创题材与IP系列题材的数量票房对比可以看出，上半年IP系列作品优势依旧，部均票房达到1900万，展现出这类作品强大的市场价值。同时，原创题材发展潜力巨大，在整个数量占比中，已经达到了44%。

网络营销、消费渠道变化大：从2019年开始，网络电影的营销主阵地就已经转到了短视频平台。淘梦创始人兼COO王文水透露，有一部上线作品，400多万的营销费用中百分之七八十都放在了抖音和快手上。2020年，越来越多的用户选择大屏观看电影，电视端成为网络电影分账票房的新增长点。数据显示，爱奇艺奇异果TV的日活达到了4319万台，网络电影电视端票房贡献量相比于2019年，上涨了55%以上。

二、网络电影的发展趋势与特质归纳

从这几年网络电影的飞速发展中，我们可以看到：网络电影已经从多量劣质走向了少量优质；网络电影市场的发展从野蛮走向了有序发展；网络电影的内容从蹭院线电影变为从原创与IP并驾齐驱；网络电影的文化从低俗走向分众化趋势；而网络电影本身也逐渐从一种偏边缘的文化变得更被大众所接受。

三、网络电影相较于院线电影的独特优势

院线电影发展成熟，运作稳定，受众广泛，在电影行业中有着不可撼动的地位；而作为电影行业的新兴事物，网络电影近几年凭借独特优势，异军突起，成为电影行业不可忽略的力量。相较于院线电影，网络电影有以下几个独特的优势：

周期短：从产生创意到拍摄再到后期制作，网络电影少则 1 个月，多则 3 个月，繁殖能力非常强。

投资少：院线电影投资一般在 3000 万元以上，而网络电影投资从几十万到几百万不等。

播出快：网络电影直接在各大视频网站播出，不需要像电影、电视剧那样排队等档期。

投资回收快：一般评级好的的网络电影 7～30 天内可收回投资，分账期为 3～6 个月。

投资回报率高：好的网络电影剧情优质，点播量高，分账也高。

更易于孵化大 IP：无话是网络剧还是网络电影，都是大 IP 良好的孵化器。

大数据下的网络电影宣发

一、网络电影宣发所处阶段

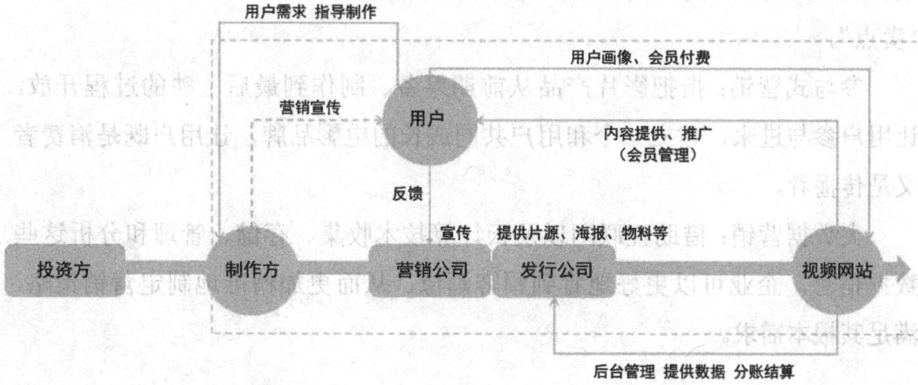

图 8　网络电影宣发模式

1. 筹备期建立营销团队，整体营销计划并实时调整；

2. 拍摄期高水准物料密集曝光，强化类型突出卖点；

3. 准备好充分的宣发物料，剧组里的专职的剧照、花絮、纪录片人员缺一不可，同时片方也开始积极地联系媒体前来探班，增加曝光率；演员可以在片场进行直播，与粉丝互动，提前预热；

4. 宣发期整合营销资源，创意型落地活动展开；

5. 上映期口碑维护引导，形成讨论；

6. 与院线电影不同，网大的营销渠道主要集中在新媒体，且营销和发行公司（宣发）往往是一家公司。

二、网络电影宣发的主要手段

包括但不限于体验式营销、互动营销、跨界与品牌营销、精准投放、音乐营销、节目联动、创意发布会、超级路演、自来水营销、大数据营销、粉丝营销、借势营销。

品牌营销：指利用影片的自身品牌优势为影片造势。它的特点是能让观众在短时间内从碎片化的信息中提取出“焦点”变为“记忆点”，最后转化为“卖点”。

参与式营销：指把影片产品从前期筹备、制作到最后上映的过程开放，让用户参与进来，建立一个和用户共同成长的电影品牌，让用户既是消费者又是传播者。

大数据营销：借助互联网以及云计算技术收集、存储、管理和分析这些数据信息，企业可以更好地看到顾客画像，从而更加精准地制定营销策略，满足其根本需求。

三、网络电影宣发服务内容（方式）

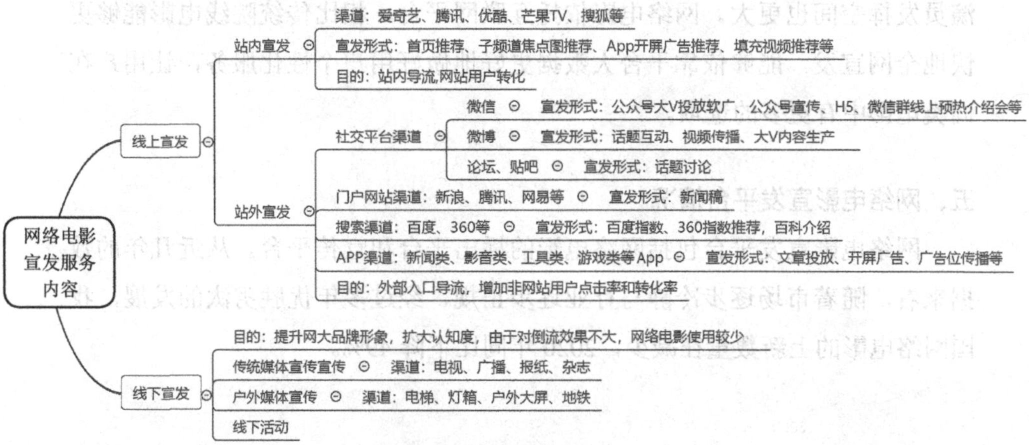

图 9　网络电影宣发服务内容

现阶段我国的网络大电影主要实行线上为主、线下为辅、线上线下结合的营销模式。

1. 线上营销的常见模式

平台推荐、新闻发稿、“两微一端”、在线直播等。线上营销模式中，放映平台的导流作用最直接和明显，站内转换率最高但是比较按部就班。

2. 线下营销的常见模式

粉丝见面会、首映式、户外大屏牌和地铁广告等，这些线下的营销模式大部分仿照了院线的营销模式，只是因为网大成本少而缩减了规模。

对于网络大电影而言，这些线下的传播在一定程度上提升了网大的品牌形象和认知度，但对影片点击量的转化并无明显作用。

四、网络电影与传统院线电影宣发上的区别及各自特点

传统电影：资金充足，规模较大，宣传手段和模式多样，侧重明星＋流量宣传。

网络电影：投入较少，周期较短，针对目标群体精准营销，侧重内容宣传。

相比成熟的院线电影产业，网络电影产业正处于发展初期，有着巨大的长期发展空间。如何发挥自身优势是其与传统院线“掰手腕“的关键。网络

电影相比院线电影在题材内容上限制更少，更容易展现创作者的思维，同时演员发挥空间也更大。网络电影依托互联网平台，相比传统院线电影能够更快地全网宣发，能够依靠平台大数据更好地做好用户个性化服务，让用户在同类电影中有更多的选项。

五、网络电影宣发平台情况

网络电影宣发平台包括网络电影的播出平台和宣传平台。从近几年的数据来看，随着市场逐步冷静与行业逐步正规，经过多年优胜劣汰的发展，我国网络电影的上新数量在减少，2020 年同比下降 49%。

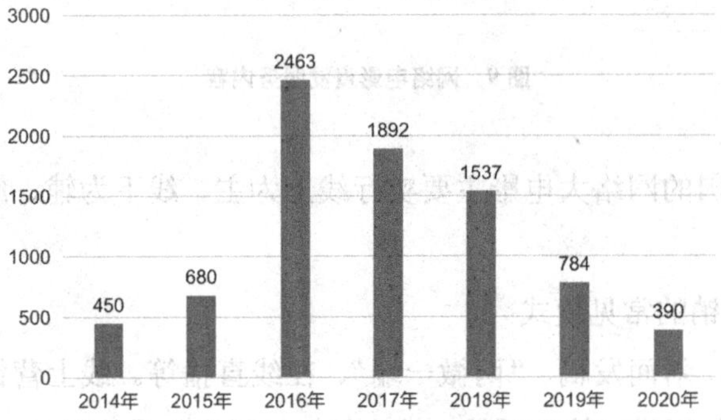

图 10　2014—2020 年我国网络电影上新数量

数据来源：云合数据

在播出平台方面，2017—2019 年，网络电影头部效应愈发明显，流量逐渐向头部项目集中，正片播放 500 万以上的影片数量占比逐年增长，2019 年，正片播放超过 5000 万的影片数量达到 9 部。2019 爱奇艺、腾讯、优酷网络电影上线量占比为 94%，正片播放占比为 98%，网络电影用户愈发集中爱优腾三家平台；爱奇艺 2019 年 11 月，共有 24 部影片票房突破千万，相较 2018 年同期数量提升 33%；优酷截至 2019 年 11 月，共有 10 部影片票房突破千万；腾讯视频《天剑修仙传》《李白之天火燎原》两部影片异军突起，正片播放均突破 9000 万。

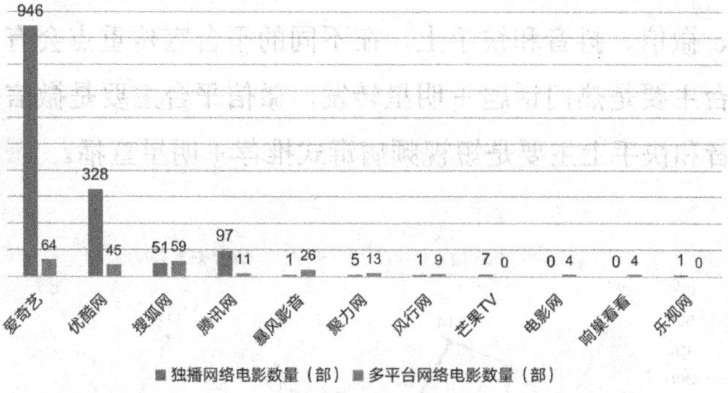

图 11　2018 年主要播出平台网络电影数量统计

数据来源：前瞻产业研究院

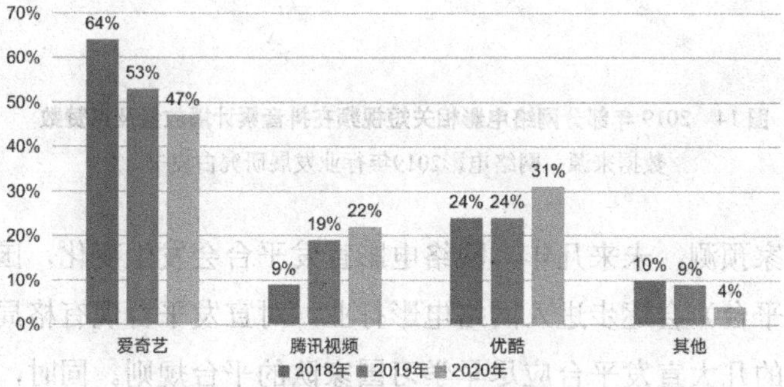

图 12　2018—2020 年网络平台上新网络电影数

数据来源：云合数据

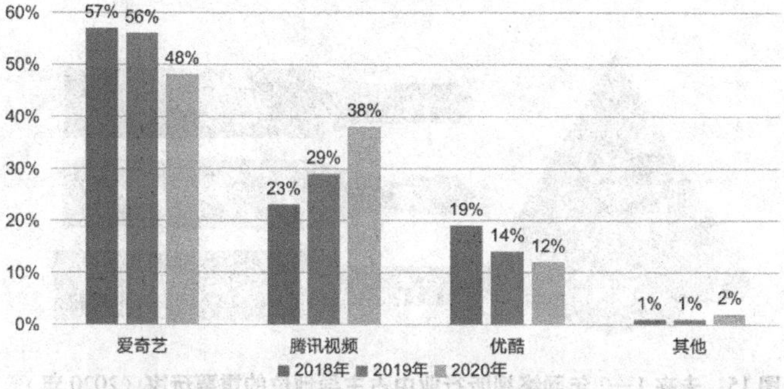

图 13　2018—2020 年各平台网络电影有效播放占比

数据来源：云合数据

在宣传平台上，与传统的宣传渠道不同，网络电影常见的宣传平台主要集中在微博、微信、抖音和快手上，在不同的平台宣传重点会有所区分，其中，微博平台主要是热门话题＋明星转发，微信平台主要是微信公号＋朋友圈传播，抖音和快手上主要是短视频病毒式推荐＋明星直播。

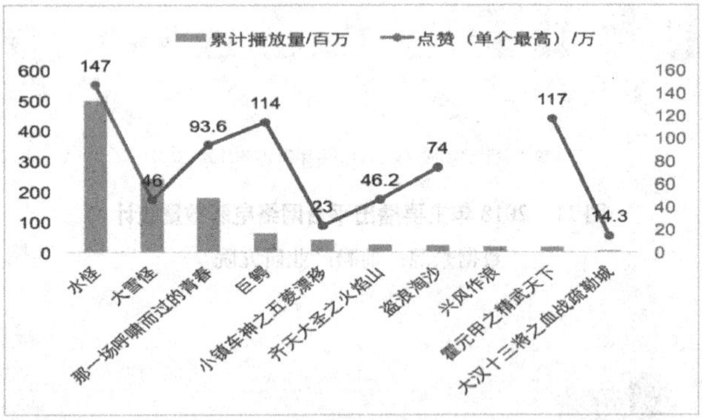

图 14　2019 年部分网络电影相关短视频在抖音累计播放量及点赞数

数据来源：网络电影2019年行业发展研究白皮书

根据专家预测，未来几年，网络电影宣发平台会发生变化，国家队（央视频、学习平台）会逐步进入网络电影行业，对宣发平台现有格局产生新的影响，现有的几大宣发平台应尽早学习国家队的平台规则。同时，十九届五中全会后，国家对互联网、对文化产业发展有新管理办法，对网络电影的管理更加正规，优胜劣汰进一步加剧，宣发平台要着重在提高内容质量和传播方式上下功夫。

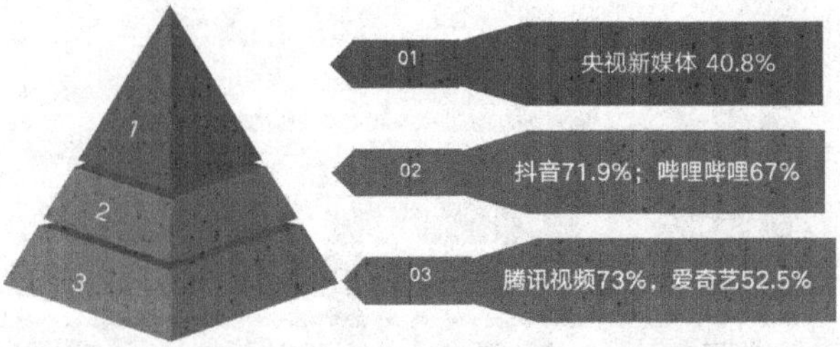

图 15　未来 1—2 年网络视听行业中占主导地位的重要玩家（2020 年）

数据来源：2020年网络视听行业发展趋势专家调研

六、新媒体宣发的优势

1. 借助新媒体资源优势降低宣发成本。新媒体结合大数据优势，营销成本更低，获取信息的效率更高。

2. 定制化精准营销，目标针对性强。可为消费者量身定制个性化的产品宣传，并利用消费者的社交关系网对潜在的顾客需求进行精准定位营销。

3. 提高了信息获取的有效性，促进了观众之间的交流互动。新媒体传播迅速，让产品融合到观众的日常交流中，提高了用户的参与程度。通过与观众更充分的互动，获取对网络电影具有宣传和推广价值的信息，提高了营销方案的针对性。

4. 营销方式多元化，增强营销效果。除了产品宣传之外，还可以植入文化、信念等因素，更能吸引用户，增加观众对网络电影的认同感，从而提升营销效果。

猫眼电影网络宣发的案例分析

以《黄飞鸿之南北英雄》为例，该影片整合猫眼智能宣发优势资源，共同打造影片的整合营销，强势占领了观众认知。主要采用自媒体资源推广、自有资源精准投放以及独家视频专访。

一、自媒体资源推广

利用猫眼智能宣发微信、微博等优质自媒体账号，进行口碑营销，整体覆盖 2000 万 + 粉丝群体。

图 16　部分优质自媒体账号

二、自有资源精准投放

猫眼拥有着得天独厚的流量和内容资源优势。凭借与光线、腾讯的合作，猫眼得以将光线传媒、企鹅影业、腾讯影业的影视资源收入囊中，还手握包括微信钱包、QQ 钱包在内的多个专用入口，并享有电影、现场演出及体育赛事等方面的独家导流。

其中，猫眼电影通过与美团点评的战略合作，成为美团 App 及大众点评 App 娱乐票务渠道的独家商业合作伙伴。其中，猫眼娱乐通过美团、大众点评、微信、QQ、猫眼、格瓦拉六大流量入口，为用户提供多样化的娱乐内容及服务，使得消费者能够随时随地获取娱乐新闻、电影预告及独家的内容创作者视频访谈等娱乐资讯，完成一站式娱乐消费。也为猫眼电影在宣发中对自有资源的利用提供了强有力的后盾和保障。

图 17　猫眼电影入口

1. 流量入口

猫眼、美团、微信、大众点评等 6 大流量入口，最大程度地保障转化漏斗最顶层的宣发用户数量。

2. 精准定投

在宣发过程中，猫眼通过后台的大数据分析，精准清晰定位《南北英雄·黄飞鸿》这部电影的目标人群画像，再根据数据分析后的人群画像，圈定对应流量入口的用户群体，根据购票频次、消费记录、电影偏好等属性推送不同的优惠策略和内容策略。

3．投放效果

最终，该电影在自有资源的媒体矩阵中，覆盖了2000万+娱乐支付用户直接跳转播放，成为电影的首批种子用户，进一步带来高效引流，扩大了观影人群规模。

4．独家专访

在影视宣传阶段，猫眼提供采访主创人员和主演的内容制作服务，通过快问快答、演技大考验、表情包大赛等有趣活动，营造网络热点话题，引发了影视的流量关注。

猫眼为《黄飞鸿之南北英雄传》定制英雄气概与怀旧情怀主题，对出品人、总监制、领衔主演的赵文卓进行独家专访，谈“黄飞鸿”，聊中国武打片、谈英雄、聊情怀。不断挖掘主演身上的营销点，包括他2019年前后在荧幕上的形象有何区别，黄飞鸿的回归大概用了25年的时间，25年前后的对比等……然后将采访视频投放到拥有专属用户群的猫眼娱乐出品的《猫眼大明星》栏目，以语言、图文、视频等形式在猫眼、微信、B站、抖音、头条等全平台花式推广，在影片上映前为口碑造势。

通过明星线上线下互动，爆料创造热点，针对观众的热点讨论话题再进行深度营销，引发线下的对黄飞鸿、赵文卓或影片本身的热议，同时在微博和其他一些媒体发表一系列相关文章。由此，取得了广泛的大众关注度，得到了很多回应和营销反馈，整个营销让人触动，这就是猫眼体系的资源在网络电影领域释放的典型案例。

中外名人：
传统广告企业如何在新媒体时代创新突围

传统广告与新媒体广告行业分析

一、中国广告发展进程

中国广告的发展标志着中国商品经济和文化的发展，也是中国信息革命的发展。按照信息传递的媒介，我们将广告发展的进程划分为五个时代。

1. 纸媒广告时代

其标志性事件是1827年，《东西洋考每月统计传》刊登了中国第一篇报纸广告，自此报纸广告时代开启。

2. 电视广告时代

1979年1月，上海电视台播放了上海药材公司参桂补酒的广告，是“文革”后的第一条电视广告。同年2月《文汇报》开始刊登广告，4月《人民日报》刊登了汽车、地质仪器等商品广告。此后，电视广告迅速发展，广告公司如雨后春笋般出现。1981年以后，广告业以惊人的速度发展，1981—1989年的广告费投入以每年40%的速度递增。从1990年到2004年，中国广告业经营额从25.02亿元增加到1264.6亿元，增长了49.5倍；广告经营单位从11123家增加到113508家，增长9.2倍；广告从业人员从131970人增加到913832人，增长5.9倍。通过2004年媒体广告营业额排名来看：中央电视台在电视广告播放媒体中排名第一，营业额为80亿元；深圳报业集团在报纸广告媒体中排名第一，营业额为27亿元。

表1　2004年媒体广告营业额及增长率

排名	单位	营业额（亿元）	增长率（%）
1	中央电视台	80.00	6.28
2	深圳报业集团	27.14	13.95
3	上海文广集团	25.20	18.53
4	广州日报社	17.17	2.47
5	北京电视台	15.40	7.84
6	广东南方广播影视传媒集团	13.00	30.00
7	北京晚报	9.79	11.19
8	羊城晚报	9.20	/
9	解放日报报业集团	8.56	22.71
10	京华时报	7.13	/

3．互联网广告时代

在1994年10月，美国著名的Wired杂志推出了网络版Hotwired，其主页上开始有AT&T等14个客户的的广告Banner，标志着全球第一个互联网广告诞生。同年4月，中关村地区教育与科研示范网络工程进入互联网，这标志着我国正式成为有互联网的国家。之后，Chinanet等多个互联网络项目在全国范围内相继启动，互联网开始进入公众生活，1995年是互联网大众化的启蒙期，也开启了门户广告时代。至1996年年底，我国互联网用户数已达20万，利用互联网开展的业务与应用逐步增多。中国的第一个商业性的网络广告出现在1997年3月，传播网站是Chinabyte，广告表现形式为468×60像素的动画旗帜广告。Intel和IBM是国内最早在互联网上投放广告的广告主。我国网络广告在1998年总收入仅为0.3亿元，2001年为3.9亿元，2003年达到10.8亿元，比1998年增长了36倍，网络份额从不足0.06%增长到0.64%。历经多年的发展，网络广告行业经过数次洗礼已经慢慢走向成熟。伴随互联网的产生，人们的注意力慢慢转移，广告也进入了网络营销时代。而随之诞生的两大互联网门户——搜狐和网易，门户有大量流量，将原来户外展示的广告搬到网页上，在展示的基础上增加了与用户互动的机会。

4. 移动互联网广告时代

中国的移动互联网在2000年开始发展。该时期由于受限于移动2G网速和手机智能化程度，中国移动互联网发展处在一个简单WAP应用期。2007年第一代iPhone的发布，开启了智能手机时代，到2009年1月，工业和信息化部为中国移动、中国电信和中国联通发放3张第三代移动通信（3G）牌照。此举标志着中国正式进入3G时代，3G移动网络建设掀开了移动互联网广告时代。

5. 新媒体广告时代

2012年，微信公众平台上线，公众平台的内容能被用户分享到微信朋友圈，增强了用户黏性，揭示了新媒体广告时代的到来。随着4G网络的部署，移动上网网速得到极大提高，网速瓶颈限制得到了基本破除，移动应用场景得到极大丰富。2013年12月4日，工信部正式向中国移动、中国电信和中国联通三大运营商发放了TD-LTE4G牌照，中国4G网络正式大规模铺开。由于网速、上网便捷性、手机应用等移动互联网发展的外在环境基本得到解决，移动互联网应用开始全面发展。桌面互联网时代，门户网站是企业开展业务的标配；移动互联网时代，手机App应用是企业开展业务的标配，4G网络催生了许多公司利用移动互联网开展业务。而随着数据量的增长，广告也进入了互联网数据营销时代。通过智能化数据收集，可以捕捉到每个用户的个性化偏好，也能够有效地实现产品标准化和体验个性化的组合，从而实现“千人千面”的需求。通过线上数据挖掘，深度了解用户，洞察用户需求，互联网时代从购买媒体转变为人群展开营销。随着各种移动终端设－智能手机、平板电脑、可穿戴智能设备的到来，预示着广告进入了移动互联网时代。移动互联网时代媒体众多，我们每个人都使用多个媒体，面对这种媒体碎片化带来的流量不聚焦，移动广告进入了互联网的多媒体时代。

二、中国互联网发展进程

随着互联网的渗透率不断提高，中国互联网网民数量不断增长，互联网已经成为人们获取信息的主要途径。

到 2020 年 3 月，我国网民规模达到 9.04 亿，互联网普及率达 64.5%。其中，手机网民规模达到 8.97 亿，网民使用手机上网比例达到 99.3%。

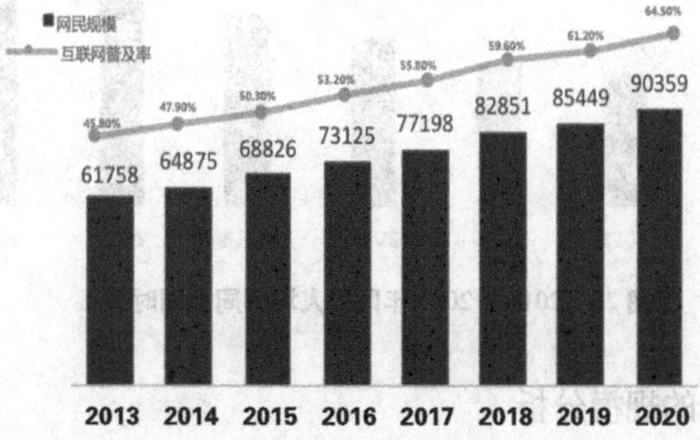

图 18　2013—2020 年网民规模和互联网普及率

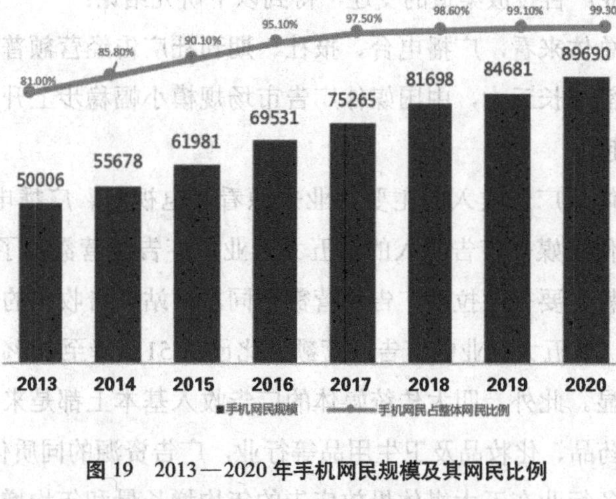

图 19　2013—2020 年手机网民规模及其网民比例

根据中国互联网统计中心数据显示，到2020年3月，中国网民平均每周上网市场超过30.8小时，即平均每天超过4.5小时。故而，我们推断，由于网民数量之众，且上网时间较长，势必影响公众与传统广告的触达，进而导致传统广告对潜在消费者的影响力下降。

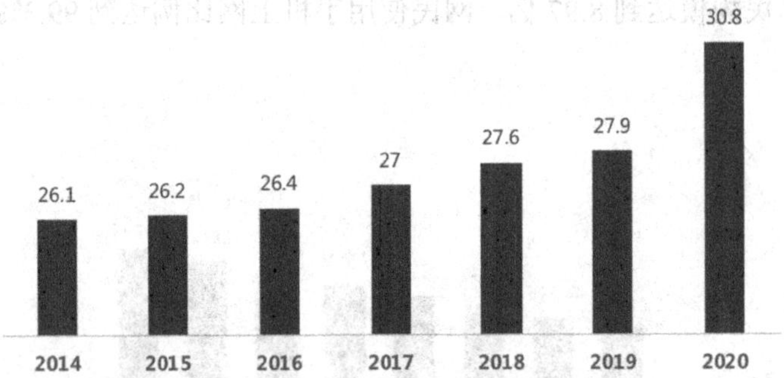

图20 2014—2020年网民人均每周上网时长

三、传统广告市场的规模分析

《现代传播》2019年4月刊《媒体广告的收入来源及变化动向》一文通过分析2013年至2018年中国媒体广告市场的总体规模和行业来源变化，电视台、广播电台、报社、期刊社、网站五大媒体广告收入的行业来源变化，以及大部分行业广告投放渠道的变迁，得到以下研究结论：

首先，从总体来看，广播电台、报社、期刊社广告经营额普遍下降，电视台广告经营额增长乏力，中国媒体广告市场规模小幅稳步上升主要得益于网站的迅猛崛起。

其次，媒体从广告收入的主要行业来源看，电视台、广播电台、报社、期刊社这四大传统媒体广告收入的前五大行业，广告经营额占了接近50%。与传统媒体依赖主要行业拉动广告经营额不同，网站广告收入的行业来源日益多元、广泛，前五大行业的广告经营额占比已从51%降至31%，次要行业的贡献日益凸显。此外，四大传统媒体的广告收入基本上都是来自食品、房地产、汽车、药品、化妆品及卫生用品等行业，广告资源的同质化竞争激烈。

再次，从各行业在五大媒体投放广告的年均增长量和年均增长率看，在电视台投放广告的年均正增长量高于年均负增长量，年均正增长率高于负增长率；在广播电台投放广告的年均负增长量高于年均正增长量，但年均正增长率居多；在报社和期刊社投放广告的行业均为全增长；在网站投放广告的行业均为正增长，且增长幅度较高。

最后，从广告投放渠道的变迁看，所有行业都增加了在网站媒体的广告投放力度，但房地产、汽车、食品等支柱型行业的广告投放渠道仍以电视台为主；反映新消费形态的软件及信息服务、服装服饰及珠宝首饰、旅游等行业在传统媒体和网站的广告投放旗鼓相当；反映新消费需求的金融保险、收藏品、出入境中介等行业，已逐渐转向以网站平台为主。

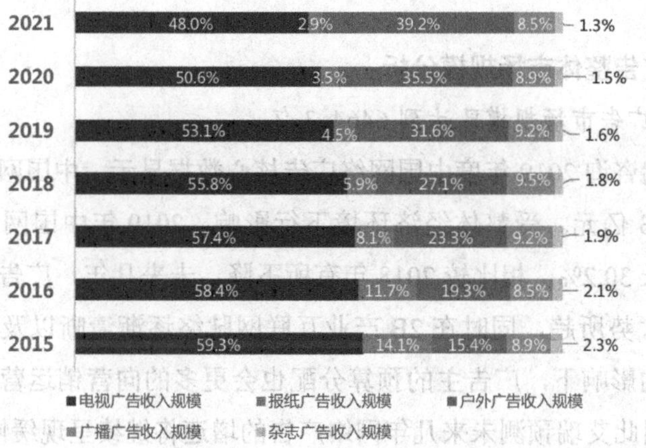

图 21　2015—2021 年传统广告市场细分类别及规模

艾瑞咨询《2020 年中国网络广告市场年度洞察报告》指出，2019 年中国五大媒体广告收入规模达 7628.1 亿元，其中网络广告的占比进一步提高，占媒体广告总收入规模的 84.7%，达 6464.3 亿元。而包括电视、广播、报纸、杂志广告在内的线下广告收入规模则继续保持缓慢下降的趋势至 1163.8 亿元。受疫情影响，居民的触媒习惯和时间更多集中在网络媒体，因此 2020 年线下广告收入进一步缩减，这也推动广告主将更多的广告预算向线上倾斜，2020 年网络广告收入规模接近 8000 亿元。

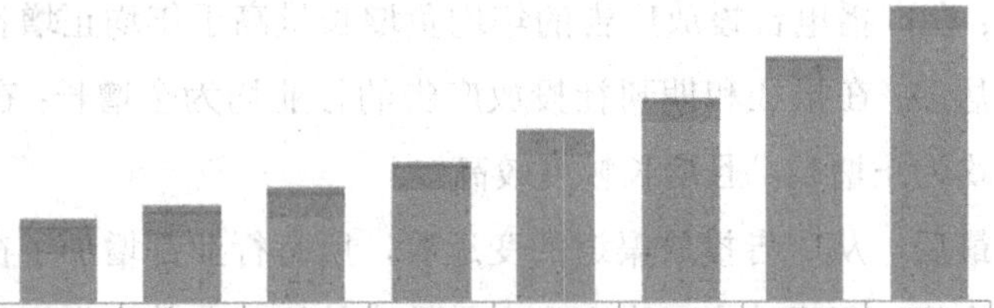

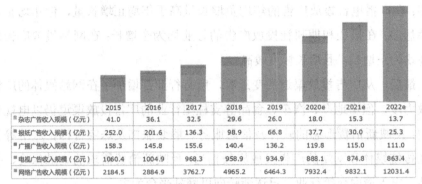

	2015	2016	2017	2018	2019	2020e	2021e	2022e
杂志广告收入规模（亿元）	41.0	36.1	32.5	29.6	26.0	18.0	15.3	13.7
报纸广告收入规模（亿元）	252.0	201.6	136.3	98.9	66.8	37.7	30.0	25.3
广播广告收入规模（亿元）	158.3	145.8	155.6	140.4	136.2	119.8	115.0	111.0
电视广告收入规模（亿元）	1060.4	1004.9	968.3	958.9	934.9	888.1	874.8	863.4
网络广告收入规模（亿元）	2184.5	2884.9	3762.7	4965.2	6464.3	7932.4	9832.1	12031.4

来源：广播广告及电视广告数据来源国家广电总局及《广电蓝皮书》，报纸广告及杂志广告参考国家工商行政管理总局及《传媒蓝皮书》，网络广告市场收入规模根据企业公开财报、行业访谈及艾瑞统计预测模型估算。

图 22　2015—2022 年中国五大媒体广告收入规模及预测

四、互联网广告整体市场规模分析

1. 网络广告市场规模已达到 6464.3 亿

根据艾瑞咨询 2019 年度中国网络广告核心数据显示，中国网络广告市场规模达 6464.3 亿元。受整体经济环境下行影响，2019 年中国网络广告市场规模同比增长 30.2%，相比较 2018 年有所下降。未来几年，广告市场流量红利消退已是大势所趋，同时在 2B 产业互联网脉络逐渐清晰以及在营销工具化发展趋势的影响下，广告主的预算分配也会更多的向营销运营和内容营销分配转移，因此艾瑞预测未来几年网络广告的增速将继续呈现缓慢下降趋势。但从网络广告市场规模的绝对值来看，中国网络广告产业的生命力依然旺盛，到 2022 年市场规模已达到 12031.4 亿元。

注释：1.网络广告市场规模按照媒体收入作为统计依据，不包括渠道代理商收入；2.此次统计数据包含搜索联盟的联盟广告收入，也包含搜索联盟向其他媒体网站的广告分成3.此次统计数据，结合全年实际情况，针对2019年前三季度部分数据进行微调。
来源：根据企业公开财报、行业访谈及艾瑞统计预测模型估算。

图 23　2015—2022 年中国网络广告市场规模

2．中国网络广告不同媒体类型市场份额

2019 年电商广告市场份额占比为 37.8%，2020 年为 39.2%。基于电商平台兼具媒体属性和消费属性的基础优势以及直播电商红利，电商广告持续领跑网络广告市场，2021 年达 39%，2022 年也持续 38.4%。同时，短视频市场份额也快速增长，未来几年，随着网络基础设施的稳定发展以及短视频内容形态的全面普及，短视频广告市场增长潜力依然不容小觑。而社交广告和搜索引擎广告，在短视频、电商等带货能力更强的广告形式冲击下，市场份额有所下降，未来仍需为广告主提供更多维度和精细化的服务，来实现广告收入增长。

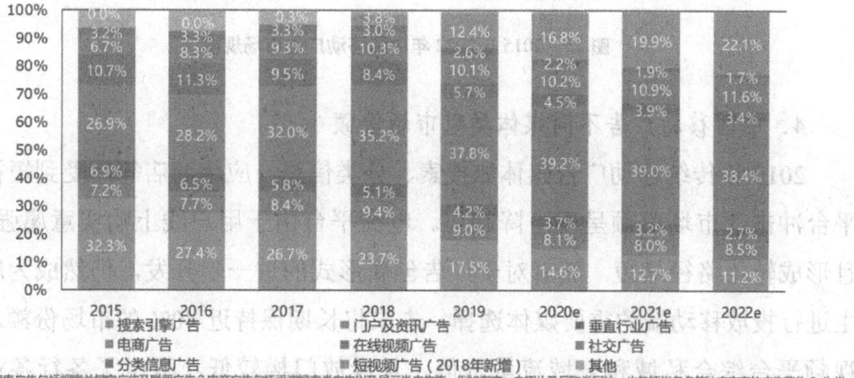

注释：1.搜索广告包括搜索关键字广告及联盟广告;2.电商广告包括垂直搜索类广告以及展示类广告等，例如淘宝、去哪儿及导购类网站，也包括拼多多等社交电商的广告营收;3.分类广告从2014年开始核算，仅包括58同城、赶集网等分类网站的广告营收，不包含搜房等垂直网站的分类广告营收;4.信息流广告从2016年开始独立核算，主要包括社交、新闻资讯、视频网站中的信息流品牌及效果广告等;信息流广告收入以媒体实际收入为准，未考虑企业财报的季节性波动而导致的收入误差; 5．其他形式广告包括内容营销、导航广告、电子邮件广告等，其中内容营销为2019年开始加入核算。

来源：根据企业公开财报、行业访谈及艾瑞统计预测模型估算。

图 24　2015—2022 年中国不同媒体类型网络广告市场份额

3．移动广告发展

2019 年移动广告市场规模达到 5415.2 亿元，同比增长率达 47.8%，在互联网广告整体市场中占比 83.8%，依然保持高速增长。移动广告的整体市场增速远远高于网络广告市场增速。预计到 2022 年年底，中国移动广告市场规模将接超万亿。艾瑞分析认为，短视频行业的流量快速增长及商业化进程的加速吸引了大量广告主的关注，预算向短视频平台倾斜明显，因此为移动广告行业增长带来新的活力。2020 年受疫情影响，流量进一步向移动端倾斜，广告主伴随用户关注度转移，移动广告在网络广告中占比进一步提升，未来占比 85%。由于移动广告在整体线上广告占比逐渐接近天花板，因此伴随整体互联网广告进入平稳发展期，移动广告规模增长速度也趋于平稳。2021 年各项体育赛事重启，广告投放产生小幅回暖。2022 年将达到 10570 亿元。

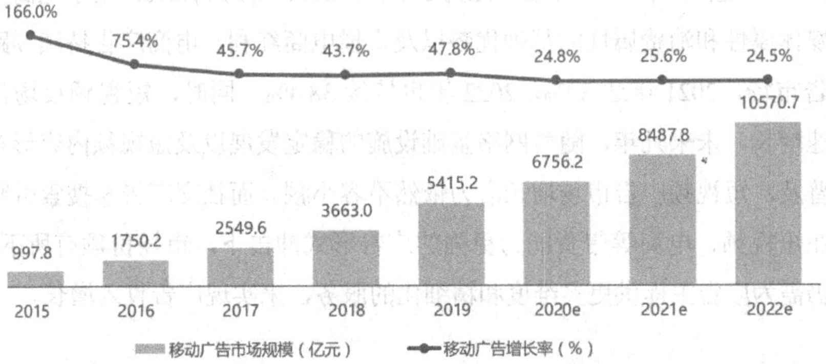

图 25 2015—2022 年中国移动广告市场规模

4．中国移动广告不同媒体类型市场份额

2019 年传统移动广告媒体如搜索、分类信息、应用商店等，受到短视频平台冲击，市场份额呈现下降趋势。电商平台由于用户线上购买意愿强烈，且形成转化路径最短，随着对于广告创新形式的进一步开发，仍然成为广告主进行投放移动端的重要媒体选择，未来将长期保持近 40% 的市场份额。短视频平台综合私域和公域流量价值，且投放门槛较低，吸引了各行各业广告主的关注，广告主投放预算倾斜明显，目前仍处于快速增长期，迅速抢占其他行业市场份额，2019 年占比迅速增长至 14.8%，预计到 2020 年增至 19.8%，2021 年 23%，2020 年年底将达 25%。

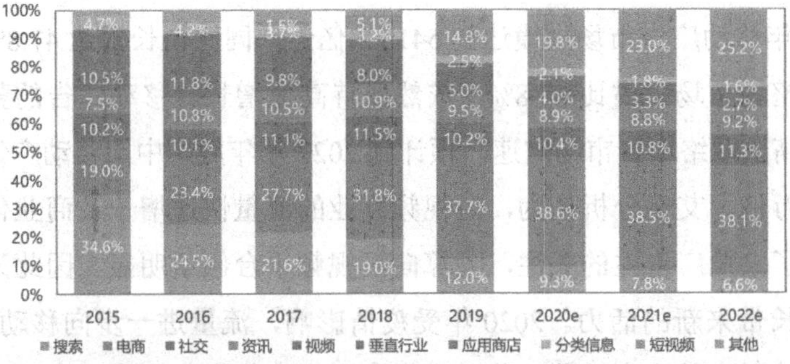

注释：1.依据媒体属性进行分类收入划分；2.移动应用广告平台（中长尾流量）收入计入垂直行业之中。
来源：根据企业公开财报、行业访谈及艾瑞统计预测模型估算。

图 26 2015—2022 年中国移动广告不同媒体收入份额及预测

5．信息流广告增速放缓

2019年信息流广告市场规模达到1761.7亿元，预计2022年将超过4500亿。从增速看，信息流广告增速有所放缓，但信息流广告对于网络广告的推动作用仍旧十分明显。艾瑞分析认为：信息流广告具备内容原生性和精准触达的特点，充分适配媒体原生环境，较好地平衡了商业效果和用户体验，同时相对容易标准化和规模化。长期视角看，随着诸多广告形式向信息流的转化，信息流广告还有较大的增长空间。

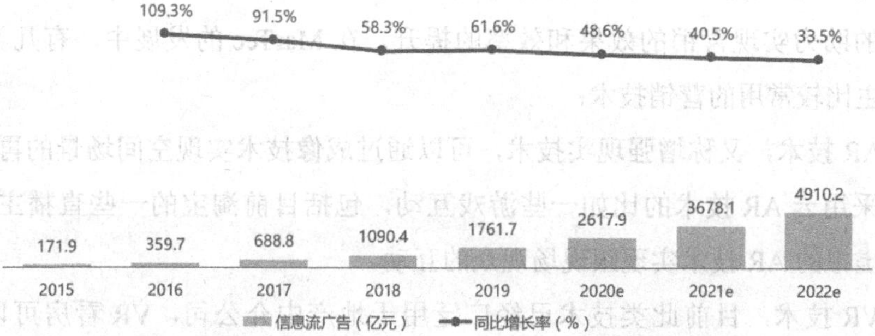

来源：信息流广告从2016年开始独立核算，主要包括社交、新闻资讯、视频网站中的信息流品牌及效果广告等;信息流广告收入以媒体实际收入为准，未考虑企业财报的季节性波动而导致的收入误差。

图27　2015—2022年中国信息流广告市场规模及预测

五、新媒体时代下广告主的需求变化

随着用户的触媒习惯和购买路径的转变，广告主的需求也随着营销环境的变化有了新的改变。特别是2020年以来的新冠肺炎疫情，将继续进一步影响广告主在后疫情时代的广告投入和策略计划。

1．广告主的分类

广告主从规模和投入经营体量上分为品牌广告主与中小企业广告主。

第一类是品牌广告主，指的是那些投入品牌广告，并在社交、电商、新闻媒体上投入效果广告的品牌主。品牌展示类广告旨在树立更好的品牌形象，沉淀品牌资产，通过打造和强化优势品牌在市场获得一定的溢价权。

第二类是中小广告主，这部分广告主是市场上的主流，他们主要是通过效果广告可以快速地实现销售转化。市面上能够在央视和省级卫视及大型媒体投放广告的多是有一定的实力和影响力的500强品牌或者全国性品牌。而中小广告主是无力承担这种大型媒体投放的费用和成本的，所以多选择可以带来立竿见影的效果。目前活跃在国内、国际社交平台上的效果类广告主多为中小广告主。

2．广告主需求的变化动因

（1）营销科技（marketing technology）的发展

现在的广告主已经不满足于一张报纸一条TVC打天下了，更多的是通过科技的助力实现营销的效果和效率的提升。在MarTec的发展中，有几类是广告主比较常用的营销技术：

AR技术，又称增强现实技术，可以通过成像技术实现空间场景的再现，最近采用云AR技术的比如一些游戏互动，包括目前淘宝的一些直播主播，通过虚拟的AR技术实现跟现场观众的互动。

VR技术，目前此类技术已经广泛用于地产中介公司，VR看房可以在App上实景查看房内布置和环境，极大地提高了成交效率，对用户来说也节约了时间成本。另外VR未来也可以用于一些游戏中，通过虚拟的场景，实现类实景的虚拟体验。

LBS定位技术，基于地理位置的营销，这一技术运用场景也十分广泛，包括基于LBS的定向人群的投放，通过优惠卡券的发放及定点广告的效果投放，锁定地理位置圈内人群的营销。

（2）后疫情时代重构商业场景

2020年新冠肺炎疫情给全球带来了深刻的变化，对于中国广告主的营销来说，更是通过新冠肺炎疫情重塑了新消费场景。之前我们通过“新零售”的概念提出了线上买、线下体验的零售融合格局。但面对新冠疫情的冲击，众多的商家线下消费关张、线上消费则重新活跃起来，最近几年所有的商家都非常重视线上的投入和建设。

3．广告主需求变化：更追求效果

人群更加精准。在用户和广告主之间，解决信息不对称的问题，让广告直接按清晰人口属性和消费者偏好进行定向投放，实现了从传统时代的“买媒体”到“买人群”。从原来的媒体精准，关注传统互联网的媒体、综合门户频道、垂直媒体，到现在的对需求精准的把握，用户根据自己的需求主动搜索感兴趣的内容，同时进行综合搜索和垂直搜索。数据也日益精准，大数据之下建立的是一对一的精准，基于电商、社交和移动终端的属性，可以找到真实的人。

要销售转化。销售漏斗 AIDMA 模型，通过注意（Attention）- 兴趣（Interest）- 欲望（Desire）- 记忆（Memory）- 行动（Action）等多个步骤实现销售的转化，而广告主关注的是最后的转化。

实现营收目标。广告主的业务目标是开拓新的客群，这使得其主要营销目标是可以通过新客群带来一定的销售收入，具体到广告目标就是获客，拉动新客群的注册量，通过运营实现转化。而在实现这个目标的方法上，也摒弃了过去那种一掷千金，而是通过先行上线，不断优化不断试错，实现最终的效果。

品效兼顾。从过往追求赚的声量到追求品效兼顾，既重视品牌传播的声量，同时又关注可以给广告主带来实际的效益。

从媒体断点到全链路。一个用户从最初关注到广告主的产品到最后下单成交，这中间的链路非常长。广告主不再只关注其中一个或者重磅的平台，而是在全链路媒体断点上都可以实现广告的露出，这样可以在消费者购买决策的时候随时进行唤醒，实现即刻满足、即刻响应。

从广告营销到内容营销。以当下广告主用得最多的几种方式来看内容营销的需求。卖货通过促销向消费者传达利益点，在软广上通过 koc 私域流量、事件营销等拉升广告效果，而在品牌上，注入内容和故事的营销，比如主动贴合一些超级 IP、与知名 IP 合作产出、自主孵化 IP 等，都是广告主的需求变化。

中外名人的业务分析

一、从中外名人年报对公司现状进行分析

上市公司年报能够客观反映该企业的财务状况、经营状况及现金流状况。

通过对主要财务数据进行分析，可以判断企业财务状况是否良好，企业的经营管理是否健全，企业业务前景是否光明，还可以找出企业经营管理的症结，提出解决问题的办法。表2以2016—2019年为例，汇集了中外名人公司四年年报中的主要财务数据。从表中可以看出，中外名人2016—2019年营业总收入分别为7.79亿、8.30亿、13.38亿和10.26亿，虽然其营业总收入总体处于上升趋势（2019年较2018年略有下降），但是其营业总成本增长的速度更快，导致其净利润在这四年中逐渐下降（分别为0.27亿、0.14亿、0.04亿和－0.7亿），特别是在2019年出现了明显亏损。四年中，中外名人公司在营业总收入明显增长的情况下，净利润却明显下降，这说明公司综合成本费用率在逐年上升，公司收入和利润协调性较差，单位营业收入所付出的综合成本费用在明显上升。此外，中外名人公司净资产收益率一直处在下降中，并且下降的速率在逐步加快，说明公司的盈利能力在快速减弱。

表2　中外名人公司2016—2019年年报主要财务数据

年份	2016	2017	2018	2019
营业总收入（亿元）	7.79	8.30	13.38	10.26
营业总收入—同比（%）	33.39%	6.55%	61.20%	－23.32%
广告占比	93.88%	87.26%	92.26%	88.21%
营业总成本（亿元）	7.42	6.51	11.47	9.27
营业总成本—同比（%）	37.92%	10.18%	76.11%	－19.17%
净利润（亿元）	0.27	0.14	0.04	－0.70
盈利能力：净资产收益率	6.26%	3.09%	0.98%	－15.46%
财务风险：资产负债率	47.87%	47.67%	46.97%	52.79%
资产合计（亿元）	8.62	8.85	8.80	8.40
负债合计（亿元）	4.13	4.22	4.13	4.43

资产负债率是企业负债总额占企业资产总额的百分比，这个指标反映了在企业的全部资产中由债权人提供的资产所占比重的大小，反映了债权人向

企业提供信贷资金的风险程度，也反映了企业举债经营的能力。一般认为，企业资产负债率在 40%～60% 比较合适。中外名人公司四年中的资产负债率总体保持平稳，维持在 46.97%～52.79%。这说明中外名人公司资产负债率水平比较适宜，财务风险较低。

中外名人公司虽然业务涉及媒体经营、品牌管理、影视制作、节目研发、文化投资、公关活动等众多领域，但是其收入主要来自广告相关业务，以 2016—2019 年为例，其广告相关收入分别占营业总收入的 93.88%、87.26%、92.26% 和 88.21%，这些广告收入绝大部分（95% 以上）来自传统的电视行业。中外名人公司主营业务收入来源过于单一，抗风险能力较弱。近年来，电影、网络视频、视频直播、短视频等娱乐方式进入快速发展期，导致传统电视行业观众规模和收视量日渐下滑。传统电视行业的整体衰退，必然导致电视广告业务的萎缩。此外，电视广告属于传统粗放式广告投放模式，效率较低，而网络广告依靠大数据分析可以实现定位式精细化投放，效率明显提升，因此日益受到广告商的青睐。这几点原因导致了中外名人公司单位营业收入所付出的综合成本费用日益上升，盈利能力日趋下降。可以说，中外名人公司已经到了必须快速转型的关键时刻。

二、同类竞品的发展分析

同类竞品包含两个方面：同类公司和同类产品。通过对同类竞品的发展进行分析，有助于发现企业的内在问题，并且为提出解决措施提供思路。省广集团、蓝色光标和中外名人一样，都是中国的上市广告公司。省广集团从 2016 年开始实施“大数据、全营销”战略，到 2019 年数字营销呈现出较大的增长，营业收入稳中有升，整体资产负债率逐年下降。蓝色光标从 2013 年开始实施“数字化、国际化”战略，2016 年到 2019 年营业收入增加一倍（从 123.19 亿到 281.06 亿），2019 年互联网营销占比 100%，数字化和国际化战略取得巨大成功。反观中外名人公司，过于倚重传统的媒体资源，没有紧跟时代步伐及时做出转型，从而导致现在所面临的困境。

就同类产品而言，传统广告媒体一般包括电视、报纸、杂志等，这些广告行业近年来都处于稳步衰退中。与此相反，近年来随着移动互联网技术、大数据技术、云技术等网络科技技术的快速发展，互联网用户不断增加，中国网络广告市场得到快速发展。网络广告市场的迅猛发展给传统广告行业带来了巨大冲击，使传统媒体行业的广告公司面临着巨大挑战，但同时也给它们带来了许多机遇。如果中外名人公司可以基于自身广告制作的实力，结合互联网新媒体广告行业的特点，积极向数字媒体广告行业拓展，必定可以实现成功转型和持续发展。

中外名人的核心优势

一、重要的合作资源

中外名人文化产业集团依托该研究会的公共资源，凝聚自身在媒体广告独家经营、省级卫视栏目整合运营、影视制作及影视项目研发评估、文化经纪与传播、品牌整合营销、公关策划、信息化管理软件等诸多领域专业经营力量，秉持大盘运作、长线投资、多元整合之经营要义，致力于全面打造中国传媒领域的航空母舰。

中外名人公司与央视和数家卫视及人民网、新华网等媒体，以及中国电视艺术家协会（二级分会电视节目研发委员会设立于中外名人）、中国电影家协会，中国音乐家协会、中国民营文化产业商会、中国全联旅游商会等社会组织，有着长期友好的亲密合作，这些是公司业务发展的重要合作资源。

中外名人公司是中国传媒大学、北京电影学院等诸多知名高校的项目研发和教学实习基地。公司被授予国家级文化产业示范基地、央视“AAAA”级信用级别的广告代理公司，经 ABAS 专家委员会和亚洲品牌研究院联合评审的“2017 年中国文化行业品牌价值 100 强”。成功入围中国商业联合会举办的《第五届中国商业创新大会》“北京品牌 100 强”，并荣获“北京十大影响力品牌”荣誉称号，品牌价值上升至 95.18 亿。

二、广告和影视业务群的打造

中外名人公司历经 25 年的市场锤炼，用优秀的企业文化，培育打造出了一支高素质、勤奋敬业、积极向上、凝聚力强、励志向上的优秀团队。逐步形成了在业内颇具竞争力的广告业务群和影视业务群（电视剧、电影、电视栏目、晚会的研发和制作），发展成为极具创新力和销售力的广告载体研发生产运营商。

公司的广告业务群，以央视优质媒体资源为基础，以客户需求为核心，提供全媒体的营销服务，为数以千计的客户服务过，与数百家客户保持着长期紧密的合作关系，服务内容涵盖了品牌策划、品牌创意、媒介策略、媒介资源、广告片制作、公关传媒等广告专业领域；公司的影视业务群，以中外名人打造的影视创作团队和影视拍摄基地为基础，积累形成了影视创作的完整品牌管理系统和生产系统以及上下游供应链，涵盖了电影、电视剧、电视栏目、网剧、网综、综艺晚会等影视、内容创作专业领域。

三、独特的商业模式

中外名人独特的商业模式有以下三个层次：

公司的广告业务以央视媒体的公信力，新媒体的巨大传播力，并借助大数据，为客户提供全媒体精准投放及营销服务，同时也形成了多层次、细分行业的广告客户群；

以自主 IP 内容产品为主体，结合强大广告销售能力，形成内容 + 销售的哑铃状结构，增加内容产品盈利能力；

以广告销售和内容制作的运营核心为基础，发展传媒产业、影视内容产业的上下游，形成有黏性的产业链布局，充分发展共享经济模式，促进产业链的合作伙伴向专业化、精细化发展，形成产业集群，公司以整合资源的方式，形成新的利润核心。

四、媒体资源优势

作为国内知名的文化传媒公司，在媒体资源方面，公司从定位央视媒体资源为主、地方电视媒体资源为辅，拓展以传媒行业研究为基础，大踏步向“新媒体资源、体育文化资源，旅游文化资源”等整合资源发展。公司自 2016 年独家代理央视新闻频道黄金时段《东方时空》《国际时讯》《新闻周刊》《世界周刊》四档栏目广告，并代理多家地方台 4A 广告业务。同时，为客户提供全方位的品牌管理服务，如广告制作、创意设计、活动策划、市场调查等。

公司以此为依托，强化自主创新能力，加大对新媒体的研发投入力度，自主研发了长颈鹿 App、与新媒体公司广泛合作，形成“以客户为核心，内容营销、电视媒介营销、数字营销三位一体”的一站式整合营销平台。

公司基于自主 IP 研发的优势，在媒体资源合作、电视节目研发、电视剧投资发行、电影及衍生产业布局、新媒体拓展及产业链延伸等方面制定了明确的战略规划。根据上述战略，公司依靠与传媒大学、行业协会等资源，逐步产业发展研究团队、产业策划及执行团队，在原有影视、内容运营团队的基础上，发展基于产业的影视及栏目编剧、制作、艺人经纪、衍生品等合作伙伴计划，以及新媒体研发创新合作伙伴计划。在网络视频媒体合作优势和多年积累的客户资源优势的基础上，在完善战略布局，通过电视、网络、多屏融合，做好大文化产业的转型升级，为内容用户提供基于体育、文化、旅游、餐饮等多种内容，影视、栏目、游戏、商品衍生品等多种形式的文化产品，为广告客户提供 TV、网络等全媒体的有价值的广告平台。

中外名人的企业转型思路

一、服务内容转变方向从“流量获取”到“流量运营”

中外名人目前主营的业务即为央视广告代理，其本质是传统广告分销，自身并不产出任何原创内容，以平台的形式链接 B 端客户和央视媒体。基于业务特性，如何能够提升广告服务的满意度，帮助企事业客户解决营销问题，实现互利共赢，是中外名人需要直面的重要问题。从 2015 年开始，国内经济增速缓慢走低，同时市场消费主力群体的结构发生了显著变化，更多 90 后乃至 00 后异军突起，成为奢侈品、影视、汽车、电子产品、餐饮等行业的主要消费者。曾经针对 60 后、70 后、80 后的营销手段（如户外广告、地推、电视及广播广告）疲态尽显，商家需要重新思考有针对性的营销方式。大规模的品牌投放逐渐缩紧，取而代之的是追求基于精细化数据分析的品效合一，广告投放不但要实现品牌曝光，更要实现销售额的转化。

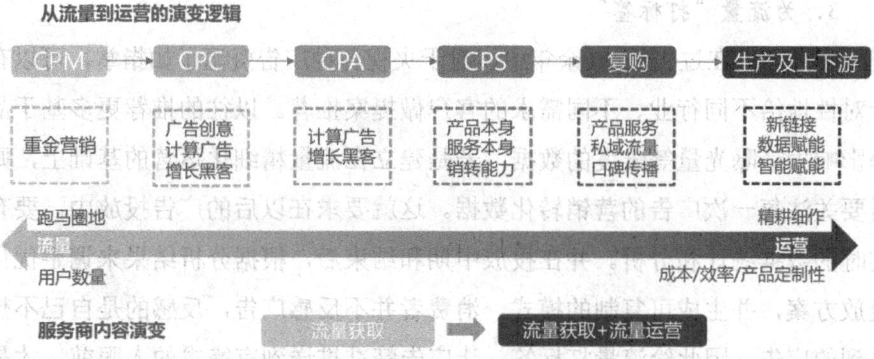

图 28　从流量到运营的演变逻辑

1．透明公正，用数据衡量广告效果

在企业进行营销投放时，都会存在一个疑问：我的广告费具体花在了哪里？言外之意就是，广告费有没有被浪费、我得到了多少的流量、其中有多少是真实流量？数据分析能力是一家广告公司的基本素养。为广告主提供每一个服务周期的准确数据，并根据数据展示分析出此次投放的效果，这样才能让商家收获信任感，而持续进行广告投放。

2．开放流量入口，精细化运营，拉高营销转化

流量是每一个企业的必争之地。无论是线上各类媒体平台的流量，还是线下活动、广播电视、报纸、户外广告等传统流量入口，都要时刻保持开放，为广告主提供尽可能多的流量资源。在此基础之上，要有统一的流量收口即私域流量池。很多时候我们看到的电视广告只是单纯的一条广告片，如果不是长时间循环播放，可能在 10 分钟之后就忘得干干净净。如果在广告片内插入如扫一扫、摇一摇、下载 App 等提示，将电视机前的“观众”转变为私域流量，既能够为以后的营销转化提供流量基础，同时也大幅降低了广告投放费用的费效。私域流量的运营一定要参考行业特性，并遵循运营逻辑，在“拉新—留存 — 激活唤醒 — 营销转化 — 活性监控 —用户裂变”等每一个步骤中，都要留意流量的数据变化，有针对性地做出优化动作。这样不但满足了广告主在媒体曝光品牌的要求，又为企业提供了全新的营销转化通路，降低营销成本。

3．为流量“打标签”

中外名人在过去的20余年中，对于央视各种广告资源了如指掌，可以有针对性地给不同行业、不同需求的客户做提案推荐。以往的推荐更多基于品牌影响力、曝光量等维度的数据，若是建立在流量精细化运营的基础上，则需要关注每一次广告的营销转化数据。这就要求在以后的广告投放中，要有实时的数据统计和分析。并在投放中期和结束后，根据分析结果来调整优化投放方案，并生成可复制的模式。消费者并不反感广告，反感的是自己不想看到的广告。因此给流量打标签，让广告精准推送到有需求的人眼前，才是作为广告服务商的核心价值。

二、深耕现有客户，提高服务效率及盈利能力

随着时代的发展进步和社会的滚滚洪流，传统媒体必须向着新媒体的方向发展融合。传统广告企业必须在新时代开拓创新突出重围。面对新媒体行业的不断发展、市场的攻城掠地，首先要做的是改革创新，拥抱未来。但这并不是让我们放弃原有的传统优势，将全部精力放在新媒体市场的开拓和创新上。新媒体产业的转型和创新固然重要，但是对原有体系业务的优化和发掘也必不可少。新技术、新媒体的到来固然对传统广告领域是一个巨大的挑战，但同样也是一个千载难逢的机遇。两者并不是你死我活的关系，而是可以协同发展共同进步的。

我们要根据现有情况的分析和未来发展的预测，来确认对内进行改革优化和服务加深的方向并不断调整。古语有云：工欲善其事，必先利其器。在确定和评判战略方向之前需要进行深入的分析研究，想要深化改革、加深服务，首先要深入理解需求和深入分析数据。这里的需求不仅指的是客户的需求、理解客户想要什么，还要深入发掘观众想要什么，才能做到有的放矢、对症下药。随着时代的发展，简单地在电视上播放广告、推广营销的模式已经显得过于落后和低效率。现在新媒体行业可以借助互联网技术的发展，依托大数据计算，精准地根据不同用户计算出更受用户喜爱的商品，就可以更加高效地投放广告。虽然不能像网络新媒体那样更加针对性地进行数据计算分析，但是依旧可以整理出不同节目、不同年龄、不同播放时间、不同人群

的观众，分析其所需要和喜爱的东西和事物。同样我们可以整理出来的还有不同类型的客户带来的利益大小、投入大小等，有助于我们研究分析，得出结论，并采取措施。

如今MCN机构数量不断增加，迈入成熟期，我们也可以采取培养或者合作的方式不断开拓市场。在学习他们技术经验的同时，实现专业化、系统化的内容创造和系统对接。经过不断的深入优化后，更加有效地整合媒体资源，为KOL提供系统化的内容创作。KOL对当前的消费引导能力在不断加强，我们也需要从现有资源当中分析自己所具有的KOL。深入发掘其引导价值，判断和评估其在相关领域带来的引导和推广能力。面对新媒体行业不但联动产业链上下游运作，我们也需要加入其中。利用传统媒体的优势，同时打破大小屏的界限。让自己同时成为产业链中重要的一部分。在优化服务的同时也要深入完善公司各项制度，吸引并留住更多的人才，不断为公司注入新的生机和活力。

三、打造融媒体服务矩阵

“融媒体”是充分利用媒介载体，把广播、电视、新媒体广告等既有共同点又存在互补性的不同媒体，在人力、内容、宣传等方面进行全面整合，实现“资源通融、内容兼融、宣传互融、利益共融”的新型媒体。“融媒体”不是一个独立的实体媒体，而是一个把广播、电视、互联网的优势互为整合、互为利用，使其功能、手段、价值得以全面提升的一种运作模式，是一种实实在在的科学方法，是在实践中看得见摸得着的具体行为。

将广播、电视、网络同时变为共同为一个项目活动服务的三种形式、手段和方法，价格上也会比任何一个单媒体要高，客户对这种活动的认可度也大大提高。“融媒体”将成为利益上的“共同体”。

当前，我国的媒体融合发展已经进入深水区。“中央厨房”作为传媒领域时下最热的关键词，成为媒体融合的“标配”与“龙头工程”，各大媒体纷纷发力建设。虽然各地的“中央厨房”实践不尽相同，但“新旧融合、一次采集、多种生成、多元发布、全天滚动、多元覆盖”是基本共识。

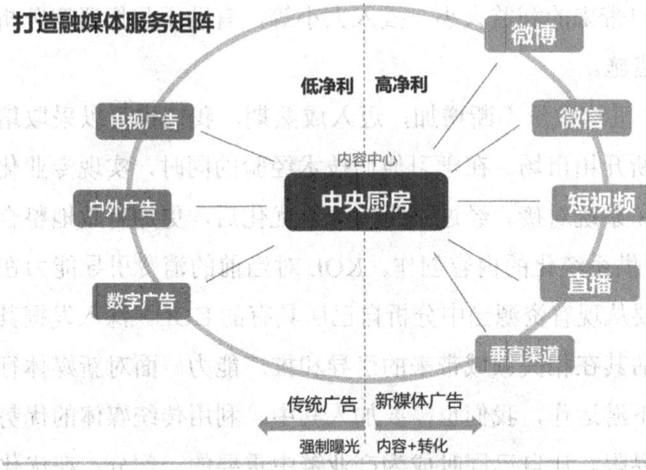

图 29 融媒体服务矩阵

对于中外名人这类主营业务为传统电视广告的企业来讲，有丰富的传统媒体操盘经验，在过去 20 多年里主要依赖于央视广告渠道，以此承接各大企事业单位的广告投放业务。中外名人作为一家广告传媒公司，可以通过平台独有的内容，打造“中央厨房”的概念。通过对内容的剪辑再加工，输出不同形式的媒体内容到不同的平台上，在多维曝光的同时，可以通过集中推广的整合能力，实现集中引爆流量，制造话题和声量。

传统媒体是中外名人的资源优势所在，应该充分扮演媒体融合过程中的支点，以传统媒体平台做背书，提高广告内容的平台背书，以及电视广告所特有的集中曝光效果。传统媒体广告受限于平台流量逐渐走低的限制，其价格高、精确度欠佳、营销效果无法衡量等弱点被放大，但是官方媒体的平台依旧是各大广告主的必争之地，更多是作为品牌窗口和社会形象的外化渠道。

新媒体（社交平台、社区、视频平台）：新媒体随着互联网的技术发展而一路走高，在当下移动互联的时代下，移动终端已经成为大众接收信息的最重要的平台。无论是微信、今日头条为代表的社交资讯平台，还是微博、豆瓣、知乎这种社区 App，包括抖音、快手、西瓜视频等短视频平台同样拥有极高的注册用户和日活用户，小红书、大众点评此类垂直领域媒体都在瓜分着巨量的互联网流量。作为一家传统的广告服务商，中外名人在新媒体流量资源上并不占据优势，因此要以传统媒体为支点，以央视电视广告作为产品的招牌，同时与多方新媒体洽谈获得广告分销权，作为给广告主提案的补充。广告内容和传播方案都应该遵循新媒体平台的特点，以流量的获取和运营为最核心的目的，帮助广告主实现营销转化。

自媒体（KOL、MCN）：自媒体的出现模糊了媒体的界限，每一个个体都可以是媒体传播源，无论是美妆博主还是汽车车评人，都可以用自己的专业能力加上平台的流量扶持，成为某个垂直领域内的KOL。自媒体具有很强的专业垂直性，对于广告主来说可以最大程度地保证自己投放的受众精准度。中外名人可以在初期采取整合KOL的方式，为不同行业的客户提供广告选择。在业务成型后，可以逐渐考虑成立专门的MCN机构，除了整合外部的达人资源外，也可以自主孵化新的KOL，既可以有效降低成本，又区别于其他传统广告公司的原创壁垒，提升在行业内的竞争力。

四达时代：融合电商路线探索

四达集团现状概述

一、四达集团成功运营现状

四达时代集团创立于1988年，在非洲的用户已超2000万，用户基础庞大。集团运营600多个电视频道，包括体育、影视、综艺等，以满足不同观众的需要。集团在运营体系上非常完善，尤其是基建措施，如营业厅、App、网站等。

二、四达集团内外系统优势

企业管理系统主要分为内部运行系统和外部运行系统，两个系统之间进行有效的交互，才能达到预期的目标。

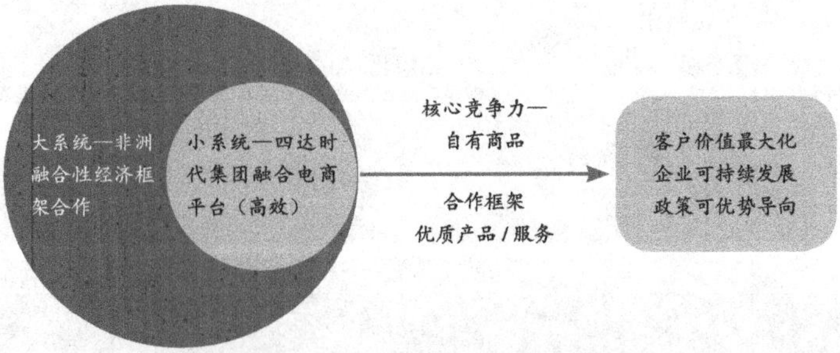

图30　四达时代内外系统交互

1. 完善的企业内部运行系统

企业内部运行系统是企业自己能够进行把控和调整的，可以分解成若干个小系统。每个小系统既独立存在，又相互作用、相互影响。这里我们用量子理论的模型来体现。

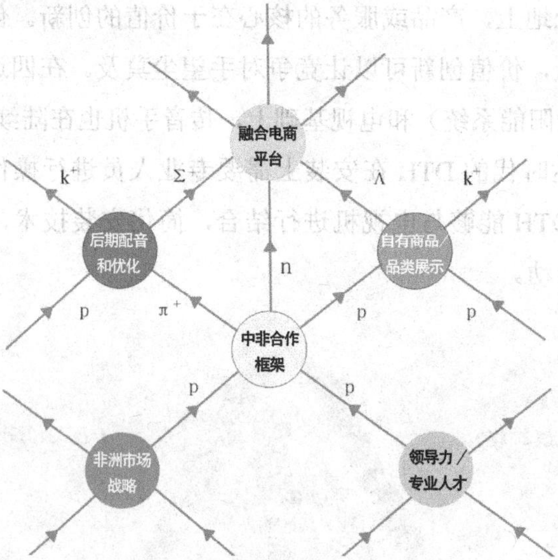

图 31　四达时代集团量子优化结构

2. 有效与外部系统交互

2018 年 9 月，第七届中非合作论坛北京峰会在北京举行，本次峰会主题为“合作共赢，携手构建更加紧密的中非命运共同体”。参与本次论坛的成员包括与中国建交的 53 个非洲国家以及非洲联盟委员会。政策的有利导向为外部系统的交互信息。

四达集团的战略与环境分析

一、蓝海战略

蓝海战略最终的目标是帮助企业有效应对开创蓝海的挑战，以使计划最优化、风险最小化。美国勒妮·莫博涅的蓝海战略中，企业进入蓝海应具备的核心内容即三大特征，四达时代的电商购物平台符合蓝海战略所需要的所有特性，所以实施自己的蓝海战略具有重要意义。

1．核心战略思想

非洲的热土使很多企业趋之若鹜，今天的蓝海明天就有可能变成红海。因此，在这片土地上，产品或服务的核心在于价值的创新。创造价值可以在竞争中实现飞跃，价值创新可以让竞争对手望尘莫及。在四达时代的核心产品（机顶盒、太阳能系统）和电视基础上，传音手机也在陆续推出电视产品，直击小米。四达时代的DTH在安装上需要专业人员进行操作，这无疑增加了成本。如果DTH能够与电视机进行结合，简化安装技术，这将对产品的创新起到有效推动。

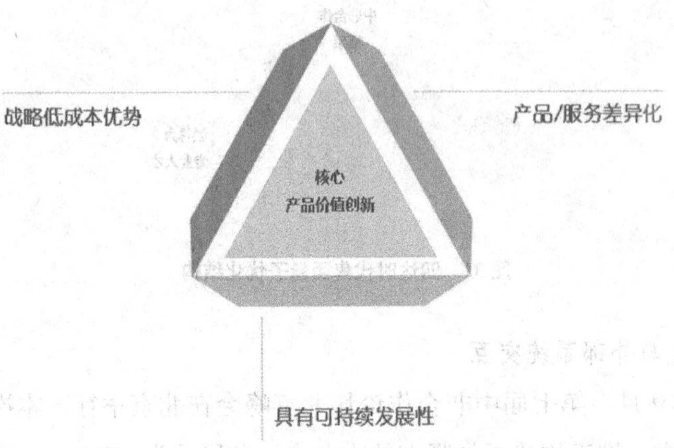

图32　蓝海战略核心产品价值创新图

2．蓝海战略布局

作为四达时代集团产业核心之一的“融合电商”，可以在不打破原有的产业结构上进行重塑，发展“融合电商+”的概念，重新划定企业边界和产业结构，开创新的市场空间。除一些发达的区域外，非洲目前经济基础与我国21世纪初类似，加工生产商品并运输到其他市场。但单纯的货物贸易门槛较低，难以形成竞争壁垒。所以，提出一个“融合电商+自营商品”的策略，关于自营商品四达时代集团可以通过简化功能、模块式组装生产，完全可以占领中低端市场。

剔除	增加
线路的铺设 高附加值商品	电视购物清流频道 后期配音和优化制作 万通村业务
减少	**创造**
产品的多功能性 商品的种类	自营商品 前店展示后店仓储

图 33　“融合电商 + 自营商品”的策略

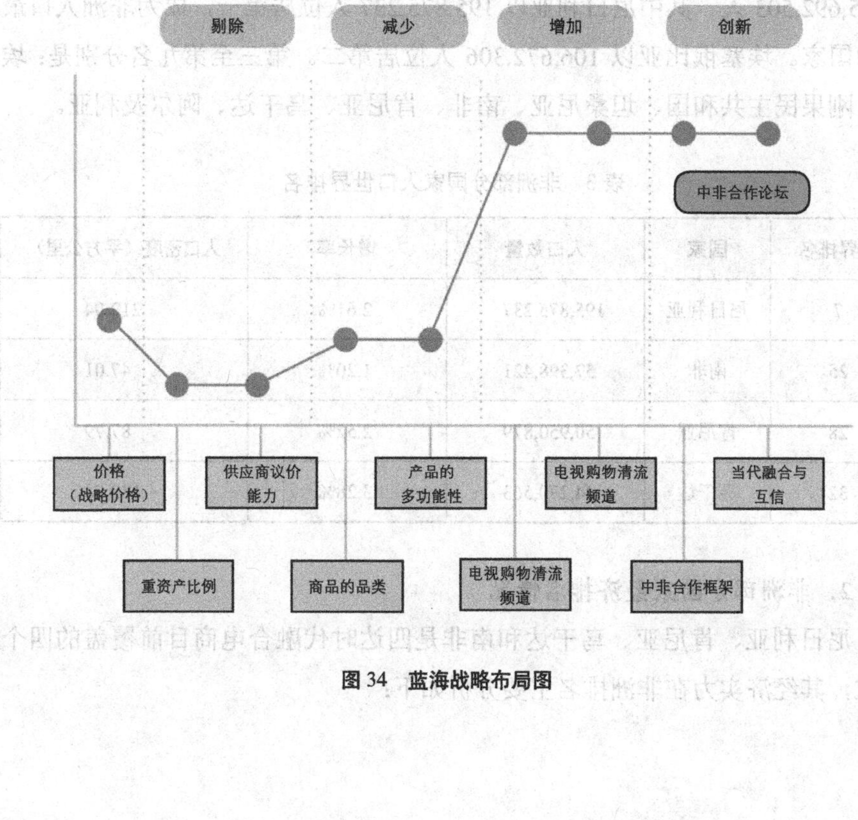

图 34　蓝海战略布局图

3. 蓝海战略的研究与发展

非洲市场开发度仍旧较低，潜在的获利市场空间大。庞大的市场份额不可能由一家企业全盘操控把握，战略的合作是在蓝海中最大化价值创造的优选方式。合成才能共赢，这也响应了中国在中非合作论坛中的主题。四达时代与非洲小 B 的合作和与国内市场的合作，均可体现出此战略的含义。在改革开放初期，中国一些企业出现因产品质量不高造成维修服务供不应求的情况，部分企业便采取与当地的一些私人维修门店合作的模式解决这一问题。随着时代的更替，国内基础服务领域已逐渐完善。四达时代集团可以利用中国的教育、医疗、就业等优势与非洲当地的小 B 进行合作，多层面创造和巩固合作框架，从而更好地开创和稳固非洲市场。

二、市场与模型分析

1. 非洲人口基数

截至 2019 年 10 月 9 日的官方统计数据，非洲 57 个国家人口总数为 1,285,692,503 人。其中尼日利亚以 195,875,237 人位居第一，成为非洲人口最多的国家。埃塞俄比亚以 106,672,306 人位居第二。第三至第九名分别是：埃及、刚果民主共和国、坦桑尼亚、南非、肯尼亚、乌干达、阿尔及利亚。

表 3 非洲部分国家人口世界排名

世界排名	国家	人口数量	增长率	人口密度（平方公里）
7	尼日利亚	195,875,237	2.61%	212.04
25	南非	57,398,421	1.20%	47.01
28	肯尼亚	50,950,879	2.52%	87.79
32	乌干达	44,270,563	3.28%	183.28

2. 非洲部分国家经济排名情况

尼日利亚、肯尼亚、乌干达和南非是四达时代融合电商目前覆盖的四个国家，其经济实力在非洲排名主要分析如下：

尼日利亚：经济排名非洲第一位，GDP 总量为 5154.3 亿美元 。尼日利亚是非洲人口最多的国家，制造业位居非洲第三，有着世界石油储量里相当的份额。由于人口优势，尼日利亚有望成为世界 20 个最大经济体之一。

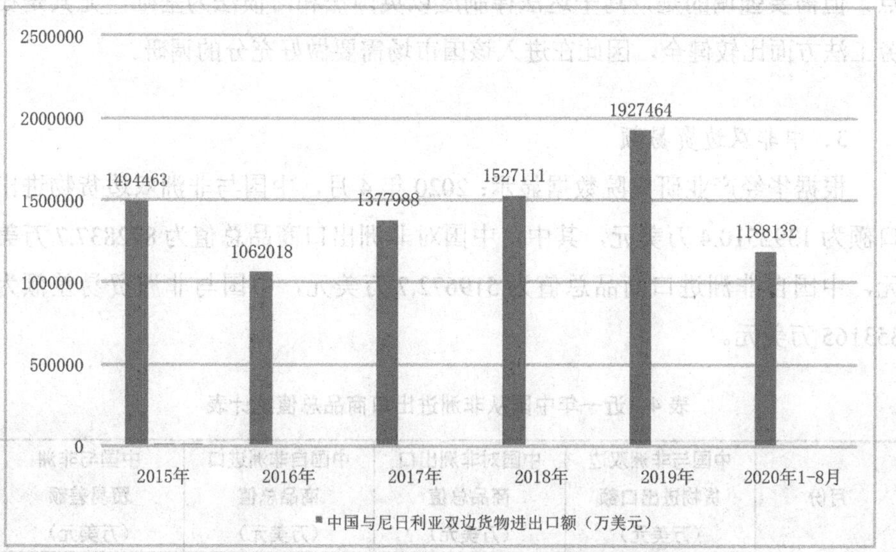

图 35　2015—2020 年 8 月中国与尼日利亚双边进出口额

数据来源：中国海关，华经产业研究院整理

南非：经济排名非洲第三位，GDP 总量为 3238.1 亿美元。南非以矿产资源丰富而闻名世界，如黄金和钻石，但是淘金热已经随着经济发展逐渐退出市场主流。除了闪亮的珠宝，南非还有更大的商机和发展空间有待开拓。

肯尼亚：在南非市场排名第八位，GDP 总量 659 亿美元。肯尼亚是撒哈拉以南非洲经济基础较好的国家之一。实行以私营经济为主、多种经济形式并存的“混合经济”体制，私营经济占整体经济的 70%。农业、服务业和工业是国民经济三大支柱，茶叶、咖啡和花卉是农业三大创汇项目。旅游业较发达，为主要创汇行业之一。工业在东非地区相对发达，日用品基本自给。

乌干达：经济实力相对其他三国较弱，但就整体市场环境而言，市场自由化程度相对较高。由于政府监管力度不大，所有部门都对外商投资开放，允许 100% 外商投资企业，乌干达吸引了不少创新者。这对于初涉电商经营的四达时代而言，是一个值得探索的市场。此外，乌干达实行自由外汇政策，资本可以自由流入和流出。乌干达也是非洲少有的电力市场自由化的国家。作为东非共同体成员国之一，其领导者也是东非区域一体化的坚定推动者。对于想要在东非市场扩张电商市场的四达时代而言，乌干达是很好的支点。但需要强调的是，乌干达法律制度以英国法和习惯法为基础，尤其是在劳工法方面比较健全，因此在进入该国市场需要做好充分的调研。

3．中非双边贸易额

根据华经产业研究院数据显示：2020 年 4 月，中国与非洲双边货物进出口额为 1392510.4 万美元，其中，中国对非洲出口商品总值为 872837.7 万美元，中国自非洲进口商品总值为 519672.7 万美元，中国与非洲贸易差额为 353165 万美元。

表 4　近一年中国从非洲进出口商品总值统计表

月份	中国与非洲双边货物进出口额（万美元）	中国对非洲出口商品总值（万美元）	中国自非洲进口商品总值（万美元）	中国与非洲贸易差额（万美元）
2019年4月	1829432	933107	896325	36782
5月	1866951	1028205	838747	189458
6月	1708565	929293	779272	150020
7月	1898179	1045988	852191	193797
8月	1683591	950952	732639	218313
9月	1627670	927607	700063	227545
10月	1660631	928040	732591	195449
11月	1665601	956170	709431	246739
12月	2132565	1233877	898689	335188
2020年1—2月	2660374	1370398	1289976	80422
3月	1464811	772499	692313	80187
4月	1392510	872838	519673	353165

受疫情影响，2020 年 1～4 月中国与非洲双边货物进出口额为 5511135.7 万美元，同比下降 16.9%。其中，中国对非洲出口商品总值为 3016878.4 万美元，中国自非洲进口商品总值为 2494257.2 万美元，中国与非洲贸易差额为 522621.2 万美元。近几年中非贸易整体保持稳定增长，未来可期。

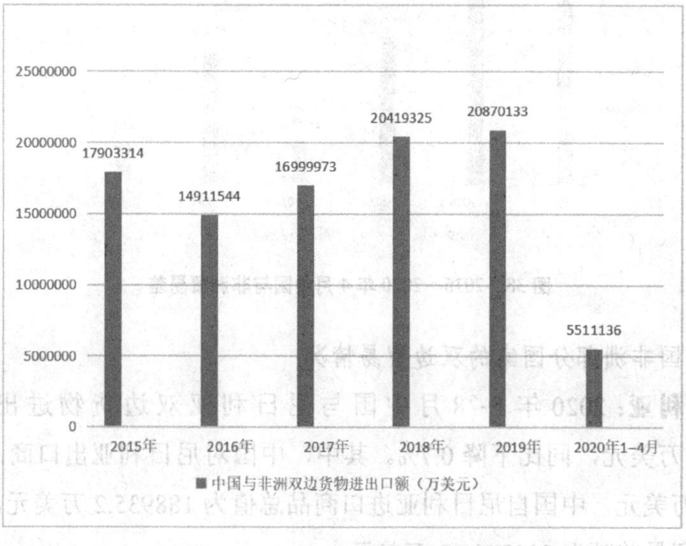

图 36　2015—2020 年 4 月中国与非洲双边货物进出口额

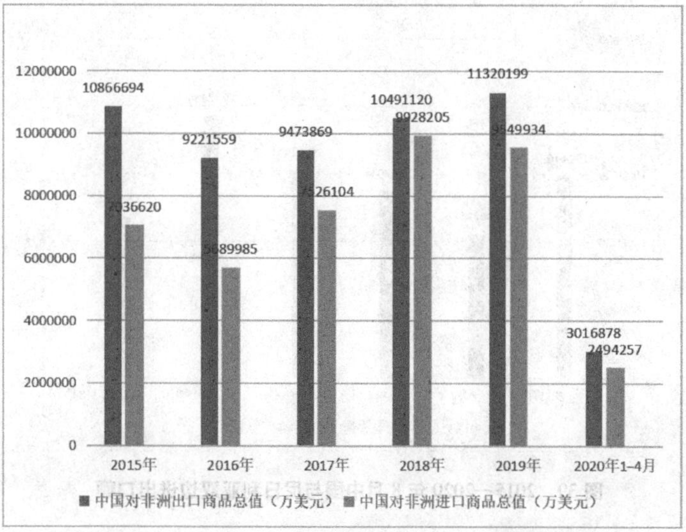

图 37　2015—2020 年 4 月中国与非洲进、出口商品总值

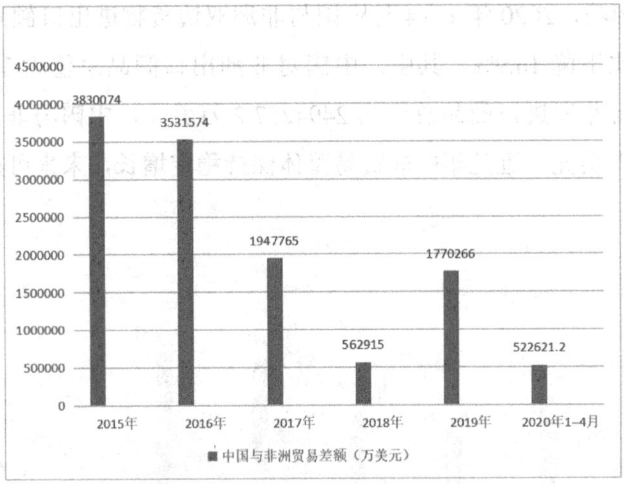

图 38　2015—2020 年 4 月中国与非洲贸易差

4．中国非洲部分国家的双边贸易情况

尼日利亚：2020 年 1～8 月中国与尼日利亚双边货物进出口额为 1188131.5 万美元，同比下降 0.7%。其中，中国对尼日利亚出口商品总值为 999196.3 万美元，中国自尼日利亚进口商品总值为 188935.2 万美元，中国与尼日利亚贸易差额为 810261.10 万美元。

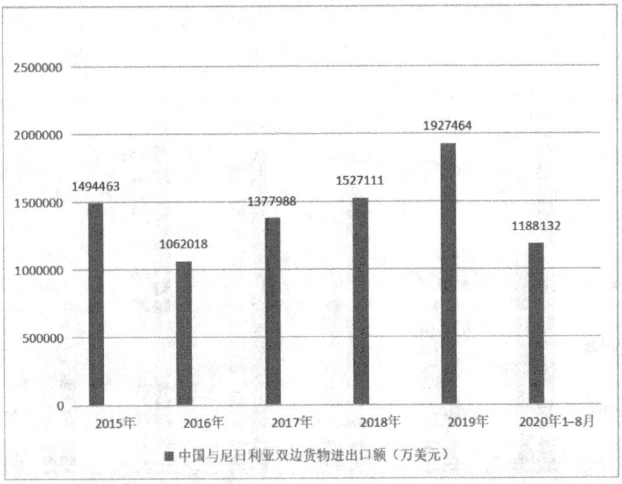

图 39　2015—2020 年 8 月中国与尼日利亚双边进出口额

肯尼亚：2020 年 1～4 月中国与肯尼亚双边货物进出口额为 129844.9 万美元，同比下降 14.6%。其中，中国对肯尼亚出口商品总值为 124312.3 万美元，中国自肯尼亚进口商品总值为 5532.6 万美元，中国与肯尼亚贸易差额为 118779.7 万美元。2020 年 4 月中国与肯尼亚双边货物进出口额为 35427.8 万美元，其中，中国对肯尼亚出口商品总值为 34277.2 万美元，中国自肯尼亚进口商品总值为 1150.6 万美元，两国贸易差额为 33126.6 万美元。

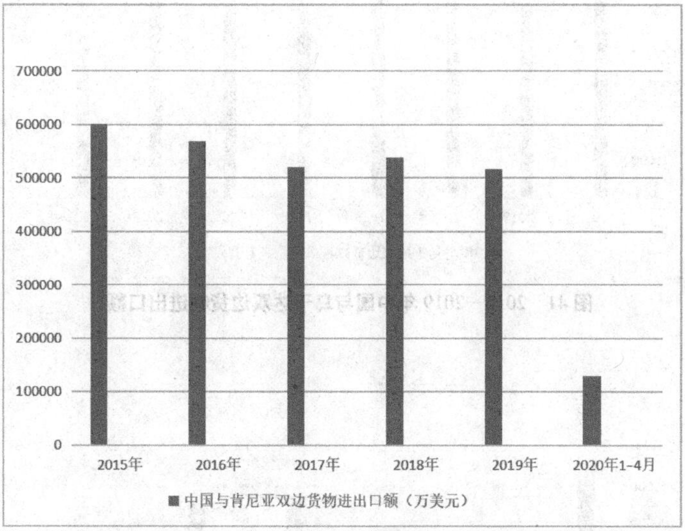

图 40　2015—2020 年 4 月中国与肯尼亚双边货物进出口额

乌干达：2019 年中国与乌干达双边货物进出口额为 78303.4 万美元，相比 2018 年增长了 3098.4 万美元，增幅为 4%。

南非：2020 年 8 月，中国与南非双边货物进出口额为 323376 万美元，其中，中国对南非出口商品总值为 140490.9 万美元，中国自南非进口商品总值为 182885.1 万美元，中国与南非贸易差额为−42394.2 万美元。2020 年 1～8 月中国与南非双边货物进出口额为 2088761.2 万美元，同比下降 26.2%。其中，中国对南非出口商品总值为 887920.4 万美元，中国自南非进口商品总值为 1200840.8 万美元，中国与南非贸易差额为−312920.40 万美元。

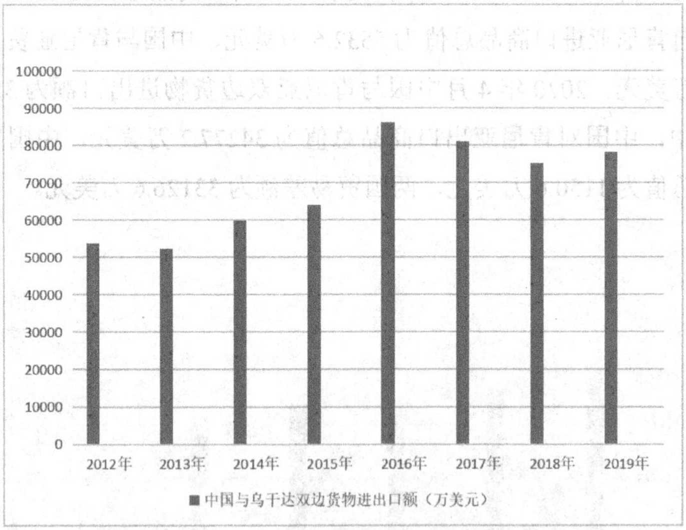

图 41　2012—2019 年中国与乌干达双边货物进出口额

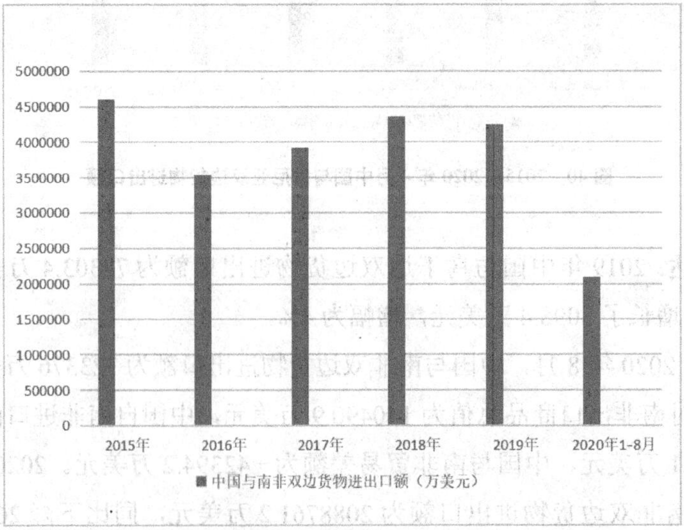

图 42　2015—2020 年 8 月中国与南非双边货物进出口额

三、竞争环境分析

运用波特五力模型分析四达的竞争环境，分别从潜在进入者威胁、同行业竞争者威胁、替代品威胁、购买者议价能力、供应商议价能力五个方面来分析。如图 43 所示：

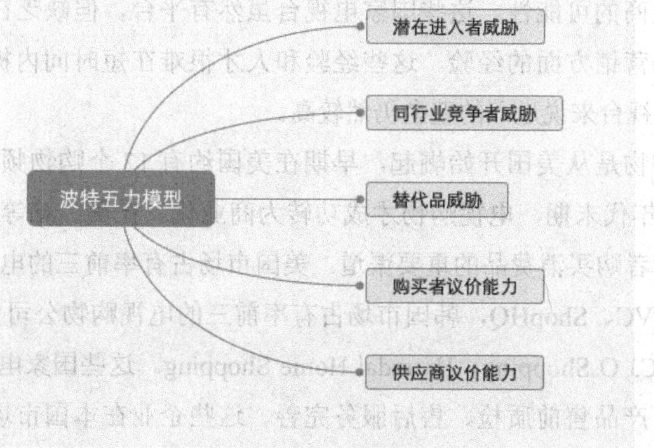

图 43　波特五力模型

1．潜在进入者威胁

表 5　肯尼亚电视台　（数据来源：soko　directory）

	1	2	3	4	5
名称	Citizen TV	KTN	NTV Kenya	KTN NEWS	KBC Channel 1
份额	26%	11%	10%	10%	5%

表 6　尼日利亚电视台　（数据来源：nigerian　info　pedia）

1	2	3	4	5
Channels TV	TVC TVContinental）	African Independent Television（AIT）	Nigeria Television Authority（NTA）	Galaxy TV

表 7　乌干达电视台　（数据来源：BBC　media　action）

	1	2	3	4	5
名称	NTV	Bukedde	NBS FM	Bukedde2	Spark TV
份额	20%	13%	11%	7%	7%

表 8 南非电视台 （数据来源：streema）

1	2	3	4	5
SABC	eNCA	UBN TV	Kruiskyk TV	Cape Town TV（CTV）

上述四个国家为四达优先开展融合电商业务的国家，电视台有通过电视购物进入电商的可能性。这些国家电视台虽然有平台，但缺乏在物色产品、物流、市场营销方面的经验。这些经验和人才很难在短时间内提升。因此，电商对于电视台来说进入的壁垒仍然较高。

电视购物是从美国开始崛起，早期在美国约有 12 个购物频道。一直到 20 世纪 80 年代末期，电视购物才成功转为商业化。在美、韩等国家，电视购物是消费者购买消费品的重要渠道。美国市场占有率前三的电视购物公司为 HSN、QVC、ShopHQ，韩国市场占有率前三的电视购物公司为 GS Home Shopping、CJ O Shopping、Hyundai Home Shopping。这些国家电视购物企业专业性高，产品售前质检、售后服务完善。这些企业在本国市场日趋饱和、竞争逐渐激烈的情况下，很可能利用自身经验及资本优势进军国外市场，扩大企业盈利。事实上，很多电视购物企业已经这样做了。

电视购物需要依赖电视频道，因此企业需要通过购买或者合作的方式，获得电视频道播放权，渠道成本相对较高。四达时代在非洲 13 个国家拥有自己的电视频道，因此频道成本相较而言很低。并且四达时代背靠中国产品渠道市场，所售产品在价格相对于发达国家的美国、韩国也有一定优势。因此，对于美国、韩国等国家的成熟电视购物企业作为潜在进入者，威胁不大。

2. 同行业竞争者威胁

2010 年 11 月起，肯尼亚综合 TV 广播局曾推出一款电视购物节目。至 2014 年 1 月，这档节目每天播出两次，在肯尼亚首都内罗毕及其邻近地区提供“一通电话就能买到韩国拉面”的免费送货上门服务。除此以外，肯尼亚、尼日利亚、乌干达、南非等国家几乎没有电视购物企业。

2020 年 9 月 1 日，四达时代在尼日利亚、肯尼亚、乌干达分别上线本国第一个专属电视购物频道，这三个国家的电视观众就可以在清流平台上收看到购物频道，购物频道 7×24 小时全天候播出。

四达时代在 15 个非洲项目国拥有 200 个营业厅、10000 个便利店和 24000 家渠道商组，设有约 600 个呼叫中心客服坐席。同时，四达时代同时运营地面数字电视、卫星数字电视和互联网电视三项业务的品牌。从上面种种优势来看，四达同行业竞争者威胁不大。

3. 替代品威胁

表 9　非洲主要电商

电商	商业模式	覆盖范围	销售模式	物流体系
Jumia	电商平台采用自营与第三方销售相结合的模式，将电商、出行、酒店、金融保险等服务一体化。	泛非洲战略；非洲各大城市均有业务拓展	自营占比63%第三方占比37%	有自建物流体系
Kilimall	以本地运营和招商为主，聚拢非洲本土商家后，将产品出售给C端消费者和小额B端用户，平台抽取佣金，与中国卖家合作推出海外购。	主要为肯尼亚，2016年开始在尼日利亚发展业务。	主要为第三方销售	在肯尼亚地区有自建仓储和物流体系；拥有自己的订单与物流管理系统。
Konga	自营与第三方销售相结合的模式。	主营尼日利亚业务	自营与第三方结合	有自建物流体系
Takealot	与Kalahari合并后，Takealot业务包括电商网站Takealot.com、时尚平台Superbalist.com、外卖网站Mr D Food。	主营南非业务	主要为第三方销售	对点物流服务Mr D Courier
Mall For Africa	垂直化平台，主营欧美时尚等；与ebay合作推出eBay Powered by MallforAfrica平台，允许美国供应商在非洲销售。	主营尼日利亚业务，近期在肯尼亚、加纳和南非推出了手机应用程序。	主要为第三方销售	与DHL联合打造新平台MarketPlace Africa.com

非洲电商企业较多，其细分行业覆盖面较广，包括：综合电商、时尚类、住房旅游类、食物饮品类、商业服务类、分类广告平台、B2B、汽车交易类、活动类、电子产品类、团购类、家装类等。

2017 年非洲新成立的 75 家电商创业公司共拿到 3514 万美元的融资。其中尼日利亚电商创业公司拿到了 1279 万美金的融资，南非拿到了 896 万美金。尼日利亚、肯尼亚、埃及和南非四国的融资份额达到了 91.8%（数据来源：Disrupt Africa）。其中，尼日利亚、南非、肯尼亚的网速已经接近世界平均水平。

2020 年第一季度 Jumia 实现营收 2930 万欧元，相比 2019 年同期的 3140 万欧元下滑 6.9%。年度活跃消费者同比增长 51%，达到 640 万人。Kilimall 日单量 700 单左右，月销售额近 1000 万元人民币，约有 1000 家商户入驻。Konga 目前总融资额为 1.15 亿美元，市值为 1.9 亿美元。Takealot 是南非市场的电商领头羊，市场占有率一直在增长。MallforAfrica 平台为非洲消费者提供了数十亿美国和英国产品，用户可以直接接触数百家美国和英国的电子商务零售商，以及超过 85 亿件的产品组合。

随着非洲经济不断发展，在中国“一带一路”战略带动下，大量中非跨境电商进入非洲市场，其中包括 Kilimall、Amanbo、阿里巴巴等。电商和电视购物所销售的产品互为替代品，并且电商有成本低、交易效率高、集成性等优势，会与四达电商产生相互竞争行为。

非洲互联网现阶段存在上网费用高、基础设施薄弱、电信运营商垄断问题。电商本身也存在不信任和欺诈、宽带成本高、恶意竞争、快递配送等问题。因此，短期内电商竞争力不强。随着非洲互联网的不断发展完善，未来，电商将成为电视购物的主要威胁之一。

4．购买者议价能力

四达时代融合电商平台销售和服务的客户是非洲民众，主要销售渠道的电视购物用户是收看电视节目的个人或家庭，购买者的总数在持续上升。每个用户购买量不会很大，个体购买的产品在总销量占很小比例，相对议价能力较弱。

电商包括电视购物行业现在非洲市场处于发展初期，提供电视购物和电商平台服务的竞争企业都在拓展阶段。而且电视购物销售商品品类相对较少，行业内不同企业间会尽量避开相同产品，以追求利益最大化。电视购物选取的商品定位是在满足刚需基础上突出新、奇、特等差异化时，用户较难在其他供应商或平台购买到相关商品，客户购买的可替代的选品不多。

2020 年 10 月 5 日，CCTV-1 新闻联播《权威访谈——努力构建新发展格局》商务部国际贸易经济合作研究院院长顾学明提到重要国家发展策略：扩内需，促开放，助力双循环。国家政策大力扶持企业扩大海外市场，有助推动四达时代融合电商平台在非洲市场的快速发展，增强四达时代的议价能力。

5. 供应商议价能力

四达时代融合电商现处于拓展非洲市场的初期，2020 年 4 月在泛非地区推出了融合电商购物平台 StarTimes GO，启动为非洲民众提供集合了电视购物（TV Shopping）、网络购物（Online Shopping）和电话购物（Phone-call Shopping）的多渠道融合型服务。2020 年 9 月 1 日在尼日利亚、肯尼亚、乌干达分别上线该国第一个专属电视购物频道。非洲民众在电视节目内容与电视播出服务、数字电视运营领域高度认可四达时代这一品牌，比如在乌干达有上百万的数字电视家庭用户，市场占有率达到了 70%，四达时代具备很好的电商销售渠道和消费客户基础。但在创新性的购物平台领域和新型消费模式方面，四达时代融合电商初创期的品牌影响力效应不足，影响供应商的议价能力。

目前 StarTimes GO 在 7 个国家上线，未来计划在另外 20 多个非洲国家陆续推出。四达时代融合电商平台建设和销售渠道落地在逐步推进中，现阶段覆盖区域不足。经营线上零售业务是从供应商购买产品，然后直接销售给非洲民众客户；电商平台是为客戶引进第三方品牌供应商的各种新产品和新服务，并为线上零售业务的供应商、第三方商家和其他伙伴在内的各类广告主提供数字营销服务。四达时代融合电商现处于拓展非洲市场的销售初期，销售量虽是持续增长曲线，但初期的实际销售额可能会集中在某些单品，短时间不会覆盖到全品类的销售高峰值。相对来看国内成熟的电商平台采购方的采购量现阶段是超过四达时代，有更强的议价能力。到 2019 年年底，京东商城直营超过 24000 家供应商采购商品，包括国内及境外的制造商、分销商和线上代理商；电商平台拥有超过 27 万的第三方商家，每年与供应商签订一年期框架协议获得产品和维持既有的定价惯例和付款条款，建立了稳固、优质的供应关系。现阶段无论线上零售还是电商平台业务，四达时代的采购规模和合作模式相对国内处于高速发展期的电商平台给予供应商的利好条件较弱。

四代时代凭借公司强大的国资背景和资源整理能力可以签署例如浙江义乌整体批发市场的整体采购协议，但打包签署策略并不能维持很强的议价能力。采购模式以代理商采购为主，相比于向厂商直接采购模式，代理商采购会提高采购成本。

海外物流链的账款周期也影响着供应商议价能力，按物流模式分我国跨境电商出口采用的物流方式主要分为四种：邮政物流、国际快递、海外专线、海外仓。数据显示，2017 年、2018 年及 2019 年，京东商城零售业务全年应付款项的周转天数分别为 60.3 天、60.2 天及 54.5 天。全年应付款项周转天数等于之前最近五个季度（截至并包括全年最后一季）零售业务的平均应付款项除以全年零售业务的营业成本再乘以 360 天。四达时代数字电视运营跨的境国际运输业务建设形成的专业商务体系 + 三级营销体系，为四达开展电商业务打造了坚实有效的物流链基础，但从国内商品发货期到顾客买单收货的链条长度超过国内电商出货和收款的周期，从而削弱了四代时代的采购议价能力，所以要增强四达时代的供应商的议价能力。

目前面临的问题与难点

一、平台

四达时代集团从 2020 年 9 月 1 日电视购物才正式开播，star ON 等频道刚上线，缺乏品牌影响力效应不足，同时对收益率数据缺少有效统计，代理商成本高于直采，物流链回款延迟等都是造成供应商议价能力较弱的主要因素。

表 10　四达时代电视购物覆盖国家图

<table>
<tr><th colspan="2" rowspan="2">非洲GDP前十国家名称</th><th rowspan="2">广州主要人员聚集非洲国家</th><th rowspan="2">电视购物覆盖国家</th><th colspan="2">人口统计</th></tr>
<tr><th>增长率</th><th>人口密度</th></tr>
<tr><td colspan="2">尼日利亚</td><td>√</td><td>√</td><td>2.61%</td><td>212.04</td></tr>
<tr><td colspan="2">南非</td><td></td><td>√</td><td>1.20%</td><td>47.01</td></tr>
<tr><td colspan="2">埃及</td><td>√</td><td></td><td>1.87%</td><td>99.13</td></tr>
<tr><td colspan="2">阿尔及利亚</td><td></td><td></td><td>1.67%</td><td>17.64</td></tr>
<tr><td colspan="2">摩洛哥</td><td></td><td></td><td>2.52%</td><td>87.79</td></tr>
<tr><td colspan="2">肯尼亚</td><td></td><td>√</td><td>2.18%</td><td>123.52</td></tr>
<tr><td colspan="2">安哥拉</td><td></td><td></td><td>1.27%</td><td>81.05</td></tr>
<tr><td colspan="2">埃塞俄比亚</td><td></td><td></td><td>2.57%</td><td>43.58</td></tr>
<tr><td colspan="2">加纳</td><td></td><td>√</td><td>3.11%</td><td>62.52</td></tr>
<tr><td colspan="2">坦桑尼亚</td><td></td><td>√</td><td>1.51%</td><td>3.68</td></tr>
<tr><td rowspan="9">其他国家和地区</td><td>马里</td><td>√</td><td>√</td><td>3.05%</td><td>15.41</td></tr>
<tr><td>刚果</td><td>√</td><td>√</td><td>2.11%</td><td>34.83</td></tr>
<tr><td>几内亚</td><td>√</td><td>√</td><td>2.64%</td><td>53.09</td></tr>
<tr><td>乌干达</td><td></td><td>√</td><td>3.28%</td><td>183.28</td></tr>
<tr><td>赞比亚</td><td></td><td>√</td><td>3.01%</td><td>23.40</td></tr>
<tr><td>卢旺达</td><td></td><td>√</td><td>2.40%</td><td>474.64</td></tr>
<tr><td>莫桑比克</td><td></td><td>√</td><td>2.90%</td><td>38.09</td></tr>
<tr><td>科特迪瓦</td><td></td><td>√</td><td>2.52%</td><td>77.24</td></tr>
<tr><td>马达加斯加</td><td></td><td>√</td><td>2.71%</td><td>44.60</td></tr>
</table>

综上几点，目前电视购物的有效覆盖率欠缺，未形成品牌优势，收益率统计数据也不完善，这是对供应商议价能力弱的主要因素。

二、选商品难点

众所周知市场上的商品种类繁多，如何打造一个流量高的热卖产品就成为一个难点。目前四达集团融合电商业务刚刚起步，主要以出口义乌小商品为主，与国内出口商和非洲电商存在竞争，而且用户大数据比较少，非洲国家众多，每个国家情况不一，如何选品仍处在一个探索的阶段。

解决经营战略

一、品牌战略

通过对四达集团的分析，存在很多潜在的电商竞争者。因此，在非洲打造自有品牌优势，强化四达在非洲的影响力显得尤为重要。在企业文化建设中，四达可以强化企业社会责任感，从公益活动入手增强公信力，组织实施各类线上和线下活动，增加电视购物的影响力，例如：访谈、募捐、真人秀、企业参观、商演等。关注重点和突出事件，急速扩大用户的感知度。另外可与国内政府和行业协会合作，向纵深发展有效推进品牌的关注度。

二、产品组合战略

通过对市场模型的分析得出，各个国家经济发展水平不一。目前四达集团可以对非洲市场进一步细分，采用中低端产品结合的战略，发展中端用户群体，提高收益率。例如：南非是非洲较好的国家，经济结构、科研水平、金融管理、基础设施等各方面，都优于其他非洲国家，实力雄厚的连锁集团控制着南非商品的销售主渠道。在挑选产品时，可以是年轻人消费需求为主的3C类产品，日常生活用品、小家电、旅游纪念品等中高端产品也会受欢迎。

三、供应链整合优化策略

供应链其实是一个生态系统，如同蜘蛛织网，从里到外，管理、生产、运营、供应商、销售等各个要素连接，而企业本身只是其中的一个环节。因此供应链的成败一定程度决定了供应链上所有企业的成败。整合优化企业所在的供应链，是企业可持续发展的法宝。

1．金融链：曲线融资

在政策的有利导向和目前中国的经济走势影响下，四达时代集团可以与各地方政府控制的大型小商品市场和加工企业进行合作，加长回款时间的周期。资金在利息和机会成本的有效调控下，可以为企业获取丰厚的利润，从而达到曲线融资的目的。

2．供应商链：产业联盟

与国内大型电商平台形成模块合作，强强联合快速抢滩市场，形成价格壁垒，单品合力有效冲击全品峰值。另外，组织和建立所需商品品类的行业联盟，推进商品集中采购的力度，增强企业的议价能力。增加供应商的黏合程度，形成多壁垒模型，打消和减弱竞争者的入侵。

3．与政府合作：强强联手

随着中美关系的紧张化以及疫情的影响，国内经济情况下滑。非洲无疑是一个蓝海市场，政府在保经济的政策驱动下，与政府和行业联手，是发展商品贸易的一个重要途径。四达集团可以与政府建立联动机制，扩大品牌的影响力、公信力和用户的认知程度。其次，利用政府层面的信息资源，有效对各类贸易数据进行收集和统计，做到精准定位。

解决策略与实施方案

一、对标企业模式借鉴分析

作为一家在非洲开展数字电视运营的中国企业，四达集团进军电商行业，“融合”二字是其最大特色。在开展新业务的过程中，四达集团完全可以在中非两地选择多种商业模式的标杆企业进行对标综合思考，学习借鉴行业头部企业的优秀模式和最佳实践，总结这些企业的经验得失，运用对标思维模型助力自身电商业务的发展壮大。

首先，在中国众多的领先电商平台中，与四达未来商业模式最为接近的当属京东到家。作为S2B2C模式的典型代表平台，京东到家的赋能商家模式非常值得四达集团借鉴。其次，提及主要市场在非洲的中国企业，必然绕不开“非洲手机之王”传音。2019年传音占据了非洲手机市场52.5%的市场份额，牢牢占据了手机这一最重要的硬件产品用户流量入口。在多年的企业发展过程中，传音在非销售硬件产品方面积累了丰富的经验，其商业模式中可供借鉴的经验很多，特别是本土化技术创新和多品牌战略布局。最后，KILIMALL作为中非跨境电商领域的典型企业，其在非洲商品进口平台的打造方面也进行了一些探索，值得参考。

1. 京东到家

未来的竞争是流量之争，谁能将流量运营成功，谁就能赢在未来。京东到家在流量方面通过App平台搜索和促销活动给商家店铺引流，利用CRM（用户关系管理系统）做到精准获客与用户运营，而四达则可通过旗下电视购物频道、App、营业厅展示和多种形式的促销活动为代理商引流。在履约方面，京东到家通过打造前置仓、店内仓，使用拣货助手、库存管理工具和智能派送等解决方案，让履约环节的客户满意度大大提高，如此保证了平台的复购率和客单价的提升。在这方面，四达集团可以考虑开发代理商库存管理和派单系统工具，提高平台的履约效率和配送准确度。而商品赋能方面，四达作为一家熟悉中国供应链的中国企业，在获取到代理商端的真实商品需求后，可以做到有的放矢、精准选品，通过选品反向增强代理商的黏性。

2. 传音

传音在非洲经营多年，建立了稳固的销售渠道和良好的品牌影响力，传音在满足本地化需求和实施多品牌布局方面可供四达借鉴。

首先，传音以本地化需求作为核心技术突破点，推出多卡多待、深肤色摄像技术、大功率扬声器重低音、防寒防摔和超长电池续航能力等功能，成功击中非洲消费者的需求痛点，赢得了消费者对品牌的认可。可以说，传音之所以能够成功占领非洲市场，在于其将本土化做到了极致。

其次，传音采取精细化品牌布局，实施多品牌多模式的战略，打造自己的产品生态链。在传音构建的生态链中，手机品牌的精细化定位正在帮助传音获得更广泛的用户基础，而多品牌策略则将为传音后续的发展注入了新动能。

目前，传音旗下拥有 TECNO、Itel 及 Infinix 三大手机品牌，分别满足中高端、大众和年轻人三个不同等级的消费需求。除了手机，2014 年传音推出智能配件品牌 Oraimo，2015 年推出专业家用高端电器品牌 Syinix，此外，传音旗下还拥有专业售后服务品牌 Carlcare。Oraimo 已成功覆盖非洲及亚洲的 30 多个国家和地区，Syinix 的产品包括智能电视、空调、冰箱、洗衣机、微波炉、电热水壶等，而 Carlcare 可以服务的产品类别涵盖电子产品、家用电器和照明电器等，旗下服务接触点已经超过 2000 个。专业优质的一站式售后服务有利于提高用户黏性，不断增强品牌效应及深化产品终端生态。

四达电商在商品开发中可以参考传音的多品牌精准定位模式，针对不同的用户群体、消费需求和不同的商品、服务品类，可以分别推出相应的旗下新品牌，原有品牌则可以继续专注在传统 DVB 业务上。新品牌推出伊始，可以结合老品牌进行联合宣传，利用老品牌为新品牌背书，后续则可以独立运营新品牌，以此提升新品牌的知名度和营销的精准程度，也可以通过新品牌的打造，跨越企业成长的 S 形曲线，成功实现转型。比如可以推出小家电系列的新品牌，主打年轻、时尚、耐用。

3．KILIMALL

作为第一家进驻非洲互联网行业的中国企业，Kilimall 在肯尼亚、乌干达和尼日利亚三国都占有不容小觑的电商市场份额，并于 2019 年推出了非洲商品进口 B2B2C 微信平台－非洲心选。四达电商如果想要打造中非贸易的双向桥梁，不仅将优质好价的中国商品带到非洲，还将新奇的非洲本土商品带回给国人，可以提前借鉴思考 KILIMALL 在这方面的一些实践经验。

目前非洲心选这个平台主要有零食、护肤和手工艺品三大品类，集合了非洲咖啡、非洲夏威夷果、南非芦荟胶、赤道富硒红茶、魔棒牙膏、南非红酒、非洲鲜花等多款极具非洲特色的商品。平台承诺 48 小时发货。通过公众号软文的形式不定期做推广促销活动，宣传口号是“新非洲，新生活，让世界重新认识非洲”，自称“非洲优质好物的搬运工”。根据平台的官方说法，非洲心选的每一款产品都是从非洲当地大型超市内精心挑选。平台推出的时间不长，可以持续关注后续发展，提前思考布局进口非洲商品的商业模式。

二、线上线下组合策略

经验告诉我们，没有所谓的实体经济及数字经济之分，数字经济本身与实体经济就是一体的两面而已。未来，制造业、服务业、零售等都将有可能被数字技术所颠覆。

四达集团面对非洲市场具备更强有力的优势，那么如何快速占领蓝海市场将是下一步的重要方向。针对未来数字化电商市场的发展趋势，非洲及中国都将是线上结合线下的绑定模式。打造非洲线下体验店也将是四达集团的新机遇。

1. 线下体验店 SWOT 分析可行性

图 44　四达体验店优势、劣势、威胁、机会

2002 年四达时代集团进入非洲市场，在非洲当地建设了 170 多家营业厅，2.4 万家便利店。这是四达时代打造线下体验店的坚实基础。同时，四达时代集团具备媒体平台背景、频道媒体资源等，奠定了四达线上购物节目推广机会及成本。

四达时代进入非洲市场电商行业也将面临市场潜在竞争者威胁。相较而言，非洲国家网络设备建设不健全，线上支付能力不足，法律法规管理能力也较弱。一些竞争者因此有可能通过偷税进而获得更多的市场竞争力。但这些企业，从规模上难以与四达时代相抗衡，短期内不会对四达构成战略上的威胁。

最后，四达时代的自身劣势。四达时代进军非洲电商市场，从成本、资源、渠道等有着得天独厚的优势，但从数字电视行业转战电商行业，四达时代还面临着选品问题。四达需要时间开拓及分析“在非洲卖什么？”的问题。作为消费者，对于新的四达融合电商模式，他们也存在一些疑虑，例如：新产品接受能力、运输时效、产品真实体验等。那么，建立线下体验店可以解决部分问题。

综上所述，四达打造线下体验店优势为成本低；机会为数字平台覆盖广；威胁为存在低成本竞争商，但暂时潜在威胁小；劣势为商品选品、物流、客户体验等问题，但这些可以解决。结合以上分析，四达时代发展线下体验店的可行性很大。

2．低成本打造客户线下优质体验

为了新零售市场在非洲市场占领一席之地，电商与新零售的融合也是必经之路。四达时代集团需要更加关注客户的产品体验及服务体验。

图45　四达融合电商“四步曲”

对于四达打造“体验店”成本低的优势、威胁小、机会多等此处不再赘述。我们从四达时代集团转战“融合电商”的劣势进行分析及解决。

商品甄选：四达时代集团对于商品甄选还在探索阶段，根据蓝海战略中“融合电商＋自营商品”的策略，自营产品需要简化功能快速占领中低端市场。目前与四达集团达成合作的商品甄选合作商为“义乌小商品城”。商品甄选需要秉持以下标准：商品功能简洁、便于客户自行操作；实用性强、体验反馈快速直接；商品体检小、节省空间增大展示量；打造电子中、低端独立产品线。

商品寄卖：四达线下体验店搭建过程中，商品采购成本及物流成本比较商。商品寄卖可以为四达降低采购成本，提高现金收益留存时间，降低资金风险。同时可以少批量仓储，缩短客户收货周期。

后店仓储售后：打造展厅小规模仓储模式的同时，还可以局部建立店内售后窗口，解决客户售后问题。由于在选品方面已经进行了商品简化，商品大概率可在店内维修。这可以大大提高四达商品的客户体验。

打造自营产品：自营产品必将是四达时代集团“融合电商”发展的必经之路。以上产品甄选经验积累、获客量积累及产品售后服务提升经验积累均为四达打造自营产品奠定了良好的基础。

3．自营产品模式展望

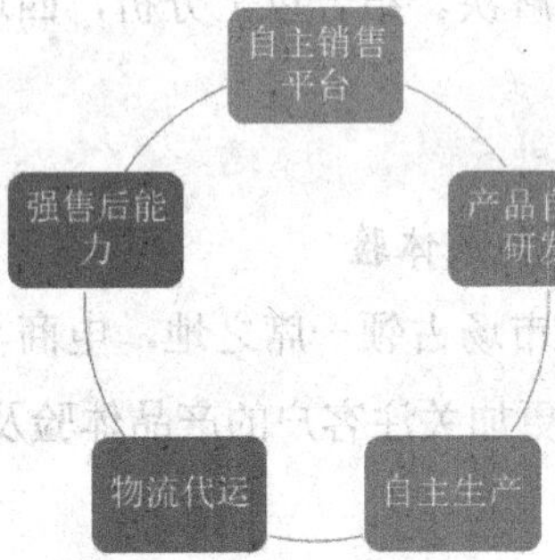

图46　自营产品模式

为了更好地集中客户资源，四达时代集团需要从获客最初建立自营平台App，通过在非建厂、建仓的模式自主生产加工。非洲土地及人员成本均远远低于国内，自主研发、自主生产可以帮助四达把控商品质量、提高市场竞争力。在非洲建仓建厂可以很大程度上提高商品运输时效，免除商品关税成本等。同时四达可以采用物流外包的模式，降低物流成本。自营产品可以大大提高商品售后服务能力，甚至部分商品可以考虑“以换代修”的售后模式，为非洲市场带来全新的售后体验。

4．在非洲开拓自营产业基地

四达时代集团在非洲开拓电商市场，商品主要来源于“义乌小商品城”。四达时代进军非洲电商，也是在帮助义乌走出国门，入驻非洲市场。未来在四达时代集团不断创新的经营模式下，有望在非洲打造第二个“义乌小商品城”。利用非洲土地及人口成本的优势，建立四达时代集团自营产品产业基地，拉动非洲经济。

在非洲的“融合电商 + 自营产品”打造不会是四达时代集团的终极目标，企业经营发展也必将经历各种创新及转型。四达时代的创新将对非洲发展起到至关重要的作用。同时，四达时代将对整合非洲零售市场、打造非洲新零售模式带来历史性的变革。

三、建立以广州为主的区域集采中心

据统计，广州是非洲籍居住和出入境人口次数较多的区域，其中：非洲籍常驻人口为 1.1 万。他们主要从事服装、鞋帽、小商品的贸易，来源国家主要为尼日利亚、埃及、马里、刚果和几内亚等。

广州非洲籍年出入境为 43 万人次。离境和入境按照各 50% 计算，离境人员按照每人每次 500 元携带货物计算，年总额度在 1.075 亿元，其中还不包括常驻 1.1 万人员的物流货物数额。

表 11　广州与义乌非洲籍商贸活动的对比

不同点	广州地区	义乌地区
贸易形式	主要以出口外销商品为主	主要是以经营非洲本地产品为主
经营人员	主要是以非洲籍人员为主，语言，习惯等沟通便利，了解非洲市场	主要是以本国人员为主
经营方式	主要是非洲籍与中国人合作进行贸易	主要是非洲籍自己开店
经营产品	主要以电子产品，医用品，建材为主	主要以小商品，手工艺品等为主，例如饰品，针织品等

综合分析广州地区具有国内采集中心的价值，具有区域定位的优势。所以增加以广州为首的珠江三角洲供货中心，在中国发展储备供应商势在必行。

星光影视：XR 虚拟演播室的发展趋势

本文研究对象为北京星光影视设备科技股份有限公司 XR 虚拟演播技术，目的是分析虚拟演播室的发展趋势和 XR 的市场应用。

XR 虚拟演播室技术概述及应用现状

一、虚拟演播室的概念

虚拟演播室是近年发展起来的一种独特的电视节目制作技术。它的实质是将计算机制作的虚拟三维场景与电视摄像机现场拍摄的人物活动图像进行数字化的实时合成，使人物与虚拟背景能够同步变化，从而实现两者的融合，以获得完美的合成画面。

二、VR AR MR XR 的概念及其区别

虚拟现实技术（英文名称：Virtual Reality，缩写为 VR），又称灵境技术，是 20 世纪发展起来的一项全新的实用技术。虚拟现实技术囊括计算机、电子信息、仿真技术，其基本实现方式是计算机模拟虚拟环境从而给人以环境沉浸感。

增强现实（Augmented Reality，简称 AR），是一种实时地计算摄影机影像的位置及角度并加上相应图像的技术，是一种将真实世界信息和虚拟世界

信息“无缝”集成的新技术，这种技术的目标是在屏幕上把虚拟世界套在现实世界并进行互动。

混合现实技术（MR）是虚拟现实技术的进一步发展，该技术通过在现实场景呈现虚拟场景信息，在现实世界、虚拟世界和用户之间搭起一个交互反馈的信息回路，以增强用户体验的真实感。

扩展现实（XR）是利用 LED 显示屏和摄像机跟踪技术，将虚拟空间“放置”在现实环境中，且虚拟内容可根据摄像机的视角和运动做出相应透视变换。从摄像机的视角看去，这一虚拟空间呈现出逼真的透视效果，与现实空间别无二致，直观地看就是现实世界的扩展，因此 XR 被称作 Extended Reality，即扩展现实。

三、基于 LED 显示屏的 XR 技术优势

1. 沉浸式与实时的制作与编辑流程

演员或主持人、制片人可以在现场看到虚拟环境，让他们可以在现场进行表演或拍摄的调整与指导，减少了后期制作所花费的时间和预算。虚拟制作解决了外景拍摄的剧组交通成本及环境等待成本，无需踩点等待下雨或夕阳落山的时刻，随时复现和修改所需的环境。

2. 真实的现场交互灯光

照明由 XR 现场的 LED 显示屏提供，有助于真实人物与虚拟环境的无缝融合，并减少进一步照明调整的时间。这点特别适合有高反射的真实物体拍摄，需要提供真实的环境反射信息及光照，而无需通过后期合成添加处理。

3. 没有颜色溢出问题与抠像合成的困扰

在传统绿幕拍摄环境下，常常需要花费大量的时间进行精细的抠像处理，同时修补颜色溢出的问题，而 XR 完全不需要抠像，现场直接出镜头。

4. 快速的镜头校正

传统的绿幕拍摄下，虚拟摄影机的镜头校正时间往往要花费几个小时，而 XR 摄影机上的虚拟摄影机跟踪系统的校正只需要几分钟，这大大减少了

现场的中断和准备时间，并允许短时间内跨多个场景和会话情景进行拍摄。

四、XR 关键技术

1. 摄影机追踪系统

在追踪设备的选择上，与绿幕虚拟制作类似，设备及服务供应商包括：Mo-sys、Stype、BlackTrax、Optitrack、Vicon 等，分为主动式和被动式红外光学捕捉，其追踪数据和定位调整都可以整合到媒体服务器上。

2. 虚拟演播室软件平台

Pixotope 是一个开放式的软件解决方案，用于快速创建虚拟演播室、增强现实及实时图形。它拥有功能强大的商业硬件，专门设计来用于与其他合作商的技术及外部数据源进行连接。Pixotope 和 Zero Density 一样，都是基于虚幻引擎的原生虚拟演播室软件解决方案。

3. 媒体服务器

国内外主要用到的是 Disguise 服务器及平台，其媒体服务器相当于真实世界与虚拟世界的桥梁，将虚拟摄影机与真实摄影机运动信息进行匹配并将图像信息映射到 LED 屏幕上，并在范围外进行拓展。其功能还包括摄影机及镜头校正、空间映射、颜色校正，并支持 Unreal、Unity、Notch 等渲染引擎。

4. 实时渲染引擎

随着实时渲染引擎 Unreal 和 Unity3D 的出现，使得虚拟场景根据摄像机的位置做出实时的透视变换。将摄像机运动数据输入渲染引擎，渲染引擎生成相应的虚拟内容输出至多个屏幕。基于 Unreal Engine（UE4）的技术体系是完全打通电影和电视制作流程，并且基础套件完全开源的解决方案。

五、基于 LED 显示屏的 XR 演播现场实施要素

1. LED 屏幕选择

屏幕形状至少要营造 270° 的环绕空间，环形或者呈任意夹角的平面均可，如何选择需要根据节目立意和效果而定。LED 的各项技术参数，也需要

纳入考量范围，包括色彩还原度、点间距、屏幕尺寸。另一个与LED屏幕相关的问题是摩尔纹，它是由摄像机感光元件与LED点阵结构的周期性排列决定的，但并非不可避免。拍摄角度、拍摄距离、焦距、LED点间距都能影响摩尔纹的有无。在满足色彩和亮度的前提下，小间距LED对减少摩尔纹的出现也大有益处，还可以缩短最佳拍摄距离，使得摄像机距离屏幕更近。最佳拍摄距离的一般计算公式为：最佳拍摄距离（m）= 点间距（mm）×2.5。

2. 跟踪技术的适配

XR的优势在于呈现无限的空间感和沉浸体验，理论上摄像机运动范围可以尽可能广阔。为此，在XR节目的摄制中，最好采用移动范围足够广的摄像机跟踪系统。

3. 各工种的协同

导演需要知道虚拟场景的范围和边界，以便更好地设计景别和拍摄角度；大屏团队需要将视频信号和屏幕像素点精确对位，确保XR场景不发生变形扭曲，影响透视效果；灯光师需要了解LED发出的环境光如何影响演员，便于和屏幕发光协同配合；摄像师需要清楚XR场景的主体位置、纵深大小，更好地设计镜头运动轨迹，并避免摩尔纹或凸现LED颗粒感。

六、XR虚拟演播目前主要应用场景

1. 电视栏目

虚拟演播室技术在电视综艺类节目、访谈类节目、新闻类节目和气象类节目中最为常见，尤其是近年来智能技术的开发，系统越来越人性化，可以更加方便快捷地进行电视栏目录制。虚拟演播室系统可以修饰节目的画面效果，摆脱了单一的场地场景，根据每期的电视栏目制作要求来进行场景的搭建和设计，为节目增添了丰富多彩的画面效果。在央视春晚舞台上，XR技术的应用曾一鸣惊人，通过“云舞台”的方式让无法到场的周杰伦、刘德华“出现”在“千里之外”的春晚舞台。在节目中，导演团队通过XR技术应用为刘德华的表演营造出4个空间感极强的虚拟建模场景，不仅能够让演员在榫卯结构的传统建筑中演唱、在礼盒搭建的魔幻空间里与机器人共舞，还能在年年有“鱼”的场景下遨游，并与现场演员隔空互动。

2. 影视摄制

拍摄现场无实景、无绿幕，演员在 LED 屏幕所构建的空间中进行表演，无需再靠想象。真正做到电影工业流程化、模块化与实时化。

3. 远程会议 / 采访

5G 网络传输和全息成像技术让身在异地的代表与记者跨越时空“相见”，人工智能驱动的 3D 版 AI 合成主播穿梭于演播室不同虚拟场景中，“5G+4K/8K 实时传输”和“AI 快速剪辑”等技术成果实现广泛运用。

4. 虚拟演员

虚拟演员的典型代表——初音未来。初音未来是世界上第一个使用全息投影技术举办演唱会的虚拟偶像。演唱会中使用的 3D 全息透明屏幕是一种采用了全息技术的透明投影屏幕，这种投影屏幕具有全息图像的特点，只显示来自某一特定角度的图像，而忽略其他角度的光线。即使是在环境光线很亮的地方，也能显示非常明亮、清晰的影像。

5. 全息影像

我国“奋斗者”号载人潜水器成功坐底马里亚纳海沟的重要时刻，中央广播电视总台央视新闻频道、央视新闻新媒体通过 XR 虚拟演播进行了同步科普讲解。

虚拟演播室发展趋势及痛点

一、虚拟演播室发展的趋势

在电视栏目制作中，虚拟演播室应用是针对各类创意媒体所开发，展现先进的电视播放画面，可应用在新闻、气象、运动、综艺、儿童及谈话性节目等。包括数据即时输出、动态 3D 立体图形、主播与画面互动、虚拟场景与实况并行、让创意与科技具体结合、绝对让观众大开眼界。以财经节目为例，以往的节目多数都是采用座谈的形式，现在可以进行很多改动，例如在主持人周围建立虚拟的柱状图、财经数据分析、曲线图等。在虚拟演播室中，这些数据都可以从程序自动地更新，这大大地减轻了设计师的工作负担，制作场景的时候只需要设计一个模版就可以了。节目的形式也可以变得更加生动、更具表现力。

在娱乐演出中，随着娱乐演出的市场规模日益增加，新技术新内容的出现不断刺激市场需求的爆发，XR+ 娱乐演出逐渐展现出其背后庞大的市场潜力。越来越多的演唱会、发布会现场、电影拍摄现场以及电视节目等场景，开始运用高科技感以及逼真感的 XR 技术，从而为创作实现更多可能性。2019 年《演出行业洞察报告》中认为，“云演出”成为现场演出的替代方案，引导了一部分用户由线下转为线上，有望成为新的演出风口。

在游戏和动漫行业中，中国的虚拟偶像业务在近几年来迎来了井喷式发展。2016 年虚拟偶像“洛天依”成功登上了湖南卫视小年夜的舞台，同年 10 月，“洛天依”再次登上了湖南卫视金鹰节颁奖典礼的舞台。2017 年，仅一年时间，就诞生了 14 位虚拟偶像，被称为虚拟偶像元年。吸引更多的节目组进行虚拟人与真人同台直播的试水，如游戏《王者荣耀》中的角色曾登上综艺节目《创造营 2019》进行舞台秀。

在网络技术层面，随着 5G 试点与商用落地进程的加快，极具未来科技感的 XR 技术被产业界寄予了厚望。虚拟演播 XR 技术通过构建一个虚拟的世界，与现实世界相互作用，最终实现虚拟与现实的完美融合，将成为 5G 时代的典型应用之一。具体来说，5G 具有三个主要性能——超高速率、超低时延、超高密度，这三种性能都对未来虚拟演播室的发展起到关键的作用。一是高速度，通过 5G 技术实现全息影像的实时同步传输，使影像传播打破物理空间的距离局限成为可能。二是低延迟，是实现虚拟与现实交互发展的必要前提。在 4G 时代虚拟影像所呈现的动作、语言都是预先设定好的，而在电视节目这种用于传输信息且灵活性极强的媒介中，预先设定的虚拟偶像就显得极为呆板，且无法应付突发的节目状况，因此给电视节目录制与后期剪辑都造成了极大的困难。而 5G 对于时延的最低要求是 1 毫秒，这种 1 毫秒的低时延特性使众多互动性极强的技术都将成为可能，诸如自动驾驶、远程医疗等。三是高密度，5G 的基站数量将大幅度提高，为 5G 信号的高密度覆盖提供了可能，将来实现异地联网空间同屏互动将不再是神话。

在硬件设备层面，显示终端的不断迭代，以及物联网、人工智能、机器学习及 360° 影像的日趋成熟，XR 应用场景也正在不断扩大行业边界。无论是应用于 B 端的工业制造、工程、医疗、军事、紧急响应，还是强调 C 端的游戏、娱乐、文化、旅游、营销广告、教育培训、零售，XR 都提供了一种全新的人机互动、沉浸体验的应用方式。

值得关注的是，XR 技术的用户体验设计，是以用户需求为基础，强调研究用户的行为逻辑，例如人们面对产品、环境时的思维变化、心理感受和行为动作。这就意味着，它更偏向于人机交互的技术，主要研究系统与人的关系，具体来说就是研究各类机器甚至是具有计算机化的系统、软件与人的关系。而人机交互技术是 21 世界信息领域需要发展的重大课题，具有极其广阔的研究价值。美国 21 世纪信息技术计划中的基础研究内容确定为四项，即软件、人机界面、网络、高性能计算。说明人机交互研究在信息技术中是足以与软件技术和计算机技术等比肩的关键技术。

二、虚拟演播室发展的痛点

1. 人才的缺乏

人才的缺乏是阻碍 XR 沉浸式技术创新的最大因素。工程、UI/UX 专家、着色专家、计算机视觉专家、Unity 开发人员、3D 引擎开发。而且 XR 中一些概念需要将沉浸式技术与其他高速增长的专业技术（如人工智能）融合在一起，这就要求人们拥有深厚的跨学科技能。这样的人才凤毛麟角，制约了虚拟演播室快速发展和广泛应用。

2. 软硬件成本高昂

虚拟演播涉及的专业软件系统和硬件设备都极为昂贵，以显示屏为例，与传统的 LED 屏幕应用相比，摄影棚 LED 屏幕应用对准确色彩还原，动态高刷新，动态高亮度，动态高对比度，无色彩偏移的广视角等要求都更为严苛，由此可见，搭建一个虚拟演播室需要投入的成本是非常大的。

三、运用 PEST 分析虚拟演播室发展前景

1．政治环境

我国一直高度重视以虚拟现实为代表的 XR 发展，早在 2016 年，虚拟现实就被明确列入“十三五”信息化规划、互联网 +、人工智能、产业结构调整指导等多项国家级规划文件。工信部 2018 年年底出台的《关于加快推进虚拟现实产业发展的指导意见》明确提出，要大力发展端云协同的虚拟现实网络分发和应用服务聚合平台（CloudVR），并提出到 2025 年我国虚拟现实产业整体实力进入全球前列的总体目标。各部委也陆续出台相关政策，要求加快增强现实、虚拟现实等 XR 技术的应用，推动信息消费平稳增长。2020 年 10 月 19 日，国务院副总理刘鹤在世界 VR 产业大会发表了书面致辞，强调要深化制造、文化娱乐等重点行业和特色领域的应用场景探索，加快推进 5G+VR 成果应用转化，大力发展普惠 VR。

从另一方面来讲，碳达峰、碳中和成为国家战略，绿色环保经济是发展的大趋势。虚拟演播室技术也可以节约大量场景耗材和人员实景拍摄的能源消耗。

2．经济环境

近年来，扩展现实产业发展迅猛，截至 2018 年，全球 VR/AR 市场达到 172.7 亿美元，增长率达到 67.2%，其中中国市场规模 80 亿元，增长率为 76.5%。与此同时，随着国家发力“新基建”，5G 作为新一代的通信网络基础设施，将为 XR 技术演进、应用服务、产业发展和社会经济注入新的活力。信息产业当前的主流是移动互联、视频和动画，随着用户体验的优化，虚拟现实有望在未来 5 年到 10 年后成为主流。Visual Capitalist 研究显示，2022 年年底全球 XR 市场规模有望达到 2090 亿美元。

3．社会环境

社会的发展新消费群体的崛起使得过去传统的内容和形式已经无法满足现阶段的市场需求，XR 技术经历了打磨和发展，应用更加灵活，内容更加丰富精致，让线上演出形式增添了沉浸感和视觉震撼。人工智能，虚拟现实都是当今社会的流行语，新生代对新事物的接纳能力越来越强，科技在生活

中的运用程度会越来越高。网络直播，虚拟场景游戏，电视节目，电影制作方面等，虚拟演播技术在社会生活中的应用会越来越广泛，将彻底改变我们工作、生活、学习和娱乐的方式。

4. 技术环境

5G和AI的发展将为XR创造绝佳的发展时机。5G能够提供出色的性能，AI则为空间计算所需的诸多感知算法提供支持。

在5G和AI技术的协同作用下，我们能够将先进的处理能力扩展至边缘终端，加速全新分布式计算时代的到来，并推动无界XR（Boundless XR）等新功能的发展。

目前中国移动、中国电信、中国联通均发布了5G+XR发展策略，在攻克5G与XR融合发展技术难题、制定行业相关标准的赛道中抢占先机。业内人士表示，随着5G规模化部署与应用创新落地不断推进，5G+XR的模式正催生出包括社交、办公、娱乐、展览、教育等大批新应用场景，这将为XR产业提供广阔的发展空间。

综合政治，经济，社会和技术四方面环境因素，均有利于虚拟演播室技术的发展，尤其是随着AR、VR、全息技术、AI等技术的进步，虚拟演播室必将得到更广泛的应用，整个产业链前景十分广阔。

星光影视应用XR虚拟演播技术现状

一、星光影视介绍

星光影视，创建于1979年，拥有5个特色园区，占地700余亩，建筑面积近100万平方米。星光影视围绕以视听节目制作为核心的产业链形成了文化装备研发智造、全媒体内容生产服务、影视教育文创旅游、文创园区运营服务四大业务板块为一体的全方位生态型产业服务平台，构建起完善的文创产业服务体系，同时也聚集了庞大的产业资源。作为国家高新技术企业，承担了国家“863”“国家文化科技提升计划”“北京市重大科技项目”等多项重大课题。

二、星光影视在XR方面的应用

参与北京奥运会、上海世博会、APEC峰会、亚欧首脑峰会、全运会、东南亚运动会、全国少数民族运动会、人民大会堂节能照明、全球首台5G+8K转播车、上海迪士尼等项目。在文化旅游领域，参与了《印象》《归来》等多个系列的国内知名实景文旅项目，参与打造“汉秀”“傣秀”“青秀”“太湖秀”等秀场。在广电领域，由星光设计的多个演播室曾获得国际设计大奖，音视频集成服务全国电视台，特种车业务走向世界。公司在专业照明与舞台机械方面具有业界领先优势，参与了国家话剧院、中央电视塔灯光秀、襄阳唐城等项目。

星光影视在XR应用发展战略思考

一、星光影视XR应用发展战略目标

1．星光影视的长期愿景

星光影视基于四十余年的视听产业积淀，以推动视听文化融合产业发展、构建科技创新大视听生态体系为己任，通过数字化转型助力大视听产业高质量发展。XR技术作为视听产业数字化转型的重要技术，对电视传媒领域有着划时代的意义，它的应用与星光影视的企业愿景完美契合。

2．星光影视XR应用短期战略目标

《2019—2020年虚拟现实XR产业报告》称，对大众消费者来说，XR技术目前最大障碍即是设备的价格（46.2%）和内容匮乏（45.6%）。

2020年10月19日，国务院副总理刘鹤在世界VR产业大会发表了书面致辞，强调要深化制造、文化娱乐等重点行业和特色领域的应用场景探索，加快推进5G+VR成果应用转化，大力发展普惠VR。Visual Capitalist研究显示，2022年全球XR市场规模有望达到2090亿美元。可以预见，基于实际用户需求、创新科技发展、政策牵引等多重因素，XR产业在文娱市场的发力将迎来新一轮增长。

二、星光影视XR应用SWOT分析

1. 内部战略环境优势

（1）品牌优势

公司作为国内最早进入影视文化照明行业的企业之一，凭借领先的产品制造能力、丰富的项目经验与系统集成能力，在影视文化照明设备制造及系统集成和视音频制播传系统集成行业树立了良好的品牌形象。2010年12月荣获慧聪网、中国新闻技术工作者联合会颁发的“十大制播民族品牌”称号；2010年5月荣获中国电子商务协会评选的“天工尊”首届工业品行业“广电行业最具影响力十大品牌”称号。多年来公司持续中标中央电视台、北京电视台、天津电视台等重点客户的多个核心项目，并先后承接了奥运会开闭幕式表演灯光系统、奥运场馆及配套工程照明系统、祖国60周年大庆、世博会、中华世纪坛、长安大戏院等众多大型照明工程，使得公司的品牌知名度进一步提高。

（2）专业优势

在XR应用上，星光凭借多年来的积累，在数次电视台等演播室升级焕新中，总能够走在技术与应用前沿。在虚拟演播厅等XR应用领域，具备需求与技术同步提升的优势，在行业内处于领先地位。

（3）较完整的产业链优势

公司拥有照明设备生产制造及照明系统集成两块业务，构成了较为完整的产业链。这两块业务之间相互促进，协同发展。在照明设备生产方面，公司依托对灯具及控制系统的研发优势和领先的技术水平，不仅能够研发出具有市场前瞻性及引导未来市场需求的自主知识产权产品，还能迅速生产出针对不同系统集成用户差异化需求的个性化产品，在保持公司设备制造领先优势及成本优势的同时，为下游应用客户提供高品质、个性的产品；在照明系统集成方面，公司利用对照明设备技术的熟悉及对下游客户具体需求的了解，能为客户提供以自产灯具、控制设备及软件产品为主的综合解决方案，保证了公司自产产品销售渠道的稳定，使得公司在激烈的市场竞争中处于相对优势地位。

2．内部战略环境劣势

（1）后续动力与地域局限之间的矛盾

建设文化产业园区往往需要宽阔的绿色空间，因此很多园区选址于城市郊区，星光影视园也不例外。这导致建成后往往呈现一种奇异的样貌：园区内高楼林立，知名媒体公司和电视台云集，出入都是高素质的媒体白领和电视名人；可是要驱车稍远一点，就会呈现出典型的“城中村”式乱象，影视园俨然成了一座文化“孤岛”。

（2）虚拟演播技术的发展受限于科技的进步

虚拟演播室由AR、VR、全息技术、AI等技术组合而成，其发展方向完全依赖这些科学技术的进步。目前，除了VR技术有较大的规模商用外，其他的均未有相关的案例，并且当前的VR应用效果也差强人意。虚拟演播室要取得上述两个方向发展的成功，仍然任重道远。

3．外部战略环境机会

XR作为实现虚拟世界与现实世界之间无缝转换的“沉浸感”拍摄制作体验，无疑为影视行业加速赋能，将极大地改善制作者与场景选择、演员与情景交互的新体验。也缩短了影视制作工作流程，极大减少了后期工作量，提高了影视行业生产效率。

XR技术可在影视拍摄领域同步更新，具备产业链优势资源，可以借助北京及星光影视基地的现有资源，在电影及电视剧等影视化拍摄领域，具备场地优势，可以以此为契机，加强在影视拍摄上的布局。另外受新冠肺炎疫情影响，国外的XR技术发展迅速，可以在国内发展浪潮中赢得机会。

4．外部战略环境威胁

在全球企业战略选择性布局中，XR技术还处于广泛试用升级阶段，国内外厂商巨头们都在紧锣密鼓地研发自己产品，储备自家的核心技术专利。与此同时，兼顾软件及技术开发的各科技巨头也持续在改领域加大布局和投入。在国际市场方面，行业巨头企业，基本上均形成了以“硬件+软件+内容+应用”为核心的生态闭环，占据了市场主导地位；国内市场上，部分公司，特别是传媒影视行业均在XR领域对自身产品特点不断地进行探索，加快了多业态战略布局。可见，XR领域的竞争将逐渐加剧。

受互联网及移动互联网的影响，传统电视行业受到冲击，电视演播室载体可能会出现其他未知形式。

在影视拍摄领域，在传统资源丰富的横店等地，将具备更为广阔的市场资源，可能对星光业务发展产生竞争威胁。

在直播领域，因为星光主要是做各种综艺节目、晚会及舞台设施等，在主播更为活跃的江浙地区，与其互动和应用程度较多的其他竞争企业也会对星光构成一定的威胁。

星光影视XR虚拟演播应用战略实施与保障

一、保持技术投入和人才储备，打造星光品牌价值

我们分析了虚拟演播室的发展趋势，可以预期虚拟演播的井喷式运用很快就会到来。星光在此方面已经做了大规模投入，有了一定的设施和技术积累，这是极有远见的。随着需求越来越多，可以预期未来星光影视在虚拟演播室设施的规模将会持续扩大，届时大量的相关技术人才需求将会出现，而社会上此类专业技术人员并不多，建议星光要提前做好一定数量的内部人才培养和储备规划。

二、关注新业态，积极思考业务模式的拓展

1．星光品牌虚拟演播室

整合产业链上游资源，选择最优配置，为客户提供打包一站式虚拟演播室搭建服务。包括空间规划、灯光、LED所有硬件系统、设施设备配置、软件包等，以及技术支持。在标准化和最优化的配置前提下，能够获得极大的性价比优势，打造品牌，占领市场。

2．虚拟演播室出租服务

在星光影视园区建立整体虚拟演播大楼，打造不同规格的标准化虚拟演

播室，按设施配置提供不同费用的短长期演播室出租服务。一次性的投入，可以获取长期的稳定收益。

3．布局标准化小型虚拟演播室产品

随着技术的进步，LED 显示屏制造成本必将持续下降，就像 20 多年前大哥大和现在手机的价格对比一样，在将来搭建小型虚拟演播室的硬件设施价格也有可能会低到小商户能够接受的水平。而个人网络直播在当前也是蓬勃发展，小型标准化且易安装的虚拟演播室潜在的市场是巨大的。提前做好产品设计和市场布局必将抢占先机，获得收益最大化。

虚拟演播室会朝着全跟踪、全媒体、多屏化、互动化和移动化方向发展。同时，触摸屏、虚拟植入、增强现实方面的发展也会越来越多，全新的虚拟演播室在不远的未来必定会成为主流。

阿里巴巴：
科技助力老年友好型未来社区建设

当前中国的老年人口快速增加，老龄化比例日益严重，社会发展和养老政策都会受到影响。老龄化将引起家庭规模和结构变化，削弱家庭养老能力。老龄人口的增长会改变人口的抚养比，被抚养人口的增加必将加重现有劳动人口的负担。中国的养老问题是一个严峻的社会问题。我国现行的养老方式是以居家养老为基础，如何提高社区适宜养老程度，老年友好型社区建设已经越来越显现出它的必要性和重要性。而科技在老年养老型社区中将发挥着举足轻重的作用。

一、建设老年友好型社区的必要性

2020 年 11 月第七次全国人口普查，60 岁及以上人口为 2.64 亿人，占总人口 18.70%，其中 65 岁及以上人口为 1.9 亿人，占总人口 13.50%。国际通常认为，当一个国家或地区 60 岁以上老年人口占人口总数的 10%，或 65 岁以上老年人口占人口总数的 7%，即意味着这个国家或地区的人口处于老龄化社会。2000 年至今，中国老龄化呈加剧态势。

我国现行的养老方式是以居家养老为基础，人口老龄化对现行的家庭养老方式提出了挑战。建设老年友好型社区，走家庭养老和社会养老相结合的养老道路，是应对挑战的有效方式。建立以家庭养老为基础，社区养老服务网络为辅助，公共福利设施养老手段为补充，社会保险制度为保障的居家养老体系，把老年人自身、家庭、社会和国家作用有机的组合起来。

二、建设老年友好型社区方式

《全国示范性城乡老年友好型社区标准》中，对老年友好社区的主要创建条件和标准主要有：老人出行设施要完善便捷，社区服务要求便利可及，社会参与要广泛充分，孝亲敬老氛围要浓厚，要帮助老人跨越“数字鸿沟”。因此，要利用时代科技的进步将传统型养老和技能型养老结合起来，利用信息化技术更好地服务老人，让老年人同样享受到科技红利。“居家＋社区＋智慧”养老将成为新时代的养老命题。

老人居家养老需求主要是三个方面：健康护理类服务需求、基础生活辅助类需求和精神文化类需求。健康护理类需求主要包括常规医疗、上门护理或照料等；基础生活辅助类需求主要包括物业生活琐事服务、家政服务、食品配送、出行协助等；精神文化类需求主要包括休闲娱乐、健身、参与住区公共活动等。

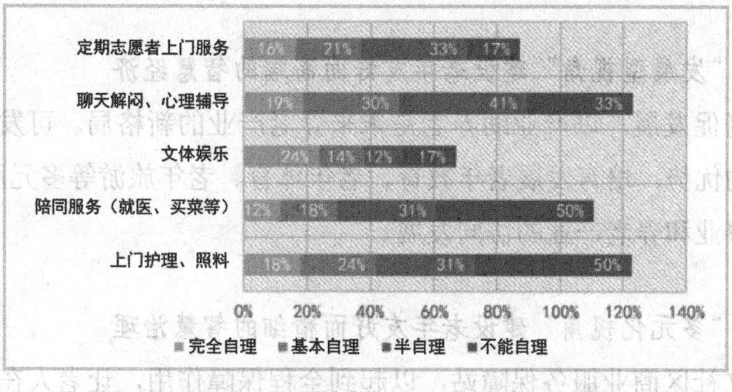

图 47　不同身体状况老年人对于养老服务类别的需求

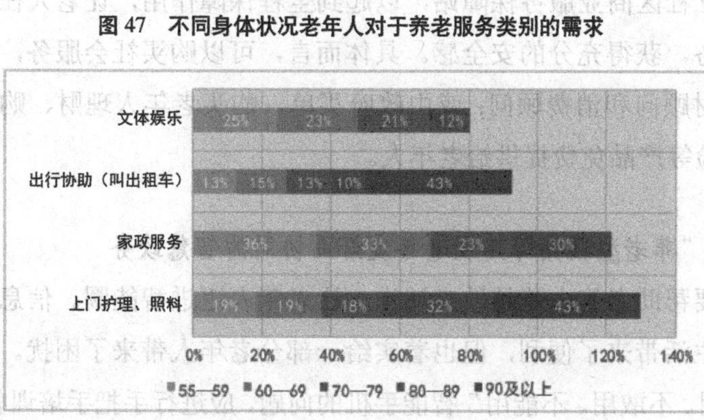

图 48　不同年龄阶段老年人对于养老服务类别的需求

建设老年友好型社区就要根据老年人的需求因地制宜、多措并举。需要根据各地经济状况、人口规模、人口老龄化程度、社区数量、工作基础等情况的不同进行。依托社区，从老年医疗、教育、娱乐、照护等方面，打造以满足老年人需求为中心的社区。目的是为了增强老人的获得感、幸福感和安全感。

1. 以“适老型视角”建设老年友好而便捷的智慧生活

建设适老出行环境。推行居住区内无障碍通行，加强老年人住宅公共设施无障碍改造，重点对单元门、坡道、电梯、扶手等公共建筑节点进行改造，满足老年人基本的安全通行需求。利用数字化手段，构建社区安全便捷步行路网，优化道路交通体系，规范停车、清除路面障碍物，方便老年人日常出行和活动。完善适老应急预防。建立如“一键通”“社区呼叫中心”等一键即通按钮，还可以在符合条件的空巢老人家中安装传感器，大幅提高观察、观测、预警、报警等能力。

2. 以“发展型视角”建设老年友好而高端的智慧经济

以养老促发展，以产业助养老是未来养老产业的新格局。可发挥数字化和电子化的优势，培育发展老年教育、老年体育、老年旅游等多元服务业态，推动养老事业和养老产业的协同发展。

3. 以“多元化视角”建设老年友好而精细的智慧治理

可建立社区商业服务保障站，以起到全程保障作用，让老人在家门口享受专业服务，获得充分的安全感。具体而言，可以购买社会服务，聘请法律顾问、理财顾问和消费顾问；或由政府买单，购买老年人理财、购物旅游损害特别保险等产品免费提供给老年人。

4. 以“养老型视角”建设老年友好而协同的智慧政务

一是要帮助老年人跨越数字鸿沟，让老年人迈进智能圈。信息技术的蓬勃发展给生活带来了便利，但也着实给一部分老年人带来了困扰。围绕老年人“不会用、不敢用、不能用”智能手机的问题，应进行手把手培训教学活动。同时为解决老年人在获取政务服务过程中存在的实际困难，在建设老年友好型社区时还应优化办事流程，提供帮办代办服务，配合推出医院老年患者“绿色通道”、商超适老性支付结算方式等多样服务，尽可能让老年人轻松、便捷地出行办事。

二是要建立社区老年学校，同时对接老年大学，与更丰富的教育资源形成互动共享。每个社区建有老年学校，每个居委会和村委会建有老年学习教室，构成老年友好教育计划大网络，促进代际沟通和团结，鼓励年轻人多与老年人沟通交流，从而推进爱老尊老敬老孝老的社会氛围的形成。针对刚退休的活跃型老人继续实现他们的价值：比如延迟退休、参加社区的志愿服务等。

多措并举，既需要顶层设计，也需要在具体的实践中探索。比如，建立社区防火救援网络，完善老年人住宅防火和紧急救援救助功能，定期开展安全检查；建设适老出行环境，为老楼加装电梯、对居住区内的公共设施如单元门、坡道、扶手等进行无障碍改造，清除路面障碍物，提倡人车分流；绿化和美化社区，增设休憩设施、健身设施、综合性文化活动场所。另外，广泛开展以老年人识骗、防骗为主要内容的宣教活动等。为居家老人提供细致周到的健康服务，完善社区健康管理，建立老年人健康档案，方便老年人就近到社区卫生服务中心（站）就医或做日常健康监测，能有效避免小病变大病；借助互联网，远程监测老年人身体变化，发现异常后及时施救，能为心脑血管病人等争取时间；为行动不便的老年人送药、送医上门，在一定程度上解决老年人看病难问题；由社区主导，建立家庭养老照护床位，将专业照护服务延伸至失能老年人家中，发展面向失能失智老年人家庭照料者的“喘息服务”；定期巡访独居、空巢、留守、重残老人等。政府层面：做好顶层设计，在城镇规划中布局养老服务体系建设。社区层面：建设社区服务机构，利用社工和志愿者，从生活、健康、安全、生理、心理、精神需求入手，为老年人提供实实在在的贴心服务和施展才华、发挥余热的舞台。不光重视城市的社区养老，广袤的农村养老也是一个亟待解决的问题。

中国、美国建设老年友好型社区的现状

一、中国老年型友好社区建设现状

根据国家卫健委 2021 年 12 月的数据显示，全国已建成 992 个示范性老年友好型社区。伴随我国人口结构变化和住区老龄健康居住环境发展，解决了有住区高龄、失能、独居和空巢老年人的居住生活问题及老年宜居环境建设，成为急需破解的社会问题。2021 年 10 月，全国首批老年友好型示范社区名单揭晓，北京市共有 29 个社区上榜。石景山区八角街道将“老年友好”理念融入到服务细节中。

在 2021 年全国示范性老年友好型社区名单中，石景山区八角街道杨庄北区社区、景阳东街第二社区、八角北路社区等榜上有名。在杨庄北区社区中心位置，近 4000 平方米的文化广场集健身、娱乐、休闲功能于一体，社区西侧还建有一个 6700 平方米的绿荫口袋公园，棋牌桌、儿童乐园、健身器材、塑胶跑道等活动设施一应俱全。

为更好服务于老年居民，景阳东街第二社区搭建了养老助老服务平台，成立老年协会、邻里守望互助队等，通过社区网格化管理，对老人开展“一对一”的关爱。同时，组织开展公共服务法律讲座、安全讲座、心理疏导、免费测量血压等活动，为老人的健康生活保驾护航。

对于独居、空巢、失能等特殊老年人。八角北路社区推出个性化服务，定期入户探访慰问，并与社区卫生服务中心持续开展合作，通过家庭医生签约服务、上门巡诊等方式，创造便利可及的基层医疗卫生服务，开创社区为老服务的新局面。

袁家社区 2016 年引入“晚晴枫”等社会组织参与老年宜居社区创建，以“福乐袁家”为主题，打造出漫步人生、天伦区、健身区、怀旧角、温馨角、便民区六大“福乐袁家”宜居社区精品区域。同时，社区推进“红色引擎工程”，随同物业融入老年宜居社区建设，老人们享受到了每月生日会、疏通下水道、维修门窗等为老服务。

二、美国老年友好性社区建设现状

美国老年人进入养老院进行养老的只占所有老龄化人口的20%，其余都是家庭养老。

美国的养老社区分为活跃老人社区和设施型社区两类：

活跃老人社区（Active Adult Community）是为喜欢参加身体和社会活动的老年人建立的。美国活力养老社区的典范是太阳城和村群。通常这种社区由一些卖给老人的独立房子、联排公寓或别墅构成。社区活动有高尔夫、钓鱼、网球、游泳、划船、教育课程、网球场、饭馆、礼堂等。这类社区的兴起，给美国庞大的中产阶层提供了退休之后的一个优质养老选择，推动了老年人的消费升级，促进了长寿经济的发展。2020年美国购买或者租住在其活跃养老社区的家庭超过400万户，居民总数达到600万~700万人。因此，全美各类养老社区的居民总数在1000万人左右，占比接近2020年全美55岁及以上人口总数的10%。

表12　美国太阳城现在的规模

设备	7个娱乐中心	体育活动	高尔夫和小小高尔夫	工艺和业余爱好	木工艺
	8个高尔夫场		游泳		银器
	3个乡村俱乐部		足球场		编制
	2个图书馆		马场		绘画
	2个保龄球馆		溜旱冰		中国画
	30个教堂		网球和桌球		金属工艺
	19个购物中心		健身房		制陶术
			手球式墙球		裁缝
艺术熏陶	交响乐		室外地滚球		宝石
	艺术博物馆		跳舞		陶瓷
	矿物和宝石博物馆		草地保龄球		彩色玻璃
	成人教育		慢跑和竞走		书法
	社区大学		推圆盘游戏		摄影
	音乐会		垒球和篮球		针线手艺
			台球		皮革工艺
交际活动	桥牌、纸牌和共他游戏俱乐部				铁路模型
	舞会				电脑
	交际俱乐部	医学设施	位于太阳城中心的sun health boswell menoria医院		

表 13　某群村中的公共活动中心和室外活动场地

	名称	级别		提供设施
公共娱乐中心	区域娱乐中心	社区级	10个	多个会议室，艺术品/手工艺品创作室、剧场，标准游泳池和室外设施
	村庄娱乐中心	组团级	25个	会议室、棋牌室、台球室、厨房、家庭游泳池和室外设施
	邻里娱乐中心	邻里级	47个	邮政设施、成年人游泳池、意大利式保龄球场，沙狐球场、马蹄坑（一种游戏场地）
室外活动场地	高尔夫球场、马球场、网球场、棒球场、垒球场、篮球场、排球场、沙滩排球场、沙滩网球场、保龄球场、射箭场、气枪射击场、标准游泳池、成年人游泳池、家庭游泳池等			

设施型社区主要面向年龄更大、未来可能会逐渐失能的老人。美国设施型社区的代表是埃里克森。社区为生活不能自理老人提供就餐、清扫房间、交通、社会活动等便利服务，一般设有餐厅和控制的进出口；为生活不能自理的老人进行日常活动帮助，服药提醒，24 小时保安服务，及特殊医疗（老年痴呆症等）照顾。

老年友好型未来社区建设面临的挑战与建议

一、平衡老年友好型社区适老性需求与其他年龄段人群需求

受传统文化和生活习惯影响，中国老人大多和孩子居住。社区人群除老人外也有中年、青年、儿童、婴儿，他们的需求和老人的需求不同，但社区资源和空间的有限性无法同时满足不同年龄人群的需求，过于考虑适老性需求就回挤压或者挤占其他人群合理需求。

建议：在居住环境的改造上、在配套设施的建设上统筹考虑不同年龄段人群的需求，在精神层面对其他人群进行养老教育，在养老敬老文化的熏陶下，找到老年人群与其他人群需求的最大公约数，让适老性建设至少不降低其他人群的居住体验。

二、做好老年友好型社区顶层设计

我国目前在社区养老规划中缺乏清晰、体现我国国情且可操作的规划或建设手册，对于老年友好型社区的标准、需求、资金来源、运作管理模式、可持续性等方面没有统一的参考，各地的养老友好型社区建设还处在国家大的政策框架下借鉴国外经验自行探索阶段，且各地差异较大，已经落地的成熟模式也缺乏可复制推广的条件。

建议：政府出面组织专业团队借鉴国内外有益经验，出台我国老年友好型社区建设规划，对各地养老社区建设进行指导。

三、老年友好型社区建设需要精细化和差异化管理

从“老年人居家养老需求研究”可以看出，不同阶段、不同身体状态的老年人居家养老需求是不同的。这意味着，同一老年人或同一住区老年人在不同时期会需要不同的环境支持，这对养老社区的设计和建设带来挑战。

建议：根据老年人的身体状况，分类分层进行针对性服务。身体还比较好的老年人可以多参加老年活动中心举办的活动；对于有行动能力但是行动不便的老人，社区服务中心人员就需要安排上门服务，采用网格化的管理；对于完全不能自理的老人，就要多加强与护工的沟通与上访。

四、需要解决住区养老服务资源短缺的问题

多数社区缺少专业化、层级化的老年人社区配套设施。社区部分资源利用效率低下，服务体系缺乏系统性整合，导致资源浪费与资源短缺问题并存。

建议：利用政府资金扶持、整合资源，临近的几个小型社区形成一个大的老年友好型社区，建立综合性老人活动中心、老人服务中心、医疗中心等。

老年友好型未来社区建设的前景

国家卫生健康委员会、全国老龄工作委员会办公室2021年12月15日发布《关于开展示范性全国老年友好型社区创建工作的通知》提出，到2025年，在全国建成5000个示范性城乡老年友好型社区，到2035年年底，全国城乡

社区普遍达到老年友好型社区标准。

一、构建舒适安全的老年友好居住环境

我国的适老化基础普遍薄弱，无障碍化程度低、智能化技术渗透不足、布局不平衡不匹配等问题依然存在。目前老年人的居住环境条件总体上并不利于实现健康老龄化。老年人居住环境的优化需要在继续推进适老化改造的基础上，进一步促进活动设施的配套与智能技术的应用。一是继续加强家庭和社区适老化建设和改造。在房地产开发的规划设计阶段，将构建“适老化”环境作为行政审查标准之一，以有效减少后续改造成本。在对当前老旧社区公共设施进行适老化改造的同时，通过政府补贴的方式吸引更多老年人自愿参与，逐步实施居家环境适老化改造。充分利用乡村振兴战略推进的契机，引导开发老年友好宜居住宅，推动农村老年人家庭无障碍改造。二是促进活动设施适老化配套，打造“老年人生活圈”。完善社区内老年内老年人配套的公共活动设施和运动健身场所，增加老年人身体锻炼的可及性与便利性。通过广泛调研，了解老年人活动需求，确保社区老年人配套活动设施够用、能用、实用。三是将智能技术应用于适老化改造。可以通过试点方式率先在有条件的社区应用新技术，采用智能技术助力老年人居住和出行，利用现代化智能信息技术，为居家养老提供良好技术支撑。

二、构建有人文关怀的老年社区服务网络

在人口老龄化程度不断加深和传统家庭养老功能逐渐减弱的背景下，越来越多的家庭面临照料者缺失的问题，我国老年人对社区服务需求增长迅速。目前社区养老服务服务供给不断丰富，但有效供给不足，供需不平衡十分突出。中国老年人健康长寿影响因素调查数据显示，老年人对社区提供生活照料服务和医疗保健服务的刚性需求增长迅速，但服务供给滞后，即使是供给水平最高的“提供保健知识”项目，能够获得此服务的老年人也仅有四成。除此之外，社区老年服务供给还存在显著的地区、城乡不平衡问题。老年服务环境的优化，关键在于搭建与完善涵盖生活照料服务、医疗保健服务、长期照护服务、精神慰藉服务在内的综合适宜的社区服务网络。其一，增加社

区老年服务有效供给。改变由政府主导提供社区老年服务的做法，逐渐建立以政府为引领，社会多元主体共同参与的社区老年服务网络，提升社区老年服务供给水平，及时回应老年人的现实需求，促进服务供需平衡。其二，建设并依托社区日间照料中心，为空巢、留守、丧偶、失能老人提供日常生活照料、老人清洁卫生服务、饮食服务、以及精神慰藉服务等。依托社区卫生服务中心，为失能、半失能老人提供充分和高质量的长期照护服务与医疗保健服务。充分利用现代科技和智能设备，提供社区智慧养老服务，节约护理人工成本，提升服务质量。其三，对中西部地区和广大农村进行政策和资源投入倾斜，增强老年社区服务的公平性。

三、“养教结合”社区老年教育发展趋势

“养教结合”老年教育社会需求不断增大。在现有体制下，我国的养老和教育还属于分轨发展，从供给主体来看，养老服务基本上是由养老院等养老机构提供，老年教育服务基本上是由老年大学等老年教育机构提供。从供给内容来看，养老机构提供的主要还是看护、托老等养老服务，虽然也会开展一些养生保健等方面的宣传教育活动，但总体来说，教育的内容和形式较少，并不足以满足老年人的实际需求。同样的，老年教育机构提供的主要还是教育服务，对庞大的老年群体来说，还难以覆盖到所有有需求的老年人群，且由于物理地址的限制，目前的老年教育服务也只能满足那些距离教学点近、身体条件好的老年人。而“养教结合”可以在不增加机构和人员的前提下，通过整合养老和老年教育资源，有效增加养老和教育供给，提高服务质量，满足更多老年人的养老和教育需求。除此之外，要加强学校与企业的联动，尤其是养老类的企业或组织，双方通过合作，在促进资源共享的同时，可以进一步拓展功能，让更多的老年人增强对“养教结合”社区老年教育的认可，让老人老有所学。

四、大数据医疗下智慧健康养老

“智慧养老”是对传统养老服务进行改造升级，实现信息技术、人工智能、互联网思维与医老养老服务相融合。建立智慧老年健康信息管理服务平台和

老年人基础数据库。依托信息化技术，打通医联体内部不同水平、不同级别医疗养老机构的信息化系统。通过整合区域内的居民健康体检、住院系统和门急诊、老年人健康综合评估等数据，与区域内成员单位共享，打造覆盖家庭、社区和机构的智慧健康养老服务网络，推动老年人的健康和养老信息共享、深度开发和合理利用。在避免有限的医疗资源浪费情况下，同时也减少老年人的养老成本。

五、重视老年友好社区建设中的本土特征

现有的老年友好社区的理论与实践大都出自于西方国家，而在我国创建老年友好社区必然需要考虑到文化及社会发展等方面的差异，从而进行本土化的探索和调试。在养老文化方面，我国与西方国家最显著的差异体现在家庭养老的传统上。在传承数千年的孝道文化的影响下，家庭养老是我国历来最重视的养老模式。在建设我国本土化的老年友好社区时，可以考虑充分调动和利用家庭这一资源，维护和增强家庭的养老功能，以最大优势利用社区内已有的养老资源。

为了充分发挥家庭的养老功能，可以从住房、家居环境、政策等三方面进行建设：第一，在住房建设方面，提倡开发复式公寓或老少户住宅，即同一楼层中邻近的两套住宅分别供子女家庭及老年人居住，以鼓励、支持成年子女选择与老年人共同居住或相邻居住的居住安排模式。代际同住是中国老年人传统的居住安排模式，不仅能满足老年人的心理需求，也是确保老年人得到家人照顾的一种居住方式。第二，在家居环境方面，对于失能老年人的家居环境进行“类机构”照护功能的适老化改造，使得失能老年人在家中也能拥有和养老机构床位同样功能的硬件设施，从而避免机构安置。对于留在社区中的失能老年人，则可以整合利用社区居家养老服务体系提供的正式照料和家人提供的非正式照料资源。第三，在政策、服务方面给家庭照料者提供支持。非正式的家庭照料通常是决定失能老人能否继续留在社区中生活的关键因素。

如果家庭照料者能够并愿意提供照料，则可以避免失能老年人进入机构养老的安置，由此，这些无偿的家庭照料者也为社会节省了大量的机构养老

的成本。然而，照料压力会给家庭照料者带来很多负面的影响，例如增加焦虑、抑郁情绪、降低自我健康评价和生活满意度。除此之外，有些照料者由于需要提供长时间的照料而影响工作时间，从而遭受收入上的损失。因此，在老年友好社区的建设中，需要给家庭照料者提供支持。其他国家在这方面的实践值得借鉴：一是提供服务支持。在社区中提供面向家庭照料者的服务，例如照料技能培训、喘息服务、同辈支持小组等，用以帮助照料者提高照料技能、缓解照顾压力；二是在政策上允许将家庭照料作为有偿服务。我国可以以此为参考，发展、支持家庭照料者的照料补贴政策。

六、城乡一体化

城乡社区间的差异也应在建设我国本土化老年友好社区时予以重视，在城市社区环境中总结的模式和经验不可简单地复制到“非城市”的社区环境中。与城市社区相比，农村社区的基础设施更不完善、医疗卫生资源更为缺乏、养老服务发展更加缓慢。农村老年人与城市老年人在生活习惯和思想观念上也不尽相同。老年友好的农村社区的建设要立足于农村老年人的特定需求，结合农村社区的发展特性和我国乡村振兴战略规划，在物理环境的建设中，应当要结合农村社区的地形地貌，关注农村老年人的生活习惯，降低他们适应新环境的难度。考虑到长期以来农村与城镇在福利提供上的差异，在生活环境的建设中，应当要注重为农村老年人提供制度性的保障，包括农村养老保险、医疗保险制度的完善。在农村社区养老服务方面，由于农村养老设施的缺乏，可以以多种养老场所，例如非机构化的养老服务中心以及机构化的小型养老院相结合的方式为农村老年人提供养老服务。

科技在老年友好型社区建设中发挥的作用

阿里巴巴的生态体系和自身的优势应该在老年社区的建设中得到充分发挥。

一、阿里的生态体系与优势

信用体系：阿里自创业开始，就通过淘宝、天猫等系列产品打造了完备的信用体系。

金融体系：自支付宝开始，覆盖从购物到线上金融，阿里拥有完善的金融体系。

物流体系：菜鸟物流的建立，完美地整合了国内现有的物流体系。

企业平台体系：服务千万中小企业，打造共享平台，助力其发展。

大数据体系：从C端到B端，大数据是阿里的关键，阿里云承担及其重要的作用。

品牌优势：全球电子商务行业巨头，市值近万亿美元的上市公司。

客户优势：拥有庞大的C端和B端用户，积累了丰富的大数据基础。

资本优势：有能力且善于吸收和利用资本获得快速的发展。

商业矩阵优势：从电商到数字文娱，到金融及技术基础服务，都有完备产品。

数字科研优势：以优秀平台吸引人才，优秀人才反哺平台，形成完整闭环。

阿里在建设老年友好型社区可发挥的作用：

产品服务：根据自身产品优势，可以打造适合老年人的产品，方便衣食住行。

医疗服务：阿里健康及相关体系产品下，可以提供更好的医疗、保健服务等。

文娱服务：丰富和完善老年社群的精神生活，让老年身心更加健康。

落地项目："未来医院计划"和重庆"智慧养老平台"等。

二、如何依托科技建设老年友好型社区

1. 智慧赋能老年友好型社区

智慧赋能新型社区可以有机地将老人、机构、政府职能部门以及社会公共服务结合起来，使养老服务管理成为一个有机的整体，不失为一套标准的、规范的、适用性极强的智能化服务系统。利用云计算和大数据的"互联网+"新型养老系统，智慧赋能养老社区，是现在最为理想和探索性的一种模式。

业务链：满足运营诉求，支持基础服务设置、长者管理、社区服务后台管理、大屏展示、服务运营、人员管理、统计报表等设计。

服务链：立足提升服务质量和提高服务效率，采取移动化的终端设备和移动应用，帮助开展涵盖安全、健康、生活和快乐日常运营服务。

价值链：运营结果通过直观的图表给予管理者展现和预警，提供精准化，多元化服务。

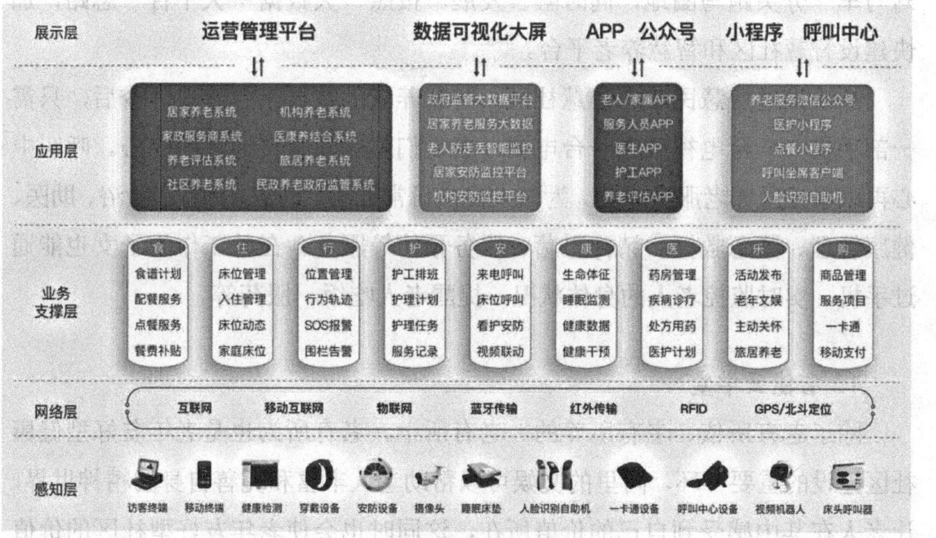

图 49　智慧赋能老年友好型社区

2. 城市大脑助力老年友好型社区

以城市大脑为基础，应用云计算、物联网、区块链技术实现“城市、街道、社区、居民”四级联动的未来社区，为社区智慧化养老提供更精细化的服务和更便捷的管理。基于阿里云社区中枢和未来社区智慧化服务平台等能力，社区卫生服务机构可对老年人健康状况、安全异常进行智能研判。识别紧急情况后，系统会预警并自动通知社区居委会工作人员及家属到现场了解情况并及时采取应对措施，从而降低独居老人健康风险。在社区内设置“健康小屋”可实现全周期电子健康档案、AI 医生云平台、AED 急救、健康状况评估以及远程会诊服务。社区老人的健康情况可以授权汇总到基层医疗服务中心和政府疾控、医疗主管部门，从而实现城市级医疗资源的整体协同。

3. 打造大数据＋大平台的智慧养老

目前阿里的阿里云、阿里健康、支付宝三者分别通过云计算、云医院平台和支付宝钱包可以实现对底层基础设施、中间平台和前端入口的全覆盖。可以通过“阿里云＋阿里健康＋支付宝”打造健康平台。阿里云为医院提供云计算和大数据的服务；支付宝为医院提供诊疗、挂号、支付和信用服务；阿里健康为医院、第三方健康机构和药品提供数据生态服务体系。阿里医疗“三驾马车”分头跑马圈地，同时融合发展。按照“大数据＋大平台”思路，加快建设智慧社区和智慧养老平台。

加快推进智慧民政、智慧社区、智慧养老大数据平台建设。今后，只需一部手机、一台电视或者一台电脑，老人们就能随时接通呼叫中心。呼叫中心再联系社区养老服务中心，为老人提供日常助餐、助洁、助行、助浴、助医、健康管理、紧急救援、精神慰藉、服务预约等服务。在外工作的子女也能通过手机，实时监控老人的身体状况，提醒老人吃饭、服药等。

4. 智能云学堂

除了老有所依、老有所养的，老有所学、老有所为也是老年友好型健康社区建设的重要一环，阿里的文娱可以帮助老人丰富和完善自身的精神世界，让老人在其中感受到自己的价值所在，这同时也会使老年友好型社区的价值得到进一步的升华。借鉴阿里的“小棉袄计划”，“老年云学堂”可以整合文娱资源，推出线上视频课程，涵盖娱乐、健康、学科知识、防骗知识等丰富主题，多渠道投放。此外，还可开展形式多样的线下课堂。利用线上线下，共同打造老年智能云学堂。

结论

中国人口老龄化的速度和程度均为世界之最，亟待将老年友好型社会建设纳入全面建成小康社会发展目标，并进入政府工作的绩效考核指标。将老年贫困降到最低限度，提升老人消费经济才有活力，老人乐则社会安。

无论古今中外，“安养—乐活—善终”是养老三步曲，这也是老年生活的三个核心追求。我国需要在传统的社区中改善助老养老的功能，利用科技进步，提高普通老年人居家养老的生活质量和生命质量，重视社区的医养护理功能和精神赡养功能。

第二部分

塑造品牌优势

美食中国：
美食纪录片商业化改进措施

背景介绍

一、公司背景

中外名人集团独家代理的《美食中国》作为一档全新制作的美食类纪录片栏目，在与国内传统文化和地域的结合基础上，提出了“更多创新和更多玩法”的需求。

二、《美食中国》社会价值

《美食中国》这部纪录片唤起了很多人对传统文化的热爱，彰显社会主流文化价值的凝聚力和吸引力，展示了中国人在新的时期积极向上的精神风貌，以独特的人文视角传递中国文化的价值理念。

1. 传播美食知识，弘扬美食文化

《美食中国》以中国各地美食生态为切入点，以CCTV-4（国际频道）为输出端受众分布全球，通过这部纪录片可以使更多的人了解中国美食，同时也能使他们认识到截然不同的饮食习惯和饮食文化。

2. 宣传主流文化，加深文化认同

《美食中国》全片不但表现了美食味道，也再现了美食的制作过程，展示

了普通老百姓的生活常态。以其真诚而朴实的创作态度，真挚而饱满的创作情感，平实而质朴的叙事话语，通过对老百姓真实生活故事和地方民俗饮食文化奇观的阐释，借助美食这一传播符号载体嫁接起中国的美食新生态，意味深长地传达着对中国饮食文化的传承。

《美食中国》整个片子均是在表现每个地方最平常普通的食物，正是这一切所传达出来的那种浓浓家乡情怀感动了每一位观众，让观众感受到家乡的味道。一个个精美的食物不仅将观众的胃抓住，心也被这种文化认同慢慢打动。

三、《美食中国》项目节目愿景

1. 内容开拓创新

节目组可以从食材选定、内容策划、各地特色展现，甚至到拍摄手法都做出有效的创新。例如，在美食选地时，节目组可以根据建党 99 周年在地图上走出“99”数字图案，形成“跟党走”路线探索旅程。

2. 凸显文化气息

节目以“吃”作为切入点，但不局限于“吃”，其背后包含着传统劳作的精妙和和食物起源的奥秘。节目借用拍摄技巧和剪辑手法以及配音真实的展现出食物的生长、变化、创新，刻画生活的艰辛和几代人的智慧结晶，表现出中国人“饮食”文化的传承和发扬。

3. 美食媒介作用

以美食为媒介，找到与美食相关的、能够引起观众讨论热情的内容，如传统文化、价值观、人际关系、生存状态甚至是哲学思考。

四、研究目的

《美食中国》是一档“聚焦中华美食”的纪录片，制作穿越中国、探寻美食踪迹的节目。由于近年来的美食节目层出不穷，一部好的美食纪录片就如同制作精良的电影。想要超越前者，需要在每一个画面、每一个字节上打磨，才能拥有更高的质感。从前期选题、采景到后期制作，团队需要耗费大量的时间及成本。公司将节目整体承接后，希望保留原有节目的观赏性，传播美食文化的创造性。在承包系列专题的过程中，探索美食之外的边界，获得商业价值的延伸。

由于栏目进行市场招商时需要满足电视台栏目制作要求，而目前的合作方式较为传统单一，主流的方式多为节目冠名、独家品牌赞助、贴片角标等。节目多由单一品牌独家制作，承担的费用较高，近期由于疫情影响，各品牌营销费用缩减，单独品牌承担节目冠名的意愿减少。而同时露出多家品牌宣传的方式，是当前节目不能接受的合作形式。如果能将合作品牌进行软性植入，既让节目过审，又让观众对品牌印象深刻，充分体现这些品牌的价值，达到为客户宣传推广的目的。此外，还需通过不同的线上线下宣传打造《美食中国》这一IP，赋予栏目组更多的品牌价值，为栏目和品牌创造长远合作的可能性。这一切也将是此次研究的主要目的。

中国纪录片现状

一、纪录片产业内容生产主体变化

中国纪录片的投资和制作，很长时间一直以体制内传统电视媒体和党政机构为核心。电视台方面，以中央广播电视总台、上海广播电视台、江苏广播电视台、浙江广播电视台等为代表的传统广播电视机构是我国纪录片投资和创作的主体。进入21世纪以来，中国纪录片产业发生了翻天覆地的变化，以中央电视台纪录频道的开播，优酷、爱奇艺、腾讯视频等视频网站的崛起为代表的重大节点的出现为标志，中国纪录片迎来了发展繁荣的新时代。媒体融合大背景下，纪录片产业在内容、平台、人才、渠道、管理、模式等方面都发生了一些新的变化，以智能手机、短视频、网络直播、视频网站、竖屏视频等为代表的新生事物的方兴未艾，极大地冲击和颠覆了纪录片产业的发展模式和格局。

二、纪录片播放平台转换

（1）早期:“只台不网”

即只在电视平台播放，不在网络平台播放的时期。网络平台出现之前，除了制作销售碟片之外，纪录片一般的播出平台仅仅局限于电视这一核心平台。那时，电视台自己制作和出品纪录片，很多电视台都有一个负责纪录片制作的部门，或者旗下有负责纪录片制作和引进的纪录片公司。这一时期属于电视台的黄金时期，不管是人才、资金、技术还是政策等方面，电视台都具备无可匹敌的强大实力，最具典型性的电视台自己出品纪录片的当属中央电视台。

（2）中期："先台后网"

即先在传统电视频道播放，后在网络平台播放的时期。以优酷、土豆、搜狐等为代表的视频网站的崛起，逐渐开启了我国纪录片先台后网的播出格局。视频网站备受年轻人的欢迎和喜爱，很多年轻人的观看平台逐渐从传统电视转向视频网站。这一时期，视频网站刚刚出现不久，不管是人才、资金还是影响力都相对较小，不足以与传统电视台竞争抗衡。视频网站采取的是采购传统电视台纪录片版权的模式，以较低的价格引入已经在传统电视台进行首播的纪录片节目。

（3）后期："先网后台"

即先在网络平台播放，再在电视平台播放的时期。随着视频网站在视听内容领域话语权的进一步提升，相比传统电视台，以腾讯视频为代表的视频网站能够给予纪录片制作方更优厚的版权费和购片资金，大量网络视听平台出品的纪录片反向输出到传统电视台，"先网后台"现象成为纪录片播出平台方面的一个重要趋势。如在毛泽东同志诞辰 125 周年的这个特殊节点，由芒果 TV、湖南卫视、湖南金鹰纪实卫视联合出品 5 集文献纪录片《中国出了个毛泽东 · 故园长歌》同样采取"先网后台"的播出模式。

（4）现在："只网不台"

即只在网络平台播放，不在电视平台播放的时期。随着移动互联网的发展，视频播出平台的话语权和影响力进一步提升，很多纪录片已经开始只选择网络平台进行独家播放。如由国务院新闻办监制，五洲传播中心、优酷联合出品的纪录片《中国：变革故事》就只在优酷进行独家播出，这是新媒体平台参与出品国家级项目的重要突破。

三、纪录片平台转换的原因

先网后台、只网不台这种模式的出现包含多重因素：第一，传统电视台已经开始出现受众流失问题，网络平台恰恰与之相反。第二，受众流失伴随着广告流失，传统电视台在版权购买领域的话语权大幅度降低。对于首播纪录片的高价版权，很多电视台无力承担，资本实力更胜一筹的网络视听平台就成了纪录片制作方售卖版权和首播权的首选平台。第三，随着移动互联网的发展和智能手机的逐渐普及，相对传统电视台，网络视听平台不管是在播出机制还是在用户收看的便捷性等方面更加契合受众的需求。

纪录片发展存在的问题

一、纪录片增量下降，商业化进程缓慢

近年来，人们对纪录片的关注度逐渐提升，全网纪录片点击量达到 31.2 亿次。央视纪录片《舌尖上的中国》风靡各年龄段受众；纪录电影《四个春天》元旦档斩获超过 1000 万元票房，并获得 8.9 分豆瓣高分；医疗纪录片《人间世》引起全网热议，豆瓣评分 9.6。2020 年受新冠肺炎疫情影响，医疗类纪录片热度进一步提升。

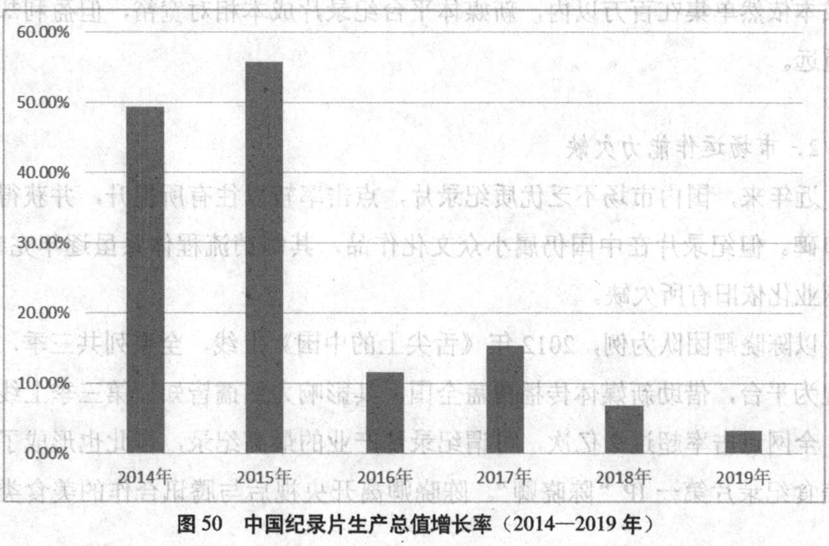

图 50　中国纪录片生产总值增长率（2014—2019 年）

2019年中国纪录片生产总投入为50.36亿元，同比增长3.3%。年生产总值约66.60亿元，同比增长3.3%，增长幅度是近十年来最低值。

目前中国纪录片出品单位共有四个主要阵营，电视台、新媒体、国家机构、民营公司。从2019年整体产量来看，电视台的纪录片主要集中在央视、专业纪实频道和一线卫视，二三线卫视和地面频道产能萎缩。

2015年出台“一剧两星”两星政策的同时，要求上星剧播出由黄金档的三集改为两集，同时21：20～22：00时段推荐卫视播放纪录片。此举意在进一步均衡卫视综合频道节目构成，强化综合定位，优化频道资源。就此政策，北京多家纪录片制作公司召开多次座谈会，希望推出更多优质作品丰富纪录片市场，发展纪录片产业，但最终未能如愿。多数卫视出于收视率和收入考虑，在短暂播出了一段时间纪录片后改播影视剧花絮或其他内容。纪录片商业化之路再遇阻碍。

二、纪录片商业化存在明显问题

1. 资金匮乏

纵观影视行业，如今影视剧动辄投资过亿，网络大电影（以下简称“网大”）也随着市场发展水涨船高，曾经几十万拍网大的时代一去不复返，千万级投资网大屡见不鲜。而纪录片投资体量却始终未见整体增长，电视台纪录片成本依然单集在百万以内，新媒体平台纪录片成本相对宽裕，但盈利却任重道远。

2. 市场运作能力欠缺

近年来，国内市场不乏优质纪录片，点击率较以往有所提升，并获得大量口碑。但纪录片在中国仍属小众文化作品，其制销流程体系虽逐年完善，但商业化依旧有所欠缺。

以陈晓卿团队为例，2012年《舌尖上的中国》上线，全系列共三季，以央视为平台，借助新媒体传播覆盖全国，其影响力妇孺皆知。第三季上线八天，全网点击率超过2亿次，可谓纪录片产业的最高纪录，自此也形成了中国美食纪录片第一IP“陈晓卿”。陈晓卿离开央视后与腾讯合作的美食类纪录片《风味人间》始终占据腾讯视频纪录片频道首页，并获得较高点击率。

据了解，该节目商业化回报主要来自广告赞助（6个品牌赞助），同时该项目是腾讯视频首次尝试IP生态化运营，也是纪录片领域首次尝试通过IP授权获得部分回报。但即使是如此大体量的纪录片项目，在上线初期也遭遇了营销预算不足的现象。在互联网时代，网络营销可以帮助产品获得更大传播度，扩大受众，最终转化为点击率和收益。但网络营销，尤其是短视频营销成本较高，对于尚未完全形成规范化制销模式的纪录片来说，其费用更显捉襟见肘。

《美食中国》商业化优势与问题

一、《美食中国》商业化优势

从《舌尖上的中国》开始，美食纪录片持续风靡。从《风味人间》到《风味原产地》《早餐中国》《宵夜江湖》，从《一串人生》到《生活如沸》，美食成为中国纪录片最受关注的类型。2019年全网纪录片点击量前十名中，美食纪录片占据半壁江山。

表14　2019年全国纪录片视频点击量排名（前十）

排名	节目名称	视频点击量（万次）
1	《行星》	5080.69303
2	《早餐中国》（第一季）	3186. 22848
3	《宵夜江湖》	2044. 29369
4	《人间世》（第二季）	1593. 60603
5	《早餐中国》（第二季）	1331. 28192
6	《我们的浪潮》	1239. 85499
7	《七个世界，一个地球》	1110. 37665
8	《水果传》（第二季）	905.14851
9	《水深火热的星球》	687.27477
10	《风味原产地·潮湿》	592.52744

数据来源：北京美兰德视频网络传播监测与研究数据库，统计时段为2019年1月1日至12月31日

2019年，中央广播电视总台对现有机构和频道进行了大规模调整和改革。每个频道都根据自己定位和未来发展进行改版，栏目排编、融媒体传播呈现出新样貌。

表15　2019年央视主要纪录片栏目收视率、市场份额及时长

首播收视平均排名	频道	栏目	首播平均收视率（%）	首播平均市场份额（%）	首播时长（分钟）	总时长（分钟）
1	1	《焦点访谈》	0.813	3.010	4617	22961
2	4	《国家记忆》	0.644	2.390	5205	19291
3	4	《记住乡愁》	0.556	1.900	1800	52986
4	5	《美食中国》	0.473	2.790	1420	6076
4	4	《远方的家》	0.403	3.450	3931	23155
6	4	《国宝档案》	0.375	2.040	2190	9485
7	1	《秘境之眼》	0.371	1.840	674	2155
8	4	《中国缘》	0.368	1. 840	664	1220
9	4	《走遍中国》	0.363	1. 940	4588	11368
10	4	《国宝发现》	0.328	1.880	133	4354

*数据来源：中国广视索福瑞媒介研究有限责任公司

《美食中国》作为2019年新开播的纪录片，成绩亮眼。结合以上数据分析，央视领域纪录片方面CCTV-4具有较好的受众基础，此外《美食中国》作为该频道2019年开播的两档新纪录片之一，成绩亮眼，前景可观。

二、《美食中国》商业化问题

《美食中国》作为一档CCTV-4台播的美食纪录片，栏目组在制作和播出时期也遇到了纪录片商业化中存在的同样的问题。

1. 同质化

《舌尖上的中国》问世以来，类似的纪录片大量涌现。有传统媒体纪录片：《寻味顺德》、中央十套《味道》；也有新媒体纪录片：《人生一串》。这些过往

的纪录片都取得了不错的口碑。但《美食中国》作为新进选手，在饮食类纪录片中并没有打开新的局面，内容上的雷同之处，可能会造成观众的审美疲劳。在成片的文案和配音上，模仿痕迹略重，这类内容或多或少受《舌尖上的中国》的影响较大。

2．缺乏吸引投资方的卖点

纪录片往往以真实生活为创作素材，以真人真事为表现对象。但是纪录片行业的拍摄质量参差不齐，以真实为单一卖点相对单薄，较难吸引投资方的兴趣。目前，我国纪录片的创作、制作与发行主要由电视台或纪录片制作公司负责，为纪录片创作、制作与发行提供资金来源的往往也是这些企事业单位或者专门负责管理纪录片制作的主管单位。单一的资金来源远远不能满足纪录片商业化发展的实际需要，亟需社会力量参与其中，但我国纪录片行业的市场效益尚待提升。

3．缺乏创新推广方法

鉴于纪录片本身的特性，它所具备的话题性、市场热点等可推广运营的切入点较少，这令企业和品牌的营销宣传发挥空间非常受限，《美食中国》如何运营更多的话题、热点和关注度等，来为赞助品牌创造更多的商业价值值得探讨。

《美食中国》商业化改进措施

随着互联网的发展与智能手机的普及，营销已进入4.0时代（包括大数据深度应用、营销的人工智能化、工业制造的深度融合、全新的内容交互模式、人与机器的互联、机器与机器的互联等各个方面）。新媒体纪录片日益发展，纪录片商业化开始形成。在打造优质内容的同时打造《美食中国》IP，品牌的塑造和推广既可以加速纪录片商业化的进程，增加商业回报反哺纪录片制作，同时也有助于纪录片的市场化运作。

一、针对目标受众，更新品牌定位

《美食中国》作为一档以“人文视角聚焦中华美食”的纪录片栏目，以美食为载体，讲述中国故事，传播中华文化。民间有谚语“民以食为天”，可见美食在中国百姓心中的地位。由于央视平台的特殊性及CCTV-4的国际传播特点，《美食中国》的受众相对其他同类型节目更为广泛。

《美食中国》可以通过策划和制作，在拍摄阶段聚焦产地与过程，每一期节目让观众获得一餐美食，与美食相遇、与文化对话、与温暖相伴，树立自己的品牌形象和品牌个性。

二、挖掘美食内涵，展示美食文化

作为纪录片真实地记录客观现状必然重要，但应当进一步挖掘美食背后的文化内涵。中国是一个拥有五千年文明的古国，《美食中国》现阶段只是记录了当下一时一地的具体餐饮，纵深挖掘的力度略显不足。可以考虑从古至今纵向梳理主题内容，借食物将古代与今日之中国串联起来，以展示更为宏大的饮食文化。

三、线上线下推广，打造品牌IP

营销4.0时代，用户需求即是市场需求。时刻把握用户需求，不断调整制播是品牌培育的基础。结合融媒体营销和线上线下推广，借助自有IP的打造，通过广告传播、内容传播、口碑传播，到达更多受众。聚力电视传播、新媒体传播、新媒体推广、线下活动助力品牌推广，再从策划制作到播出再到营销，形成完整产业链。深入线下活动，实现品牌增值，吸引投资方加入。

当下环境中，多种技术升级，媒介融合程度加深，纪录片的商业价值不再是体现在直接的广告营收上，而是在于积累了数以亿计的用户资源，通过后续产品的持续消化，回收成本，实现获利。因此《美食中国》栏目组可以应用线下线上不同传播方式，打造强势IP，吸引不同品牌赞助吸引投资，行长远之道。

1. 发挥优势，紧靠地方，线下合作全面开花

中外名人作为国内发展历史较长的民营文化企业之一，历经27年的市场

锤炼，逐步形成了在业内具有一定竞争力的广告业务群和影视业务群。公司与央视及地方台已形成了互利共赢的长期合作关系，且被央视评为“AAAA”级信用代理公司，在央视平台资源、地方政府资源方面有着极强的优势。基于此《美食中国》节目组可紧靠地方政府开展品牌合作，促进跨界共赢。《美食中国》通过对地方美食的节目内容制作，展现当地的自然风光与人文历史，助推政府推广当地旅游业；通过线下主题活动强化栏目及品牌的美食标签，加深观众印象。

（1）源远流长，传统美食文化绽放风采

中国传统美食文化博大精深、历史悠久。在不同的年代，不同的食物身上都体现着其不同内涵。“故宫联名”“汉服”与“茶艺”的兴起都透露出新一代的年轻人将更多的目光转向了传统文化。借着传播中国传统文化的东风，《美食中国》栏目组可与不同地方政府就不同食品开展品鉴活动，品味食品（以茶为例）背后所蕴含的传统文化。

表 16 《美食中国》食品品鉴活动

活动背景	《美食中国》联合当地政府推广茶文化
活动主题	品味不同品牌的茶叶 聆听茶背后的文化及古代关于茶艺的文人轶事
目标人群	主要为95后的年轻人；携带小孩的中年人
场景搭建	设置主题区、市集区、制作区
区域执行	主题区（品鉴茶、分享茶文化） 市集区（出售不同品牌的茶、茶具） 制作区（参与观众可现体验泡茶）
人员安排	推广组（①对接搭建商②对接场地方③商户/合作方管理④规划物料摆位⑤安排兼职工作⑥测试用户流程⑦处理突发状况） 兼职（①引导参加游戏②引导市集区下单③引导拍照发送至微信、微博、抖音等平台） 合作方（本地商户、品牌合作方、搭建方、场地方、节目中出现的相关人员）
活动时间	预热期（预热长图朋友圈/自媒体分享、官方文案节目官方账号、品牌官方账号分享） 活动期（活动推广&场地方推文节目官方账号、品牌官方账号） 收尾期（回顾视频/稿件节目官方账号、品牌官方账号）

（2）追根溯源，帮助产业基地扩大影响

《美食中国》作为央视自有栏目，自带背书，在拍摄期获得的地方资源优势明显。当地通过《美食中国》达到宣传目的的同时，也能吸引游客或投资者。例如蚂蚁庄园公众号会推送诸多需要助农的农产品，《美食中国》可以通过美食角度可深入当地拍摄，借助央视平台强大的传播效果吸引观众或商家采购农产品。

美食街作为各地旅游业的重要组成部分，其迫切需要良好的传播效果。《美食中国》可关注各地想要大力推广的美食街或美食节。既可让栏目本身参与拍摄，也联合当地文旅局、品牌共同打造网红账号进行合作，在拓宽知名度的同时，吸引更多消费者，带动当地旅游和消费。

（3）深入调查，结合结果进行美食搭配

随着美食文化的逐渐发展，消费者在追求“网红”食品的同时，也渴求“个性化”的食品定制。以药膳为例，《美食中国》可以市场调查为基础，根据年轻人和中老年人不同的生活习惯和作息规律量身为他们制定出适合自己的饮食方案，或提供专业的医疗团队进行免费中医问诊，根据不同年龄阶层的体质与饮食习惯向其提供合理的饮食搭配建议。例如：对于年轻人，更倾向于创新，年轻人喜欢不同于传统方式的研究，可以使用混搭风：利用黄瓜、胡萝卜、红豆、紫米或薏仁、银耳、山药、山楂、枸杞等中药膳来进行创新，再结合受众自身的体质与饮食风格为其打造独一无二的菜谱。对于中老年人来讲，他们更关注的是健康，从健康出发，推行营养餐，膳食合理搭配，根据其平时的饮食习惯筛选出更适合他们体质的食物，也可以自行研发测试日常饮食习惯是否正确健康的小程序来进行评估打分，方便用户利用数据的分析来观察自身尚需加强之处以及需要摄入的食物。

（4）多店联动，形成线下打卡新型潮流

在餐饮行业未来发展的十大趋势中提出跨界合作将成为新常态，一些新锐餐饮企业热衷于联和跨界合作。未来，这种异业合作或将成为常态。

《美食中国》可集结各地餐饮品牌举办线下打卡活动以此吸引更多消费者参与节目互动。跨屏互动，将打卡活动与电视端二维码、摇电视等结合，实现观众的拓展和消费者的转化。智能手机的普及和各类 App 的全年龄段覆盖率提升，便于用户参与节目活动并提升活动传播范围，扩大影响力。

（5）主题餐桌，打造节目品牌联名IP

以《美食中国》为契机，通过节目中展现的的菜品或为地方特色，若能打造线下主题美食节等活动，一方面便于观众打卡同款美食，另一方面也便于品牌联合节目进行产品销售与宣传。

表17 《美食中国》“爱的餐桌”线下主题活动

活动背景	《美食中国》节目播出后，推出“爱的餐桌”主题活动，开放合作名额，征集优势品牌联合推广。
活动主题	制作节目中出现的美食，献给最爱的人 和爱的人一起吃《美食中国》同款美食
目标人群	主要为95后的年轻人；有家庭的中年人
场景搭建	设置主题区、市集区、游戏区、就餐区、制作区
区域执行	主题区（参与观众分享美食心得） 市集区（出售美食原材料或者半成品、提供试吃服务） 游戏区（可通过现场游戏、将活动现场分享至朋友圈、微博、抖音平台等方式获得品尝美食机会或者食物制作所需食材） 就餐区（参与观众现场就餐） 制作区（参与观众现场制作美食或节目组所提供售餐服务）
人员安排	推广组（①对接搭建商②对接场地方③商户/合作方管理④规划物料摆位⑤安排兼职工作⑥测试用户流程⑦处理突发状况） 兼职（①引导参加游戏②引导市集区下单③现场卫生管理④引导拍照发送至微信微博抖音等平台⑤游戏管理） 合作方（本地商户、品牌合作方、搭建方、场地方、节目中所出现食物制作厨师）
活动时间	预热期（预热长图朋友圈/自媒体分享、官方文案节目官方账号、品牌官方账号分享、预热稿件本地美食账号分享、参与门店线下张贴广告） 活动期（活动推广&场地方推文节目官方账号、品牌官方账号、合作方微博） 收尾期（回顾视频/稿件节目官方账号、品牌官方账号、合作方微博）

2．紧跟潮流，多管齐下，线上推广大放异彩

在紧抓与当地政府合作的同时，《美食中国》也不能忽略线上传播这一重要渠道。信息时代大环境下，互联网成为大众的主要信息来源渠道，也是消

费者获取信息的重要方式，因此节目本身也应重视线上渠道以此扩大知名度与影响力。

（1）源头直击，发挥当地群众宣传优势

借助节目播出的契机，协助当地的美食制作者入驻自媒体平台。以点带面，通过分享美食制作与生活日常运营账号，吸引更多观众。同时该内容也可形成节目的衍生及花絮系列，并借助央视的平台进行推广，实现KOL孵化。此外，还可以开通专属当地美食的网购平台，通过《美食中国》邀请央视知名主持人合作直播带货，进行当地美食、农产品的推广销售。另外运营账号也可参考疫情期间县长直播带货的模式，推广本地美食与宣传当地旅游景点相结合，用抽奖、满赠等方式送出当地旅游景点门口，打造当地美食可口景色优美的标签，促进当地经济更加长久的发展。运营账号在保持自身流量的同时，也可与栏目组其他地区运营账号合作互联，将当地特色推广至全国，形成《美食中国》产品销售网。由此，可形成栏目组、当地政府、当地群众三方互利互助的可复制多赢模式。

（2）多方合作，借助美食协会专业推广

目前中国有中国美食协会、中国顶级厨师美食协会、中国餐饮文化及诸多民间美食团体。作为集结多个美食制作者、品鉴师的团体，美食协会在美食领域有一定的权威。《美食中国》可借助美食协会权威之名联合抖音、快手、B站及微博等平台及相关领域KOL，举办一场的“家乡美食”PK活动。节目组也可以制作以网友投票以及美食家专业视角选出最受欢迎的美食的节目。平台可通过此类美食活动以及合作提升平台流量，创造一系列的优质内容。KOL可通过平台活动与央视节目提升自己的主流认可度。美食协会在推广美食的同时也扩大美食协会影响力。同时，节目组也丰富了制作内容，扩大了节目传播效果，促进多方在美食领域的共同发展。

（3）联合合作，推进移动终端内容开花

随着互联网的不断发展，移动互联网端成为网民获取消息与消费的重要渠道，而各类App也成为内容推广的重要方式。因此，《美食中国》栏目组可与不同的App端进行深度合作，不仅可以节省平台建设成本，也可借助平台优势推广内容。若能够与平台达成内容推广深度合度，更能节省大量宣传成本投入。

（4）另辟蹊径，联合游戏平台丰富内容

游戏是联网时代中的重要娱乐方式，游戏逐渐形成圈层，氪金也日渐成为趋势。《江南百景图》是由椰岛游戏自主研发的古风模拟经营类手游，多次登上微博热搜，深受年轻人喜爱。《美食中国》可以与爆款游戏《江南百景图》进行深度合作，例如将客栈系列里的“客栈美食”改为“美食中国客栈”，菜名更换为美食中国节目中出现的菜单。在游戏中开发参与菜品答题获取游戏道具的功能。《美食中国》节目官微可在节目后揭开一道道入选游戏的菜单，丰富副本内容，提升游戏国民度和认可度。

（5）文旅结合，数字科技助推 IP 矩阵

2020 年 9 月，国务院办公厅发布 2020 年第 32 号文件《以新形态新模式引领新型消费加快发展的意见》，其中明确提出“深入发展在线文娱，鼓励传统线下文化娱乐业态线上化，支持互联网企业打造数字精品内容创作和新兴数字资源传播平台”。《意见》要求进一步加大 5G 网络、数据中心、工业互联网、物联网等新型基础设施建设力度，优先覆盖核心商圈、重点产业园区、重要交通枢纽、主要应用场景等。

5G、大数据等数字化科技要素，将为传统旅游业走向文旅融合、高质量发展，提供全新动能和无限可能。以《美食中国》纪录片为起点，通过影片展示美食及其发源地，加快农业与文化旅游深度融合，拓展增长空间，激发市场活力，以农助旅、以旅兴农，打造文旅融合新产品新业态。

通过《美食中国》IP 的打造，重塑“民以食为天”背后人、货、地的关系。通过纪录片制播过程获取当地资源和信息优势；利用播出及宣传借助平台优势掌握受众信息；搭建结合社群平台、品牌商户、旅行社的小程序，包含在线游览、实体游推荐、在线购物等；同时结合线上数据及用户情况反哺纪录片制播及策划问题，形成文旅结合产业链。

《美食中国》IP 矩阵下，可以通过小程序，实景展现观看发源地视频，了解菜肴烹饪，食材、特产购买一步解决。也可以推出全程监督直播式购买：例如腊肉等制作周期较长食品可以提前认购，定期观看制作过程视频。此外，还可以在线游览拍摄地，同时联合旅行社推出短途游等路线。

美食纪录片的商业化绝不局限于传统的广告插播和冠名。烟火气中见苍生，IP矩阵的打造注重的更是经济效益背后的人文关怀。聚焦一城、一镇，着眼一人、一餐，以浓厚的中华美食文化，传达价值观输出和商业价值的共赢，拓宽纪录片的深度和宽度。

（6）积少成多，打造活跃生动平台账号

在当前的互联网大环境下，几乎每一个制作人人对自媒体平台都极为重视。官方账号的孵化与养成，对节目的运营及推广尤为重要。节目通过打造《美食中国》小程序、公众号、微博等各平台官方账号，随时更新动态，发布各种美食居家简易制作方法。在内容输出上既可以为没时间做饭的年轻人提供简单美食制作方法，也可为对烹饪感兴趣的美食爱好者提供创新菜品。同时也可与各平台入驻的《美食中国》所打造的KOL进行互动，保持官博跃度；打造自有话题“美食中国，烟火人生”，积极利用各平台热搜尤其是美食方面，参与网络活动，提升官博互动量。借助多平台账号积极活跃互动的优势，《美食中国》可形成多平台的联合宣传优势，尽量覆盖更多的人群以达到更好的宣传效果。

合作多赢，共同进步

《美食中国》与品牌、平台、地方政府的线上线下合作不仅可以成功打造《美食中国》这张中国美食的名片，还可赋予该IP更多的商业价值，便于后续的节目拍摄和品牌合作。

对于品牌来说，《美食中国》作为一档央视节目，其可靠度、传播度不言而喻。若加之节目之外的线上线下合作，还可实现以下两个方面的提升。第一，产品溢价。随着节目的传播，品牌将会受到更多的关注和消费，可通过与《美食中国》的联名来实现产品溢价。第二，品牌调性提升。央视作为国内权威媒体，品牌与其合作不仅可以提升品牌高度，树立品牌形象，塑造品牌价值，背书品牌信誉。央视的影响力与传播力及其之广，可帮助品牌覆盖较多的市场范围。对于平台来说，《美食中国》与其合作耗费较少的成本便可达到良好的传播效果，对于平台来说有利无害。对于拍摄地来说，《美食中国》栏目本身拍摄的内容便可推广当地的美食与文化，有时还可传播当地旅游景点，对当地的文旅发展有着极大的促进作用。

《美食中国》的商业化规划不仅着眼于节目的盈利和合作品牌的收益，以纪录片《美食中国》为起点，打造多维度的IP矩阵，拓展内容边界。以纪录片为载体，实现产品节目融合共赢，推动多方联合发展。在尝试与革新中，培养市场与用户黏性，满足用户娱乐、知识需求，并增加中国本土优质纪录片的国际影响力。

中国邮政：
文创产品的经营战略

中国邮政文创产品现状概述

一、中国邮政文创产品现状分析

“文创”一词自1998年进入中国大众的视野起，至今不过只有20多年的时间。而随着“故宫淘宝”等博物馆文创、“动漫展”等游戏文创、IP热播剧等影视文创的火爆，才使得“文创”成为近年来的热词，更使得“文创产业”迎来发展热潮。

近年来的中国，已基本完成了基础制造业的工业化进程，消费升级的趋势呼之欲出。并且，在高精尖技术上仍与欧美发达国家存在显著差异的条件下，只有先通过“文化创意设计”提升“中国制造”的溢价空间，以逐步缩小与“西方制造”在市场价格上的差距。“中国制造”正在从低端制造向创意设计的中端制造转型升级，这将是中国文创产业迎来的最佳历史发展机遇。但从目前中国文创产业发展来看，仍与欧美存在着不小的差距，主要表现在：产品品质没有精致感，设计风格没有辨识度，文创品牌没有影响力。

以邮票、邮资封、邮资名片为代表的中国邮政文化创意产品承载着对国家事件、社会热点、历史文化、纪念活动的重要传播、宣传和推广作用，是中国邮政集团专属经营且独具特色的业务板块，得到了社会大众的广泛认可和喜爱。

1．市场经济下的国企担当

近年来，随着我国大力发展文化产业，国内文化创意产业园已涵盖了文化、艺术、科技、传媒、动漫、影视、旅游等各个领域。随着文化创意产业对经济的贡献不断增强，加强其平台发展就显得日益重要，然而文化创意产业园区在承载文化创意产业发展的过程中出现了不少问题，依靠简单的复制已不可取，因地制宜，研究适合区域的发展模式以及战略规划显得尤为关键。

推进文化创意和设计服务等新型、高端服务业发展，促进与实体经济深度融合，是培育国民经济新的增长点、提升国家文化软实力和产业竞争力的重大举措，是发展创新型经济、促进经济结构调整和发展方式转变、加快实现由“中国制造”向“中国创造”转变的内在要求，是促进产品和服务创新、催生新兴业态、带动就业、满足多样化消费需求、提高人民生活质量的重要途径。

2．基于历史传承的新品创新

中国邮政发行文创产品较早，邮票、明信片、邮戳等是最早的文创产品元素，具有极高的收藏价值。目前，虽然通信已经不再是主流的交流方式，但是立足自身特色并与时代结合，中国邮政依然活跃在文创界，推出了诸如“战役英雄异形口罩”“‘绿骑士’邮政投递员车模”等文创产品。

3．红色主旋律与实用性结合

中国邮政文创产品一贯宣传红色情怀，跟进国家历史大事件，但是也能够与创意、实用性相结合。比如，2020年冬奥会吉祥物系列邮票、邮资封、邮资明片等产品。

4．绑定知名IP，力促新品出圈

邮政文创产品也积极与年轻用户喜闻乐见的知名IP合作，强强联合，让品牌年轻化，搭乘知名IP的快车快速出圈不同年轻用户群体。比如，与知名网络IP吾皇合作，与热映电影《流浪地球》《中国机长》合作等。

二、中国邮政文创竞争环境分析

一个行业中的竞争，不止是在原有竞争对手中进行，而是存在着五种基本的竞争力量：潜在的行业新进入者、替代品的竞争、买方讨价还价的能力、供应商讨价还价能力以及现有竞争者之间的竞争。

1．文创产品现有竞争环境分析

2006年12月，北京市统计局、国家统计局北京调查总队联合制定发布《北京市文化创意产业分类标准》，首次给出文化创意产业概念的总体界定，文件中将文化创意产业定义为以创作、创造、创新为根本手段，以文化内容和创意成果为核心价值，以知识产权实现或消费为交易特征，为社会公众提供文化体验的具有内在联系的行业集群。《北京市文化创意产业分类标准》同时给出了文化创意产业的具体分类标准，认为文化创意产业主要包括文化艺术，新闻出版，广播、电视、电影，软件、网络及计算机服务，广告会展，艺术品交易，设计服务，旅游、休闲娱乐，其他辅助服务等九个大类。文化创意产业是发达国家经济转型过程中的重要产物，由于附加值高、发展可持续，越来越为各国所重视，增长速度远高于整体国民经济增速，已成为世界经济增长的新动力，引领着全球未来经济的发展。发展文化创意产业已成为当今世界经济发展的新潮流和众多国家的战略性选择。

2019年东部地区规模以上文化及相关产业企业实现营业收入47017亿元，比2018年同期增长6.7%，占全国比重为75.6%；中部、西部和东北地区分别为8841亿元、5727亿元和602亿元，分别增长9.4%、13.8%和下降1.2%，占全国比重分别为14.2%、9.2%和1.0%。近年来，随着我国新型工业化、信息化、城镇化和农业现代化进程的加快，文化创意产业已贯穿在经济社会各领域各行业，呈现出多向交互融合态势。推进文化创意和设计服务等新型、高端服务业发展，促进与实体经济深度融合，是培育国民经济新的增长点、提升国家文化软实力和产业竞争力的重大举措，是发展创新型经济、促进经济结构调整和发展方式转变、加快实现由“中国制造”向“中国创造”转变的内在要求，是促进产品和服务创新、催生新兴业态、带动就业、满足多样化消费需求、提高人民生活质量的重要途径。近年来随着消费升级、居民生活的改善、人们对于娱乐休闲活动的追求也随之上升，从而使得我国的文化创意产业也发展迅速，目前市场进入快速发展的新时期。

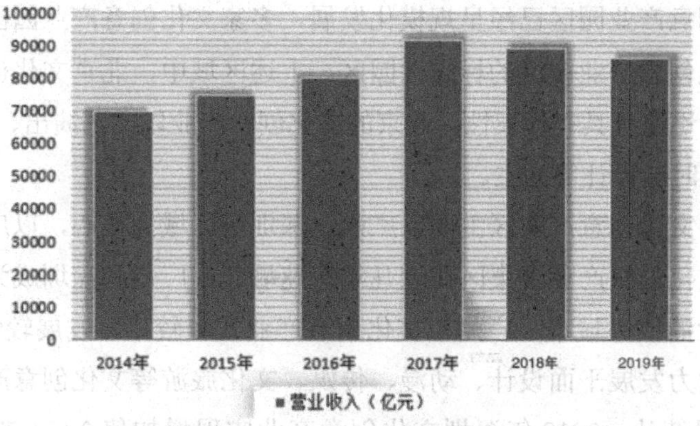

图 51　文创产品年收入稳步增长

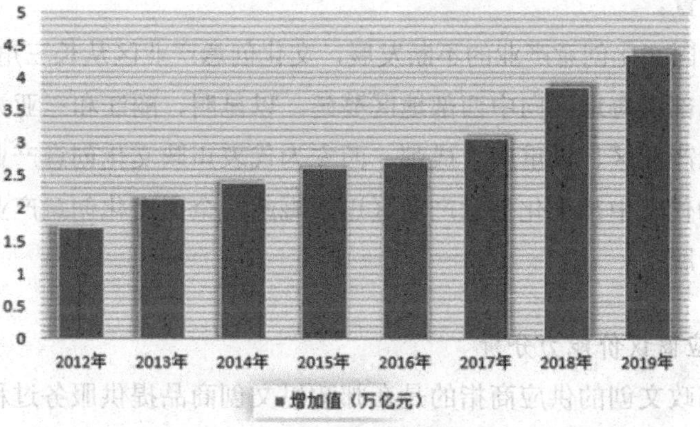

图 52　文创产品年增加值稳步增长

2．潜在竞争者分析

目前，我国已形成包括长三角文化创意产业区、环渤海文化创意产业区、珠三角文化创意产业区、滇海文化创意产业区、川陕文化创意产业区和中部文化创意产业区在内的六大文化创意产业集群。

长三角文化创意产业区主要以上海为核心，加以辐射苏州、南京、杭州等城市，各地区彼此关联，协作与竞争并举。上海文化创意产业园区重点是旧厂房改造，大量旧厂房结合其区域特点进行重新规划与改造，升级形成具有特色的文化创意产业聚集区。

环渤海文化创意产业区主要以北京、天津、大连等区域为核心，这些区域的文化创意产业园区已经呈规模化发展，多家文化创意产业园区已成为某一类型文化创意产业园区的标志性园区。上述区域中，北京文化创意产业园区发展最为迅速且具有代表性。北京的文化创意产业以文艺演出、广播影视、文艺动漫、时装设计等为主。

珠三角文化创意产业区主要以广州、深圳等区域为核心，以广州和深圳为主的新文化创意产业聚集区在近几年快速崛起，广州和深圳成为珠三角文化创意产业的核心城市。广州市文化创意产业发育较早，发展较快；深圳市在近几年大力发展平面设计、动漫、传媒、文化旅游等文化创意产业，据深圳市商务局统计，2018 年深圳文化创意产业实现增加值 2,621.77 亿元，占 GDP 的比重超过 10%。文化产业已经成为深圳经济支柱产业，在其发展中占据了重要位置。

随着我国文化创意产业的不断发展，文化创意产业区从长三角、环渤海、珠三角等东部沿海地区向中西部地区蔓延，以昆明、丽江和三亚为代表的滇海文化创意产业区、以重庆、成都、西安为代表川陕文化创意产业区和以武汉、长沙为代表中部文化创意产业区迅速崛起，全国文化创意产业区遍地开花，蓬勃发展。

3. 供应商议价能力分析

中国邮政文创的供应商指的是在邮政以文创商品提供服务过程中，使用的版权、IP 等的提供者，如某些名画的使用。在邮政文创发展的过程中，供应商的议价能力极强。

4. 客户议价能力分析

中国邮政文创的现阶段的竞争性业务，竞争者众多，产品服务同质化，而且中国邮政品牌也缺乏足够的品牌效应，客户对价格的敏感度很高，其议价能力越来越强。

三、中国邮政文创产品 SWOT 分析

1. 自身优势分析

(1) 国资背景，独家产品优势突出

基于国有背景，中国邮政能够更便利地与国家时政大事、其他国有文化

品牌（如故宫博物院、各地政府知名景区等）合作，推出独家产品；同时，中国邮政自身也有邮票、邮戳、邮包等跟自身业务较强关系的独家产品、元素，这些让中国邮政与其他文创品牌形成差异化竞争优势。

（2）设计实力沉淀，新品开发能力优秀

早在新中国初期，中国邮政就在邮票、明信片的设计上被国人关注，有大量的优秀设计师合作资源及合作经验，并且能够基于设计快速的量产。中国邮政针对各个主题邮局设计的不同的文创产品上得以彰显，相信中国邮政也能在与各个IP、品牌合作过程中，将这些能力快速融合。

（3）集团依托，线上线下渠道优势凸显

依托中国邮政集团，邮政文创推广背后有中国邮政邮局、快递网点、邮政银行等触及全国各地的海量POI（展示网点），中国邮政文创在线下能够快速触达用户；同时，中国邮政也在积极布局快手、抖音、微信等线上传播资源，尝试直播等创新的传播方式，线上线下结合，产品传播渠道优势凸显。

2．外部机会分析

（1）市场混战，唯能者胜

目前文创市场还是一片混战局面，潜在市场很大，但是没有出现明显的头部品牌，中国邮政无论是在品牌力还是产品力上都有很强的竞争优势，机会优势凸显。

（2）同质化严重，产业亟待升级

目前市面上的文创产品同质化严重，难逃低价、低端怪圈，中国邮政的独家设计资源、产品研发能力、品牌口碑实力，让打破行业僵局，打造高品质文创爆品成为可能。

3．自身不足分析

（1）知名度不足

用户对中国邮政了解主要来自邮局、快递等业务，对中国邮政的文创产品了解不足。就算有了解，也仅局限于明信片、邮票等初代文创产品。

（2）爆品打造不足

经济发展，物质极大富裕，消费者的选择决策变多。有口皆碑的猴票之后，目前中国邮政尚未再有风靡全国的知名爆品。如何打造爆品，借助爆品重现中国邮政文创产品昔日辉煌，显得尤为艰难。

（3）产品差异化挖掘待深入

虽然中国邮政有邮票、邮戳、邮筒、邮包等独家特色元素，但是这些元素在目前邮政文创产品的结合上，还有待更进一步深入，让中国邮政的文创产品能够在一众文创产品中脱颖而出，打造更具用户记忆点的邮政文创品牌。

4．外部威胁分析

（1）竞争激烈

受文创风口感染，各大博物馆、文化旅游品牌乃至普通商业品牌都来文创界分一杯羹，市场上入局者众，竞争激烈。

（2）市场混乱

市面上文创产品参差不齐，劣质文创产品很多，对用户造成不良影响，很容易劣币驱逐良币，影响到中国邮政的文创产品销售。

中国邮政文创经营战略建议

一、中国邮政文创品牌面临问题

1．品牌价值塑造不清晰

目前的文创产品市场缺乏一些大品牌、大公司做统领，小型的创意公司或博物馆难以形成规模性的发展，也缺乏经营支撑。即使有一些产品的交易量还不错，但难以在消费者心中留下品牌影响力。面对我国文化产业快速发展时期，中国邮政文创如何利用自身优势资源打造文化鲜明的品牌价值，领跑文创产品市场，需要构建更加切实可行的品牌战略。

2．价值观传导不明确

文创产品不同于小商品，要向公众传导一种价值观。就要把握住文化这条主线，打造既符合社会发展前景，又有高品质的文创产品，当前所面临的主要挑战是如何挖掘中邮文创的价值主张，构建中邮文创商业生态模式，将产品价值观通过品牌战略、营销战略等进行传导与表达。

3．客户定位欠缺

文创界有一个明显的特点是年轻人做，年轻人买。有些文创产品的消费者自身也是设计者，这类人员更青睐于一些设计更好玩、更有价值的产品，更加侧重于丰富的体验。在传统且重复的体验中，文创消费群体也容易产生审美疲劳，中邮主题邮局的场景体验中，需精准定位客户，通过场景服务做到获客、购买、口碑营销等增加客户黏性，形成文创消费闭环。

4．创新产品开发力不足

从整个文创行业的文创产品开发过程来看，存在许多问题，如创意和设计能力不足、没有充分挖掘文化资源、文化产业链不健全等。针对文创行业的普遍问题中邮文创需要更加关注几个问题：一方面吸纳更多优秀的设计师，满足各种不同材质的产品形式，设计出具有文化内涵的实用性产品；另一方面要突出“全案开发”的优势，即丰富产品线、注重产品运营等。

二、中国邮政文创产品面临问题

1．传播推广问题

文化传播与消费者意识层面上要构建统一关系。产品的创意设计与产品所要传达的文化艺术及美学特点也必须在产品中鲜明地呈现出来，尽可能地契合消费者对文化创意衍生品的消费预期，才能推动文化创意衍生品的商业价值的实现。除了结合新技术、新媒体、注重营销方式外，未来还需思考文化体验形式和文化业态，提升文化资源利用层次，拓展文化产业发展空间。

2．营销方式的问题

线上线下相结合的有效的营销渠道，文化创意衍生品的文化价值和商业价值的体现都离不开消费者的购买行为，营销渠道的多样性可以有效地让更多消费者了解到相关的文化创意衍生品，打破文化创意衍生品的区域局限性。

文化创意衍生品的线上与线下营销相结合，可以有效地帮助产品研发者分析和研究不同的消费群体对文化创意衍生品的市场需求，以及对产品文化附加值的期待，需要制定有利于推动文化创意衍生品的文化价值和商业价值实现的有效营销战略。

3．跨界融合问题

在互联互通的背景下，文化创意产业在和工业、数字内容产业、城市建设业、现代农业等相关行业跨界融合。在“文化＋科技”“文化＋旅游”“文化＋金融”模式下，文创产业升级态势明显。在以创意经济为主的时期，中邮文创如何注重文化与科技的融合、创意创新，成为能否快速发展的重要引擎。

总结以上，中国邮政文创产品面对的难点有：

文创产品目标客户难以精准触达；

面对激烈的市场竞争，如何即兼具中国邮政文化产品特色，又能实现经济价值潜力；

如何因势利导利用中国邮政主要业务板块优势，有效整合内外部客户资源。

三、中国邮政文创产品品牌策略

品牌即是影响力。中国邮政集团对集邮业务的发展战略是“三个地位”，即提升邮票作为国家名片的核心地位，稳固邮票在投资收藏市场的重要地位，争创邮票在文化创意产业的独特地位。在中国邮政已有品牌的基础上需要继续挖掘和延展其品牌内涵，而品牌内涵需要与时俱进。对今天年轻人而言，中国邮政的形象是陌生而模糊的。集邮与函件、报刊发行专业的融合，可以以邮政特色文创产品的开发作为切入口。

这就要求在产品的创新性、实用性和丰富性三方面突破：

1．创新性

邮品开发应该紧扣社会热点，与社会优质资源、知名 IP 跨界合作，借助对方的自带流量扩大影响。例如与当地的非物质文化遗产、博物馆、图书馆、名特优企业合作，定向开发特许仿印产品；与游戏、影视、文学、动漫、电竞等文娱产业跨界合作，打造专属人群的特供文创产品。

2．实用性

故宫文创产品之所以火，是因为集知识性、艺术性、趣味性与实用性于一体，不仅好看，而且好玩、好用，融入了人们日常生活。邮品开发也应如此，不仅要有艺术性、可欣赏，还要有实用性、接地气，束之高阁只会逐渐被人遗忘。

3．丰富性

故宫开发了近12000种文创产品来满足客户的不同需求，其中，“萌萌哒”系列仅占5%，“有趣但不恶搞”是故宫文创产品坚守的开发原则，这一点尤其值得邮品借鉴。邮票作为政治属性较强的“国家名片”，也应在高雅与通俗、传统与现代、古典与时尚之间把握好尺度。此外，邮票文化的大众化宣传也十分重要。一方面，市县分公司要持续深入开展“集邮进校园”“集邮进社区”等公益讲座活动，将邮票文化带入千家万户；另一方面，集团总部也可以尝试与喜马拉雅、得到、凯叔讲故事等线上知识平台合作，聘请邮票专家开设相关音频课程，更加专业、生动地讲述邮票背后的故事。

四、中国邮政文创产品产品定位策略

通过对中国邮政文创产品的现状分析，中国邮政文创都拥有很多独特的文化优势和渠道优势。邮票作为国家名片，承载着对国家事件、社会热点、历史文化、纪念活动重要的传播、宣传和推广作用。

邮票及其创意文化产品在对外交往、文化交流、形象宣传以及惠民文化等方面都发挥了重要的作用。而邮政的另一特色产品信函则承载着几代人情感的记忆和累积。遍布在全国各地的邮政相关设施则是中国邮政文创产品可以触达各地的有力保障。中国邮政文创产品定位不能只停留在现有基础，同时需要紧紧抓住市场风口和技术便利，适应社会潮流发展。

在定位策略上，中国邮政可以对标故宫。首先，要对中国邮政文创现有产品的再定位，利用互联网技术发扬其原有文化特色和流行优势。例如将集邮打造为与文化、身份、地位等关联的标签，强化标签属性，突出标签特色，打造时尚潮流。其次是要对潜在产品进行预定位。目前中国邮政文创产品主要是邮票和明信片，其产品可进行二次开发甚或是多次开发，这些潜在产品的市场定位则要着眼于年轻群体。中国邮政需要放下姿态，贴近群众生活，贴近年轻人。邮票和信件作为可承载物是可以衍化出多种多样的产品来迎合和贴近消费者，而其自身携带的浓重的文化积淀和情感基因也会在传播和推广中引起共鸣。

五、中国邮政文创产品组合策略

面对现在的消费市场，企业可以通过产品组合策略，针对不同消费群体，开发不同类型的产品，以满足市场对同类产品的不同要求，提高市场占有率，以提高企业竞争能力和取得最好的经济效益。

目前，中国邮政的用户群体，可以分为：第一类喜欢集邮，对集邮文化有一定了解的群体；第二类没有集邮习惯的群体。

第一类人群：中国邮政可以开发具有特殊纪念意义的邮政产品，发挥邮政拥有的官方发行、功能性、艺术性、收藏性、唯一性、不可复制性、防伪性等特点，吸引消费者，在原有的邮票、明信片的形式上进行创新，赋予邮政产品新的意义。

第二类人群：中国邮政可以和热门 IP 合作，联合开发文创产品，例如中国邮政与故宫进行的合作，与热门电影《流浪地球》联合开发产品等。

中国邮政改进措施建议

一、中国邮政文创产品经营解决实施方案

1. 搭建三大平台求发展

要秉承“开放、合作、共赢”的理念，兼顾国家、政企客户、个人消费者、邮政四方利益。以“提供优秀的文化传媒产品”为核心搭建三大平台：

一是全媒体广告投放平台。整合内外资源，以互联网广告等新媒体为突破口，形成“互联网＋户外广告＋市民手册、行业手册＋邮政各类自有媒体＋其他媒体代理”的全媒体发布平台。

二是打造线上、线下产品销售平台。线上，通过网厅、微店、邮乐小店拓展销售；线下，借助主题邮局、便民站遍布面广、深入城乡的优势，结合周边经济特点，进行产品的研发和布放销售。

三是建立文化惠民平台。将墙绘、文化礼堂建设、文化惠民活动、文创产品综合打包，进行菜单式推广。

2．依托两种力量强能力

要打造一支精干高效、一专多能的专业队伍，确保文化传媒经营管理、创意设计、营销能力的提升。一是可借鉴社会4A级广告公司运作创新团队组织模式，针对重点项目、重点业务，尝试采取“项目虚拟团队”“短期突击队”形式，抽调县区优秀营销员，整合专业支撑力量进行突破。二是积极借助外部力量。整合上、下游企业，采取外包、合作等方式，弥补自身在能力上的不足，实现合作共赢。

3．立足三个市场拓规模

拓展政务、商务、个人消费三大市场，是做大邮政文化传媒业务规模的必由之路。要开发适合大众的产品，形成集藏文化、旅游、校园、动漫游戏、生活娱乐等几大系列，在文化产品基础上叠加实用功能。同时，不能放弃政务市场的开发。

4．兼顾四方利益谋共赢

要秉承“开放、合作、共赢”的理念，兼顾国家、政企客户、个人消费者、邮政四方利益。当前，正是全国上下学习宣传、贯彻二十大精神的重要时期，邮政应该大力拓展渠道、创新产品，努力将各地历史、人文、风光、民俗文化基因融入邮政文化产品中，满足人民群众日益增长的精神文化生活需求。

二、中国邮政文创产品营销解决实施方案

1．发挥邮票四大属性

发挥中国邮政邮票的独特价值，推广文创周边邮票的使用、宣传、商品、文物四大属性；

（1）使用属性继续与各大热门景点（包括海外）、博物馆等建立战略合作营销门店，通过资源互换降低店铺运营成本，推出针对性文创产品；

（2）宣传属性事件营销，基于国家热点事件进行相关营销活动，推介文创周边。

（3）商务属性建立邮票交易平台，提供鉴定、信息分享等为一体的平台。同时销售文创周边。

（4）文物属性将一些珍贵的邮票与美术馆、博物馆等机构联合举办相关主题展览。展览是为了“让邮票说话”，重视博物馆的教育功能，关注展览与现实生活的联系，提高珍贵邮票的利用率，同时推广文创周边。

2. 挖掘邮票人文情怀

挖掘邮票背后的人文情怀、艺术造诣、时代精神，与主流红色影视作品相结合。联合制作能够宣传推广文创品牌的宣传片、微电影、纪录片、影视剧、综艺节目等，通过新媒体平台进行传播与营销。设计相关邮票情节的纪念邮票以及文创产品购买链接。

3. 开展邮票设计合作

建立邮票图片库与相关图片网站、设计等公司合作，签订开发授权协议。让所有想接触的人能够接触到，选择相关素材，下载付费。同时开发一些邮票动画，让邮票自己讲述历史、制作工艺等。

4. 让邮票走进高校年轻人

与高校设计、艺术、印刷等相关专业合作，开设相关选修课，普及集邮知识，收集文创创意。参与校园文化活动。

5. 增强邮票科技感

开发邮票文创产品时利用 AI、VR 技术，增加产品的科技感。

东华软件：
市场营销能力提升策略

软件行业发展状况

近年来，在中国数字化浪潮的发展趋势下，我国软件和信息技术服务产业规模逐步扩大，技术水平显著提升，软件产业已发展成为战略新兴产业的重要组成部分。根据工信部公布的统计数据，2021 年 1～10 月份，我国软件与信息技术服务业发展态势平稳，软件业务收入保持较快增长，利润总额增长放缓，软件业务出口增速稳中有升，从业人员数量稳步增加，工资总额小幅提升。数据显示，2021 年 1～10 月份，我国软件业务收入 76,814 亿元，同比增长 19.2%。

软件和信息服务业是国民经济和社会发展的基础性、先导性、战略性和支柱性产业。过去几年，我国软件和信息服务业保持了高速增长的良好态势，这主要得益于国家的产业政策支持，得益于国内信息化建设的旺盛需求，得益于信息技术的快速发展。

未来几年，软件与信息技术服务业将面临一些新的形势：一是经济形势依然复杂多变，IT 投资需求面临考验。但是，新技术创新机会、新兴服务业态的兴起将对产业发展起到积极作用。二是产业垂直整合趋势明显，国际领先企业纷纷通过并购或联盟方式加强整合，提升整体服务能力。三是以云计算为代表的新技术和新应用模式正在改变产业格局，信息技术服务的边界越来越模糊。软件和信息服务业面临的发展机遇与挑战，要求信息技术服务企业从服务力、创新力、研发力和整合力四个方面顺势推进企业转型。

东华软件企业现状

一、企业规模

东华软件股份公司2001年1月成立，2006年8月在深圳主板上市，股票代码002065，注册资金31.15亿元，全国拥有50余家分支机构，职工10000余人，其中研发人员5200余人，拥有1800多项自主知识产权的软件产品。公司以应用软件开发、计算机信息系统集成、信息技术服务、网络流控安全产品及互联网+为主要业务，拥有600多项自主知识产权的软件产品。公司已为数千个用户提供了优秀的软件和信息系统解决方案，涵盖多种应用与技术平台，用户涉及医疗、金融、政务、能源、水利、公安、电信等多个行业。

旗下品牌：东华医为、健康乐互联网医院、银企汇、华金在线、东华金融云、东华智慧城市、HARRY data、东华大数据平台、东华企业云、东华网智、神州新桥、威锐达、联银通、博育云、东华雪亮、厚盾预算、互联宜家、阿凡达工业大数据等。

二、产品现状

东华企业服务板块以价值链为驱动，从业务、预算、资金、核算、税务、审计六项维度出发，在大型企业与中小企业两个领域双向发力，为不同规模和需求的企业提供有针对性的服务和产品。

1. 面向大型企业的定制化服务和产品

东华企业服务板块依托公司丰富的行业经验和强大的创新资源，为大型企业客户提供业财融合综合经营管控平台及相关子产品，包括全面预算管理、工程项目管理、集中采购管理、资金集中管理、资产集中管理、收支合同管理、网报费控管理、人力资源管理等。由于企业服务产品本身具有使用惯性，且大型企业的企业服务软件一般需要和企业原有的信息系统深度对接，替换成本高，替换周期长，因此具有强产品黏性和高续费率。

此外，大型企业往往处于关乎国计民生的重要行业，在顺应数字化浪潮的同时，保密要求也越来越高。而东华软件作为最早获得甲级涉密资质且具有众多自主知识产权的大型内资软件服务企业，可以更好地满足这类客户与保密相关的诉求。

2．面向中小型企业的标准化 SaaS 产品

面对更加广阔的中小企业市场，东华企业服务板块提供助力经营绩效管理的 SaaS 平台及相关子产品，包括 168 商机管理、168 网报管理、168 项目管理、168 合同管理、168 人力资源等。标准化的上云产品相比于定制化开发产品具有明显的成本优势，并能够满足中小型企业快速部署、拿来即用的产品诉求。

三、客户现状

东华软件客户的特点：规模大、壁垒高、行业排名靠前。经过多年发展，用户涉及医疗、金融、政务、能源、水利、公安、电信等多个行业，其中包括国家电网公司、中石油股份公司、中国科学院、水利部、国家气象局、国家工商总局、中国人民银行、华夏银行、中国人寿保险公司、北京协和医院、四川大学华西医院、山西移动通信公司、贵阳市公安局、江苏中烟工业公司、中国国际航空公司等。

表 18　2020 年东华软件解决方案下游行业分析（单位：%）

行业	东华解决方案	营收占比（%）
医疗行业	“HOS”（Hopital Operating System.医院操作系统）；“CMOS”（City Medical Operating System，城市智慧医疗操作系统）；智慧医保；云HIS业务	64.33%
金融行业	投融资领域：形成从投前决策到投资交易一站式服务平台；征信业务领域：帮助金融机构对接央行征信系统和百行征信系统，为客户提供业务咨询、系统开发、接入测试等全流程服务； 反洗钱领域：人民银行反洗钱局电子化调查平台、检查平台的开发工作	
互联网行业	3D-GIS地理信息系统、基于3D可视化的机房动环监控系统	3.48%
通信行业	完成应急通信终端产品SC121、L600+、L800、BD003的开发	6.28%
能源行业	阿凡达工业互联网软件、工业边缘计算平台、工业数据治理与计算分析平台、业务中台软件、安全中台软件	10.81%
政府行业	智慧城市运行监控平台、智慧应急管理平台、智慧住建、智慧交通、智慧文旅、智慧教育、智慧大数据一体化平台	8.75%

资料来源：公司年报前瞻产业研究院整理　@前瞻经济学人App

但同时，东华也面临着如何持续获得新用户的问题。客户目前也存在问题：

从以下数据可以看出，2018—2020年期间，东华软件IT资讯业务营收是不断增长的，但是毛利率却在逐年下降中。今后，如何在保留固有用户的同时，增加新的中小型用户，把蛋糕做得更大？提升企业盈利空间，是需要思考的问题。

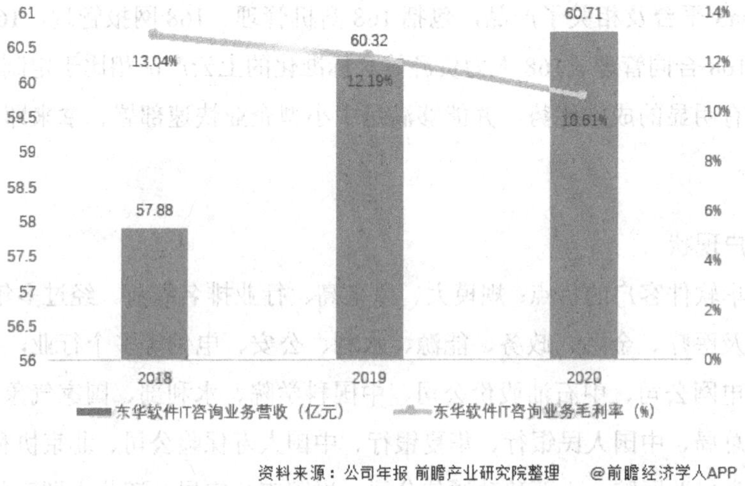

图53 2018—2020年东华软件IT咨询业务经营业绩（单位：亿元，%）

公司运营模式升级

东华集团的品牌问题，也是东华软件的运营模式问题，甚至是企业战略问题。如果现在要高效建立品牌，则需要运营方式创新，市场职能创新，以及企业资源整合的立体式营销。

一、运营方式创新

1．适应2B模式特点进行市场推广

B2B商业模式较为依赖销售团队。因此，东华软件可以建立基于客户的营销思维，与销售团队充分配合来开展市场计划。分阶段、搭平台开展营销活动，促进机会转化，以销售收入的提升来体现市场在组织中的作用。

首先，搭建好框架体系，寻求决策层认同。东华和很多2B企业一样，销售占比较大，但没有较完整的市场框架体系。因此想要在“市场营销”上获得比较好的结果，首先要获得决策层的支持。品牌经营和营销效果是一个比较长期的培育和转换过程，如果没有内部支持和团队间协作，很可能形同虚设半途而废。营销可以可以通过搭建营销框架、引入营销技术工具、应用目标客户营销策略三个阶段实施。

其次，专注行业，定位清晰。东华集团可以选取几个主要专注的行业，作为传播的重点，2B媒体传播内容侧重行业可复制解决方案的案例。

最后，深挖大客户，做好向上销售和交叉销售。与销售团队合作，将客户分级分类，识别战略客户（标准由具体情况去指定，比如销售额占比、在未来3~5年内每年有稳定的大量投资等），充分利用生态伙伴。与客户，合作伙伴做联合营销。关于代理商、集成商的合作，可利用代理商激励机制，与这些渠道联合营销。

2．**精细化营销**

精细化营销即采用基于目标客户的营销策略，持续关注目标客户和营收，具有以下优势：

资源聚焦。不把努力浪费在根本不需要/不具备购买产品条件的对象上。数量的游戏转变为质量的游戏。更多的资源投入在最佳的机会上，获得更高的赢单率。

销售&市场高度协同。营销和销售能够同步，市场营销提供销售人员真正想要的销售线索。市场团队参与到客户购买路径的更多环节中。

目标客户极优体验。聚焦于数量有限的目标客户，意味着可以为他们提供更为个性化的体验。将客户想了解的信息提供给所有利益相关方，加速销售过程。

营收提升、ROI提升。营销目标与产生收入的客户挂钩，以营收产出评估营销结果。对于越可能产生营收的销售线索，投入更多资金，以实现最大效用。和其他营销模式最大的区别是，在这种营销体系下，销售和营销部门目标高度一致，能够把资源集中在对营收最有帮助的客户群体，提升营销效果。

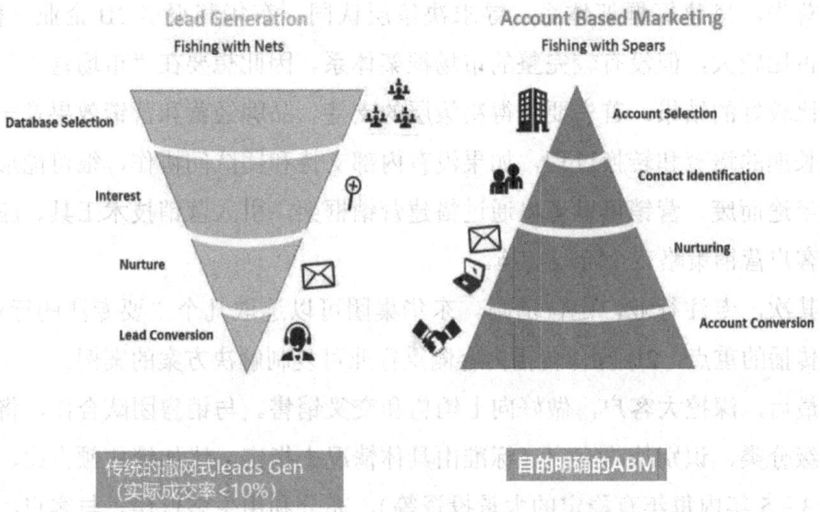

图 54 潜在客户生成与基于客户的市场营销方式对比

依据每种客户所对应的投入产出比，分别对于目标客户采取不同的营销策略。一对一营销客户群应为高价值客户，20% 的客户提供 80% 的营业收入。一对几营销客户群应为有相同特征的细分领域及需求点的客户。一对多客户群应针对数据库里的一众目标客户，根据目标客户所需要的产品、解决方案作为划分依据，实现一定程度的个性化。后续的内容营销也应基于客户类型。

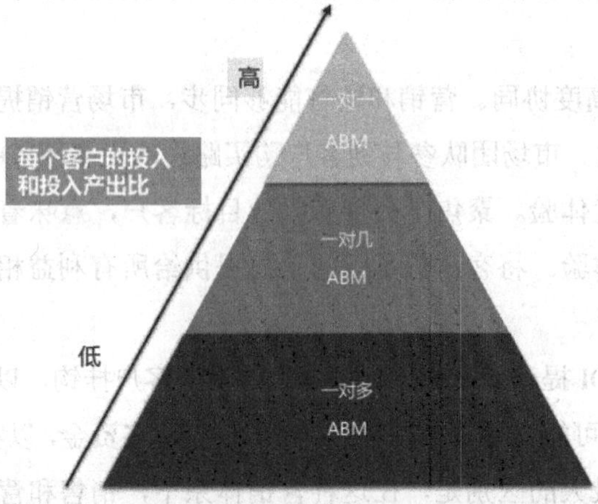

图 55 营销策略客户的投入产出比关系

3．实施流程

（1）创建目标客户名单 & 客户分级；

（2）MKT&Sales 团队协同，共同梳理创建目标客户名单，客户画像并进行客户分级；

（3）关键信息梳理 & 数据挖掘；

（4）梳理客户信息：规模、地域、行业、互动的行为、研发方向、采购阶段、目前所需信息和资源等。进行数据准备和挖掘；

（5）定制内容营销体系；

（6）定制客户旅程各阶段个性化的、多种形式的内容，以吸引目标客户的关注；

（7）设计营销策略组合；

（8）针对目标客户设计整合营销方法，增强与目标客户的互动；

（9）推进转化成交；

（10）建立评分模型和仪表盘，对数据进行分析，与销售团队一起，推进转化和成交；

（11）评估效果 & 扩展目标客户；

（12）阶段性评估效果，并对目标客户清单、营销方法适当调整。扩展目标客户名单。

可以先启动试点，与相关团队沟通。（不存在完美的路线图，但基本步骤可参考底层逻辑）

4．案例参考

（1）建立在数字化旅程上的内容营销策略

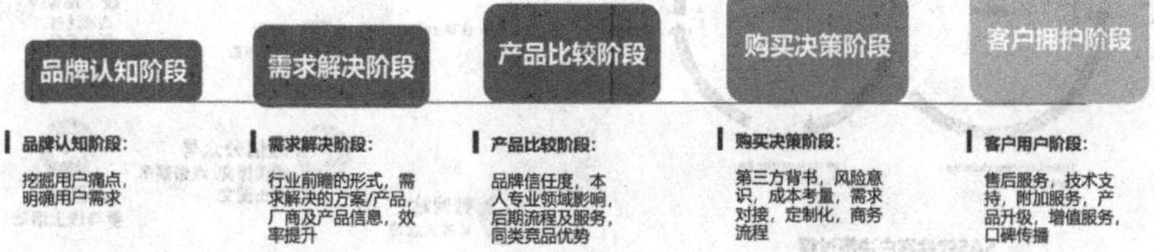

图 56　数字化内容营销策略示意图

品牌认知阶段输出内容：结合热点图文、名企案例、Social 文章、短视频；

需求解决阶段输出内容：研究报告、大咖说；

产品比较阶段输出内容：产品使用视频、对话 CIO 栏目、产品试用宣传等专题；

购买决策阶段输出内容：精华案例、行业同行推介、定制专属活动；

客户用户阶段输出内容：培训课程、用户大会。

（2）设计有效的营销组合

市场营销有两个目的：一是提高品牌声量，二是发掘市场机会提升市场线索转化率。其形式多样，可灵活设计营销组合，比如赞助活动、区域营销、网络研讨会、广告、EDM 营销、搜索引擎营销、社交媒体、公共关系、用户大会、媒体 / 协会、信息流广告。

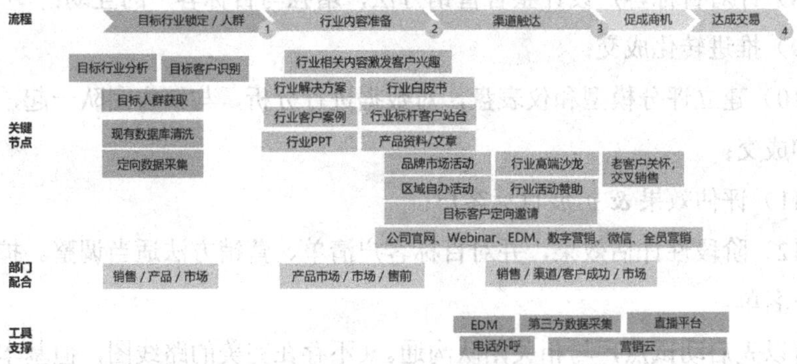

图 57　市场营销策划方案示例图

（3）针对目标客户的决策过程设计不同的触点

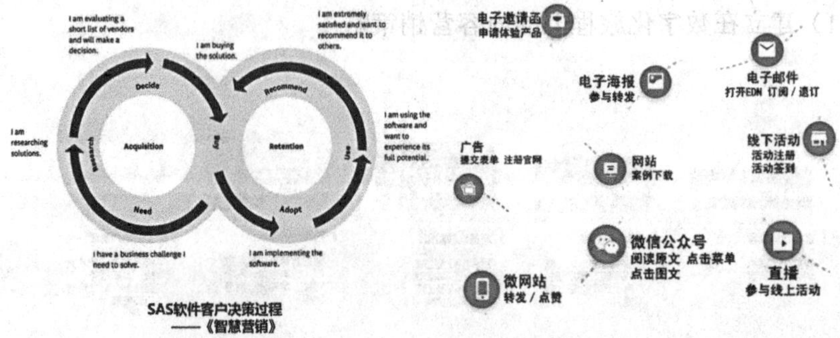

图 58　SAS 软件客户决策过程《智慧营销》

（4）团队协作

与销售团队达成共识，协同工作，对 ABM 能否成功实施至关重要。

（5）目标客户数据

精准的目标客户名单和分级，完善、准确的数据库是顺利开展 ABM 的核心要素之一。

（6）个性化内容

针对目标客户的个性化营销内容，可以提升客户的互动和转化。

（7）营销技术和工具

先进的自动化营销技术和工具（SCRM）能够支持营销战略高效实施。

二、市场职能创新

根据东华软件目前的运营模式，从企业经营战略、企业研发、环境等角度进行深入研究，市场职能整合是企业的内在需求。而市场职能受组织因素、个人因素以及界面环境影响。一方面，不同的产品对市场职能的内在需求不同；另一方面，企业在运营的过程中实际所能达到的职能程度受很多因素的限制。研发 / 市场职能对企业绩效的作用是由整合需求和实际需求所决定的。

1．产品研发 / 市场职能的需求与影响因素

研发 / 市场职能是企业经营过程的内在需求，因此，市场职能水平与企业绩效具有较强的相关性。首先要明确企业市场职能需求，特别是研发 / 市场职能整合需求。市场职能需要考虑产品的战略导向，市场导向对企业绩效的促进作用是通过市场职能而起作用的，技术导向对企业绩效的促进作用通过研发的职能最终实现。

2．绩效与市场职能整合程度的相关性

企业经营中，不同职能部门之间的整合能提升企业绩效。但真正要使不同职能部门的人员进行有效的沟通，实现信息流通并不容易。实际的市场职能主要受组织因素、个人因素以及界面环境的影响。界面环境会影响职能界面的跨市场职能信息沟通，从而影响实际的职能整合程度。环境的复杂性和

信息多样化对市场职能水平的提高提出新的要求。这能够促进企业研发 / 市场职能的整合能力。

三、软件企业的资源整合

1．企业的一体化服务能力

提高自主软件平台研发能力。东华软件作为一个以数据库为核心的平台，软件是行业解决方案的基石，也是信息系统安全可靠的基础。龙头 IT 服务提供企业要具有领先的自主软件平台研发能力。

重点建设咨询服务、软件开发、系统集成、运维服务等关键能力来支撑一体化能力，尤其在重大复杂信息系统设计、建设和安全运营上要充分体现一体化服务能力。

2．加强产业链上下游资源的整合协作

企业间的竞争在资源整合和协同能力上也有所体现。企业转型升级过程中，要重视以自己为中心整合产业资源，发展协同服务能力。结合软件与信息服务业发展态势，基于东华软件股份公司的 3S（Service、Solution、Software）业务架构，围绕咨询服务、行业解决方案服务、基础设施服务、运营服务等四大主营业务。

东华软件品牌推广建议

一、品牌形象升级

1．建立 VI 识别系统规划

构建全面的企业形象识别体系（全面导入 CS）。CS 战略长期以来成为企业的管理、经营、宣传推广的基础，全面导入 CS 是给企业贴上一个独特的标签，营造独特的个性。

因此，在任何一个需要向大众展示自己品牌的时候，小到公司的用纸、笔，大到品牌的自媒体平台、对外营销活动的视觉设计，务必要坚守品牌识别系统。

2．官网升级

线上自媒体平台是大众了解品牌的第一入口。官网、官微和相关官方账号的形象统一和及时有效更新、与时俱进的平台功能和视觉体系，都能让品牌推广获得事半功倍的效果。内容上，可以根据企业的自身情况，多维度创作公司发展和产品内容、围绕产品展开的专业话题和文章、企业对员工关爱等。

二、品牌事件营销

东华软件作为国家规划布局的重点软件企业，有着很强的核心技术能力和国内顶尖 IT 企业合作资源。后疫情时代，科技创新、效果实现已经成为新趋势。企业自身能力获得社会公众的任课，同样会对 B 端客户产生更多正向影响力，利于合作开展。

1．通过线下营销不断凸显东华行业地位和技术能力

企业可以充分利用峰会、展会有效提升品牌美誉度和影响力，增强企业在行业中的话语权，并不断利用行业平台机会扩展上下游合作伙伴，扩展新客户、稳定老客户，并通过自身较强的研发基础能力赋予行业前沿战略能力，引领行业发展方向。

积极联动上下游企业，主动举办沙龙、论坛、培训等方式增强互动，通过行业观察、行业研究报告、行业发展白皮书等形式联合发布行业观点，从紧跟行业发展到引领行业发展，通过行业发展反哺自身成长。

2．重视自身“技术专家”“国货品牌”等重要 IP

当前，国家大力支持对国产技术装备发展。在这样的社会环境下，企业可以顺势而为，通过事件营销等方式组织策划具有正向社会影响力的事件，拓宽品牌传播边界，提升知名度和美誉度，树立良好的企业品牌形象。

技术出圈。华为断芯事件后，国内科技产业纷纷开启自研。国家也出台了各项政策措施帮扶科技企业，一时间掀起了全民科技风潮，社会公众对科技企业越发尊重和认可。作为科技企业，东华软件有自身较强的技术优势。企业应探索如何将更多技术通过通俗易懂的方式讲给更多社会公众，并通过技术溢出效应产出部分消费级应用体验，引起社会关注，进一步获

得社会认可。

三、推广渠道升级

除了传统发稿和行业峰会外，企业的推广渠道也需要升级，有以下三个方向可参考：

搜索引擎推广渠道。搜索引擎推广是通过搜索引擎优化，搜索引擎排名以及研究关键词的流行程度和相关性，在搜索引擎的结果页面取得较高的排名的营销手段。

信息流推广渠道。信息流广告是位于社交媒体用户的好友动态、或者资讯媒体和视听媒体内容流中的广告。信息流广告的形式有图片、图文、视频等，特点是算法推荐、原生体验，可以通过标签进行定向投放，根据自己的需求选择推曝光、落地页或者应用下载等，最后的效果取决于创意 + 定向 + 竞价三个关键因素。

自媒体推广渠道（官网 / 小程序）。自媒体是指普通大众通过网络等途径向外发布他们本身的事实和新闻的传播方式。是私人化、平民化、普泛化、自主化的传播者，以现代化、电子化的手段，向不特定的大多数或者特定的单个人传递规范性及非规范性信息的新媒体的总称。

四、销售提升

销售提升不仅是销售顾问素质提升，还需要结合销售工具，销售流程，销售激励等整个销售体系的提升。无论是运营模式提升，还是品牌升级，市场推广升级，都是为了销售。但是不能将这些业务的提升与销售业绩的上涨的幅度进行简单归因，也无法单独预计某一方面业务的提升能够带来多少销售额。

东华集团当前的销售模式基于庞大的销售队伍以及政企 2B 业务模式。但如报告开头描述的，国内 IT 软件行业发展迭代迅速，呈现寡头及平台集中的特点；客户需求也从之前的 PC 软件开发向高调、低成本转变。之前东华不依赖于市场推广而发展，未来也不能依靠品牌和市场推广而新生；这背后依然遵循客户体验、技术实力主导一切的发展潮流。所以，基于产品定位，东华软件需要进行运营模式升级，确认市场职能设置，科学合理的期待市场推广的效果。

红星高照：
高端白酒品牌定位重塑

红星高照品牌再认知

2019年，红星股份启动高端清香增长赛道时，高端品牌红星高照被赋予了战略使命。两年后，红星高照成功经受了市场的考验，成为北京地产高端白酒的价值标杆。以高端形象驱动品类发展，以高端品质引领品牌升级，每一代红星经典作品的诞生，都有着其现实使命和市场创新意义。1949年，红星以新中国献礼酒为初心使命，成就了一代酒业的辉煌起点。在红星高照诞生之前，北京地区鲜少有代表性、能扛起北京的“名片”的高端白酒品牌。可以说，红星高照的出现，让整个行业为之振奋。

上市以来，红星高照在国内外多项重磅赛事中斩获大奖，收获了沉甸甸的荣誉，彰显了红星高照的巨大潜力。2019年“红星高照·宗师1949”一经面世，凭借国家级非遗二锅头技艺所酿造的精华酒体，荣膺中国酒业年度“青酌奖”。2020年，“红星高照·宗师1949”荣获第21届布鲁塞尔国际烈性酒大奖赛大金奖。值得指出的是，在来自中国的308款参赛烈性酒（含白酒）中，“红星高照·宗师1949”成为最高奖项中的唯一中国清香型白酒。

摘得奖杯并非是终点，而是品牌走向更广阔市场的一个起点。在红星股份的高端化战略的支撑下，红星高照继续向高而行，在品牌和市场层面做出了诸多创造性的探索，真正为高端“京酒”打开了知名度。一款成功的商务酒必须具备深厚的文化底蕴和价值感，才能满足人们的商务用酒需求，引发合作的共鸣。

北京的“红星”，中国“红星”，对于很多北京人来说，红星早已成为一种标志与情怀，更成为好酒的代言词，有技艺支撑的有情感记忆的有国民辨识度的品质好酒。红星高照以高辨认度的表达符号，承载了新北京、新红星、新清香的产品酒质表达。

北京作为中国的政治中心、文化中心、国际交往中心和科技创新中心，在全球的地位日益重要。四海宾客云集，以美酒接待贵客，早已是北京人的待客之道。“喝好酒、喝名酒、喝品牌”成为消费潮流，“红星高照·宗师1949”正是面向这样一群有阅历、有影响、有实力的消费人群。红星高照对消费升级和消费者的口感转换有着更敏锐的洞察，在酒体设计上独树一帜。源自非物质文化遗产，红星高照以大师亲酿为品质符号，凭借清香绵甜、陈香优雅、自然馥郁、醇厚丰满、甘润悠长的口感赢得了消费者的信赖与认可。

从竞争角度看，红星高照在宴席市场具有极强的竞争力，是一款既有“里子”，又有“面子”的高端产品。高品质、高颜值，加上对市场的精准运作，红星高照已然成为北京地产高端酒代表。

红星高照的目标消费群体人群画像分析

一、中国高端酒的发展

中国高端酒的发展主要划分为两个时代。第一个时代为2000—2020年，全球化造福中国的高端酒时代。

中国白酒的高端化是从上一个周期的亚洲金融危机时期开始的，从第一款高端化白酒“酒鬼酒”开始，到“水井坊”的高端化成功，再到五粮液、茅台逐年调价的接力赛，中国白酒的高端化从2000年入世后一路高歌猛进，追随着在不断全球化中的中国迅速扩张，奠定了上一个白酒黄金时代的发展基础。

可以说，第一个高端白酒的发展时代，其实是中国白酒行业受益于全球化的中国带来了巨大的财富增量下的自我觉醒。

第二个时代是2020年以后，中国的全球化造福世界的高端酒时代。

如今的中国高端酒，已经从诞生、茁壮成长，进入到青壮年时代，市场发展更加强劲和稳健。其表现主要是2020年在疫情影响下，全球经济衰退的特殊时期里，中国高端白酒的发展却依然一路猛进，成功开启了过去20年来不曾成为主流的千元白酒时代。超高端白酒市场也一路推陈出新，大有2020年高端白酒诞生初期的蓬勃发展态势。

当前白酒的投资和高端酒的发展，让很多人认为目前中国高端白酒发展过热。但随着中国经济实力的不断壮大，未来中国的全球化过程中，白酒作为中国文化的符号，势必跟随中国的不断强大走向世界。如果不出意外，高端白酒的发展未来还有更大的发展空间。

与全球化的中国时代的高端白酒时代不同，过去20年，我们是跟随世界全球化被动发展高端化白酒，未来20年，将是跟随中国走向全球化的主动发展高端白酒，从摸着石头过河到已经成功找到高端化的市场规律，中国白酒高端化的成熟期正在来临。

从2017年茅台零售价确定在1499元以来，高端白酒发展的千元价位天花板正式被茅台打破，随之而来的各知名白酒品牌纷纷提价进入千元价位，如国窖1573、五粮液等。经过4年的发展，千元价位白酒已经成了名白酒高端竞争的主要争夺高地，尤其是众多新兴借势而生的高端酱香型酒品牌，千元价位成为企业获得巨额回报的价格带。不得不说，如果没有飞天茅台在千元价位的坐稳和不断拓展，不断打破白酒价格的天花板，就不会有今天千元价位市场的蔚然成风。

从2015年开始立项的头锅原浆汾酒，经过6年的发展，已经成功打破了新酒也能定位超高端收藏白酒的天花板，以购买价格超过5000元的超高消费定位，成功锁定了众多超高端清香消费者。

可以说，头锅原浆的成功让所有白酒从业者都没有想到，曾经一直没有高端印象的清香白酒，也能把新酒按照500元/500ml价格进行销售，而且迅速成为清香型白酒市场上收藏及体验的必选产品。

头锅原浆汾酒的异军突起，为山西汾酒创造了发展千元价位及超高端白酒的条件，也为其他名白酒企业进入超高端市场提供了参考。正是汾酒头锅原浆的超高端运作的成功，其他白酒品牌纷纷开始谋划超高端白酒的收藏市场。

二、中国社会为高端酒奠定的三个基础

1．人群基础

高净值人群不断扩张，为高端酒发展提供了群众基础。

2021 年 5 月 17 日，招商银行联合贝恩公司发布了《2021 中国私人财富报告》（以下简称“报告”），报告显示，2020 年，中国高净值人群（可投资资产超过 1000 万元的个人）数量达到 262 万人，与 2018 年相比增加了 65 万人，年均复合增长率由 2016—2018 年的 12% 升至 2018—2020 年的 15%，到 2021 年年底，中国高净值人群数量达约 296 万人。其中，中国高净值人群人均持有可投资资产约 3209 万元，共持有可投资资产 84 万亿元，到 2021 年年底，高净值人群持有的可投资资产规模已达 96 万亿元。

2．市场基础

复合增长迅猛及消费升级奠定了高端酒的市场基础。

高端酒的价格天花板仍在上移，价格带仍需细分，行业增长将转为价升驱动。

2012—2019 年复合增速，受益于消费升级和品牌化带动，预计未来高端酒销量仍能保持年均 6% ～ 10% 增速。

销量方面：高端白酒目前销量 7 万吨左右，2012—2019 年复合增速约 10%，受益于消费升级和品牌化带动，预计未来高端酒销量仍能保持年均 6% ～ 10% 左右增速。

价格仍有提升空间：2019 年城镇居民平均月工资水平较 2011 年已经翻倍，飞天茅台、五粮液、国窖 1573 终端价格刚达到 2011 年时最高点水平，购买力估算茅台酒价格仍有提升潜力。同时茅台酒出厂价与批发价差较大，也为出厂价提升留出空间。

3．规模基础

千亿规模高端酒品牌的发展奠定了规模基础。

根据 Euromonitor 的数据显示，2019 年高端白酒的市场规模约为 1011 亿元；至 2029 年，高端白酒市场规模将达到 1600 亿元，年平均增长率在 4.70%。基于上述数据，经过初步估算，2020 年高端白酒的市场规模约在 1179 亿元。

而高端酒成功的基础源于其独特的四大市值：抗周期、抗通胀、抗风险和抗竞争。

此外，高端酒的不断成功，还得益于茅台不断打开了中国高度白酒市场的天花板，使得其他高端酒品牌得以跟随茅台的步伐，不断拓展自己的价格上涨空间，提升整个高端酒的市场规模和盈利能力。同时，50 后、60 后、70 后、80 后为首的中国白酒消费主力人群，随着社会的发展和进步，和人们健康意识的加强，白酒行业的消费从追求量的提升到追求质量的超越转变，因此，越来越多人愿意喝少点喝好一点，为高端酒、老酒、原浆酒的发展提供了消费氛围。

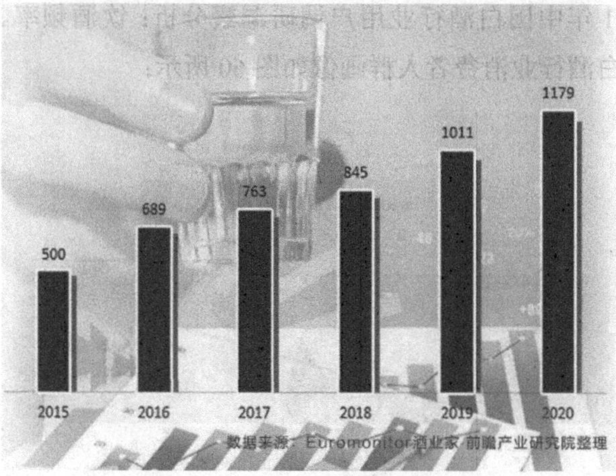

图 59　2015—2020 年中国高端白酒市场规模测算（单位：亿元）

三、高端酒目标人群画像

后物质时代下，高净值人群消费新内涵正从价格敏感过渡到价值敏感，在酒类消费特质上表现为：注重社交价值、品牌价值和收藏价值。

高净值饮酒人群对于不同消费场景具有明确的酒类选择偏好。宴请偏好白酒其具体画像如下：70 后、80 后男士是白酒主力消费人群，他们信赖传统媒体，关注时政财经，商务社交需求凸显，最受青睐的白酒品牌包括茅台与五粮液。更契合大众消费者需求的价值型产品领涨市场，白酒新周期逐渐呈现价值回归趋势。

进一步看看白酒市场不同价格段的销售情况，可以看到过去三年白酒市场增长模式经历的微妙变化。大众酒持续调整，行业集中度加强，低产小厂产品和资质较差的经销产品逐渐被清退出市场。

大众酒销售额份额的下降，实际上是细分市场内部调整，去劣存优的表现。

中端酒（150～300 元价位段）保持稳中有进的态势，次高端白酒（300～700 元价位段）表现最为突出，连续两年都保持了 20% 以上的增长。整个白酒市场呈现出一种理性消费，价值回归的趋势，消费者不再盲目地追求高端白酒，对低端白酒也表现出了更高的要求，次高端和中端这类性价比高的产品挑起大梁，带动了行业增长。

根据《2021 年中国白酒行业用户调研洞察分析：饮酒频率、购买渠道》结果，2021 年白酒行业消费者人群画像如图 60 所示：

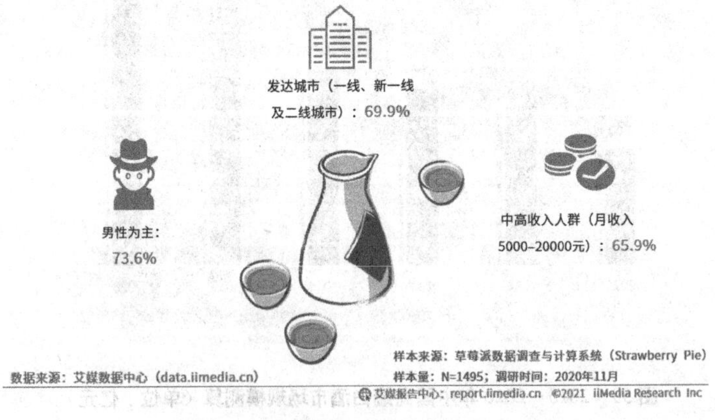

图 60　2021 年白酒行业消费者人群画像

1．2021 年白酒行业消费者分析：香型、白酒喜好度

数据显示，中国白酒消费者喜好前三种香型是浓香型、酱香型、清香型，分别占比 60.5%、56.2%、39.8%；以悦已为主的消费者占 48.2%，以商务需

求为主的白酒消费者占 47.5%。艾媒咨询分析师认为，多数中国消费者热衷于浓香型、酱香型两类白酒。从喝酒态度方面发现，白酒消费者中近一半消费者表示喜欢喝白酒，在日常生活中白酒消费场景更为丰富。

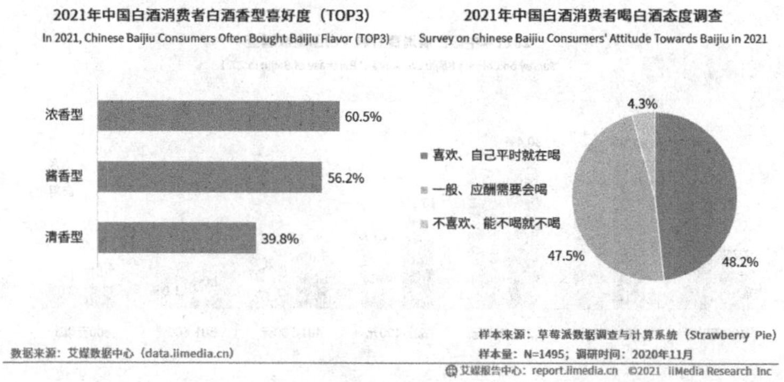

图 61　2021 年白酒行业消费者分析：香型、白酒喜好度

2．2021 年白酒行业消费者分析：饮酒、白酒频率

超过七成中国白酒消费者每周饮酒。31.8% 的顾客每周饮用 2 ~ 3 次白酒，超过六成白酒消费者每周饮用白酒。艾媒咨询分析师认为，超半数白酒消费者每周饮用白酒，多数白酒消费者已经形成饮用白酒的习惯，利好于白酒行业发展。

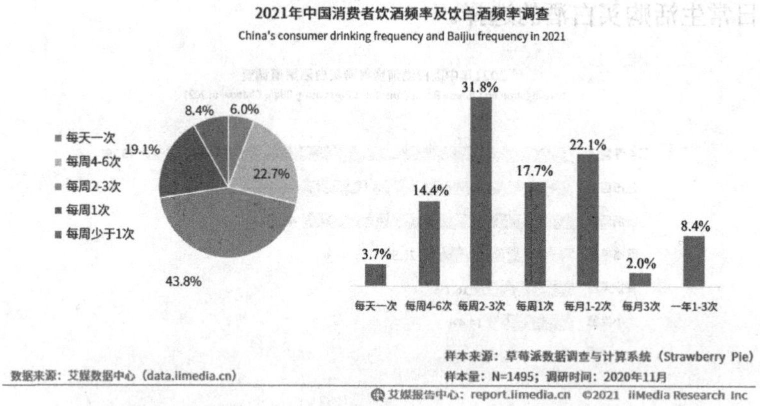

图 62　2021 年白酒行业消费者分析：饮酒、白酒频率

3. 2021 年白酒行业消费者分析：消费白酒金额

中国白酒消费者用于请客和自用的消费价格区间均集中于 100～300 元区间，分别占 60.5%、61.8%。艾媒咨询分析师认为，中国白酒消费者注重礼节性，用于请客的白酒价格从 200 元以上普遍高于自用的价格。

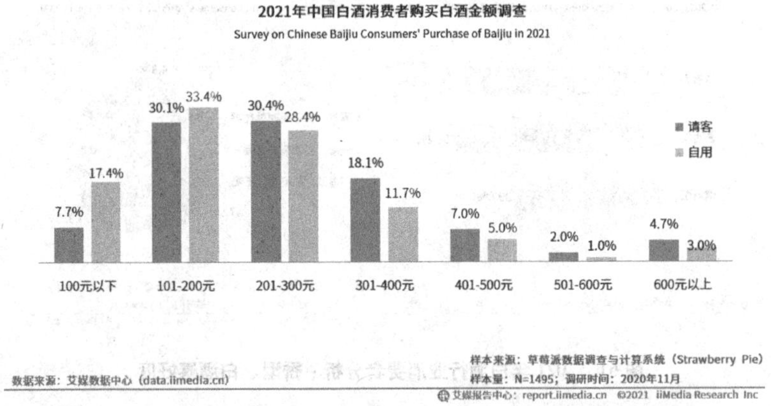

图 63　2021 年白酒行业消费者分析：消费白酒金额

4. 2021 年白酒行业消费者分析：购买渠道

中国白酒消费者购买渠道主要为酒类专营店（73.2%），其次是超市百货（46.5%）、烟酒店（46.2%）。艾媒咨询分析师认为，酒类专营店具备丰富的酒类品牌，能够为顾客提供更多的选择，是多数白酒消费者的第一选择。超市和烟酒店的酒类偏向大众型，并且店铺数量能够覆盖到消费者的生活范围，是顾客日常生活购买白酒的选择。

图 64　2021 年白酒行业消费者分析：购买渠道

结合以上行业报告和红星高照品牌调性，红星高照主要消费目标群体应该定位在全国1.09亿中产及以上阶层。高端酒的消费群体，如果严格按照职业、团体等来划分，不太容易，因为各行各业都有需求。且红星高照目前以本地销售为主，所以我们按照购买的用途来划分，国民购买红星高照酒的用途，大致分为馈赠亲友、宴请需要、收藏等。而买来自饮有两个特点，一是实力雄厚，喝红星高照对他们来说毫无压力；二是他们确实对红星高照品牌情有独钟，也愿意为自己喜欢的酒投入感情和资金。

尼尔森通过最新的2019年酒类趋势研究发现，酒类广告其实对35岁以下的年轻群体触达率普遍比年长群体更高，而在不同的媒体形式中，新媒体更容易吸引35岁以下的年轻酒类消费者。特别是在移动端，26～35岁的酒类消费者的酒类广告触达远超过36～45岁的酒类消费人群。在移动互联网渗透到大众生活每个角落的数字化时代，传统酒企或许应该以更开放的姿态去拥抱年轻一代的触媒习惯，迎接新兴的数字媒体时代。

红星高照产品卖点系统分析

产品内涵：以优良高粱为原料制作清香大曲，经传统地缸固态发酵并陶坛珍存酿造的52°清香型二锅头。

产品颜值：瓶体采用国粹白瓷，温润如玉，细腻如绢。酒盒正面以红五星设计为主体简约大方，侧面以古法酿酒图体现底蕴。

产品产地：北京

产品定价：单价约780元，属于次高端白酒梯队，与其他红星二锅头产品形成跨档价差。

顾客正向反馈关键词列举：“送礼有面子”“高端二锅头”“口感香型不差”“不比汾酒青花30差”“纪念意义”“包装吸引人”“红星高端”“款待长辈或北方客人”“口感柔、香气足、回甘润”“质感”“北京人”等。

表 19　红星高照的竞品分析

	产地	香型	单价/约500ml	市场	卖点/定位
红星高照	北京	52° 清香	780元	京津冀	大师之道
青花汾酒20年	山西	53° 清香	518元	全国	为高品质生活代言
青花汾酒30年	山西	53° 清香	1199元	全国	为高品质生活代言
竹叶青	山西	53° 清香	668元	全国	汾酒基酒，草本芳香
智慧舍得	四川	52° 浓香	650元	全国	每一瓶都是老酒
梦之蓝M6	江苏	52° 浓香	899元	全国	中国梦；致敬时代
钓鱼台国宾酒	贵州	53° 酱香	700元	全国	国之器度，和而不同
赖茅传承	贵州	53° 酱香	560元	全国	古法酿酒，茅台品牌背书
习酒窖藏1988	贵州	53° 酱香	722元	全国	“高端酱香”“君子之品东方习酒”
剑南春	四川	52° 浓香	779元	全国	唐时宫廷酒，盛世剑南春

通过该表格，可以大致整理出红星高照区别于清香型白酒竞品的特征主要是产于“北京＋高端”；

区别于非清香型白酒竞品的特征主要是产于“北京＋清香型”。

综合来看，红星高照区别于次高端定价竞品的主要特征是产于北京的高端清香型白酒。

表 20　红星高照产品为消费者提供的情绪价值

	主要特征	情感需要	情绪价值
主要购买者	男性为主，70后和80后，北京地区及周边	获得他人认可 高品质自我愉悦	通过馈赠收获认可； 自我消费提升生活幸福感； 地域自豪感
主要消费者	男性为主，50后和60后，北京地区及周边，习惯喝清香型白酒	被尊重，被认同，被关注	爱国情怀，年代精神得到认同； 地域自豪感
	男性为主，70后和80后，北京地区及周边	获得他人认可 高品质自我愉悦	通过馈赠收获认可； 自我消费提升生活幸福感； 地域自豪感
潜在购买者	更多女性，80后和90后，放眼全国市场	获得他人认可	彰显自我的爱国情怀； 通过馈赠收获认可

竞对产品无法模仿或挑战的特征：产自北京。

简短清晰描述产品独特性：产于北京的高端清香型白酒。

回答客户的主要问题："这对我有什么好处？"自饮口感极佳，明显优于普通清香型白酒。馈赠彰显首都文化的高品位体面礼品。

红星高照品牌再定位思考

一、品牌定位理论

品牌定位是品牌营销的起点，就是要在目标顾客的大脑里占据一个独特的位置。通过定位能够使顾客记住企业所传达的信息，这有利于企业整合营销资源、打造强势品牌，也是确立品牌个性和品牌形象的基础。

品牌定位策略主要有两种。基于企业视角定位：基于企业能力定位、基于企业态度、基于企业资源。基于顾客利益视角定位：功能价值定位（效用、价格、品类）、体验价值定位（感官刺激）、象征价值（品牌使用者定位、情感定位、文化定位）。

红星高照需要规避的定位陷阱避免再次使用品类定位法。

二、红星高照现有品牌定位分析

现有品牌定位：红星高照，大师之道

使用策略解析：在本体名中的"红星"二字已经暗含红色革命文化的基础上，以"大师之道"落脚于企业独特高超的酿酒技艺上，暗示白酒的品质高。因此该定位主要引用的策略是基于"企业资源＋文化定位"。深入对"鸿星高照"的品牌定位进行思考。可以从以下几个角度考虑：目标消费者需求分析：首都人民需要有一款能彰显自己地域自豪感、民族自豪感的价格高端、品质高端的清香型白酒；品牌竞争者分析：产自首都北京的高端清香型白酒。企业优势资源分析：有故事根正苗红的新中国的骄子，有匠心独特酿造工艺。

白酒是中国酒文化的主酒，折射的是中国独有的特色文化。尤其当下的中国国运崛起，白酒品牌迎来千载难逢的巨大升级机会，越中国越世界。

酒品牌的强势背后，是国家文化的强势支撑。中国白酒没有畅销世界，而红酒畅销世界，就是因为文化强弱的对比造成。但时势正在发生逆转，全世界都看得见，中国民族自信心空前崛起，中国品牌空前受到欢迎，在这样的时代大背景下，所有白酒品牌都要抓住机会与时代对接，成就一个个伟大的品牌。

随着这近年来国家的经济发展，民族自信心的提升，我国新一代消费主力Z世代的消费观念也发生了转变，他们更关注具有个性的精神、兴趣、价值观等文化因素，在这背后是日益强大的国家文化自信，而国货品牌则在文化方面更适应年轻一代的审美和精神追求。

品牌再定位选择及推广创意建议

主推1:“赤子匠心红星高照”。沃尔特·舍恩纳特在其《广告奏效的奥秘》中写道:“人首先依赖于情感，其次才是理智。情感是维系品牌忠诚的纽带，它能够激起消费者的联想和共鸣。”因此，在定位思路上紧抓情感定位。“赤”字对应“红”字，“赤子”代表了爱国情怀，“匠心”二字代表酿酒工艺。

主推2:“泱泱大国红星高照”。“泱泱大国”体现出中国气魄宏大的景象，而后接“红星高照”更是有一种画面感，即在中国广袤的960万平方公里上升腾着红色精神。虽然没有“国酒茅台”的直抒胸臆，但间接体现了国酒的气象。

次推:“北京人的迎宾酒红星高照”“来自首都的贵宾酒红星高照”。定位思路:虽然北京不是中国主流的酒产区之一，但是作为双奥之城，“北京”二字本身已经是一种文化象征，“北京人的迎宾酒”彰显了北京人的热情好客以及地域自豪感。

欢娱影视：
非遗产品的市场化如何操作

非物质文化遗产（以下简称“非遗”）是中华民族的传统优秀文化的结晶，是以人为本的活态文化遗产。它突出以人为核心创造的、不依赖于物质形态而存在的传统技艺、精神文化和品质。

我国自2004年加入联合国《非物质文化遗产公约》后，便陆续出台《国家级非物质文化遗产保护与管理暂行办法》《中华人民共和国非物质文化遗产法》等相关政策来保护非物质文化遗产。近年来也是多次举办类似“喜迎十九大·文脉颂中华”等大型非物质文化遗产网络传播活动，呼吁加大对非遗产品的保护力度。在如今这个快速发展的时代，非遗已经成了人们生活中文化传播的一种必然方式。近年来，非遗也是国家政府文化赋能、乡村振兴工作的核心要点。毋庸置疑，新时代下的非物质文化遗产已经散发出新的活力与光芒，创造出属于它的新价值。

非物质文化遗产的现存情况

一、非遗的定义

基于联合国教科文组织的《保护非物质文化遗产公约》对“非遗”进行的定义：非物质文化遗产（intangible cultural heritage）就是通过各个相关群体、团体以及相关个人所认为的文化遗产相关实践、表演活动、表现形式、相关知识体系与技能以及相关工具、实物、工艺品以及各种文化场所等。

在公约意义中所定义的“非物质文化遗产”主要涵盖了以下几个相关内容：其一，口头传统以及相关表现形式，包括作为相关非物质文化遗产媒介的各种语言内容；其二，各种表演艺术；其三，相关社会实践活动、仪式以及节庆活动等；其四，有关自然界以及各种宇宙知识与相关实践；其五，各种形式的传统手工艺作品。

二、非遗现存环境

1．政策环境

2021年8月，中共中央办公厅、国务院办公厅印发《关于进一步加强非物质文化遗产保护工作的意见》，党和政府高度重视非物质文化遗产保护工作，非物质文化遗产是中华优秀传统文化的重要组成部分，是中华文明绵延传承的生动见证，是连结民族情感、维系国家统一的重要基础。

2．市场环境

“非遗资源”不只具有历史价值、审美价值等，还具备潜在的巨大经济价值。并且，“非遗”具备一般资源所没有的优势不可复制性、唯一性以及稀缺性。这些优势使非遗经济价值的挖掘潜力巨大，未来将成为地方政府发展特色产业的强大内驱力。

如今消费市场出现一种“非遗热”，主要原因是互联网平台的带动，尤其在电商的助力下，非遗消费市场加速增长。非遗商品的消费人群规模已经达到亿级，85后、90后成为非遗商品消费的主力。

3．非遗面临的问题

国务院先后于2006年、2008年、2011年、2014年和2021年公布了五批国家级项目名录，共计1557个国家级非物质文化遗产代表性项目，按照申报地区或单位进行逐一统计，共计3610个子项。毋庸置疑，这都是中华民族勤劳智慧的结晶。但当下的社会环境，非物质文化遗产的传承和发展也遇到了不可忽视的问题。

（1）传承人稀少，专业人才缺乏

大多数“非遗”产品需要人工制作，时间成本和人力成本高，加上制作人才稀少，产量普遍较低。同时，缺乏明确的产品制作标准、工艺流程规范也导致“非遗”市场化困难。例如，竹编在以前是很好的行业，制品被广泛使用，但是现在，一个塑料的工业制品经久耐用，品质稳定，而且价格低廉，挤占了竹编制品的市场。

（2）传播方式少，产品“冷热不均”

一些市场化带来的“逐利”效应，造成非遗保护“冷热不均”，反差巨大。商业化氛围之下，一些非遗项目传播过热，失去本真；另一些则备受冷落，无人问津，传承堪忧。

（3）市场需求低，融资困难

与其他中小企业相比，因为缺乏对于产品及产业价值的认知度，非遗产业更加难以获得融资支持。这进一步减缓了“非遗”产品的市场化进程。

（4）缺乏有效的盈利模式

“非遗”生产规模小、产业集中度低，市场销售渠道狭窄且市场信息滞后。最终导致市场定价不科学，难以形成规模级的产业，产品品质参差不齐。

4．非遗市场化的必要性

随着中国人对传统文化保护意识的不断增强，非物质文化遗产的保护逐渐成为社会和公众关注的焦点。文化遗产体现着世界的多样性与人文性，承载着人类社会的文明，体现了古代人民勤劳智慧的结晶。而非物质文化遗产体现着一个民族所特有的精神价值、思维方式、想象力和文化意识，是维护一个国家文化身份和文化主权的基本依据。

在改革开放下经济发展的脚步不断加快，人们的生活水平日益提高。但人们在追求利益最大化的同时，却忽略了对中国传统文化的保护，导致目前许多以“非遗”为代表的民间艺术濒临绝迹。

如何让非物质文化遗产出现在大众面前并引起重视，从而吸引更多新鲜创造力的加入，如何让非物质文化遗产实现资金回流，这已经成为炙手可热的问题。

目前，实现非物质文化遗产的市场化已经是大势所趋，但是伴随着全球化趋势的加强和现代化进程的加快，“非遗”生存与发展的文化生态环境受到了较大冲击，随意滥用、过度开发非遗的现象时有发生，一些仅仅依靠传承人和口头传播的非遗正在逐步消失。因此，结合当下时代环境，创造性地进行非遗的保护与传播已刻不容缓。

非物质文化遗产的影视化

近年来，影视媒体的快速发展在拓宽民众信息渠道的同时，也为非遗文化的传播提供了多样化载体。国产古装剧在火热点燃电视屏幕时，也使绒花、缂丝、京绣、昆曲等非遗文化受到消费者的追捧。由此可见，非遗的影视化具有生动直观、代入感强、受众广泛等特点，是非遗文化传播的重要载体，更是对非遗“坚持创造性转化、创新性发展”的最有效的方式之一。

一、影视化传播的手段

非遗文化的影视化传播形式多样，渠道广泛并且易于永久保存。类型方面，以纪录片、宣传片、电影、综艺节目等多种形式来进行创作与传播。传播渠道方面，可以通过传统的电视媒体进行传播，也可以利用新媒体平台进行快速传播。

影视化传播相比其他传播方式更加直观逼真，易于被受众接受。其将无形的非遗文化变成有形的三维立体影像，使受众更容易产生视觉冲击力，更加直观形象地了解非遗文化的多层次内容，同时因受节目感染而产生的共情效应，也对非遗文化的传播起到了积极促进作用。例如：河南卫视 2021 年的春晚节目《唐宫夜宴》在“百花齐放”当中脱颖而出，C 位出圈，受到了不同年龄层观众的热捧。《唐宫夜宴》自播出以来，热度一直不减，先后登上 5 次热搜，超 20 亿次播放量，微博话题阅读量 4.9 亿次，相关话题数据持续增长。在得到受众热烈反响后，其在 2021 年 6 月的端午晚会中再次推出了称之为“唐宫夜宴前传”系列节目——《端午奇妙游》，再次获得了大众好评。之后 9 月的中秋晚会中，更是在节目中展现了更多非物质文化遗产，以“网剧 + 网综”的架构模式，给受众展现了与以往截然不同的视觉盛宴。其中除了少林功夫和太极拳外，还特别推出了具有超多韵味的《墨舞中秋帖》，通过将舞蹈和王献之的《中秋帖》相结合，将中华民族的书法之美展现的淋漓尽致。

河南卫视系列节目的成功可以归功于以下几点：

一是精准找到发展定位——非遗影视化。其切准中国传统节日特点，依次在春节、端午、中秋等节日中推出系列节目。在文化大省河南，能够充分利用现有留存的名胜古迹、国宝民粹弘扬中国传统文化。这既让观众喜闻乐见，又符合时代精神。

二是与时俱进，创新融合。运用 AR 和 5G 等科技手段，在给受众观感冲击的同时，也给受众留下了长久深刻的非遗特色记忆。

三是借助社会热点，用心打磨产品内容。精良的内容制作，无论是服装、道具，还是场景和人物，都让受众看到了“用心”二字。这建立了其“匠人精神”的设定，也让卫视获得了更多的正面肯定。社会热点自带流量与话题讨论度。节目在引发受众对于社会传统文化的高关注度的同时，也积累了更多的受众。这让节目在后续收获了更好的效果。

将非物质文化遗产与影视结合是将非遗中的文化瑰宝有利保护的有利途径。这一过程可以通过以下几种方法实现。影像记录，将非遗的历史渊源、制作流程、工艺技巧、传承人的故事等作为影视故事的创作原型，将原汁原味的非遗故事记录下来，使这些传统工艺或民间艺术得以保存完整并且能世代流传；影视创作，将与非遗相关的民间故事、民俗故事撰写成剧本，作为影视剧的人物事件原型进行艺术加工，以老百姓更喜闻乐见的方式展示给受众，在耐人寻味的民间故事中了解并感受非遗魅力；非遗动画，将非遗文化与动画相结合，在动画片中加入非遗元素，比如动画人物的服饰装扮、生活习俗等，以更生动形象的形式吸引一批低龄受众及其家长，寓教于乐并老少皆宜，在欢乐中受到教育和启发；非遗节目，将非遗与电视栏目、综艺节目加以结合，如让嘉宾到全国各地亲身体验非遗的制作过程，观众在此过程中受到感染，留下极其深刻的印象。

二、非遗影视化的现存问题

1．非遗在融入影视作品的过程中，缺乏生产创意的复合型人才

内容是信息传播的基础，因此对非遗产品有深入了解并在此基础上能将其进行内容创意设计的复合型人才，是非遗影视化作品创作成功并获得受众认可的基础保障。然而，就我国与非遗相关的影视作品创作人员现状来看，创意内容生产的复合型人才较为缺乏，主要表现在两个方面，一是内容创作人员未能在影视作品中对非遗文化进行创造性设计、创新性表达；二是内容创作人员往往更加注重非遗对影视作品价值提升的作用，而忽略了受众的文化需求，因此创作人员在内容生产过程中未能有效结合当下的文化背景与生活环境，寻找与当下受众共通的意义空间。

出现此类问题的主要原因：一是影视作品的内容创作人员对需要创作表达的非遗文化缺乏深人了解，再加上未能对受众进行精准的市场调研，所以未能创作出受众喜闻乐见的非遗表现形式与表达方式；二是内容创作人员身为影视作品制作人，因受电视媒体特性及职业要求限制，在对非遗元素进行创作时会尽量与作品主导符码保持一致，从而导致创作人员在将非遗元素与影视作品相结合时，出现非遗文化与影视作品内容不符、植入形式生硬等问题。

2．传播过程的弱互动性

非遗元素在影视作品中经过内容创作进入传播领域后，要想达到理想的传播效果，离不开多样化的媒介平台，特别是在全媒体时代下，除有线电视、院线等传统媒体平台外，网络视频平台、手机短视频平台等传播媒介在信息传播中也扮演着越来越重要的角色。然而，我国影视作品在非遗文化的传播方面存在着非遗影视类衍生作品开发不足、传播渠道单一、与受众互动性较弱等问题，主要表现为：

一是非遗的影视化传播多数仅是影视作品本身的传播，缺乏对影视作品中非遗元素的再加工、再创作所形成的非遗影视类衍生产品，如对影视作品中所呈现出的非遗传承人的专门访谈、创作人员对非遗元素在影视作品中创造性表达与生产过程的短视频等。因此受众缺少对作品中非遗文化元素深入了解的途径，而更多地停留于对影视作品的故事内容和情节上。

二是不同的受众群体、不同的传播载体都需要不同的作品呈现方式，这就需要对影视作品中的非遗元素进行多次创作与再表达，如针对年轻受众多采取直播和游戏小程序的方式进行传播，针对年龄偏大者多采取微信公众号软文推送、短视频等方式。然而，目前我国大部分非遗类影视作品在进行播出时，并未同步借助多种媒体对影视作品中的非遗文化进行分群体、分渠道、针对性地传播，导致非遗文化在影视作品中的传播收效甚微。

三是传播者和接收者双方的互动是传播活动产生意义的重要表现。然而，我国大部分非遗类影视作品在传播过程中很少设置传受双方交流互动的通道，更多的只是单方面传输非遗文化。受众也只是单一、被动地接受相关信息。传播过程中，接收者与传播者的弱互动性，导致了接收者对作品中非遗文化的了解不够深人，创作者亦不能及时获取受众的反馈。

3．受众在接收过程中难以处于“主导立场”

受众在对非遗元素的理解过程中能否处于“主导立场”是衡量影视作品中非遗是否取得良好的传播效果的重要标尺。但目前我国非遗在影视剧中的传播普遍存在着受众难以处于“主导地位”的问题，主要原因如下：

一是多数非遗都有明显的地域性特征，而受众由于受地理空间、知识水平等因素限制，对具有地方特色的非遗文化缺乏一定的了解，从而导致其对影视作品中非遗所表达的内涵、价值的理解产生偏差。二是为将非遗元素更好地融人作品内容，创作者会将非遗元素融入影视作品的语言、动作、服装道具中进行艺术化创作。而受众受知识水平、接受能力等限制，对作品中此类符号的表达、象征性活动不甚理解，导致传播效果不如人意。例如，受众在对绒花缺乏一定的了解时，将古装剧中的绒花头饰戏称为“多肉”。这正是受众解偏差的表现。三是受众对影视作品中非遗文化的理解没有通过有效途径反馈给创作者，或创作者对受众反馈不够重视，对作品缺少有针对性的二次创作，从而导致受众在接收过程中处于“协商立场”或“对抗立场”。

三、非遗影视化传播的策略

以影视作品为载体传播非遗文化，是未来非遗文化传播、融入大众生活的发展方向，其核心是完善非遗在影视作品中的传播策略。

非遗以影视作品为载体进行传播，其核心是将非遗文化与影视作品内容实现有效对接，并在此基础上使受众能尽可能地理解作品中的非遗文化内涵。目前，非遗的影视传播虽已取得了一定成果，但在内容创作过程中应克服创作者知识水平、理解能力等主观因素以及生产网络、制度结构等客观因素的影响，保持非遗文化与影视作品定位以及要表达的主题内容相契合。进入流通阶段，影视作品应发挥图像优势，在充分利用当下多样化的传播媒介进行宣传的同时，通过自媒体、短视频等网络平台提高受众参与度与互动性。在接收过程中，为避免受众对非遗文化的解读出现偏差，创作者应对作品中的非遗文化做相应阐释，尽可能地引导受众尽数理解作品中的非遗文化内涵。同时，在扩大受众接受度的基础上，充分借助相关衍生品的开发增强受众黏性。从创作、传播、接收整个过程来看，2018 年的国产电视剧《延禧攻略》在对非遗文化元素的成功运用以及有效促进非遗文化传播等方面极具代表性，该剧的热播在将剧中的南京绒花、苏州缂丝、“打铁花”、昆曲等多种非遗文化元素推向大众视野的同时，也引起了社会各界的广泛关注，对非遗的影视化传播具有十分重要的借鉴与参考价值。

四、非遗影视化下 IP 开发的成功案例

2018 年，北京电视台和故宫博物院合作的《上新了・故宫》文化节目，让故宫文化及文创衍生品成为持续性热点内容，保持了高曝光度。同时，多家企业向故宫博物院抛出了合作的橄榄枝，故宫博物院通过新媒体运营的方式拓宽了自己的市场。

故宫 IP 在借助综艺节目与群星流量的放大后，探索出一条“文化解密 + 文创运营 ”的运作路线。在保持对历史的敬重、追求文化知识传递准确性的前提下，采用年轻受众喜闻乐见的形式，获得了指数级的关注度和讨论度，并在一定程度上得到了 IP 市场化的正向反馈。

为了价值最大化故宫 IP，过程中对垂直领域的深耕、IP 的精细孵化及后

续衍生品的捆绑运作，对于我们将非遗市场化操作具有积极的借鉴作用。

1．转变发展思路，全渠道营销变革

近年来，故宫IP热度持续上升，也带来了故宫出版销售额的大幅攀升。故宫出版社成立于1983年，原名紫禁城出版社，它是我国唯一一家博物馆下属的出版单位。在提出“个性化出版、品牌化经营、市场化运作”前，故宫出版社出书品种少，且囿于精英圈层内。2006年出版社对出版方向进行了调整，提出故宫出版社不仅要服务故宫，还要走出宫墙。2008年故宫出版社成立了全资子公司北京故宫文化传播有限公司，在营销模式上实现了“全渠道”营销变革。

2．深厚文化底蕴为内涵，从“内”到“外”体现匠心

故宫是中华灿烂文化的意象，故宫出版社在选题策划上充分依靠故宫IP，深入挖掘文化资源，在图书设计上处处体现匠心。《故宫日历》从2010年恢复出版印刷8000册，到2020年版初次印刷就高达80万册，累计发行近400万册。装帧设计方面采用布面小开本精装，布面颜色选择故宫红，封面字体则沿用了《史晨碑》的烫金形式，装帧、细节无不体现了故宫特有的文化底蕴。

3．利用“众筹出版”提高读者阅读期待

2018年故宫出版社采用众筹模式在摩点平台对《谜宫·如意琳琅图籍》进行预售，最终该书以2000万元打破了当时中国出版业众筹最高金额纪录。采用图书众筹模式，既可以获得话题度，又可以对图书市场前景进行预判，还利用了“饥饿营销”的策略，加速读者的购买行为。

4．微信公众号维系用户黏度，头部公众号营销成果显著

故宫出版社开设的微信公众号“故宫出版”，截至2020年10月26日共发布了44篇原创内容，微信公众号的发布频率约为每周一次，主要是结合故宫文化对出版物进行介绍和营销。公众号开设好书推荐和直播预告等栏目，每篇阅读量约在千次左右。同时故宫出版社与一条、摩点等公众号加强合作，

利用优质公众号的平台优势发布出版物销售信息，如十点读书发布的推销《故宫日历》的软文《看了故宫这 7 张照片，才知道什么叫“中国风”》阅读量达到 10 万 +。

5．开设抖音号、策划微博话题，发挥大 V 效应

故宫出版社开设了抖音公众号并设立商品橱窗，抖音号发布的内容制作精良，镜头语言处处体现古典美。截至 2022 年 10 月底，故宫出版社拥有粉丝 24 万，获得 9.6 万赞，其中蔡徐坤推广的《喵 我在故宫过日子》一条抖音便获 4.2 万赞。点赞数较高的还有宋英杰《故宫知时节》的直播预告、《一起读故宫》系列中的濮存昕读《兰亭序》。

6．通过电商平台直销拓展销售渠道

故宫出版社的团队多渠道开展电商平台直销，如天猫故宫博物院出版旗舰店、京东故宫出版社官方旗舰店等。截至 2022 年 10 月底，天猫旗舰店的粉丝数为 73.2 万，销量前三名分别为：《故宫日历》《打开故宫》《谜宫·如意琳琅图籍》。京东故宫出版社官方旗舰店在首页对书籍进行了分类，包含故宫好书、新书推荐、器物珍藏等模块，以方便读者查找。

非物质文化遗产的市场化开发策略及解决方案

一、市场开拓

1．非遗市场化运作

对非物质文化遗产开发利用的前提是尊重。由于文化产业涉及创作、制作、生产、营销等一系列经营环节，其运作需要一个从作品创作到市场销售的完整而成熟的产业链，因此，需要对“非遗”项目进行各环节的资源要素的集聚和整合，构建“非遗”项目市场化经营与发展的平台。对那些适合产业化的非遗，要进行合理规划、科学布局，实现产业聚集化发展，谋求“非遗”项目规模经济效应的产生，避免分散、零散、封闭式布局以及资源的不合理配置造成的规模不经济。遵循文化发展和市场经济双重规律，选择“非

遗”项目聚集能力较强、文化底蕴深厚、具有一定产业发展基础、具有良好营销环境的地区作为“非遗”项目产业发展基地。实践证明，通过产业化发展，不仅有效传承了非遗文化，还取得了良好的经济效益

2．非遗产品创新

非遗市场化还要在继承传统的基础上进行创新。有些非遗产品受人们消费、审美观念变化升级的影响已经很难走进现代生活，必须在继承的基础上进行创新。比如梁平竹帘与蓝牙音箱结合、蜀绣与牛皮结合推出新的产品，以一种新的面貌走进了寻常百姓家，起到了1+1>2的效果。事实证明，只有让非遗转变为符合当代社会审美的新时尚，才能焕发出源源不断的生命力，顺应市场，促进非遗的可持续发展。

3．非遗与现代科技结合

利用现代科技手段，赋予非遗新的生命力。2002年联合国教科文组织颁布的《伊斯坦布尔宣言》强调指出：“新信息和传播技术的利用有利于无形文化遗产的传播，同时新信息和传播技术也创造了值得保护的数字化遗产。”在促进非遗市场化过程中，既要保留传统的传承形式，又要以高新技术为手段创新文化形式，以更多更新的样式展现非遗本身的魅力，不断开拓其文化市场，增强其市场竞争力。例如，通过对非遗配以电视制作、动漫设计、软件开发等，让其经济价值得到最大程度的开发。同时，通过申请专利，将非遗项目和知识产权保护相结合，既在非物质文化产业品牌受到侵权时拿起法律武器进行维权，还要通过开展大范围、高层次、多频率的知识产权交易，努力向国外输出中国“非遗”文化品牌版权，逐步扩大我国“非遗”产业在国际市场上的占有份额。为保障“非遗”市场化的有效开展，需要深刻挖掘非物质文化遗产内涵、增强文化吸引力的项目，通过产业化经营和市场化运作，完成对非物质文化遗产的保护及其潜能的开发，并逐步将文化产品推向国际市场，从根本上促进非物质文化遗产的可持续发展。

二、经营理念

1. 商业化经营应做好适宜性评估

非物质文化遗产“商业化经营”，是指将某种非物质文化遗产制成品当成商品，通过市场营销获得利益，如匠人们通过制作工艺品来养家糊口，艺人们通过商演来获利，都属于非物质文化遗产的商业化经营。非物质文化遗产究竟能否进入市场并进行商业化经营，决定权不在我们的主观意志，而在非物质文化遗产的传承规律。非物质文化遗产的商业化经营应遵循历史规律，做好适宜性评估。以表演艺术为例，戏剧、曲艺等历史上用于商演的舞台型表演艺术存在商业传统，较适合进行商业化经营；而东北秧歌、侗歌等自娱自乐的广场型表演艺术则不利于通过市场化经营来获利。在产业化经营中，我们不能单纯以经济利益的大小来衡量非遗项目的价值，而应尊重非遗传承规律，多措并举，选择最合适的发展道路。

2. 产业化经营是非物质文化遗产保护与传承的内在要求

与传统的手把手、父子相传、师徒相授等单一传承模式相比，非遗的产业化经营以市场为依托，面向社会大众，有利于吸纳不同社会团体、企业及个人的参与，从而建立起更为完善的非遗项目产业链，在参与市场竞争、扩大生产规模、保护主体多样性等方面增强综合实力。一些非遗项目之所以能够得到传承和发展，是因为其能够顺应时代潮流，在自我更新与自我完善的同时走出一条产业化之路。如山西孝义皮影戏、陕西剪纸等非遗项目，通过走产业化之路，得到了有效的保护与传承。非遗产业化在扩大生产、激活市场、促进地方经济发展、带动就业等方面发挥了重要作用，部分产品甚至走出国门，为世界所熟知。

非遗传承人是保护开发与传承发展非遗项目的主体。产业化经营有利于调动非遗传承人的积极性，给予其施展才华的空间。调动非遗传承人的积极性，既要以市场需求为动力，也要考虑非遗传承人的正当利益，只有搭建双赢平台，使非遗传承人在充满成就感与获得感的环境下开展工作，才能使其积极投身非遗保护与项目开发之中，开拓出更为广阔的发展空间。

非遗的产业化经营是一个循序渐进的过程，需要进行大量的前期准备工作，我们不能未经规划就盲目地将其置于市场化进程之中。对于具有产业化经营开发优势的非遗项目，我们要进行合理规划、科学布局，实现产业聚集化发展，避免由分散、零散、封闭式布局以及资源的不合理配置造成的发展不协调。

3．科技创新是非遗产业化经营可持续发展的动力源

在新时代背景下，非遗项目要想更好地与现代社会的发展需求相融合，就要主动借助诸如网络视听、移动多媒体、数字出版、创意设计等科技力量和科技手段，增加非遗的产业价值，使非遗技艺立体化、数字化、多样化，从而获得更加充沛的发展能量。在提高传统文化表现力的同时，形成更富时代特色的全新艺术表现形式。

随着人们消费需求的逐步多元，那些既拥有民族文化特色或地域特色，同时又能体现时代特征的个性化产品往往更受消费者青睐。因此，我们要借助高新技术手段创新研发非遗产品，赋予其时代特色，以不断满足消费者的个性化需求。不仅要增加文化产品的技术元素和科技含量，同时也要注重吸纳不同的文化元素，以适应现代人审美观念的变化。

在经营方式上企业也需要引入更加现代化的经营方式，由此改善销售环境。如商品定制、外包销售等模式，采取连锁化经营形式，形成大规模的生产销售格局，实现经营决策的专业化与管理范围的统一化。

三、品牌定位

1．“她经济”时代正在来临，女性消费崛起正当时

将“非遗元素”借助“影视化”放大其影响力后，是否可以成功的市场化，其定位十分重要。

影响其成败的因素大致有三点。受众规模：通过影视内容可以吸引来多少受众；经济能力：该受众的经济能力和消费潜力如何；意愿度：该受众是否有“影视剧”衍生品付费意愿。

（1）女性群体为影视剧主要受众

根据爱奇艺、腾讯视频、优酷独播剧的用户画像可以得知（云合数据），

整体女性消费者占比60%左右，芒果台最高，达到77%。其中，网络剧用户呈现更加女性化的特点，网络剧女性占比63.3%。玄幻剧以《陈情令》《宸汐缘》为典型，主要为年轻女性用户，女性平均占比为63.7%。百度指数用户画像显示，在宫廷剧《延禧攻略》的受众中男女比例为2∶8，也就是说：每5位观众中，仅有1位男性观众。《诛仙Ⅰ》的观众分布与之前的《陈情令》用户画像数据十分接近，性别分布约为男女三七分。由此可以得知，女性受众为观剧主力军。

（2）女性市场拥有巨大消费潜力

据CBNData数据显示，2020年中国97%的女性都是家中“买买买”的主力军，中国女性消费市场超过了10万亿。围绕女消费消费形成的“她经济”正在迅速崛起。被称为“最会做女性生意”的阿里巴巴集团创始人马云曾经也说过：“女性是消费的主力军，抓住了女性就抓住了消费。”这恰恰是对“她经济”的深刻洞察。

以制作古风美食的形式传播传统中华的李子柒为例，2020年，李子柒官方旗舰店销售额超1.9亿元，销量、销售额分别同增37倍、23倍，涨势迅猛（淘数据）。在《2021最具成长性的中国新消费品牌》中显示，李子柒2020年销售额为16亿元，同比增长300%（海豚智库）。再结合李子柒的粉丝构成（万方数据），关注李子柒的大多数为女性，占比60%以上，而男性只占到33%，几乎是女性的1/2。由此可知，女性消费成为了新的消费趋势，女性具有巨大的消费潜力，女性在市场上占有绝对的地位。

（3）女性群体对影视衍生品的付费意愿强烈

影视剧受众女性居多，且女性也是目前文化、衍生品、粉丝经济、影视剧周边的消费主力军。例如：随着《延禧攻略》的播出，用户对于剧中妃嫔们的口红色号、宫廷配饰、整体色调都非常感兴趣，“莫兰迪”色调一度大火。《陈情令》官方也是抓住了粉丝心理和粉丝效应，推出了相关的口红系列，共有5个样式，分别对应剧中姑苏、云梦、岐山、兰陵和清河这五大家族，口红系列就是抓住了《陈情令》以女性为主的粉丝群体。在不到半小时的时间里，《陈情令》的5款口红就已经全部售罄。所以我们有理由相信，在影视剧中植入“非遗”元素，让其为影视的内容、剧情、服化道添彩的同时，在市场化方面针对女性用户的心理和消费习惯进行精准营销，同样极具商业价值。

2．细分消费群体，制定针对性的营销策略

女性为主的消费有别于男性的重要一点是其对品牌的情感诉求，在消费时女性会主要考虑是不是符合个性、体现个人思想。这就为细分品牌和新品牌提供了很多机会。因此可以根据不同年龄阶段女性消费习惯和心理因素，将粉丝群体分成15～23岁、24～32岁、33～45岁三个年龄段，设计不同的衍生产品。

（1）针对少女群体设计（15～23岁）

这个年龄段的女生往往有特立独行、与众不同的诉求。她们希望产品最好是独一无二的、新奇的、同龄人没有接触过的产品，她们在乎的更多是物质层面上的满足。对于这一阶段的消费群体可以将文具类文创作为主打产品。《延禧攻略》剧中的皇后是皇帝年少时的爱人，性情温婉善良，有乾隆心头的一抹白月光之称，为了节省宫中开支，以身作则在嫔妃中推出了绒花首饰来替代金银首饰。绒花制作工艺就是我国非遗的一种，绒花始于唐朝，李白曾有诗句“山花插宝髻，石竹绣罗衣”形容鲜花插在少女头上的灵动之美。但是鲜花容易凋谢且受时令限制，绒花工艺便应运而生。比如将富察皇后的绒花发簪重新设计成一支笔，能写字的同时也能当做发簪来用，推广的时候可将“富察皇后同款”作为一个噱头去吸引她们的眼球，同理还能做成书立、尺子等学习用品。

（2）针对年轻女性群体设计（24～32岁）

该年龄段的女性初入社会，消费能力提高，生活品质提升，工作压力大，对于商品类型的期待则是“品质＋实用型”产品，且能在生活中真正发挥用处的。对于这一阶段的消费群体可以定位为办公室减压类文创产品。设计时可更多考虑与时下流行的“打工人”“职业假笑”等现代职场社交文化，“丧系”“内卷”“躺平”等青年亚文化结合。还可与品牌方进行联动创作，将适当的非遗元素融入到现代化坚硬冰冷的办公用具或环境中，能够多一丝人情味和人文关怀，对职场女性释放出暖意。

（3）针对成熟女性群体设计（33～45岁）

该年龄段的女性工作与生活圈子已经趋于平稳状态，没有太大的变动。她们会更加喜欢有档次的产品，能体现出自己的社会地位，所以她们会追求精神层面的满足。对于专注家庭的女性来说亲子产品是很好的选择。职场女性对于商品的选择变得多元化，只要符合自己心意、价格合适就能激起她们的购买欲望。针对这一类消费群体，产品的包装是相对重要的，好的包装会让产品在同价位的产品中脱颖而出让人更加有购买欲望。另外，在好的产品基础上可以推出私人订制的服务，例如产品刻字或者添加特殊香味等，让消费者内心得到更大的满足和愉悦感。

四、非遗数字化

1. 线上的电商直播

在新媒体时代，“非遗产品＋购物节＋电商”直播，成为引领电商营销新模式。工艺繁复的刺绣、巧夺天工的设计、色彩绚丽的配色……传统的非遗纹样，与当代的时尚潮流鞋服发生了完美融合，国潮正以一种新的方式，走入年轻人的日常生活。非遗直播带货的过程已不只是简单的商品销售行为，更应定位于一次综合性的传统文化传播。同时，要进一步推进长线战略布局，讲好非遗故事。在后疫情时代，从直播到线上购买，到现场体验，再到美育普及，使非遗产业形成良性互动。直播的过程才是非遗最重要的文化“产品”。

2. 线下活动：打造数字化非遗博物馆

打造虚拟的数字博物馆，以活态文化的方式展现各个民族非物质文化遗产的具体内容和艺术内涵，打破时间与空间的限制，扩大非遗传播路径，让人们在这信息化的时代随时随地便能阅览博物馆的精品馆藏，感受到非物质文化遗产的魅力。还可以采用3D、4D数字动画技术，通过图片、视频、三维动画等形式实现非物质文化遗产可视化，恢复、还原非物质文化遗产的特征，让人们身临其境地感受非遗的产生与流变。虚拟现实技术能够有效避免非遗在传承中出现的损坏等问题，确保非遗文化的系统性、完整性，同时也进一步扩大非遗传播范围。

3．短视频助力非遗宣推

互联网大潮下，快手、抖音等短视频平台把那些与日常生活渐行渐远的传统手工艺再次拉回到了大众的视野中。竹编、刺绣、木刻、剪纸等手艺人通过短视频获粉无数。当传统文化遇上新媒体技术，古老而低调的非遗老手艺被注入了新的生机与活力。如何抓住机遇传承创新，增强非遗项目的自我生存和发展能力，让传统文化“活”起来，是传统老手艺的传播者和传承人面临的崭新课题。据统计，在快手短视频平台，每3秒钟就有一条非遗视频产生，有超1500万个非遗内容创作者在快手上生产非遗相关内容的视频，他们一起创造了超2245亿的视频播放量，获得超67亿点赞，创收超15亿元，平均每个视频至少被6263个人看过，被187个人赞过。《抖音非遗数据报告》显示：截至2021年6月10日，抖音平台上国家级非遗项目相关视频数量超1.4亿，1557个国家级非遗项目中，抖音涵盖率达97.94%，濒危非遗相关视频在抖音获赞超1亿次。非遗技艺是人类宝贵的历史财富，有着丰富的文化内涵与历史记忆。非遗与短视频的结合，使其再次成功进入大众视野，获得了更多的曝光度与关注度，为非遗“活”在当下，实现长足发展提供了有利条件。

五、非遗文旅化

1．非遗文旅化概述

在文化和旅游部“在提高中保护”“非遗走进现代生活”“见人见物见生活”三个重要理念的推动下，近年来国内非遗旅游开发进行了大量探索，出现了以下几种模式：

“非遗＋研学”：研学旅游是继观光旅游、休闲旅游后的一种全新的文化旅游方式。将非遗与研学体验结合起来，是一次亲身感知非遗文化的旅行。

“非遗＋民宿”：民宿能够伴随旅游经济异军突起，在于其满足人们功能性之上的体验性需求。非遗与民宿的结合既增强了入住旅客的文化体验，也为非遗文化开辟了活化路径。

“非遗+文创”：过去，在很多年轻人眼中，非遗的历史性对应的是“过时”，文化性对应的是“土气”。然而，当黑陶、手工纸、传统扎染、刺绣、剪纸等非遗文创产品出现在旅游商品市场时，传统手工艺与现代创意的结合折射出的文化温度，立刻受到年轻人的追捧。

“非遗+演艺”：如果说传统技艺类的非遗项目多以展示和产品开发成为旅游经济增长点，那么大大小小的山水实景演出、文旅演艺和歌舞类表演等无疑是对舞蹈、音乐、服饰、节庆、习俗等非遗文化的再开发。

“非遗+节庆”：中国是世界上最早使用历法的国家之一，我国的元旦、春节、元宵节、端午节、重阳节、中秋节、“藏历新年”“彝族年”等传统节庆更为“非遗+旅游”奠定了融合的基础。每年从大年初一到正月十五，全国各地丰富多彩的民俗节庆活动次第展开，成为吸引游客的“打卡地”。还有正在显现效力的“非遗+扶贫”“非遗+特色小镇”“非遗+景点”“非遗+会展”“非遗+博物馆”“非遗+特色街区”“非遗+养生”等N种打开方式。“非遗+旅游”能以那么多种方式打开，主要原因是“活态属性是非遗市场化的前提”。非遗先天具有市场基因，它们从诞生起就在千百年创造、生产和销售中，借助商业力量才流传至今。非遗源自我们的衣、食、住、行，本身就是常用商品。历史上，非遗的大众化消费群体非常多，当下则需要在现代消费环境下找到新的生存空间。

2. 非遗文旅化的成功案例

（1）贵州凯里：推动麻塘精准扶贫

麻塘是20世纪80年代贵州省人民政府确定的首批民族文化旅游村寨之一。几十年来，麻塘以革家人独特的服饰、蜡染、踩亲舞等生态文化为主题发展文化旅游，走出了“非遗+旅游”的乡村振兴之路。统计显示，麻塘年均旅游综合收入100余万元，人均年旅游收入5000余元。

据不完全统计，1986年至今麻塘年均接待游客15万余人次，每年海外游客络绎不绝，还有许多研究服装服饰的专家学者、画家、摄影师来此做田野调查和采风写生。年均旅游综合收入100余万元，人均年旅游收入5000余元，通过文旅融合发展实现了精准脱贫。

（2）江西婺源：非遗让最美乡村更有“味道”

江西婺源，悠久的徽商历史在这片热土上遗存了丰富灿烂的非物质文化遗产。这里有徽剧、绿茶制作技艺等5项国家级非物质文化遗产，有甲路纸伞制作技艺等12项省级非物质文化遗产。婺源，走出了一条独具特色的非遗旅游融合发展之路。

将非遗与旅游景区、研学游等融合，全县4A级以上景区目前均有非遗项目常驻展示，有效提升了景区的文化内涵。还将徽剧、傩舞、抬阁、地戏、灯彩等非遗项目展示融入到参观游览项目中，推出了严田古樟民俗园、篁岭民俗文化村、茶马古道文化园等一系列文化展示体验类景点。

六、非遗课程化

“非遗”产品课程化从保护、传承和弘扬非物质文化遗产的角度，开发和构建非物质文化遗产教育课程体系，把“非遗”产品有机融合在地方职业院校、高校的学前教育、专业艺术课程资源的开发与建设之中，从而挖掘所蕴含的独特的启蒙教育价值及其艺术教育价值。

首先，“非遗”传承人受知识水平和技术限制，需要借助于高校、科研机构等来实现“非遗”的传承和不断的发展。高校的优势在于利用研究型人才、现代化技术手段、非物质文化遗产文献资源、大学生传播群体等条件将非物质文化遗产融入教育教学之中，通过教育教学延续民族文化的生命记忆，增强文化软实力。

其次，非物质文化遗产具有很强的地域性。“非遗”代表着普遍的心理认同和基因传承，彰显着当地人民群众的智慧和才能，其本土文化意义和价值不言而喻。地域优势表现为对方言的熟悉，由于“非遗”传承人大多数以方言交流，这便于和传承人就近进行沟通交流，便于就地取材进行“非遗”技艺的学习，便于“非遗”的收集整理工作。因此，地方性高职院校从事本地“非遗”传承工作具有较强的地域优势，处在当地的文化环境中更容易理解“非遗”作为文化符号所承载的文化意义。

最后，在信息化背景下，将“非遗”纳入课程教育有利于其建立数字化档案和数据库，也有利于推进“非遗”项目教育资源库建设和“非遗”传承教育平台建设，更有利于“非遗”文化的保护、传承与传播，为普及“非遗”文化知识、传播“非遗”文化发挥地方高校的文化传播作用。同时，地方高校还可以利用自身优势开发“非遗”国际文化课程，在国家“一带一路”的背景下使“非遗”在国际文化交流中焕发新的活力，助推中国“非遗”走出国门，在世界舞台上讲好中国故事，使“非遗”产品更好地走向世界。

结语

众所周知，每一个民族的文化复兴，都是从总结自己的遗产开始的。非物质文化遗产是民族个性、民族审美习惯的“活”的显现。随着“非遗”文化在大众传播领域的发展，其定义和文化认同表征也在逐渐转化。由祠堂中的家族共识，到大众媒介视域下的集体文化认同，各类“非遗”文化在全球一体化和市场化的大潮中都在努力展现出更多的文化角色，寻找自身的文化属性。

19世纪中期到20世纪初期，西方人类学界认为，民俗文化是前现代社会的“遗留物”。社会文化的共有要素都是在当前时代下活动并发挥作用的。因此，属于“遗留物”范畴的传统工艺非遗，并不只是“文化遗留物”，它们既然能在现代社会继续存在，就必然还发挥着其内部构造的功能。所以传统工艺类非物质文化遗产并非一成不变，传承人作为遗产持有者不能固守象牙塔而不主动创新，因为只有保护与发展并行才能跟随市场节奏，才能与公共文化服务机制协调并行，从而实现稳态传承。

传统工艺非遗与民间美术有很大不同，它具有生活化、市场化的内在特质，所以在保护实践中就需要着力于发掘传承人的文化主体性，而不能仅封闭式保护几个国家级传承人。传统手工艺作为非遗的重要部分，它还必须服从于社会公共文化服务机制，在保护与利用中。它不仅是传承人个人文化观的呈现，而是要遵循“服务于公共文化”这个基本原则。其“发展”应该是不离本真性、不离民众生活实际，保护与开发并重、与市场运作机制相协调、革故鼎新，而非僵化地封闭式保护或全盘产业化。

第三部分

拓展营销思路

长和医疗：
首习门诊心脏康复行动

背景介绍

一、心脏康复技术理念

心脏康复是一个全面和全程的团队医疗作业过程，通过全程管理为心血管病患者在急性期、恢复期、维持期、直至整个生命过程提供心理、社会等多方面、长期综合的管理服务和关爱。减少猝死率、再入院率，改善心肺功能，控制危险因素，减少焦虑等心理压力，提高社会复职回归率，全面改善生命预后。

心脏康复针对的人群包括心肌梗塞、心绞痛、心力衰竭患者和搭桥术后、介入术后、心脏或肺移植术后的患者。心脏康复能够降低心肌梗塞后患者全因死亡率 8%～37%和心血管病死亡率 7%～38%，其已成为治疗心血管疾病的重要环节。

二、我国心脏康复行业现况

根据国家心血管疾病中心发布的《中国心血管疾病报告 2018》显示，我国心血管疾病发病率持续上升，截止到目前患病人数约为 2.9 亿。另外，心血管疾病的致死率占居民疾病死亡的 40% 以上，远高于其他疾病。

然而，临床医生更关注心脏病急性期的抢救和药物治疗，后期的心脏康复常被忽视。但是已有大量循证医学证据表明，心脏康复对患者效果明显，可使心血管疾病发病率降低58%，心肌梗塞发生率降低30%，脑血管事件发生率降低60%。致使欧美、日本等发达国家对心脏康复高度重视。

在中国，心脏康复发展相比神经康复、骨科康复等其他领域起步较晚。但是我国起点高，可以充分学习并借鉴发达国家开展心脏康复的经验，紧紧把握心血管医学发展正确方向，推动心脏康复与预防一体化发展。近几年，我国各类心脏康复机构不断增加，从最初的几家，增加到近700家，在专家推动和患者需求倒逼的情况下，我国心脏康复行业从无到有，未来将会快速发展。

三、心脏康复行业面临的问题

虽然我国心脏病人数量急剧增加，心脏康复行业正在快速发展，但还是存在关注度不足、缺乏行业标准、相关人才匮乏、民众认知不足、心脏康复医疗知识普及不足等问题。因此，我国心脏康复事业仍然处于起步阶段。

对比国外的心脏康复行业发展标准，我国心脏康复行业目前需要解决医保政策支持缺乏、人才匮乏、设备种类不全、医院空间有限、心脏康复中心短缺以及患者教育不足等问题。

1．国家层面没有统一的标准体系

心脏康复行业期望由国家牵头，组织专家建立适合中国国情的心脏康复行业建设标准、评估标准等。

2．医保支持力度不足

我国目前有29项康复项目纳入了医保目录，但是与心脏康复相关的内容很少，而在发达国家心脏康复已整体纳入医保，并在不断创新下内容持续扩充。

3．缺乏硬件设施

三甲医院空间有限，床位紧张，基层医院则是人才与设备不足。

4．民众康复意识不足

患者对心脏康复认知不清晰，与传统术后需静养的观念相比，一部分患者认为做心脏康复有风险，还有大部分患者不知道心脏康复这项技术。北京大学人民医院心血管病教授胡大一团队曾公布了一份以不同年龄、职业背景的 28227 位公众为研究对象的调查数据，仅有 17.7% 的公众对心脏康复认知度较好，并且公众期望能够获得更多专业的康复治疗及专业的心脏康复指导知识。

5．无心脏康复人才培训体系

在心脏康复领域，人才培训体系是空白。国内的心脏康复师大多是心内科医生或康复医生转型而来。另外，中国目前心脏康复人才的培训多为开设培训班的形式进行，时间较短，而国外心脏康复培训期至少需要半年，较短的时间很难培养出合格的心脏康复人才。

四、首习医疗 PEST 分析

1．政治环境

习近平总书记在全国卫生与健康大会上全面论述了党在新时代的医疗卫生工作方针，“共建共享、全民健康”是建设健康中国的战略主题。以人民健康为中心，坚持以基层为重点，把健康融入所有政策。

全面建成体系完整、分工明确、功能互补、密切协作、运行高效的整合型医疗卫生服务体系，加强康复等接续性医疗机构建设已经成为医疗政策内容之一。《“健康中国 2030”规划纲要》还针对心脏类疾病，明确了心脑血管疾病的防控要求，到 2022 年和 2030 年，心脑血管疾病死亡率分别下降到 209.7/10 万及以下和 190.7/10 万及以下。

因此，首习门诊的心脏康复业务，不仅有国家推动医疗产业发展的大背景的支持，还将从国家推动康复医疗、加强心脑血管疾病防控的具体政策中获益。

2．经济环境

随着我国国民收入不断增长，经济结构转型升级加快，人均可支配收入不断增高，人们的消费观念在发生潜移默化的变化，愿意投入更多的资金去参与康复运动。未来，将会有越多越多的大众和心脏术后患者参与到心脏康复医疗中来。

3．社会环境

我国即将步入老年社会，心血管疾病的发病率逐年升高。由于工作压力大、饮食习惯等多方面原因，心血管病人年龄呈现出降低趋势，病人数量逐年增多。心脏康复在心血管疾病的一级和二级预防中发挥重要的作用。但心脏康复在我国尚未普及，许多老年心血管病患者还不了解心脏康复的意义，也不知道如何进行心脏康复训练。民众对心脏康复的理念的认知和接受有待进一步培育和引导。

4．技术环境

我国心脏康复发展起步晚，但起点高。首习门诊充分学习借鉴了发达国家开展心脏康复的技术和经验，紧紧把握心血管医学发展正确方向，推动心脏康复与预防一体化发展。不同于国内其他心脏康复中心，首习门诊全面引进美国的先进康复模式，拥有先进的医护团队、心脏康复相关医疗设备及安静舒适的就诊环境，具有较强的竞争力。

五、首习医疗营销的优势和劣势

1．优势

与国内多家心脏手术专家级医院之一的安贞医院建立了战略合作伙伴关系，同时也是安贞医院的心脏康复科研基地。锁定北京市范围内心脏类手术一半患者即潜在客户群体，并积极开展各类患者培育和教育活动，吸引这部分最核心的潜在用户。

机构专家及医生积极参与行业会议和活动，并成为心脏康复类行业重点协会会员，在行业内树立了一定的权威性。同时，持续多年坚持国际化团队的引进、融入及发展，康复服务的技术理念、能力资质、专业水准同步于欧美前沿水平，在国内处于领先地位。

对来自医院的潜在客户进行培育并且给予专业术后康复知识指导，包括出院后电话回访、健康跟踪和医护关怀等服务。

2．劣势

首习门诊的心脏康复理念培育仅停留在安贞等几家医院范围内，且主要锁定高端客户，宣讲范围相对较小，目前心脏康复对于国人来说属于全新的认知。

目前患者得知心脏康复信息主要来自于主治医生，但是医生通常时间比较忙碌，无法细致及时地将心脏康复必要性沟通给患者，导致沟通效果欠佳。

康复医疗有别于临床医疗，临床医疗是针对疾病治疗，所以患者会第一优先选择；康复医疗在于患者术后心脏功能的恢复和提高，并不是患者治疗疾病的首要诉求。因此，是否接受康复治疗不是成为患者在治疗阶段优先考虑的问题。

客观来看，心脏康复的收费目前处于中等偏高的水平，几乎不能通过医保报销，属于高客单价的消费行为，所以患者及其家属不能从单一一个现场或短期宣讲做出快速决策，同时用户对做康复的必要性还持观望态度，需要对用户进行持续深入的培育。

一般来讲，患者会就近选择康复地点，目前首习门诊距离安贞医院比较远，康复地点是否能够社区会也是未来的机会点。

3．机会

大部分医疗机构提供的康复服务仅局限于肢体康复，并未开展真正的心脏康复，心脏康复在国内尚属于起步阶段，是一个竞争并不十分激烈的“赛道”。不同于急性期临床医疗，康复医疗服务治疗周期长，业务持续性强，客户黏度高；经过良好的康复体验的患者，具有更强的继续治疗及付费意愿。康复医疗能够有效降低心脏病人“二次入院”的风险，符合保险降低赔付成本，医保控制医疗费用的需要。

除服务于心脏病人群外，一方面国内有越来越多的中青年群体热衷体育运动，我国竞技体育也有了长足的发展；另一方面由于金融、IT 等行业高速发展，随之而来的相关行业高端人群工作压力大，作息不规律，催生的健康管理需求也在不断增加。因此，与体育运动、高端健康管理有关的场景对心脏康复方面的专业支持需求也将不断扩大。

营销渠道和形式还需要进一步丰富，比如用户口碑的积累、专家背书、大V推荐、成功案例的影响。

4．威胁

心脏病患者自身病情轻重程度不同，病程发展情况不同，一些重病患者如果在康复过程中出现病情反复，可能影响普通人对康复医疗的印象，影响企业形象。

国内医患关系紧张，患者及患者家属还存在对医疗行业的诸多误解。

医疗方向分析

一、现状分析

首习门诊现阶段已完成心脏康复训练的患者大多来自于医院医生的推荐，我们由此可以看出医生推荐在现阶段用户获取时的重要性。与此同时，医生推荐仍存在目标人群80%的流失率，当然流失有多种原因。由于患者与医生存在更加紧密的关联与信任度，我们将医生的专业推荐流程进行优化，提升康复目标人群进行心脏康复训练比例的同时，不断提升康复训练中的服务体验，并对医生的推荐引导进行可复制的标准化培训。

二、医疗临床大夫方向现存问题

医生认知不足：心血管大夫很忙，同时对心脏康复的认知不足。

医生与患者介绍不清晰：医生与患者沟通的时候，未能站在患者的角度介绍康复医学，话术过于晦涩难懂，专业术语过多，患者难以理解，更难接受。

医生推荐方式单一：医生推荐康复医疗只有在诊断患者的时候单一的口头表达，方式过于单一。医院没开展心脏康复工作，没有床旁康复，患者没有体验。

患者认知不足：患者对心脏康复认知度很低。

康复医学科普不到位：普通群众对康复医学还远不够了解，其实人一生中最离不开的医学知识就是康复医学，不懂得康复医学，无异于健康没有保护伞而在雨中裸奔。通俗地讲，临床医学就是大家所熟悉的内外妇儿学科等，负责“救命和治病”，而康复医学负责“恢复和重建功能”传统医学分工确实有局限，以致于造成人们对康复的旧有印象就是“手术后或大病初愈后的按摩和理疗”。

康复需求引导不明确：患者一般只了解临床医学，对康复医学知之甚少。并对康复医疗的医疗价值、经济价值、社会价值了解不到位。

康复治疗的必要性传达不到位：中国心血管病患病率及死亡率持续上升并居首位，国家对心血管病防控提出具体要求。

转诊机制不完善：医生向患者介绍康复医疗，由于康复医疗需要在患者出院一月之后进行、患者对康复医疗认知不全等原因患者转诊率低。出院后与患者的黏性不足，接受度很低。

留客能力不足：患者术后来到门诊，因体验不好、费用昂贵、信任度低等原因造成最终接受康复医疗的患者极少。

三、优化建议

1. 统一流程管理

（1）由企业牵头设计出一套标准规范的推广用语，包含企业面向医生的推广话术、医生面向患者的话术推荐参考。

（2）提炼心脏康复的推广核心，例如“二次手术概率极低”“有效规避风险”等功能，在结合实际案例与数据之后，反复加深医生认知，并引导医生面向患者强化心脏康复的功能标签，从而加深患者认知。

（3）寻找合适的代理商公司开拓医院及医生渠道，利用外部资源拓展合作医疗机构。与代理商进行充分的需求沟通与业务培训，尤其指专业话术培训。

2. 深化医企合作

（1）加强对典型心脏康复案例的宣传工作，提升医生信心。在医护工作人员的线下论坛、线上医学垂类平台等渠道铺设真实典型的心脏康复案例，辅助专业的知识，加深医护群体认知，提升医生对于心脏康复手段的重视程度。

（2）聘请临床医生、护士长为首习特约讲师，定向邀请医护人员对心脏康复的功能、对患者生活质量的提高以及心脏疾病的风险规避进行宣讲，强化医患双方对于心脏康复的认知。

（3）在权威的医疗期刊发表心脏康复的专业论文，将心脏康复的重要性根植于医生的治疗体系中。

（4）临床渠道：培育临床与患者康复治疗习惯需要漫长时间，掌握地方康复医学市场，掌握相关临床专业医生队伍是增加患者唯一方法。

（5）患者教育：每周一次的患教会可以单独建立一个微信群，由一位专业医师在里面回答患者或家属随时提问的问题，指导简单康复技能，科普康复医学知识，跟踪患者病情，深入了解患者各方面需求，与患者建立密切的联系，引导患者后期康复治疗。聘请临床医生为首习特约讲师，首习撰写特约讲师课件并督促讲师严格按照课件宣讲。聘请医院关键护士长为首习特约讲师，首习撰写特约讲师课件并督促讲师严格按照课件宣讲。

（6）政策支持：我国康复医疗体系建设已经进入规范期，对三级、二级综合医院康复科、三级、二级专科康复医院、康复医疗中心的建设标准进行了规定，从临床专业人员到患者的康复意识逐渐得到提升，政策的支持具有说服力。

（7）康复医学科普：康复医学与临床医学相辅相成，在病患康复期介入，以生活为目的，让患者更好地回归生活、工作。传统上，康复医学和临床医学、预防医学、保健医学并称为“四大医学”，各有分工。近年来，随着医学模式“以疾病为中心”向“以健康为中心”的重大转变，康复医学已成为与临床医学融合发展、拥有多学科技术手段、并贯穿全生命周期的全新医疗模式。影响学会成立康复学组并推荐特约讲师进入康复学组任职。结合临床撰写康复成功案例，有特约讲师（医生及护士）反复宣讲。

（8）留客能力不足：针对门诊留客能力不足问题，建议增强团队服务意识。例如增加接送患者服务，培训医护人员服务能力，改善门诊医疗环境等。

3．设置激励制度

（1）设置适当的奖励措施，对推荐率较高的医护工作者施行激励政策，推荐人数作为医生获取奖励的考核指标之一，提升医护人员对心脏康复推广工作的积极性。

（2）建议学会成立康复小组，并推荐特约讲师进入康复学组任职，对参与培训的医护人员实行制度激励政策。

非医疗方向分析

长和医疗除了医疗渠道合作以外，还与非医疗渠道建立了深层合作。昆明医院已与十余家教育机构、多家健身俱乐部、多家银行等非医疗渠道建立了合作关系，并开展服务。我们发现，经常进行体育运动的人士更需要注重心脏健康。有案例显示，跑步中猝死的情况时有发生。为了更好地获得运动效果，则更应该注重心脏检测，知晓自己心脏状况。

一、运动人士分析

55 岁以上人群更喜欢运动。《2018 埃森哲中国消费者洞察报告》（以下简称报告）显示，每周运动 5 小时以上的人数比例最高的是 55 岁以上人群，达 47%；

收入越高，每周运动时间越长。报告显示，除学生群体外，收入越高的人群中，每周运动 5 小时以上的人数比例也越高；

喜欢运动的人更注重生活品质。相对整体受访者而言，爱运动人群购买商品时，更加注重产品能否彰显生活品位、是否为上市新品、是否有一定的品牌知名度；

运动达人更会享受智能生活。有近半数的运动达人希望，AR/VR 产品以及人工智能和万物互联被更多应用于健身、运动领域。

二、泛大众用户分析

老人是心脏康复的核心人群，不过大多数老人思想固执，对于现代的医疗理念接受程度较低。

当代社会节奏快，很多年轻人压力剧增，再加上平常熬夜不爱运动的坏习惯，从而引发各种疾病，猝死率也在不断增加。而且大部分猝死都和心脏有着密切关系，是心脏康复的潜在人群。

首习市场营销策略

一、业务模式详述

目前主流业务模式大体分为四种：B2B、B2C、B2B2C，还有 C2C（P2P）。而适合首习门诊的营销模式有 B2B、B2C、B2B2C 三种。

B2B：首习业务模式中 B2B 是首习市场与医院之间的合作，但这种模式最终作用在患者个人身上，所以这个思路应称为 B2B2C。真正的 B2B 是企业买单，员工受益。那么 B2B 是否可以成为首习的业务模式呢？我个人认为是有可能的。

各大企业均有人力资源部门，而人力资源部门分为六大版块，其中之一是企业薪酬福利，而首习门诊的业务恰好对接其中的福利版块，虽是人力资源行业细分，但市场前景巨大。例如中智旗下的关爱通，是典型的企业福利 SaaS 平台，可以以企业充值方式设立企业账户，员工以积分方式购买平台内各种福利内容，其内容涉及方方面面，健康种类也在其中。若能与类似这样的 SaaS 平台达成合作，以 B2B 模式进入市场让企业买单也就水到渠成了。当然进入 B 端市场方法有很多，也可以直接与企业达成合作，若因为价位高而让企业望而却步，可以只瞄准企业内高管精准推出相应营销政策。

B2C：由企业直接面向公众获客。作为健康行业，首习门诊的业务最终都要作用在 C 端，但由于地理因素，一般固定场所商家只能覆盖周围 3 ~ 5 公里的客户，在没有铺开服务站点的前提下，直接 To C 难度偏大，但可以使用私域流量池的概念，将本来就在北京或首习周边的客户进行培育，增加复购或裂变的可能性。

目前，首习采用的是比较典型的 B to B to C 模式，首先打通医院渠道，再由医院医生介绍患者前往首习进行康复训练。这是我们下面讨论的获客途径之一。

二、获客途径

一般企业获客途径分为三类：渠道、内容、活动。这三个渠道通常都是相互依存的，但由于各企业产品基因不同、市场总监擅长方向不同，可以有重点地攻破其中一或两项。

1．渠道

目前首习采用医院渠道相对较多，优点是可以直接获客，难点是如何提高医院医生配合程度，还有医生对心脏康复的认知程度。这需要做大量的市场培育工作，对于品宣的能力和投放力度的要求相对较高。

投放的其中一个重要前提是找到客户聚集地。而客户的聚集地不一定都在医院，就像前面所分析的B2B模式，如关爱通等企业福利软件，有可能会成为首习重要的渠道之一。

线上渠道主要是私域流量池，其形式可能是微信群、抖音快手、B站、KOL朋友圈，甚至论坛。这些私域流量池通常都有地域标签，可以加以利用。除首习自己有意识搭建的社群外，可以根据客户画像精准寻找他们的线上聚集地，通过内容和活动进行客户培育。

2．内容

内容作为重要的培育手段，其获客方式通常与私域流量池密切相关，企业需建立自己的目标用户库并采取多种触达手段，对不同的培育目标，触达手段可能完全不同。对于首习来说，内容基本可分为两个方向：培育医生和培育大众。

作为一个新的品牌和一个新的概念，在培育医生时，专业背书和发布渠道显得格外重要。简单来说，这篇文章是谁发的、发在哪儿，会直接影响对医生培育的结果。例如一个业内专家或媒体权威冠名的相关内容，发布在医生经常看的学术期刊可能会起到非常好的培育效果。而后围绕着该文献可以主办一系列主题论坛以扩大该内容的影响力。

在培育大众时，专业的背书同样必不可少，但不一定是行业泰斗，更多的可能是医疗行业知名KOL，或知名医院专家背书。发布渠道依然是以病患和其家属的聚集地为主，如社群、直播平台等。

3．活动

活动是很多企业最容易忽略掉的一个重点，它其实作用在方方面面，小到社群促活，大到主题论坛，包括目前已经在医院里的推介会也是活动的一种。如果活动不能有效穿插在各项工作中，最直接的后果就是导致渠道和私域流量池失活。如首习自己搭建的社群，活动促活是必要工作，否则很难二次触达，而活动的方式可以多种多样，如每周专家讲课、优惠活动等，需时刻增加黏性，且培育内容顺理成章地通过活动触达客户。

此外，针对客户的会销成单也是活动的好处之一，客户通常有从众心理，而会销直接解决了用户聚集地和内容发布渠道两项问题，且具有地域针对性强、可解决试用问题等好处。而针对医生的线下峰会，对于品牌塑造也会起到非常积极的作用。

三、对目标及预算的探讨

市场工作首先要明确目标，没有具体可实施的目标业务缺少方向。市场目标一般根据第二年销售目标来定，根据销售目标高低不同，市场人员岗位数和预算都会有相应调整，需要注意的是，随着销售额增高，会出现边际产出递减效应，这意味着获客成本的增加，所以市场预算与销售额并不是固定比例关系。在没有往期数据参考的前提下，预算一般定为来年销售目标额的3%～8%，由于刚进入市场，启动阶段难免试错，可按10%预估市场预算。

四、关于用户画像

目前首习有自己总结的用户画像，但略显模糊，只有针对心脏康复需求的画像。而除了心脏康复，其实可以包装出其他产品，针对其他产品的用户画像需清晰明确，市场工作才能有的放矢。

协助销售提升成交率是市场的重要工作之一，没有用户画像辅助，就无法制定线索流转标准，没有相关标准是无法直观统计市场效果的。需要根据各产品属性，制定用户画像，来确定MQL标准，根据销售需求制定SQL标准，这之间的转化过程，就是培育的工作。

内容营销解决方案

一、内容营销框架逻辑

企业营销内容的关键是要讲好故事、带来价值、做有温度的营销。通过前文对当前市场环境和首习门诊的营销策略分析，总结和分析了以下营销逻辑框架，希望有所启发。

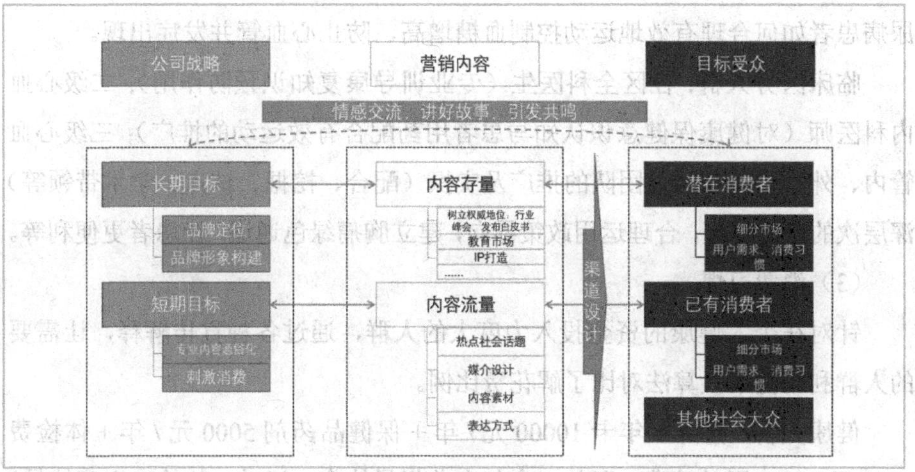

图 65　内容营销框架

二、目标受众

1. 潜在消费者

（1）细分市场

地理细分：国家、地区、城市、农村、气候、地形。首习心脏康复中心目前锁定都是北上广等一线城市，也标注他服务于高级消费人群；

人口细分：年龄、性别、职业、收入、教育、家庭人口、家庭类型、家庭生命周期、国籍、民族、宗教、社会阶层；

心理细分：社会阶层、生活方式、个性；

行为细分：时机、追求利益、使用者地位、产品使用率、忠诚程度、购买准备阶段、态度。

（2）用户需求

健身人群：人群里生活指标上的提高得到展现；对身体要求更高标准的人群，比如增肌、增脂、塑形等；让健康的心脏年轻化，如何维持健康的心率，保持心肌水平；如何预防心脏病和遗传基因的潜在风险。

患者人群：术后如何认识生活习惯改变，从心理到生理的转变，饮食上患者及家人的改变与烹饪的操作；对于已患有心脏病但处于手术临界线患者该如何防范病情加重；通过微创介入性治疗后患者的保养与运动相结合；糖尿病患者如何合理有效地运动控制血糖增高，防止心血管并发症出现。

临床医务人群：社区全科医生（专业训导康复知识预防作用）；二级心血内科医师（对健康保健意识认知与患者用药配合有效运动的推广）；三级心血管内、外科主任医师及团队的推广及实操（配合、挖掘、试点、学术带领等）深层次的研究发展，合理运用政策导向，建立胸痛绿色通道，让患者更便利等。

（3）消费习惯

针对在个人健康的资金投入力度大的人群，通过各种宣传解释，让需要的人群利用健康换算法对比了解花费比例。

健康人群：健身卡年卡 10000 元 / 年 + 保健品药剂 5000 元 / 年 + 体检费 3500 元 / 年 = 无效浪费，不如（全年专业指导饮食、运动、体检、心理辅导）

已患人群：服用常规慢性病药品 20000 元 / 年（自付 10%～20%）最低医保线 1800 元 + 体检费用 + 保健品 +（全部自费）+ 住院治疗（内科：调药）最低医保线 1800 元，不如专业指导的费用。

手术病人：住院起步线 1800 元 /7 日 + 务工费用 3000 元 /7 日 + 手术费用 50000～300000 元 / 次 + 家人消费吃、住 /7 日，不如通过专业指导提前预防。

临床医务人员：通过康复中心机构或行业等，提供给医生一手资料、数据及研究经费等，有利于医生的研究和发表更高治疗文献等，互助互利，有助两者发展。

2．已有消费者

目前主要消费这是患者人群，包括：PCI 手术；瓣膜康复 / 瓣膜置换术；心脏搭桥术。

以运动为核心的心脏康复，逐渐成为了心脏病患者较为理想的治疗手段之一，心脏康复的依从性受以下因素影响：心脏病危险因素认识程度差，年龄大，社会支持度低，文化程度低。

分析患者教育场景：

客户：医生、患者、护士、护工。

推广方式患者教育：每周一次（坚持落地）。

讲者：医生（认同心脏康复的客户）。

参加人：每周入院新患者及新患者家属、护工。

内容：心脏康复的基本知识以及患者获益，示范床前基本的无风险的心脏康复方法。发放资料，品牌提示物小礼品（硅胶拉力器等），扫码关注公众号。

患者教育可以学习北医三院骨科做膝关节置换术后的康复教育案例，从入院开始护士先讲术后康复的重要性，在患者入院告知书中就已说明，医生会讲、护工会讲、护工会做，新入院患者定期参加术后康复患教会，并示范动作。

3．其他社会大众

可借鉴其他行业商业模式，充分考虑中美用户及市场差异，关注政府政策、市场环境、竞争对手策略，以做出合适的决策应对复杂多变的经营环境。

三、公司战略

1．长期目标

正如首习提出那样，致力于在中国开展人人可及的、高品质的、基于循证医学的跨学科团队合作基础上的心脏康复医疗服务。先将服务定位于高端用户群体，建立高端品牌，将来可开创适合普通大众群体的品牌，构建类似“心脏康复病人的港湾”的品牌形象。

2．短期目标

（1）专业内容通俗化

短期内可将专业内容通俗化。顾名思义，将心脏康复这个专业领域和有一定专业性的内容做好科学普及，使其通俗易懂，易于推广。

普及的手段和方法：

设计首习心脏康复的IP动画形象并制作动画片，以讲故事的方式，浅显易懂地将心脏康复的最佳时机、心脏康复的必要性和意想不到的愈后辅助疗效等知识，植入动画故事中。做到一次投资制作，随时随处可用的效果。

邀请业内知名的心脏病专家或者首习心脏康复自己的专家，在各大医疗节目亮相，搭乘节目专车，借助节目流量，普及心脏康复知识。

开通抖音号，从心脏的功能、构造、致病原因、预防知识和康复知识等角度，循序渐进地讲解和心脏相关的“认识心脏抖音号”。

借助现在抖音上比较火爆的科普抖音号制作系列“心心相关”的爆款短视频，突出通俗易懂、易传播的特性，在移动终端上做到普及和推广。

进行电视剧植入，用心脏康复的剧情和场景，做到润物细无声的介绍和推广。

利用小红书种草，虽然小红书等App的用户多为年轻人，但是“标记我的生活”的标语也完全可以让患者分享自己的心脏康复心得，能种草的不仅是买买买的物品，还有健康的生活理念和方式。

因为心脏康复的概念和理念，在中国还处于起步阶段，因此需要较长的时间和较大的精力、财力、物力、人力去开动脑筋，利用好媒体和互联网的功能，全方位做好科普和推广的初级工作。

（2）短期内刺激消费

用户做出购买决策的时间是很短的。当用户决策时间超过1分钟，转化率就开始下降，超过2分钟，转化率下降更为明显。因为消费者越来越没耐心了。怎么能在极短时间内影响消费决策，提高流量转化率，就变得至关重要。通过以下三步骤设计：

行动指令：尤其是“加入购物车”这五个字，是明确的“行动指令”，你下发了行动指令，他终于可以不用思考，那就“加”吧。

信息聚焦：简洁的广告语，快速聚焦记住你的产品只需20秒。

短缺刺激：制造商品热销短缺氛围。

在实际操作中，如何在短时间内刺激消费？

为了应对疫情对中国宏观经济造成的冲击，尤其是消费方面的影响，本轮促进消费应注重短期刺激手段与中长期促进政策相结合。

首先挑选1~2个产品，以优惠的价格在媒体上推广体验，利用“饥饿销售”的方式，激励用户立刻下单，减少决策时间。同样利用短缺刺激缩短决策时间的方法还有限量发行等。

比如公司现有的测心脏承受能力的项目，不管有无心脏病的人，都可以有此需求。如果将这个设计做成一个投石问路的产品，对接一些企业、跑马选手的体检项目，而吸引了大批人的关注，从而增加品牌知名度去引起他们身边真实需要心脏康复病员的裂变，就可以在短期刺激消费中挖掘长期消费潜力。

四、营销内容

1. 内容存量

（1）树立权威地位

- 主办或组织行业峰会

搭建平台，让行业内其他从业人员进入，共同为行业发展助力；

定期主办行业峰会，如每半年或一年举办一次；

峰会需要设计制作统一的品牌形象，而每次峰会都需要至少一个能引发关注的话题点设计；

邀请知名医学界专家和传播界专家，共同为心脏康复产业呐喊助威；

邀请专业媒体和大众媒体，从不同的视角报道峰会内容。

- 发布行业白皮书

通过开展此项工作，确立长和医疗的市场领导者、先行者地位；

联合著名的医师、权威医学健康类媒体（如丁香医生、好大夫在线等），共同发布行业白皮书；

在专业媒体和大众媒体内发布白皮书；

做好白皮书解读工作。

（2）IP打造

- 媒介合作

明星医师养成计划建议首习心脏康复中心，可以推出1~2名明星医师，为中心发声代言；

了解受众所在媒介平台的特性，选择几家重点媒体合作；

和重点媒体洽谈合作方式，选择双赢的模式，和明星医师共同持续生产优质科普内容。如在抖音、快手平台拍摄制作短视频、开通微信公众号产出优质科普文章、开通微博号运营与机构和大V互动、输送明星医师去健康养生类节目做嘉宾，并对热点事件持续发声。

- 图书制品出版

和出版社洽谈合作，邀请明星医师出版相关的科普读物；

和书店或社区合作，为图书策划、安排宣讲活动，可以做成在线直播。

- 社区公益类宣讲

和知名房屋中介（贝壳找房、自如）、房产开发商（万科、绿地、阳光100等）合作，进社区开展公益类的宣讲科普活动。邀请机构内明星医师下基层，可以制作一些有纪念意义的小礼品分发给居民。

2．内容流量

内容流量包含“媒介计划”“热点话题”“素材与表达”三部分。

（1）媒介计划

- 移动互联网：利用地理界限无边界、时效性即时、信息承载量大幅增强、感官刺激强化、精准性强化的互联网特点，设计“心脏康复”科普的“泛在传播模式”的媒介计划。

- 其他媒介

户外：地铁等公共场所的AED装置附近，加入“心脏康复”科普内容。

健身房：健身群体是对健康有追求的群体，覆盖他们，则有可能增加意见领袖，对“心脏康复”的科普内容进行二次传播。

手机搜索：当用户搜索“心脏手术”等相关词时候，出现“心脏康复”等相关科普内容，铺垫术后解决方案。

信任感强的口碑节目：例如养生堂等，以央视节目背书。

中老年群体：对合唱团、乐器团等稍微有些门槛的高知老年人聚集的群体，进行“心脏康复”科普的相关覆盖。

（2）热点话题

中国人日均使用手机时长4小时，部分群体甚至超过睡眠时长。因此，手机屏幕的投放、露出、分享、互动，是传播，以及多次再传播的核心。传播内容、传播媒介、物料等的设计策划，要以适合手机屏幕的传播为要义。

建议在日常投放之余，通过搞活动“力出一孔”一两次：预热，前期各种沉淀，实现潜客全面覆盖及活动预热；引爆，线上线下科普健康活动联动，激发品牌效应几何倍增长，完成客户沉淀；迭代，基于投放数据分析，校准定向维度，指导未来策略迭代和精准追投。

（3）素材与表达

坚持原创、细分市场有针对性的输出：企业的任何营销内容要保证价值性和对市场作用的长远性，其第一原则务必原创，原创内容是企业专业性和企业文化的体现。

同时，对于细分市场应有不同的针对性的内容输出，例如对于年轻职场人，比起心脏术后恢复内容，更应输出与其自身相关性较强的内容（例如熬夜后心脏保养及应酬后调理等，与此同时定期、不频繁地介绍企业产品及服务）。而针对已经进行第一阶段治疗的患后群体，更应该有针对性地普及患后康复的意义与方法等。

结合产品及服务，给受众带来专业价值的内容，建立营销关键词：在营销内容上，应突出专业性，给受众群体提供有价值的信息（关于心脏康复、慢性病康复以及相关疾病的治疗方案科普、相关疾病发病原因等科普内容）。通过专业性内容分享，保证企业营销内容的价值性，长期持续性输出关键词（如康复治疗、心脏康复、慢性病康复等），培养市场关联反应，达到一提到关键词就直接联想到长和医疗的效果。

结合企业愿景和文化，分享案例，故事性营销代替产品介绍：企业输出的宣传片或营销内容，应以康复治疗案例代替单纯的产品和设备介绍。通过拍摄术后患者的康复治疗生活，康复治疗前后状态的差距以及康复后的美好生活状态来展示产品作用和医疗环境及服务专业度等，更有可读性和相关性。

内容互动代替单方面表达：利用人工智能，搭建专业知识及产品选择等问答平台，设定常见问题的自动回复。即可以通过构建虚拟后端客服“长和小护士”，与潜在客户保持24小时互动，使其问题能够得到及时解答，同时也有利于企业通过平台收集客户信息、精确掌握客户潜在需求，实现客户的未见面即建档。

在内容营销时，也应定期输出互动式内容，例如有奖问答形式，奖品可以赠送心脏健康测评或者是慢性病（如高血压、糖尿病）康复体验等，制造与用户线下见面的机会和展示企业环境、文化和服务的机会。

在内容素材方面，建议聚焦“大科普”“大传播”，为受众普及“心脏康复”。

宣传片：建议从科普角度入手，浅显且带有故事情节、带有对客户感情维系地制作3～5分钟的宣传片。

提炼郎朗上口的宣传语：简单明了、高度凝练、喜闻乐见，如勤洗手、多通风、少聚集等。

培育未来消费者：将全社会有心脏疾病的人，纳入传播对象，对他们进行关于“心脏康复”的科普，他们是未来的消费者。可思考烟草（虽然还有几十种致癌物质的有毒有害烟草不应该被广泛传播）的传播方式。

在方式表达方面，不同受众群体采用不同表达方式和媒介。企业对于不同受众群体要建立代表性的用户画像，掌握该群体的信息获取偏好和沟通风格，结合其群体文化有针对性的采用不同的表达方式。例如，针对90后新生代人群，抓住其担忧及关注热点“社畜、加班狗、后浪”等，以诙谐幽默且自嘲的表达方式，可能更容易贴近群体，获取用户亲切感。对于60后群体，更应以简洁且有道理的语言和年长的专业人士形象输出内容，增加该群体的内容认可度。对于非专业市场，在媒介选择上，视频的表达方式易接受度胜过文字。而对于专业领域（如医院、行业协会等），专业期刊的文字胜过泛泛的科普视频。

天桥艺术中心：
剧院发展趋势探讨

剧场运营的国际现状

2020 年，由于新冠病毒疫情和社交隔离措施导致影院数月无法放映，国外影院行业收入普遍大幅下降。通常，行业运营商会从夏季大片季中获得大量收入。但是在 2020 年，由于社交隔离措施迫使行业运营商关闭，影院失去了这一收入。当时行业收入预计将在 2021 年实现部分复苏，但在达到群体免疫之前，行业运营商仍可能要应对 2020 年大幅下降造成的财务伤痕和受众容量限制，特别是高杠杆的行业运营商可能会继续挣扎。

在英国和美国，最明显的缓解形式来自萨姆·门德斯（Sam Mendes，通过戏剧艺术家基金）、Katori Hall 或 myself（project grants，项目资助）等艺术家，以及从 Netflix、狮门影业（Lionsgate）或 HBO 等公司吸收资金进入。2020 年，为了应对新冠病毒的影响，德国向艺术领域的自由职业者和小型企业发放了 540 亿美元的经济援助。多国政府以不同形式向剧院进行补助。

这里以美国为代表，介绍美国剧院现状。

COVID-19（冠状病毒）大流行对美国剧院产业的影响尤其严重，仅在 2020 年，该行业的收入就下降了 77.2%。因此，过去几年，尽管该行业在大部分时期都保持着强劲的持续增长，但按年计算的收入却大幅下降。

在此期间，行业经营者受到了外部竞争的挑战。目前，大多数帮助苦苦挣扎的艺术专业人士的举措都是临时的，由私人主导的。

Theater

Adapt or Perish: Surveying the Status of the American Theater

What lessons has the American theater learned from the reckonings of 2020, and how will those revelations push the medium as productions look to reopen in 2021?

By Donny Repsher

The American theater has a decision to make.

As we fix our eyes toward a new horizon, and throw our collective goodwill behind the promise of a better year than last, we continue to endure an ongoing pandemic and social uprising, like a double helix, spiraling ever forward, casting more of the same uncertainty about the future of live performance, well-being of disenfranchised arts workers, and, very plainly, Black lives in the arts.

Together over the course of these many months, we have dug down deep to unearth some of the most fundamental questions about what it is we're all here trying to do:

Long Wharf Theatre. Photo: Lori Mack.

图 66　关于美国剧院的新闻

American theater may not survive the coronavirus. We need help now

Jeremy O Harris

During the Great Depression, FDR set up the Federal Theater Program to save our industry. We need similar help today

▲ 'American theater has faced similar crises before.' Photograph: Broadway World/Rex/Shutterstock

图 67　美国剧院求助新闻

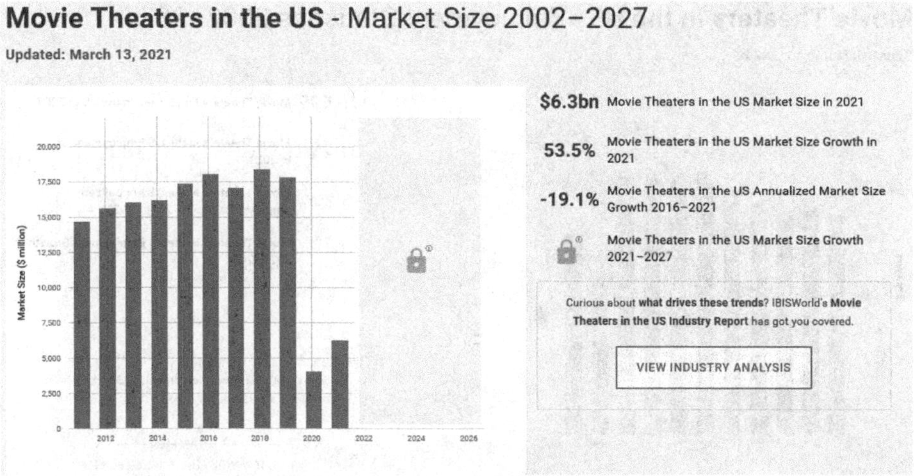
Movie Theaters in the US - Market Size 2002–2027
Updated: March 13, 2021
Market Size ($ million)
20,000
17,500
15,000
12,500
10,000
7,500
5,000
2,500
0
2012
2014
2016
2018
2020
2022
2024
2026
$6.3bn Movie Theaters in the US Market Size in 2021
53.5% Movie Theaters in the US Market Size Growth in 2021
-19.1% Movie Theaters in the US Annualized Market Size Growth 2016–2021
Movie Theaters in the US Market Size Growth 2021–2027
Curious about what drives these trends? IBISWorld's Movie Theaters in the US Industry Report has got you covered.
VIEW INDUSTRY ANALYSIS

图 68　美国剧院票房

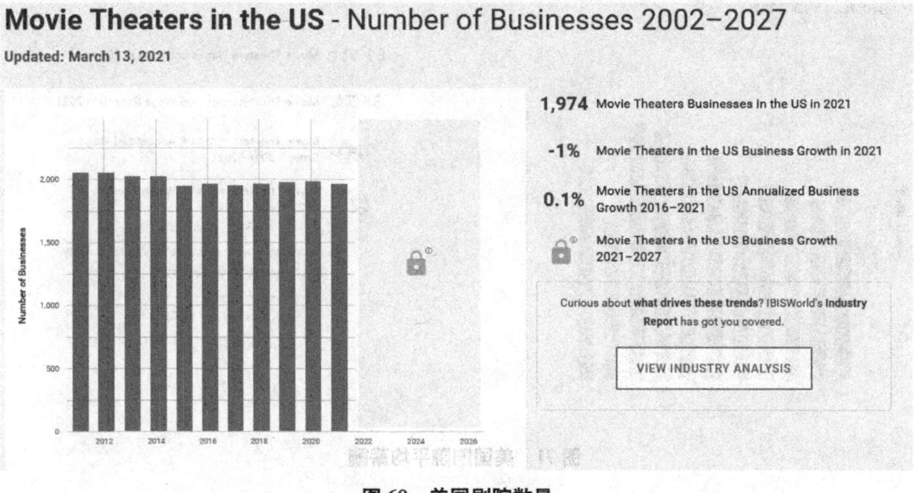
Movie Theaters in the US - Number of Businesses 2002–2027
Updated: March 13, 2021
Number of Businesses
2,000
1,500
1,000
500
0
2012
2014
2016
2018
2020
2022
2024
2026
1,974 Movie Theaters Businesses in the US in 2021
-1% Movie Theaters in the US Business Growth in 2021
0.1% Movie Theaters in the US Annualized Business Growth 2016–2021
Movie Theaters in the US Business Growth 2021–2027
Curious about what drives these trends? IBISWorld's Industry Report has got you covered.
VIEW INDUSTRY ANALYSIS

图 69　美国剧院数量

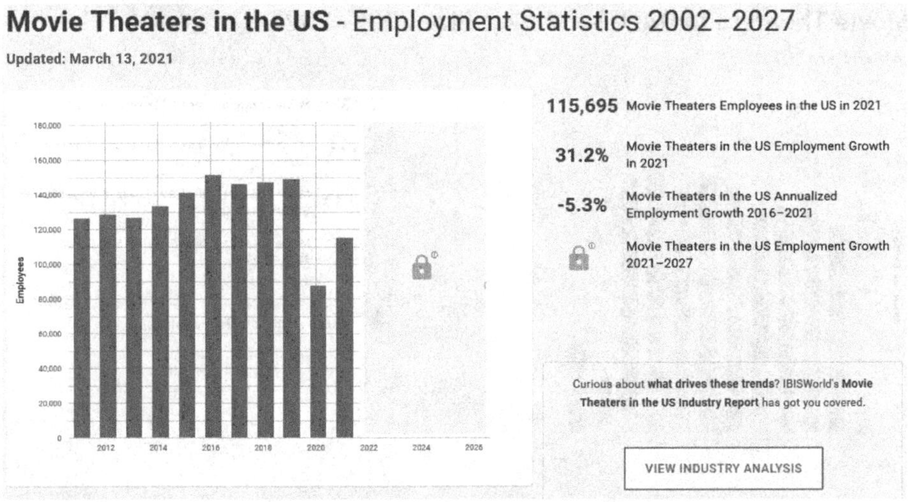

图 70　美国剧院雇员数量

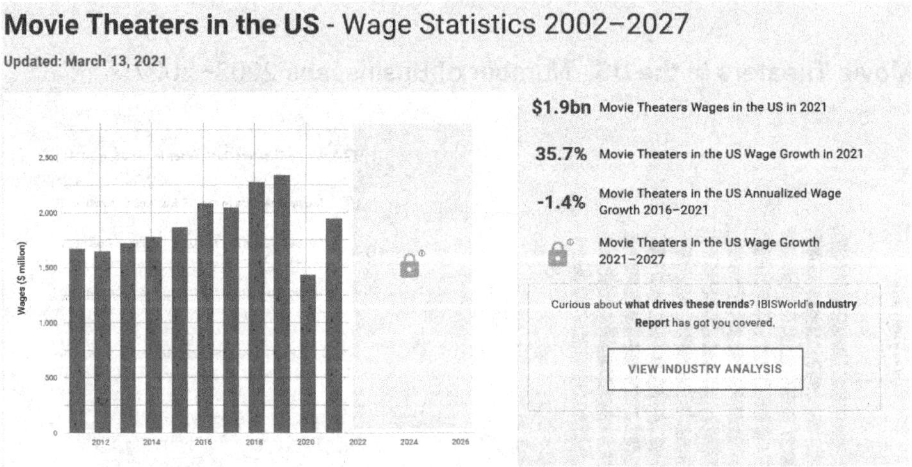

图 71　美国剧院平均薪酬

从以上数据可以看出，2019 年、2020 年新冠疫情对美国剧院运营带来了极大影响，直接造成了整个行业的大萧条。但是随着疫情的逐步可控，疫苗的接种范围扩大，冲击会越来越小。（资料来源：IBISWorld《Movie Theaters Industry in the US - Market Research Report》）

剧场运营的国内现状

近年来，我国剧场剧院发展迅速，已经成为推动艺术市场繁荣发展的重要力量。从经营模式看，目前我国剧场大体可分为自主经营、托管经营、院线式经营和“场团合一”四种模式。

2014—2019 年中国剧场数量整体呈增长趋势，2018 年中国剧场数量 1130 个，较上年增加 46 个，同比增长 4.24%；2019 年中国剧场数量 977 个，较上年减少 153 个，同比下降 13.54%。

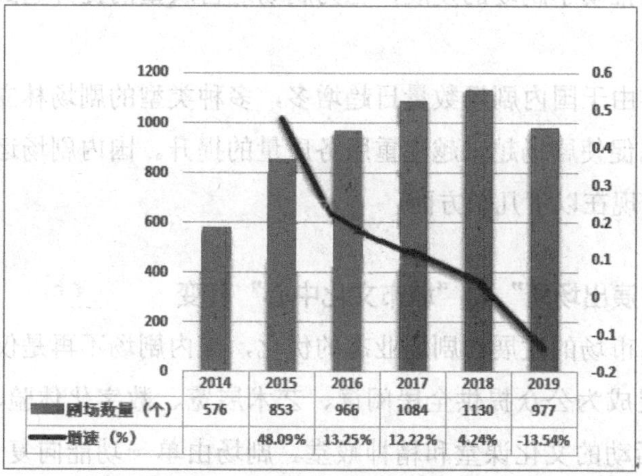

图 72　2014—2019 年中国剧场数量及增速

国内剧场产业发展的四个阶段。第一阶段为 1990 年以前，声学设计和演艺建筑技术属于起步阶段，典型的剧场有广州星海音乐厅、北京天桥剧场。第二阶段为 1990 年至 2000 年，中国文化事业蓬勃发展，享受改革开放带来的便利，各地掀起剧场建设的浪潮。第三阶段是 2000 年至 2010 年，第二代剧场向技术、声学和艺术前进，但没有掌握关键，政府为了形象工程盲目建设剧院，导致参差不齐。第四阶段是 2010 年至今，以国家大剧院为代表，我国剧院建设在建筑艺术、建筑声学等方面取得了突破性进展。

受到国内宏观经济景气度、居民可支配收入、消费习惯以及政府产业政策等多种因素的影响，其运营呈现出周期性波动的特征。剧场运营期间，节假日剧场的运营状态明显好于非节假日，例如在春节和国庆假期里剧场运营效果往往更加理想。

剧场运营存在的市场成长门槛，主要表现在资金技术壁垒、资质壁垒等。从资金技术方面来说，任何一家剧场想要取得好的运营效果都需要具备技术和资金。而从资质方面来说，政府及相关部门对剧场的开设及运营提出了一定的规定条件，因为只有获得了相应资质才能稳步运营。

伴随国家越来越发达，各地文化事业也迎来了千载难逢的机遇，政府逐年加大对文化事业的投入，因此剧场的基础设施建设日臻完善，硬件设施达到了国际水准的剧场越来越多。此外，我国人口较多，广大群众对精神文化的追求有效地推动了剧场的发展，也为剧场运营质量的提升起到了一定的督查作用。

近年来，由于国内剧场数量日趋增多，多种类型的剧场林立，市场竞争压力的增大也促使剧场越来越注重服务质量的提升。国内剧场运营不断变化升级，主要表现在以下几个方面：

一、剧场由“演出场所”向“城市文化中心”转变

随着演出市场的发展和剧场业态的优化，国内剧场不再是仅提供演出的场所，而发展成为公众提供全民阅读、艺术展览、数字化体验、音乐欣赏、书画沙龙等活动的文化课堂和精神殿堂。剧场由单一功能向复合功能转化，在城市发展中的作用越发凸显，逐渐成为服务地方文化发展的综合体。

二、剧场运营管理方式升级

近年来，越来越多的剧场摆脱仅靠场地出租维持收入的管理模式，而采用科学化的管理和精细化的运营，剧院运营管理方式全面升级。主要表现在：制定年度演出排期表，有计划地安排全年演出，较为科学地分配不同类型演出的数量和时间；“演出季”的概念被广泛采用并实行，用定位清晰的演出季增加观众黏性；创作并推出自制剧，从产业链下游向上游转移，提高剧场的内容生产能力；由“综合性”向“专业性”转化，用清晰的定位细分观众，打造剧院品牌。

三、艺术教育成为剧场运营的重要版块

剧场的业务板块更加多元，艺术教育被越来越多的剧院经营者所重视。诸多剧院广泛开展艺术培训、艺术公演、艺术讲座，实施人才开发项目、音乐奖学金项目等，让剧院更好地融入当地文化生活，通过提高人们的艺术素养培养潜在观众。

在 2018 年 9 月，为整合剧场和艺术教育资源，打造剧场与艺术教育的合作体系，第二届全国剧场大会发起成立“剧场艺术教育联盟”。广州大剧院、保利艺术教育投资有限公司、北京天桥艺术中心、厦门闽南大戏院、甘肃大剧院、苏州文化艺术中心、广东艾利发剧院管理有限公司小福象艺术剧团、河北省艺术中心等七家剧场作为发起单位签署“剧场艺术教育联盟”宣言，借此进一步拓宽行业边界，开拓发展空间，推动艺术教育的开展。

四、剧场演出城市下沉趋势明显

从国内剧场演出的城市分级占比来看，一二线城市凭借强劲的消费力、丰富的项目资源和较高的剧场利用率，是目前演出市场消费的主要贡献阵地。随着开发程度的提升和竞争的加剧，一二线城市的市场空间日趋饱和。相比之下，三四线及以下城市存在较大的资源供给缺口，尤其是头部舞台剧、儿童剧正成为最热门的需求增长点。

观看剧场演出的女性观众占比加大且呈现年轻化趋势。随着剧场演出城市下沉、产业多元延伸等趋势的加强，专业剧场的演出市场仍具有较大的发展潜力。

五、演出行业版权意识增强，维权途径亟待完善

作为文化市场的重要组成部分，演出市场涵盖了音乐、戏剧、舞蹈等多个艺术门类，虽然释放出巨大的商业价值，但却在版权保护环节上面临着挑战。国家版权局设立了音乐版权的集体管理组织，但舞蹈、戏剧等其他演出相关版权的管理还未建立有效模式，目前演出机构的相关版权维护还处于自主自发阶段。

在传播渠道越来越丰富的时代，保护演艺产品创作版权，让版权产生更

大效益，是演出市场未来新的增长点。

六、文化和科技融合

2019年文化和旅游部等六部门印发《关于促进文化和科技深度融合的指导意见》。

从2019年开始北京已有多场演出利用了5G新技术，比如原创舞剧《天路》首次开启“4K+5G”影院直播，戏曲品牌“天天有戏”计划推出“5G+4K”高清互动直播和VR直播等。

VR（虚拟现实）、AR（增强现实）、全息投影等高科技已在演出市场中进行尝试。但随着5G时代的来临，演艺装备的数字化、智能化和交互性程度变得越来越高，AR与VR等新技术的融合，沉浸式演出或将成为新风口。近年来，沉浸式演出在数量及票房上实现双增长，曾有媒体的消费者调查显示，一半以上的受访者都更偏爱互动型的活动。

七、后疫情时代，全行业多尝试、多渠道谋划发展

拓展线上渠道，开展云演艺、云剧场，“上线”已经成为剧场单位应对疫情的共识。武汉琴台大剧院和琴台音乐厅推出了“琴台云艺术”在线栏目，打造空中剧院，让市民足不出户即可欣赏到视听盛宴、与艺术家面对面，开展直播课，丰富人们在抗疫特殊时期的精神文化生活，用艺术抚慰人心、鼓舞斗志、凝聚力量。

户外演出是都市文化演出一种独立的观演形式。其独有的互动性、灵活性、感染力，专业剧场难以匹敌，更直接相关诸如旅游经济等周边产业、商业的发展。武汉琴台大剧院和琴台音乐厅“公益演出季”把爱延伸至社区、医院，将五场本地优秀院团的剧目带至户外演出，让艺术充满市民的生活。

剧场运营发展的痛点

除了疫情的冲击，国内小剧场在运营商依然面临着严峻的挑战。首先剧场文化在我国发展的时间较短，并且发展的历程较为坎坷，我国剧场在经营

管理还存在较大问题，这些都在一定程度上限制了剧场的发展。

一、国内剧院单打独斗，无法形成有效合力

目前国内剧院发展最大的障碍，就是各个单打独斗，无法形成有效合力。对于剧院而言，优秀的演出项目就是剧院发展的核心保障，然而市场呈现的寡头垄断态势，让单个剧院缺乏公平、平等、合理化采买环境和议价能力。而对优秀演出项目来说，市面上能够操作大型巡演的机构太少，单个沟通落地成本极高。

二、剧目供应不足制约剧场的发展

剧目供应不足制约了剧场的发展，只有具备超强的节目经营和吞吐能力，才能不断吸引优秀的演出节目，如国内有几个建在城市边缘的剧院，造价不亚于一流城市的大剧院，但一年中只能演出几十场，根本无力支撑剧场的正常运营。

三、缺乏专业的运营管理人才

专业的运营管理人才匮乏是当前国内大小剧场普遍存在的问题。从剧场内部条件来看，近些年来由于文化产业的改革发展，很多剧场实施了零补贴、零编制的制度，在此背景之下剧场运营期间的一系列成本都需要自己独自承担，为了最大程度地减少成本支出，在人才队伍建设方面，剧场往往主张精简人员以求最大程度地降低成本，避免不必要的支出。而从剧场外部客观环境来看，剧场运营管理本身就是一项高门槛的工作，它对于个人的综合素质有着较高的要求，运营人员既需要懂得演出艺术，又需要懂得运营管理方面的知识，这样才能真正地做好剧场运营工作。当前市场上，不乏有懂得演出艺术和运营管理单项技能的人才，但是对于这两者能力都比较突出的综合性人才却较为稀少。

四、剧场经营过于依赖租场收入

对租场收入的依赖性比较高。剧场是为各种演出提供场所的服务中心，许多小型剧场由于规模小，经营能力有限，因此往往不具备独自排练节目的

能力。当前大部分剧场的主要收入来源就是租场，例如某剧场一年里共计演出 145 场，其中租场高达 71 场，占比近 50%，租场虽然能够为剧场带来较为可观的收入，但是频繁租场会在一定程度上削弱剧场的自我创新能力，不利于其艺术生产、艺术教育及演出等多种类型工作的开展，严重制约了剧场运营能力的提升。

五、剧场服务体验有待提升

首先，剧场文化艺术服务更新速度不够，不能及时适应用户的需求。其次，服务体验有待提高，文化艺术服务体验不够，无法获得用户的青睐。最后，文化艺术行业现有的咨询角度不能深入用户的需求与痛点。

天桥艺术中心运营现状

作为北京南中轴线上唯一剧场群，天桥艺术中心开业之初的“音乐剧专业剧场”定位曾一度引发业内热议，音乐剧在国内本就是相对小众的演出品类，作为一个剧场群，直接将自己的主要定位瞄准“音乐剧”，无疑存在着不小的风险和挑战。然而，天桥艺术中心的票房一路攀升，2019 年票房已突破亿元。

关键词一：剧目储备

作为北京民间艺术的发源地，天桥有着宝贵的人文资源。自 2015 年开业伊始，天桥艺术中心便以原版音乐剧《剧院魅影》赢得了开业满堂红的场面。此后三年多时间，天桥艺术中心不断引进国内外一流高品质剧目，法语经典音乐剧《摇滚莫扎特》、百老汇音乐剧《摇滚学校》、法国原版琵雅芙舞台音乐传记《玫瑰人生》等剧目都曾在天桥艺术中心上演。

关键词二：互动体验

据悉，在硬件方面天桥艺术中心 1600 个座位的大剧场是北京乃至全国一流的专业音乐剧剧场，也是国内第一家使用电子可调混响 VIVACE 系统的剧院。大剧场的舞台机械有来自德国的舞台技术，所有框架都是铝合金挤压型材制成，可以在范围内随意调节舞台高度，这些硬件是承接国际一流音乐剧演出不可或缺的条件，更是观众有上佳音乐剧观看体验的必要条件。

除此之外，天桥艺术中心还关注艺术普及教育及观众参与体验，发挥自身优势，完善艺术生态系统。2018 年天桥艺术中心举办各类文化活动 252 场，其中 165 场为公益活动，参与人次 5.1 万；非公益活动 87 场，参与人次 3.81 万；总接待观众 8.91 万人次。接下来，天桥艺术中心还将为培养音乐剧产业链所需要的人才做出努力。艺术教育培训和普及工作、公共空间运营等也将是未来工作的重点之一。

2020 年对于全世界来说都可谓是非常难忘的一年。自新冠疫情暴发以来，各行各业都受到了巨大的影响，演出行业更是首当其冲。杭盖乐队的《北归》点燃了天桥艺术中心新年演出季的第一把火，纪念老舍先生诞辰 120 周年的话剧《牛天赐传》深受观众好评，中国原创音乐剧《在远方》更是一票难求，赖声川经典相声剧《千禧夜，我们说相声》回到了相声艺术的诞生地，推理悬疑舞台剧《虚无的十字架》再度开演，依旧大获成功。众多的艺术交流会、线上高清放映和会员分享活动等，都无不尽力地在疫情期间丰富着大家的精神生活。

文化艺术行业国内发展和经营现状

一、文化艺术行业现状分析

随着国家政策的进一步利好，越来越多的需求将会被释放，文化艺术行业将紧密结合产业上下游的资源，充分掌握用户需求变化，极大丰富行业应用场景。通过产品与服务质量的不断优化升级，推动文化艺术产业应用的爆发式增长。中国艺术品市场潜在的需求就是 6 万多亿元。如果用可流动的有效需求只占总需求的 1/3 这个假定来计算，也有 2 万多亿元的规模。而目前的规模只有几千亿元，潜在的需求非常大，显现出来的只是冰山一角。2019 年文化艺术行业市场规模达到 2850 亿元。预计未来，行业的收入规模将会进一步提升，近几年行业市场规模实现了 6% 左右的复合增长率。

二、文化艺术市场运营情况分析

文化艺术行业市场运营情况分析主要需要从市场供给分析、市场需求分析、市场价格分析、市场供需平衡、行业盈利能力、行业运营能力6个方面进行综合分析。

市场供给分析：文化艺术行业市场供给是指在一定的时期内，一定条件下，在一定的市场范围内可提供给消费者的产品或服务的总量。文化艺术市场供给能力分析的时间也应考虑整个项目寿命期，市场范围包括国内市场和国际市场。IT市场供给分析还可以分为实际的供给量和潜在的供给量，前者是指在预测时市场上的实际供给能力。

市场需求分析：我国的文化艺术行业产品及服务结构调整问题不仅是对产品进行调整，还是对文化艺术企业分布结构、区域分布结构进行调整。未来一段时间内，行业整合、区域分布结构的调整、企业结构的调整都将是行业结构调整的一个重要内容。随着国家鼓励和规范文化艺术行业发展的政策相继出台，行业正逐步规范，全社会消费意识的不断提高，众多机构和社会资本不断进入文化艺术领域，有力地促进了该行业市场的快速发展，文化艺术行业发展前景广阔。

市场价格分析：在经济全球化的趋势下，文化艺术行业经济融入世界市场的广度和深度越来越大。与文化艺术行业规模增长相对照，IT用户需求也呈稳定增长趋势。市场需从实际情况出发制定合理的文化艺术行业价格，有利于行业规模不断增长和需求不断扩展，有利于保障行业正态良性发展。从长远的趋势看，文化艺术行业市场价格应该维持在较高的合理价位上。价格上涨和回落的过程，主要受人力资源、产品及服务优化、市场竞争、出行运输等各类因素影响，导致文化艺术行业价格产生一定波动，但是供求长期趋于增长稳定状态，长期向好。

市场供需平衡：供求平衡是指消除供求之间的不适应、不平衡现象，使供应与需求相互适应，相对一致，消除供求差异，实现供求均衡。实际上文化艺术行业的市场供需存在的一定程度的供需失衡，需求端市场有待挖掘，供应端产品参差不齐。

行业盈利能力分析：文化艺术行业的盈利能力主要受到行业的投资回报

周期、行业服务周期、行业竞争程度、用户黏性等的影响。部分产品和服务存在投资大、回收慢、竞争激烈、用户黏性不高等现实问题，这些问题的存在使得文化艺术行业的盈利能力有待提高。为了行业的长远发展，文化艺术行业的盈利能力急需改善。

行业运营能力：文化艺术行业进入精品化、产业融合的新时代，行业的下半场真正开始了，未来考验的是用户运营能力和产业运营能力。企业之间竞争的并非产品能力而在于运营能力，而嗅觉灵敏的文化艺术企业早已开始转型，立足城市，不断提升其运营能力。

三、文化艺术行业形态分析

"互联网+"助推了文化艺术市场的快速发展。目前市场基本形成三大阵营体系：传统文化艺术企业、互联网文化艺术企业、第三方文化艺术企业。第三方企业依托传统企业的产品和服务，传统企业利用第三方企业的渠道发展业务，两者之间形成了紧密的联系。互联网文化艺术同样与传统文化艺术存在着这种合作关系。所以合作与发展是当下行业的态势。

传统文化艺术：传统服务行业不断在市场中进行业务布局，一方面能够有效提高企业的用户黏性和活跃度。另一方面能够有效地获取用户在生活中的多项数据，完善企业内部的大数据资源，提高企业数据服务能力，推出定制化的服务项目。

互联网文化艺术：通过互联网布局进一步扩展业务场景。创新文化艺术形态，完善产品矩阵，在探索场景文化艺术的过程中搭建开放灵活、可扩展的核心系统，适应互联网海量高速的业务需求，与此同时不断开拓沉淀人工智能、大数据等前沿技术，并深度应用于产品研发，提升体验、改善经营效率。

第三方文化艺术平台：第三方形态打破了企业壁垒，跨行业合作，打造了更广阔的市场空间。面向合作平台用户，一次提供多家公司报价品牌或一站式服务，双方合作进行用户运营为客户提供线上报价、出单，支持多级管理和结算。

文化艺术行业存在的问题分析

一、本身的局限性

文化艺术属于低频率、高要求、服务周期长的行业。消费行为不可能随时发生，频次低且要求高。

文化艺术传统行业通过中间信息不对称赚钱模式价格透明，缺乏盈利点。

二、平台管理水平落后

没有解决文化艺术行业生产商和消费者之间天然的矛盾。部分文化艺术企业以盈利为目的，对加盟者审核不严格，导致服务水平参差不齐。

文化艺术行业尚未解决盈利问题，利润主要来自压缩原材料，严重影响了服务和产品质量。

三、供应链整合度低

文化艺术行业供应链涉及品类繁多。小型企业难以为继，初期投入过大，很难打价格战。

文化艺术行业产品标准化程度太低，导致生产周期长且成本高。

四、行业服务无序化

文化艺术行业标准不成体系。服务质量很大程度上依赖于设计师等个人能力，难以形成规模化管理与复制。

文化艺术行业服务质量难以控制，导致质量问题频发。监管缺失，严重影响用户体验。

五、政策体系不健全

国内文化艺术的政策体系，绩效考核体系，以及执法监管体系仍很不完善，在体制、政策、法规方面有待进一步健全。以文化艺术行业为例，虽然任务目标定了，但是很多城市并没有出台相关措施。文化艺术行业标准、行业规范、行业制度等措施都未出台，产品和技术的操作准则也没有明确的指导。文化艺术行业只有地方的区域标准，却没有统一的国家标准，行业规范性成为空谈。另外，有利于文化艺术的价格、财税、金融等经济政策还不完善，基于市场的激励和约束机制不健全，创新驱动不足，企业缺乏文化艺术行业发展的内在动力。

六、基础工作薄弱

文化艺术标准不完善，行业相关技术积累和基础设施都比较薄弱，相关体系建设滞后，管理、规范、产品、监测等能力亟待加强。目前而言，文化艺术管理能力还不能适应工作的需要。

七、产业结构调整进展缓慢

近年来，尽管我国政府颁布了有利于文化艺术的资源环境税收政策和消费税的结构调整政策，由于这两种税收的作用对象狭窄，因而对文化艺术主要服务和产品的生产及推广使用收效不大。可喜的是，企业所得税的两税合一，内外资企业同等待遇解决了多年来我国内外资企业面临的两套税制问题。两套税制把大量的税收优惠给予了外资企业，而未能按国家的宏观政策导向建立税收优惠。这种税制安排不仅造成了内外资企业的税赋不公，而且对国家鼓励的文化艺术行业发展、对行业的高效率利用都是极其不利的。

八、管理效率低

首先缺乏管理工具，流程还靠线下。文化艺术行业相关企业的很多产业流程等都是线下通过表格来管理，各方需求都是通过电话进行沟通，这种传统的管理方式不仅效率低下，而且容易出错，也会造成人工成本的浪费。缺乏 ERP、OA 等最基本的管理工具，直接导致运营成本高，效率低下。

其次运营团队欠缺，管理经验不足。由于传统的文化艺术行业的运营方，仍然是靠行业增量红利去盈利，比如一味地开拓增量市场等。对运营的重视程度不够，以至于运营团队欠缺。另外也不像大部分互联网公司那样能吸引到优秀的运营人员，本身重资产轻运营的模式也决定了文化艺术行业在互联网＋时代走得很慢。

最后资产认识不清，变动无迹可循。文化艺术行业除了硬件设备、各种资产设备以外，企业、用户以及由此产生的各种数据，都是行业资产，这些资产的原始情况、变动情况及生命周期如果无记录的话，就会导致管理无迹可循。

九、盈利点单一

现有的文化艺术行业盈利场景无外乎产品和服务增值费用，盈利点还是停留在行业本身层面，要想拓展新的盈利点，必须转变思路，打造更多新的场景。

文化艺术运营方需要突破“信息展示”思维，认识到文化艺术本质上是行业数据宏观服务汇聚，围绕文化艺术行业不同的人群进行打造，全面感知用户的需求，并通过 PC、App、微信等不同的终端给用户提供全方位的服务。

融创文化：
动画 IP 全产业链运营新模式

近年来，随着互联网的发展，越来越多的海外优秀动画进入到中国青少年的视野，中国动画的崛起越发引人关注。动画生产出现了跨越式发展，各地动画基地如雨后春笋不断涌现。从 IP 打造层面来看，相比于迪士尼等经验成熟的动漫产业链，很明显看出我国动漫产业链不完整的部分。国内产业链的打造还有待整个行业的投入和研究。只有真正地在前期创作、中期制作、宣发营销、产业链升级等各方面的改善和提高，中国动画和 IP 产业的发展才能越来越好。

融创文化动漫发展学习

一、融创文化业务布局

融创文化集团，立足于引领中国内容行业工业化标准升级，聚焦内容环节，布局文化行业全产业链，致力于成为“美好文化创造者”。旗下拥有融创影视、乐创文娱、东方影都融创影视产业园、乐融、梦之城文化、Base 等业务板块。

二、融创文化战略定位

在“内容 + 平台 + 实景”的战略布局下，融创文化以“感受美好”为核心诉求，致力于持续创造美好内容，并联动融创中国其他业务板块，对优质内容

IP 进行线上线下全产业链开发，为中国用户提供更好的影视文化产品与服务。

IP 打造将是融创文化的核心出发点，IP 是基础，内容作为放大器，新消费新场景则是商业价值的拓展路径。

在 IP 运营方面，建立了 IP 管理委员会，下设 IP 孵化与合作、IP 美学研究所、IP 主理人和 IP 资产运营四大机构，共同推动 IP 衍生价值的开拓。

在内容制作层面，推出了“融创影视”和“融创动画”两大厂牌，两大厂牌致力于创作更多、更好的兼具商业价值与艺术表达的影视内容。

基于 IP 长链运营的业务布局，整个产业链闭环中的一大环节场景联动，目前有四个未来规划方向：国际数字化影都、影视娱乐小镇、梦之城乐园和未来科幻乐园。

三、融创文化发展路径

新消费场景下的 IP 长链运营，第一步核心是要打造超级 IP，构建最全动漫 IP 群，开发中国自己的科幻 IP 电影宇宙。在自己开发原创 IP 的同时，引进超级文学 IP，丰富整个 IP 内容的基础，给持续运营及商业化变现提供充足的优质选择。

接下来依据超级 IP 打造优质内容。依托融创影视和融创动画两大厂牌，合作业内优秀的制作团队。依托强大的背景优势资源，建立影视制作生态，如后期制作公司 BASE FX、影视制作基地青岛东方影都、艺人经纪公司萌扬文化、影视教育公司融创教育。最后依托优质内容的上线，用户粉丝受众的积累，搭建商业化平台梦之城、IP 商业授权、融创臻选、实景娱乐。整体各业务版块分工协作，在 IP 长链运营的各个环节上发挥着不可替代的作用。整个生态业务形成闭环掌握在自己手中，以此不断复制扩张，依托 IP 优质内容长久发展。

国际动画 IP 情况分析

一、日本动漫行业

作为现今世界一流的动漫大国，日本动漫发展的模式具有鲜明的民族特色且不失创新和吸引力。作为重要的文化符号，日本动漫在向全世界渗透着其文化意识与思维方式，产生了巨大影响。

日本动漫产业的发展可分为六个时期：萌芽时期、探索时期、全面振兴阶段、黄金时代、世纪末的辉煌以及新世纪。

萌芽时期（1917—1945）：萌芽期的日本动画，受输入的美国动画片《变形的奶嘴》和法国动画片《凸坊新画帐》启蒙而产生。1917 年，日本的第一部动漫《芋川掠三玄关，一番之卷》由北山清太和下山凹夫录制而成。

图 73 《芋川掠三玄关，一番之卷》 北山清太 / 下山凹夫

图 74 《鲸鱼》大藤信郎

探索时期（1945—1962）：二战战败后，美国占领时期的文化倾销强烈刺激了日本国民对改变日本漫画落后局面的决心，这种情况一直持续直至 1956 年东映动画株式会社成立。这一时期，反战题材的动画影片大受欢迎且影响深远，其代表人物是动画大师大藤信郎。自 1952 年拍摄的彩色版《鲸鱼》成为日本首部获得国际大奖的影片后，大藤信郎在日本的知名度也越来越高，以他的名字命名的“大藤奖”在日本成为一流动画片奖项。

在这一时期，还有一个名字不容错过——手冢治虫。在以手塚治虫为代表的几代漫画人的努力之下，几经变革，使日漫成为具备民族审美特质、个性色彩鲜明的独立艺术形式。

全面振兴时期（1963—1978）：这一时期的代表者手冢治虫不但是日本现代漫画、动画的祖师爷，还几乎是迄今为止我们所能看到的所有漫画类型的创始者，涉猎的题材也近乎涵盖了我们所能想象到的所有领域。他的作品摒弃漫画的商业性，将漫画的艺术性推向了极至，是日本漫画史上第一位将动画上升到人文高度的思想者，同时也是日本三代动画家中，承前启后的精神支柱，并培养出另一位动漫大师——宫崎骏。

图 75 《铁臂阿童木》
手冢治虫

黄金时代（1978—1989）：除了手塚之外，永井豪和石森章太郎也在动画类型的扩展上有着重要贡献。而这些漫画大师的杰出创新，标志着现代日本动画艺术已完全成熟，日本动画开始进入了一个新的发展阶段。

世纪末的辉煌（1990—2000）：1900 年是动漫界新生代开始成为主角的一年。这一年里，《罗德岛战记》《天空战记》《城市猎人》《樱桃小丸子》以及《蜡笔小新》等相继粉墨登场。这一时期日本动画被海外市场接纳，大量动画俱乐部迅速成立，带动动画展览会的兴起。同时，COSplay、ACD“御宅族”等概念也随之兴起。

二、迪士尼动漫发展

迪士尼的 IP 运营从 1926 年距今已整整 92 周年，反观国内市场却缺乏迪士尼这样的 IP。从 IP 储备和 IP 运营经验方面，都缺少长线运营的思考及准备。事实上，长线运营除了对产品内核的精益求精，迪士尼也有着自己的一套逻辑。

首先，迪士尼强调文化的多元与融合：全球化视野，本土化行动。这是迪士尼公司成功开拓市场的核心策略。迪士尼盖章认证的 14 位公主中有 8 位欧洲人、2 位美洲人、1 位亚洲人、1 位大洋洲人、1 位来自古老的苏丹王国、1 位来自海洋。迪士尼的每一部影片在角色策划之初，全球化就是重要考量。通过人物增删几乎滴水不漏地照顾到影片所有可能被贩卖的市场，在每个角度都力争政治正确，来获得最广泛的收益。

图 76　迪士尼 14 位公主

其次，内容为王在 IP 元年就是衡量 IP 的标准，如今这条铁律依旧是 IP 长线发展的保障。内容不断进化、打造、重塑，迪士尼童话正与时俱进地传递给观众更多元和包容的价值观、文化、哲学，并实现认同与共鸣。这才是优秀的 IP 能够拥有较长商业生命周期的根本原因。而文化的多元与融合更能帮助 IP 获得更多的粉丝，帮助 IP 出海。同时，迪士尼游乐园更像是迪士尼这个 IP 产业链的流通，放大了 IP 的价值、强化连接。迪士尼乐园 60% 的收益来自衍生品的消费。在迪士尼乐园，随处可见米奇气球、帽子等。而且任何一个游戏项目的出口，都设置了一家礼品商店。乐园门票及酒店住宿，乐园内的餐饮服务也是迪士尼的重要收入来源。在迪士尼乐园主营收入部分中，各项收入约占比为 30%，餐饮 15%，住宿 13%，购物 25%，其他 17%。

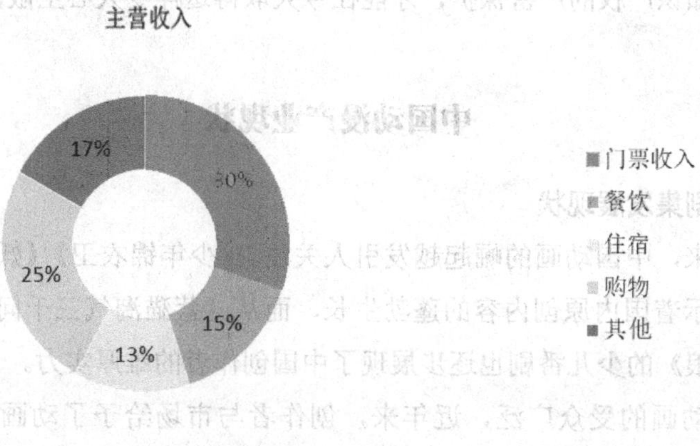

图 77　迪士尼主营收入占比

从商业模式来讲，迪士尼推行的是线上线下联动，各大业务板块紧密配合，全产业链式的开发运作。迪士尼所推出的影片获得了艺术和市场上的双重成功，变成了人尽皆知的大 IP。以电影动画为源头产品，将影视娱乐、主题公园、消费产品等不同产业环节演变成一条环环相扣的财富生产链。而说到迪斯尼 IP 产业链和品牌的成长逻辑，大致就是从点子或者创意，到文化产品（影片或电视剧集等），到产业链，并最终形成品牌。而大的品牌又能吸引更多的创意人才，之后又产生更多的点子或创意，并将梦想变为现实。这是一个自我更新的正循环，具有自我造血能力。

最后，迪士尼的布局非常完整。迪士尼的商业模式是典型的轮次收入。迪士尼推出制作精美的动画及电影，通过电影票房获取第一轮丰厚的收入。通过公映电影的拷贝销售和录像 DVD 发行，迪士尼又赚进第二轮利润。与此同时，每上映一部电影，迪士尼都会在线下主题乐园中增加新的电影角色。线上线下荧幕与现实结合，促成线下消费，这是迪士尼的第三轮财富。最后，迪士尼通过特许授权产品又赢得第四轮财富。四轮收入将 IP 价值最大化。

迪斯尼非常清楚其所有业务板块的基点和内核都是影片，所以会为打造爆款进行高成本的投入。也正因为迪士尼的产业链条如此完整强大，才使得 IP 衍生品和周边开发充满想象空间。不可否认，迪士尼能构建起一个全产业链传媒娱乐帝国，并受到全世界的欢迎与认可，这是迪士尼的魅力，更是 IP 运营的魅力。迪士尼强大的创造力和对品质的精耕细作以及产业链条的完整强大和对知识产权的严密保护，才能在今天取得这样令人心生敬畏的成就。

中国动漫产业现状

一、动画剧集发展现状

近年来，中国动画的崛起越发引人关注。《少年锦衣卫》《妖神记》等动画番剧标示着国内原创内容的蓬勃生长，而从《蓝猫淘气三千问》到《喜羊羊与灰太狼》的少儿番剧也逐步展现了中国创作者的雄厚实力。

由于动画的受众广泛，近年来，创作者与市场给予了动画持续的正向反馈。如今，本土动画实现突破式增长。中国动漫产业向青年化、园区化、国际化发展。2018 年，动漫市场泛二次元用户规模已接近 3.5 亿左右，95 后、00 后占比超过 80%。2019 年，动漫产业园区超过 18 个，实现产值超过 75 亿。

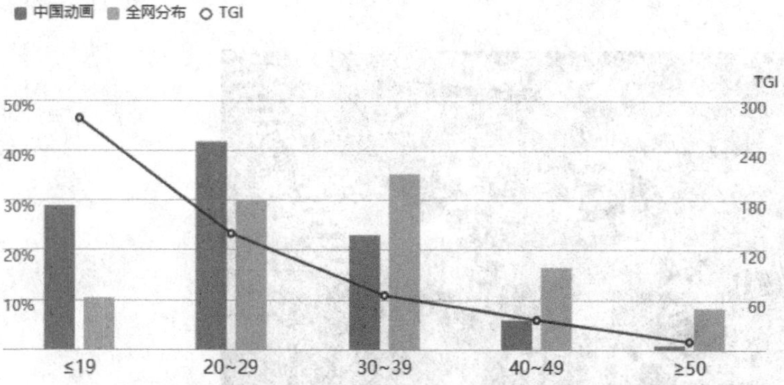

图 78　中国动画受众年龄分布

就动画番剧而言，一方面公司利用自身用户的大数据，能够分析出用户的年龄、喜好题材、内容消费习惯等信息，参与动画制作时自然会充分利用这一项优势来企划作品。另一方面，在获得原创作者授权之后，出品动画是他们进行 IP 的泛娱乐打造、聚拢更多粉丝挖掘更多价值的战术的一环。同时，其他动画公司选择了原创内容，希望打造出自己独一无二的 IP，《画江湖》系列、《秦时明月》系列都是其中有口皆碑的好作品。随着资本的涌入，相信国产原创动画的生命力也会进一步成长。另外，通过与日本公司合作，也极大地丰富中国的动画番剧市场。

图 79　《秦时明月》

就少儿番剧而言，这类作品基本分为对婴幼儿特化型和对青少年特化型。不难看出，作者有意加强了传统民族文化与动漫形象之间的联系，并且把重点放在少年儿童喜欢的动漫形象上。希望能从动漫形象的身上，向少年儿童展现出国家的悠久历史和人性的真善美。

图 80 《熊出没》

从横向和纵向对比来看，国产动画这一类型片种在大陆市场上的持续性输出和商业成功是都具有开创性的。可以说，国产动画的发展，正是近年来“讲述中国故事”这一文化路线的实操成果。

然而，中国动画产业的 IP 授权市场却仍处于初级阶段。2019 年，中国被授权商品零售额达 747 亿元人民币，仅占全球总额的 4.3%。2019 年，中国授权市场上的主要 IP 仍然以美国为主（40%），其中为中国大陆占 26%，日本占 11%。可见，在这一领域，中国动画产业仍有很大的发展空间。

从 IP 打造层面来看中国动漫产业，分为三个模式：原创、改编和收购。相比于迪士尼等经验成熟的动漫产业链，很明显看出我国产业链不完整的部分，比如缺少传媒网络与产品营销的互动、影视娱乐与消费体验的交互、自营渠道开发等的变现方式。因此，国内产业链的打造还有待整个行业的投入和研究。

二、动画电影

1．产业发展迅速

近年来，“国漫崛起”越发成为人们关注的焦点热词。2015 年暑期档斩获 9.54 亿元票房的《大圣归来》被认为是“国漫崛起”的重要标志。如今的大陆电影市场上，国产动画电影是一条热门赛道，催生了如《哪吒：魔童降世》50.35 亿元的票房奇迹。2021 年 7 月上映的《白蛇 2：青蛇劫起》，已经在特殊档期承载了“救市”的期待，制片方也借助 IP 得以实现“电影宇宙”的构建，在市场上与日本、美国的动画分庭抗礼。

表 21　近年动画电影票房前 10 名

影片	大陆票房（单位：亿元）	上映时间
哪吒之魔童归来	50.35	2019
姜子牙	16.02	2020
西游记之大圣归来	9.54	2015
白蛇2：青蛇缘起	5.802	2021
大鱼海棠	5.73	2016
白蛇：缘起	4.68	2019
新神榜：哪吒重生	4.56	2021
罗小黑战记	3.15	2019
大护法	0.87	2017

排除仅针对儿童市场的系列电影，国产动画电影的票房成绩显示出一个清晰的基本盘：人民币 3 亿～6 亿。也就是说，如果无法创造全民性的、超越动画电影本身受众范围的“出圈效应”，类似《白蛇》系列这样口碑表现良好的优质 IP 的最终票房大致在 6 亿左右。虽然这个数字在票房整天“放卫星”的大陆市场毫不起眼，但在动画电影类型中已是极佳的成绩，足以支撑追光动画规划自己的“动画宇宙”。

2．赛道竞争激烈

然而，这条赛道越发热门，竞争就越发激烈。即使是在市场上得到良好反馈的作品，也不一定满足创作者和观众热情饱满的期待。对国产动画电影的火爆现状终究会归于沉寂的担忧声音，在每一部“出圈”的动画电影上映时都会响起。拨开《哪吒之魔童降世》的“全民神话”，尽管拥有超高的关注度，国产动画电影整体上绝非当今市场特别青睐的类型。真正成功的作品凤毛麟角，想要达到3亿～6亿的基本盘都得费尽心思，类似《哪吒》这样的奇迹很难复制。

图81 《哪吒：魔童降世》

3．发展瓶颈与隐忧

虽然作品还在持续不断地推出，票房也都基本达到预期，然而国产动画电影在翻过高山之后，似乎进入到一个波澜不惊的平庸期。目所能及的尝试与突破都已走到尽头，依然信心高涨的创作者们身后，观众和市场仿佛在暗中酝酿一场改换门庭的暗影危机。

首先，从层出不穷的国产动画电影中可见，创作风格普遍呈现“日美中”三国的混搭，即“用中国题材，以美国形式，讲日式二次元故事”。

其次，作为在院线上映的电影，从形式上就受到美国动画长片创作风格的影响。首先是剧本写作上的结构式模仿好莱坞商业电影的三段式逻辑，内容主打追寻个人价值、认识自我的美式主题诉求与日式成长故事的融合。从人物设置上拷贝美国动画的既有经验，同时国产动画电影基本采取美国动画电影非真人比例的三维画风，导致国产动画电影时常以低幼的画风表现成熟的故事，存在着不小的违和感。

最后，在多重因素的鼓励下，国产动画电影大都把自身的创作与“国潮”“传播中华传统文化”“讲述中国故事”绑定，自我规定为中国经典神话 IP 的再创作。同时，几乎每一个剧本的主旨都是主角的寻找自我与个人价值的实现，缺乏一定的创新精神。《西游记》《封神榜》和《白蛇传》三大源流基本上垄断了目前大多数国产动画电影的选题，导致六年来总数虽不到 20 部，但很多人物和故事却已经被反复地、多角度地讲述，观众已经进入疲劳期。

国内知名动漫公司产业模式分析

一、华强方特

华强方特是国内最早探索实施“文化 + 科技”发展模式的企业。通过坚持实施文化与科技融合的战略，华强方特形成了以创意设计为龙头、文化为内容的优势互补产业链，包括但不限于主题演艺、影视出品、主题公园、动漫产品、文化衍生品等。

1.《熊出没》系列动画

《熊出没》系列影视作品是华强方特于 2012 年成功推出的喜剧动画片，各地播映后不仅创下高收视率（网络点击量累计超过了 2000 亿次，相当于每个中国人点击 100 次以上），还得到了国外网络媒体的关注与推介，进入美国、意大利等 100 多个国家和地区，登陆索尼、尼克等儿童频道等国际主流媒体频道平台，打响了中国动画的知名度。

2. IP 大电影

“熊出没”动画凭借寓教于乐的内容，丰富细腻的表演，接地气的语言风格深受广大观众及业内人士喜爱，以《熊出没》为核心 IP 的系列制作也紧随其后，截至目前《熊出没》系列总票房超过 27 亿人民币。

《熊出没》在市场的反映良好归根结底有两点原因：一方面是该系列作品定位清晰，有庞大的基础受众，尤其是亲子观影市场的助力。家长带孩子观影的“一带二，甚至一带四”模式贡献了较高的票房。另一方面，片方与幼儿园、少儿教育平台、母婴类意见领袖进行不同程度的合作，增加曝光度。

比如举办“光头强发型设计大赛”，该话题在微博的阅读量达 1.1 亿；与其他春节档影片联动，光头强摇身一变，变成电影中的各个角色；新作《熊出没·狂野大陆》走流量路线，签约男团组合 R1SE 演唱片电影尾曲，除了原有的作品受众外，还吸引到了外层粉丝。

3．IP 衍生

华强方特依托成熟的多元化产业发展基础，广泛开展文化衍生品的自主创意开发设计、品牌授权跨界合作、市场销售渠道搭建，已有涵盖玩具、文具、音像图书出版物、服装鞋帽、家居家具、电子产品、食品、体育用品、手游等 20 多类约两万余种产品上市销售，极大地提升品牌附加值。

其中，华强为旗下最叫座的系列动画片《熊出没》量身打造了专属系列产品，所有系列产品均是围绕熊大、熊二和光头强这三个主角来进行设计，产品涵盖了服装鞋帽、家居、玩具、箱包、饰品等八大类别，上百款产品。

4．线下主题乐园

华强方特还致力于布局 IP 生态系统。自上而下的整体战略规划，系统性、体系化布局，孵化与培育 IP，搭建 IP 与主题公园之间的桥梁，为主题公园引入 IP 建立“公园 +IP”的生态体系。并引入文学、动漫、影视、游戏等线上文化产品到主题公园进行旅游体验的互动项目，利用粉丝经济发展 IP 经济，引入资本、产业的联动完善整个 IP 产业链。截至目前，华强方特旗下主题乐园品牌“方特主题乐园”布局全国，以 5039.3 万游客接待量连续 4 年蝉联全球第 5 强。

由此可见，华强方特打造的线下乐园具有很强的生命力，且不断地推陈出新来增加它的吸引力。

5．品牌推广与合作

前文提到，华强授权了自己的 IP 形象开发出多样的动漫周边，这些周边也可以联合各个商业品牌进行推广与合作，利用品牌和 IP 各自的优势为彼此赋能，实现共赢。

纵观华强方特的 IP 运营产业链，不难看出该企业大胆将高新科技引入传统文化产业，积极探索走出一条文化科技产业规模化、国际化、多元化的发展新路。经过多年的创新发展并结合国内外的优秀先例，华强方特已经形成了以“创意设计”“科研开发”“内容创作”为主的核心竞争优势，三足鼎立，相互支撑，打造自身文化科技产业快速发展的核心竞争力。

二、奥飞娱乐

奥飞娱乐股份有限公司是中国最具实力和发展潜力的动漫文化产业集团公司之一，以发展民族动漫文化产业，为世界创造快乐、智慧和梦想为使命，立志做中国动漫文化产业的领导者。

1．奥飞娱乐发展的四个阶段

奥飞娱乐发展分为四个阶段：1993—2003 年，专注玩具；2003—2009 年，动漫＋玩具；2009—2012 年，动漫全产业链运营；2021 年至今，泛娱乐文化产业。

2．企业三次转型

1993 年奥飞不走主流代工模式，坚持做自主品牌玩具，以此为核心竞争力。2003 年，公司开始向动漫产业布局。“动漫＋玩具”商业模式形成。

2010 年，奥飞成为国内第一家拥有卫星频道运营权的民营企业。2012 年，以奥飞动漫新产业园的建立为标志，进军动漫产业上下游。奥飞升级为动漫全产业链运营商。

2013 年，奥飞收购“喜羊羊与灰太狼”品牌与团队。公司开始打造以 IP 为核心，打造泛娱乐生态系统，成立奥飞影业、奥飞游戏，同时收购国内最大原创动漫平台“有妖气”。目标客户人群拓展至全年龄阶段，形成以 IP 为核心的泛娱乐帝国。

3．愿景：打造“东方迪士尼”

奥飞娱乐一直将迪士尼视作为标杆。目前，奥飞囊括了国内数量众多、覆盖全年龄段、拥有广泛知名度的 IP 矩阵。在美国建立了国际设计与研发中心等机构，引入高端人才，使内容与消费品创意都提升至国际水平。

4．奥飞娱乐营业收入与净利润

奥飞娱乐营业收入与净利润从2009年的5.9亿元，上升到2017年36.42亿元，达到峰值后下滑至2018年的28.4亿元。同时，奥飞的净利润在2016年达到峰值4.98亿元后，开启下滑模式，到2018年时亏损达16.3亿元。

5．泛娱产业链运营模式面临的问题

（1）战略目标调整频繁

奥飞实施多元化战略的力度非常大，公司战略的频繁调整，使其在运营上产生了巨大的压力，公司的成长能力表现为大起大落。2018年的亏损表面上主要是由于计提资产减值造成的，实际上是公司多元化战略步伐过快，原有的核心业务不足以支撑公司的快速发展。

（2）收入构成比例失衡

奥飞的营业收入由八大部分构成，玩具销售是公司的主要收入来源。从2011—2018年，玩具销售的占比虽然在下降，但仍占据了奥飞营业收入的半壁江山。

（3）自主创新能力较弱

优质IP是动漫娱乐企业保持其生命力和活力的核心。但随着90后逐渐成长，原有的动漫IP已无法满足他们的需求。

奥飞娱乐虽然拥有众多动画工作室，但自身IP创造能力仍存在不足。奥飞娱乐的创作能力出现疲软趋势，知名度也大不如前。

6．从奥飞娱乐中得到的思考

奥飞公司期望成为东方的迪斯尼，致力于在IP+全产业链运营方面构建核心竞争力。然而，奥飞一直以来对玩具销售和婴童用品过于依赖，没有跟上全球主题娱乐行业的发展，在中国主题娱乐市场快速发展的进程中，对国内用户的消费诉求不够了解，反应不够敏锐。

因此，奥飞公司在全产业链的建设中，对衍生品的开发应补足短板，有必要通过打造原创IP，将IP融入主题公园的建造中，抢占国内主题娱乐的市场份额。

目前中国动画发展的困难与瓶颈

一、质量参差不齐，需重视教育把关

广电总局在《关于进一步规范电视动画片播出管理的通知》中规定，自2006年9月1日起，全国各级电视台所有频道在每天17：00～20：00，均不得播出境外动画片和介绍境外动画片的资讯节目或展示境外动画片的栏目。各动画频道在这个时间段，必须播出国产动画片或国产动画栏目，国产动画片与境外动画片在播出比例上要达到7∶3。

动画的制作步骤大致分为三个阶段：前期创意、中期制作和后期特效。现在凡是开设动画专业的高校、专职学校都将培养的重点放在中期制作环节上，以软件技术学习为主，忽视学生素质和创造力的培养。动画专业的学生最终都成为只会用电脑软件的技术工人。这也是导致中国成为动画生产大国，而非动画生产强国的原因之一。

中国动画教育可以在专业上更加细分，并非只是单纯地分为二维动画和三维动画。可以按照动画的前期、中期、后期三个阶段进行细分，甚至细分出漫画专业。这点其实是借鉴日本的经验，不要把动画与漫画割裂开来。好的漫画故事剧本和人物场景设定可以沿用到动画上，使动画的表现形式更丰富，学校在日常教育的时候应该根据各细化专业特点进行有针对性地培养。同时，可以将教育和工作室的形式相结合，实行校企合作的制度、企业将项目任务给学校，学生在老师的指导下完成各项任务、动画制作的各个环节都在企业代表、学校教师和学生三方讨论下完成，各专业的学生负责自己的专业专长环节，这样既能保证作品品质，又能解决中国动画前期创意人才缺失，后期技术能力不过关的问题。

二、内容审核机制需改善，要讲求作品深度

中国动画的审核制度是一个老话题，主要原因在于中国动画还没有推行分级制度。因为分级制度的缺失，很多中国人对动画的认知至今仍停留在给儿童看的卡通片上。其实在国外早就在动画、漫画、电影、图书等各个领域推行了分级制度，“日本漫画的分级制度并非官方颁布推行，而是业界自律。

日本漫画有严格的限制级，例如，按性别分儿童少年、少女青年、女士；按年龄分，有12岁以下、18岁至20岁、成人等级别。限制级漫画在书店里必须在不同区域摆放，并有专人监督。如果售货员觉得购买者年龄不符，会主动要求其出示身份证。韩国则设有专门负责电影与游戏内容分级管制的机构“韩国媒体分级委员会”，根据韩国国情，分为全年龄、12岁以上、15岁以上与18岁以上几个级别。

倡导中国动画的分级制，是因为现在人们普遍对中国动画的印象是幼稚。其实动画作为一门艺术，受众人群不应该仅限于少年儿童，像奥斯卡提名动画片《美丽城三重奏》《魔术师》这样立意深刻、做给成年人看的动画在中国几乎没有。因为制度的不完善让中国的动画人“不敢”做动画，即使有好的故事蓝本，要付诸行动也需要顾虑很多。一方面要顾虑做有深度的动画在中国是否有市场，另一方面即使有人理解也不一定能通过相关的审核。因此，为了使中国动画人毫无顾虑地投入创作，中国动画推行分级制度应该提上议程。

三、竞争激烈，需从模仿中探求自身风格

随着互联网的发展，越来越多的国外动画进入到中国青少年的视野。以至于现在中国的很多青少年认为美国和日本的动画故事更有趣，人物更有型，盲目崇拜国外动画，对于中国的本土动画却不屑一顾。我们在批判现在青少年价值观缺失的同时，也应该做一些自我反省，既然美国和日本有先进的动画理念和技术，我们为何不先从学习和模仿开始。

之所以想到先从模仿开始，还是受2011年7月面世的中国动画片《魁拔》的启发。社会上对于《魁拔》的评价褒贬不一，有一部分人认为《魁拔》的模仿痕迹太重，无论是人设、场景、动作都在模仿日本动画，毫无中国特色。也有些人持不同观点，认为从《魁拔》看到了中国动画的希望，因为中国人会讲故事了，整部作品的叙事结构有条理。有进步才能迎来突破，《魁拔》让我们看到了中国动画的故事也可以脱离说教化，不用摘自寓言和神话，中国人自己能讲故事，而效仿动画强国日本的动画风格其实也无可厚非。模仿先进的技术一是为了自身能力的提高，更重要的是为了超越和突破。可贵的是

《魁拔》并没有对日本动画照搬照抄，而是在模仿的基础上增加了自己的理解和创新。虽然创新的元素不多，但相信在不久的将来中国动画不仅能自己讲故事，还能走出一条民族化动画之路。

模仿并非照搬照抄，而是从模仿中探求自身风格，从模仿中先了解到美国和日本的动画为什么那么受欢迎，然后进行归纳总结，取其精华，去其糟粕，再融入自身特色，最后自成一派。当然，我们要模仿的并非只是国外动画的风格和技术，还需要模仿国外先进的动画教学理念、完善的动画运营模式等。只有真正地在认识上有了质的转变，中国动画的发展才能越来越好。

国内动画 IP 产业价值增长点

一、网络动画产业主体剧增

目前动漫产业已完全打破了原有产业链格局，价值链变得纷繁复杂，这是国内动画产业 IP 价值的一大增长点。

随着移动互联的持续发展，参与到当前动画 IP 开发运营的产业主体剧增。

动画产业上中下游都有带有网络基因的新鲜血液加入，上游内容生产：玄机科技、绘梦、若森数字、柏言映画、唐七公子等；中游传播：CCTV 少儿、金鹰卡通、炫动卡通、卡酷、腾讯、网易、优酷、爱奇艺、有妖气、哔哩哔哩、AcFun 等；下游衍生业务：小米互娱乐商店、哔哩哔哩、动网先锋、中信出版社、ACG 同好社区等。此外，涉及二次元音乐、二次元内容社区、二次元声音、漫画制作工具、二次元轻小说、漫展、画师约稿平台的各个企业都属于相关产业主体。

二、中外合作模式改变

近两年，中国出资方不断加大对日本动画 IP 的投入。随着中国网络动漫的升温，中日两国在动画 IP 运营之间的合作也越来越频繁，在合作模式及内容表现手法上，也出现了一些新的尝试和创新。

2017 年腾讯与日本讲谈社、集英社等合作，采用中国 IP+ 日本制作、引进日本 IP、输出中国 IP 等合作模式，合作项目有《快把我哥带走》《金田一少年事件薄》《宇宙警探》等。

中美在动漫 IP 领域开始合作。2017 年美国孩之宝公司与央视动画启动合拍动画项目《哪吒与变形金刚》，双方表示将深度挖掘经典动画 IP 的品牌价值，进一步激发既有国产动画 IP 的品牌活力。

三、泛娱乐战略搭建 IP 矩阵

随着国产动画市场的逐渐发展，动漫被认为是文化影视产业里的下一个风口。内容生产方光线传媒投资凝羽动画、路行动画等多家动漫企业，华谊兄弟成立点睛动画子公司。平台方也纷纷行动，腾讯在 2017 年上半年投资十几家动漫公司；百度投资了翻翻动漫、变月文化等动漫企业；阿里巴巴与多家动漫企业联合出品，引入日本制作团队。

在 IP 运营的生态格局中，一些大的市场主体自有体系化渠道和平台，对 IP 打造可提供全方位资源调度，借助自有资源进行联合推广。如网易漫画可以借助的自有资源有 163 网站、网易移动客户端、网易云音乐、网易云阅读，网易新闻客户端、有道词典、LOFTER、手游等；腾讯动漫可以借助腾讯游戏、阅文集团、腾讯影业、腾讯电竞等平台；咪咕动漫也有咪咕圈圈、咪咕音乐、咪咕游戏等平台进行推广。

四、动画 IP 授权市场快速增长

随着国产动画 IP 运营的深入，我国动画 IP 授权市场得到快速发展。2015 年，我国动画 IP 在食品饮料、服装鞋帽、玩具等重点产品领域的授权规模分别达到 9.75 亿元、34.5 亿元和 100.76 亿元，创历史新高。随后几年全国范围的动画授权展会每年都达 40 场左右。

2017 年，我国国产动画形象授权产值突破原有纪录，中国动画授权市场规模已经位列亚洲第二，仅次于日本。据专业人士分析，未来动画市场将呈现三大趋势：首先是由动画 IP 驱动的授权产品泛娱乐消费将出现井喷；其二是中国授权行业竞争将从“卖形象”的粗糙运作，跨越式进化到“一站式”专业化授权；其三则是竞争加剧，市场也会出现整合并催生出“中国的迪士尼”。

中国动画行业发展思考

一、概况

在国家的政策引导扶持下，我国动画产业近年来发展势头迅猛，动画生产出现了跨越式发展，各地动画基地如雨后春笋不断涌现。按动画片生产量计算，国产动画片已经位居世界动漫大国行列，2008年的生产分钟数已经位居世界前三位。

但动漫产业整体却不尽理想。国外的动画行业早已看到中国广阔的市场前景，美国、日本不少动画企业纷纷进军中国市场。仅2009年就有《冰河世纪3》《飞屋环游记》《阿童木》等进口动画影片，票房一度领先。相比之下，本土动画并没有占得先机。除《喜羊羊与灰太狼之牛气冲天》之外，国内虽然作品也不少，有些口碑也不错，却鲜有影响。除了《麋鹿王》《马兰花》《快乐奔跑》，多数影片观众没有听说过，影院只在白天安排一个厅，放映一两周没什么票房，就悄悄撤下了。

二、中国动画行业目前面临的问题

1．国产动漫作品年龄分化趋势严重

我国动画作品定位偏于幼儿化，前端策划创意和后端衍生产品的开发严重不足，制约着我国动画产业的发展。金鹰卡通频道自创建起就以振兴国产动画和弘扬民族文化为己任，国产动画播出比例高达60%，可就在国产动画产量逐年递增的有利情况下，频道依然面临无剧可播的窘境，这是每个电视播出平台都面临的问题。因为几乎千篇一律的低龄动漫作品对于电视平台实在是供大于求。

2．国产动漫作品整体水平提升空间大

为促进国内动漫产业发展，国家近年来开办了大量的卡通、少儿频道，这直接带来了巨大的节目需求。从这个角度来看国产动画应该是“皇帝的女儿不愁嫁”。但是实际现状是动漫企业生产的动画片无法在电视平台播出，其衍生产品缺乏认知度而只能积压于库房，投资无法获得回报。

3．国产动漫产业人才、创意需加强发展

动漫产业涵盖了艺术、科技、传媒、出版、商业等多种行业，作为具有当今知识经济全部特征的朝阳产业，离不开各方面的人才和创意。就目前情况来看，国产动漫在这些方面还显得陈旧、粗糙。要实现产业链的健康、可持续发展就需要人才的支撑，动漫产业人才的缺乏使得整体产业链的打造成为无源之水、无本之木。所以从现在开始我国就必须充分重视动漫人才的培养和储备，从覆盖广度到核心质量，全面提高动漫人才的整体水平。

综上所述，国产动漫产业的发展还可以列举出很多问题，归根结底是动漫产业整体发展缺乏明确战略导向导致无法形成有效的发展模式，国产动漫产业在产业链的打造上缺乏统一规划和连续性，从而导致产业发展的不健全。要如何承接上下游的发展，是我们急需解决的问题。希望主管部门和行业协会帮助动漫企业加强市场营销能力，打通衍生产品的系列产业链，使得中国动画行业走得更高更远。

多抓鱼：
高效市场推广获取优质服饰卖家

多抓鱼公司宏观环境分析

一、政策环境分析

纺织服装行业目前是世界上污染最严重的行业之一，不仅服装印染使用化学品排放污水，废弃服装产生大量垃圾，还排放大量温室气体。据联合国相关数据显示，服装行业的总碳排放量超过了所有国际航班和海运的排放量总和，占据全球碳排放量的10%，是仅次于石油产业的第二大污染产业。

在不断壮大的中产阶级和新兴“快速时尚”文化的推动下，全球服装产量在2000年至2015年期间约翻了一番。目前全球纺织品生产每年产生12亿吨温室气体，到2030年，这一数字可能增长60%以上。除了在材料选用、设计、生产销售环节外，在消费端同样存在非常大的排放污染。全球每年生产的服装数量达到1000亿件，其中50%在一年内就可能被遗弃。据艾伦麦克阿瑟基金会数据，2000年至2015年间全球衣物的销售量从500亿件增长到1000亿件，而同期每件衣物穿着的次数下降25%。快时尚的消费习惯导致大量衣服并没有完全发挥使用价值，如果衣服的使用次数增加一倍，纺织行业的温室气体排放量将减少44%，更久地使用纺织品是当前降低碳排放可行且有效的措施。

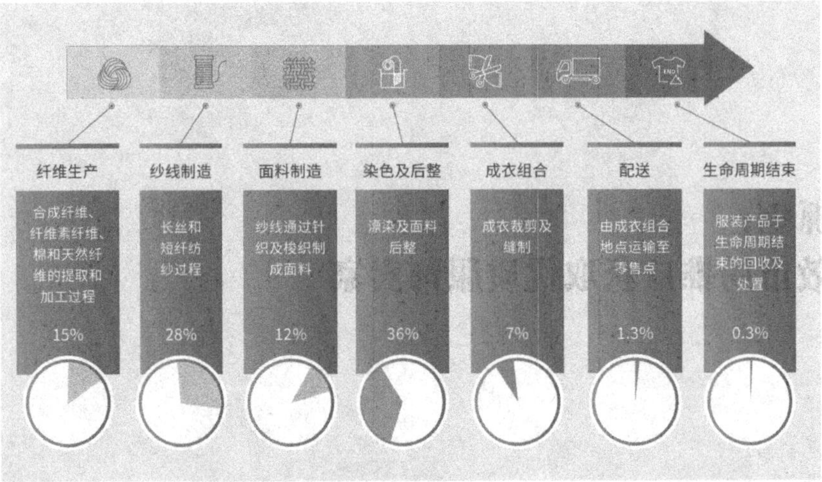

图 82　服装在不同生命周期阶段产生的温室气体排放

中国是全球最大的纺织品生产国和出口国，纺织工业也是最重要的实体经济和民生产业。从官方统计数据来看，2020 年，我国纺织纤维加工总量达 5800 万吨，占世界纤维加工总量的比重保持在 50% 以上，化纤产量占世界的比重 70% 以上。随着人均纤维消费量不断增加，我国每年产生大量废旧纺织品。因此，废旧纺织品循环利用对节约资源、减污降碳具有重要意义，也是有效补充我国纺织工业原材料供应、缓解资源环境约束的重要措施，更是建立健全绿色低碳循环发展经济体系的重要内容。

2021 年 7 月 7 日，国家发展改革委发布《“十四五”循环经济发展规划》（下称《规划》），提出了三个重点任务，十一项重点工程与行动与四方面政策保障。其中，《规划》提出将规范发展二手商品市场。鼓励“互联网 + 二手”模式发展，强化互联网交易平台管理责任，加强交易行为监管。鼓励平台企业引入第三方二手商品专业经营商户。推动线下实体二手市场规范建设和运营，鼓励建设集中规范的“跳蚤市场”。

多抓鱼“互联网 + 二手服装”的商业模式，我们认为就是在国家“碳中和”目标背景下，产业协同、提升废旧纺织品循环、引导绿色消费，拉动国内纺织循环经济的范本，未来发展也一定会在政策和方向的“风口”下获得足够的动力支撑。

二、经济环境分析

随着我国国民生活水平的日益提升，消费升级浪潮积累了一定的物品闲置资源。特别是近年来，在消费市场日益发展繁荣的背景下，类似“双11”“双12”“618”这样的网络购物节走入更多人的生活，创造了一个又一个销售传奇。与此同时，超前消费、过度消费等也难以避免地带来了物品闲置。围绕着二手物品处置、交易的需求，一些二手物品交易电商平台异军突起，成为值得观察的社会现象。

按照既有存量与增长速度，二手商品交易呈现万亿元市场规模指日可待。为了推行循环经济发展观念，促进商业消费相关意见陆续出台，国家鼓励发展“互联网+二手”体系。因此，二手交易很可能是分享经济的下一个爆发点。中国的零售商业体系，也正从“买买买”悄然向“买买买+卖卖卖”转化：通过二手电商平台转向线上，且交易品类更丰富，交易模式更多样，交易区域更宽广，不再局限于地域、商品等因素。

图 83　二手平台的闲置交易范畴

回溯国内二手电商市场，2002 年，孔夫子旧书网上线，以线上成单、线下交易的模式发展，线上二手电商市场初见雏形。2014 年，淘宝二手改名“闲鱼”App 正式上线，以 C2C 的模式打造二手交易综合平台，二手电商市场。2015 年，58 同城二手宣布升级为转转 App 正式上线，打造全品类二手交易平台。同年红布林、只二、找靓机等垂直二手电商成立。2015 年二手电商企业迎来融资元年，融资笔数达 50 笔。之后，二手电商市场一度遇冷。直到 2020 年，转转和找靓机合并，搭建高效的 B2B 流通平台。市场进一步整合，行业 C2B2C 与 C2C 模式并行发展，二手电商市场开始回暖。

2021 年以来，二手电商这一垂直赛道上的头部企业频频获得融资，且大多集中在B轮以后，行业融资环境大幅回暖。据网经社旗下电商大数据库“电数宝”监测数据显示，2021年全年，中国二手电商领域（不含二手车、二手房等大件二手交易平台）共有9家平台获得融资，涉及平台包括转转、爱回收、胖虎科技、采货侠、匪鱼、只二、值耀、车小多、闪回收，融资总额约58.1亿元人民币。有专家预计，2026年二手电商市场格局基本确定，固有商业模式将带来持续营收，行业稳定增长；厂商开始探索新型商业模式，并且更加注重供应链与用户的精细化运营，坚持发展长期主义。

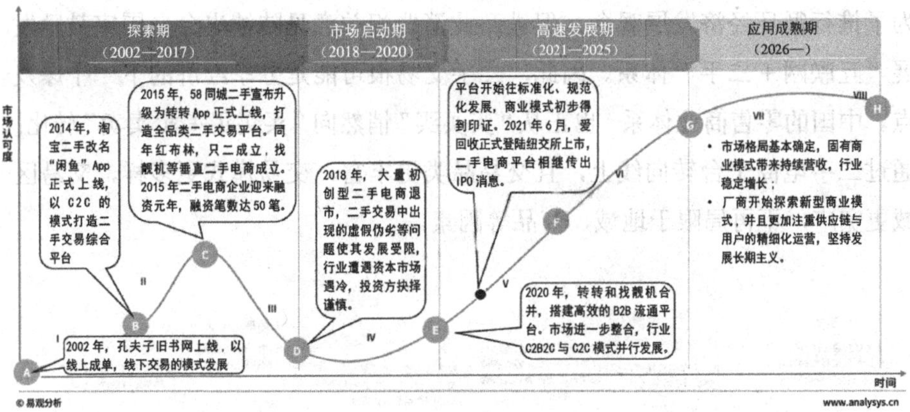

图84　二周交易平台发展历程

未来，随着国内疫情的逐渐趋稳，预计我国的居民收入和社会消费品零售总额在未来也将逐步回归相对正常的增长轨道，GDP与可支配收入增速的放缓使得居民消费更为理性，基于个人需求进行消费将成为趋势。后疫情时代，人们期待的报复性消费或许不会到来，但是疫情可能成为撬动二手市场的支点，以疫为机，二手电商的“下半场”正缓慢拉开帷幕。

三、技术环境分析

2022年，区域全面经济伙伴关系协定（RCEP）正式生效实施，将进一步增强国际国内两个市场、两种资源的联通性，激发各领域合作潜力。持续深化商品和要素流动型开放，稳步拓展规则、规制、管理、标准等制度型开放，推动更高水平的开放创新，打造合作竞争新优势。聚焦人类健康、气候变化、生物多样性保护等共性问题，推动全球科技创新协作。在优势领域协力“锻长板、扬优势”，加快迈入全球价值链中高端；在弱势领域抓紧“补短板、固根基”，发挥超大规模市场优势，激励全球创新成果和先进技术率先在中国产业化，加快提升自主创新能力和产业链现代化水平。积极发展全球创新伙伴关系，拓展科技合作开放方式，完善全球科技治理，推动构建新型国际关系和人类命运共同体。

基于此背景，5G、大数据、物联网技术迅猛发展，为多抓鱼提供了强大技术支持。多抓鱼基于数据分析的定价系统均衡地维持着图书的流通运转，甚至推动了绝版书的再版。数据分析和定价系统是多抓鱼的竞争优势，促进了商品信息和流通数据成倍增长，直接影响了多抓鱼上出售产品的价格和类目，增强了其竞争力。

四、社会文化环境分析

疫情的到来尤其是短视频时代的到来，人们对于多元化的包容性更强，对于陌生关系的认知的接受度更高了。人们对陌生人愿意敞开心扉并进行交流互动，这种对于新事物的接受和价值观的改变是明显的。价值观塑造了个体特征和行为方式。新的价值观将要迎来新一代的环保理念、设计理念和生活理念的转变。

随着直播、购物 App 种类的增多，以及线上线下互动的实现，以后购物的节奏加快，购物者的购买及时性变得特别重要，看到就要立刻买到，渠道的界限会变得越来越模糊，新型的购物形式需要满足人们购物的迫切性。

与此同时，人们的生活观念也在发生变化，追求更健康、更有品质的生活理念成为当下城市购买力人群的普遍想法，工作也不再成为成年人唯一自我实现的价值评判标准，环保、健康的生活理念变得更加深入人心。

调查问卷结合与分析

一、调研样本基本情况

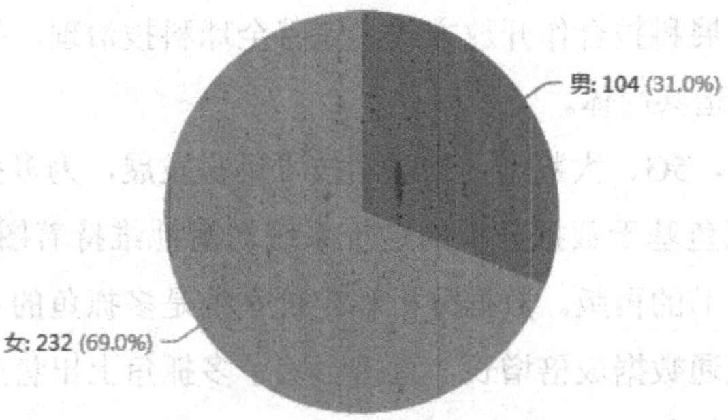

图 85　受访者性别分布

本次调研共收集 337 份数据结果，其中关于性别方面的有效数据为 336 份，女生共计 232 份、占比 69%，男生共计 104 份、占比 31%。女生的样本数据是男生两倍多。男女比例差异与样本发放的目标群体选择有关，问卷其他结果可能存在性别偏好差异。

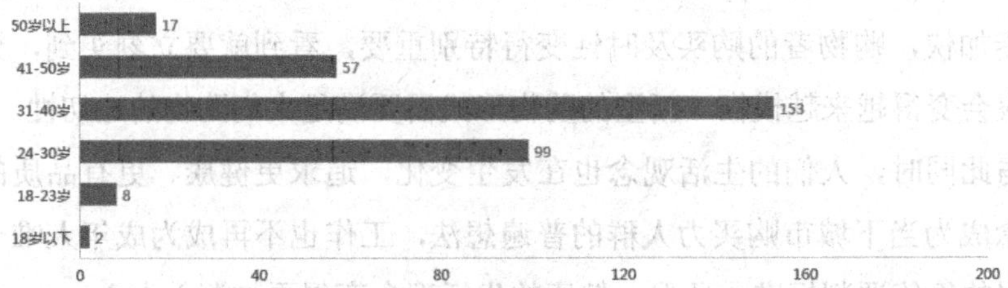

图 86　受访者年龄分布柱状图

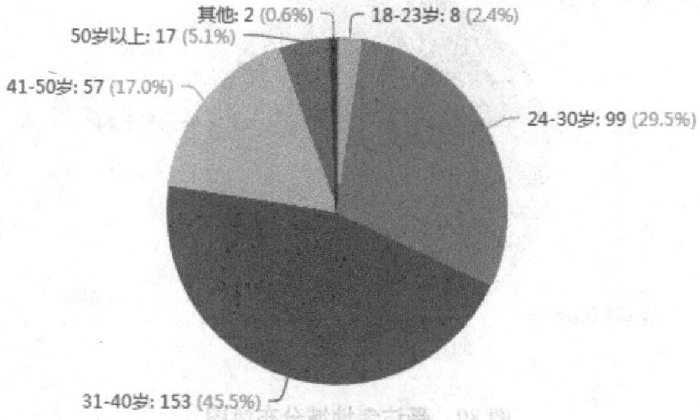

图 87　受访者年龄分布饼图

关于年龄方面的调研同样共收集 336 份有效数据。很显然 31～40 岁区间占比最高，高达 45.5%；其次为 24～30 岁区间，占比 29.5%；再次是 41～50 岁，占比 17%；剩余的年龄区间即 0～23 岁及 50 岁以上总和占比 8.1%。

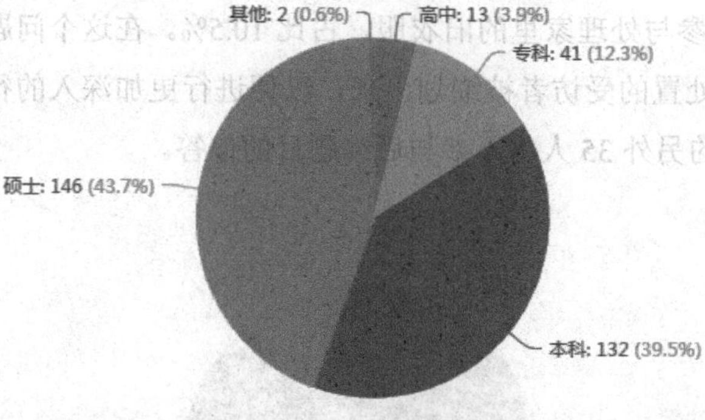

图 88　受访者学历分布饼图

关于学历方面的调研共收集 334 份有效数据。其中占比最高的是拥有硕士学历的，占比高达 43.7%；其次是拥有本科学历的，占比为 39.5%。从调研中可以看出拥有本科及以上学历的受访者占绝大多数合计超过了 83.2%，专科和高中及其他共计占比 16.7%，分别为 12.3%、3.9% 和 0.6%。

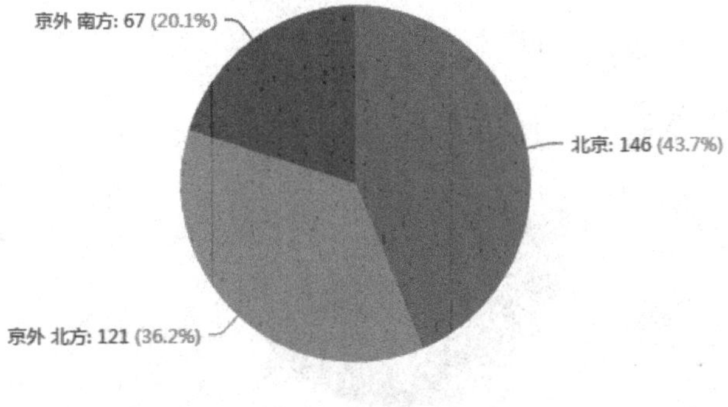

图 89　受访者地域分布饼图

关于常住地的调研中共计收集了 334 份有效数据。其中北京地区的受访者占比最高，共计 146 份，占比高达 43.7%；其次是京外北方共计 121 份，占比 36.2%；再次是京外南方受访者共计 67 份，占比 20.1%。从常住地的数据可以看出数据结果可能更针对北京和北方城市的情况分析。

关于“你参与处理家里的旧衣服吗”的调研问题共收集 336 份有效数据。其中表示参与处理家里旧衣服的共计 301 份，占绝大多数高达 89.6%；剩余 35 人表示从不参与处理家里的旧衣服，占比 10.5%。在这个问题中，直接和间接参与旧衣处置的受访者被细划出来，以便进行更加深入的行为解读，而选择从不参与的另外 35 人将不参与后续题目的作答。

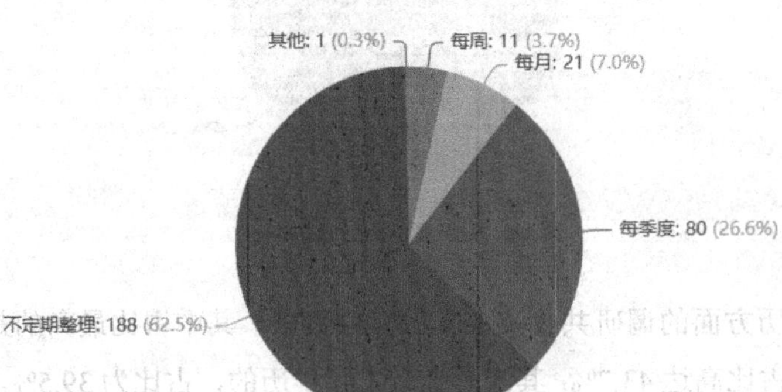

图 90　受访者整理衣柜频率分布饼图

关于多久整理一次衣柜的调研共收集有效数据 301 份。其中占比最多的是不定期整理的，有 62.5%，超过了一半；其次选择每季度整理一次的占比 26.6%；剩余三项分别为每月整理占比 7.0%，每周整理占比 3.7%，其他占比 0.3%。由此可见，多数受访人员对衣服整理并没有一个明确的规划，更趋向于随缘性质的整理；剩下的则对衣服整理有个属于自己的规划，时间周期因人而异，更趋向于跟着季度调整衣服。

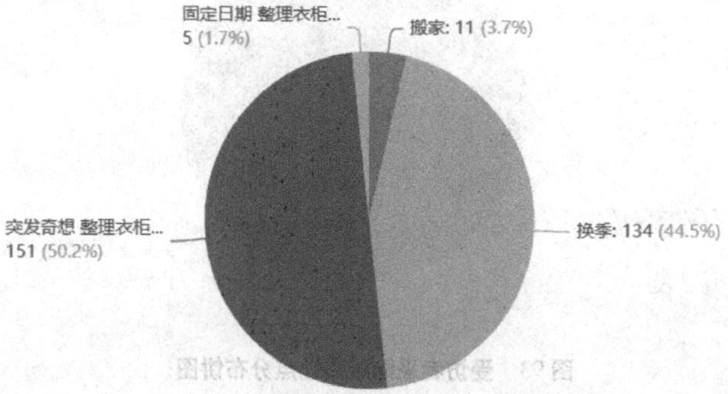

图 91　受访者整理旧衣时间分布饼图

关于什么时候处理旧衣服的调研共收集有效数据 301 份。其中占比最多的是突发奇想，有 50.2%；选择换季处理的也将近一半，占比 44.5%；选择搬家处理的占比 3.7；固定日期处理的最少，占比只有 1.7%。从中可以看出，受访人群有一半人不会刻意地去处理自己的旧衣服，同样倾向于随缘处理，而紧随其后的是换季时处理旧衣，可被参考为固定的卖家营销时机。

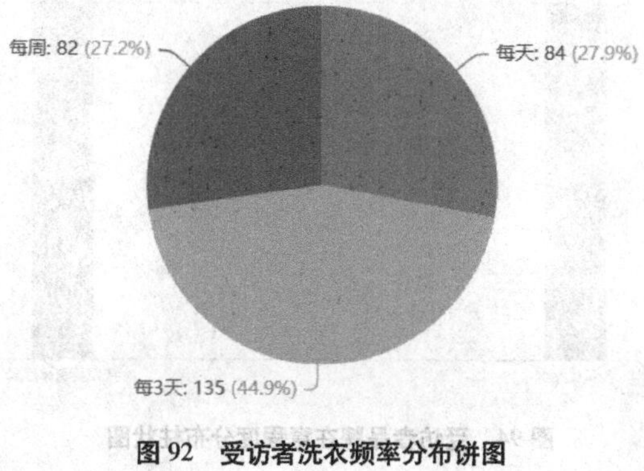

图 92　受访者洗衣频率分布饼图

关于多久洗一次衣服的调研共收集有效数据 301 份。其中，占比最多的是每 3 天洗一次，有 44.9%，每天洗和每周洗的占比接近，分别为 27.9% 和 27，2%。从中可以看出受访人群对自己的衣服都有保持很好的清洁，很有条理地进行保护和清洗。

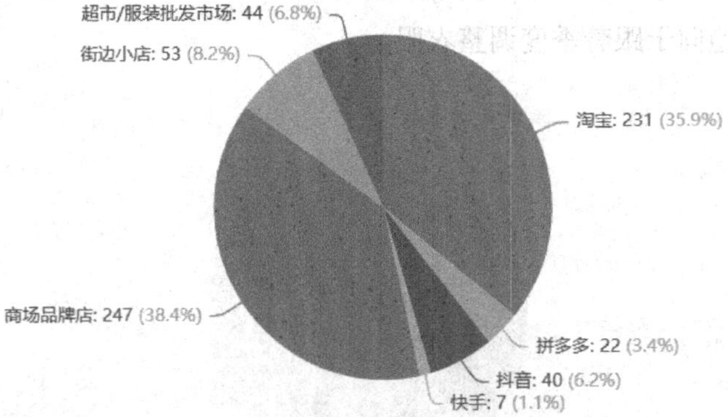

图 93　受访者采购服装地点分布饼图

关于最常去哪里采购衣服的调研共收集有效数据 301 份。其中，选择商场品牌店和淘宝的最多，分别是 38.4% 和 35.9%；其他选择都比较少，分别是快手 1.1%、抖音 6.2%、拼多多 3.4%、街边小店 8.2%、超市 / 服装批发市场 6.8%。可以看出，受访人群更愿意选择品质好、有保障的货源，如正规的品牌店或者有售后保障的平台等。

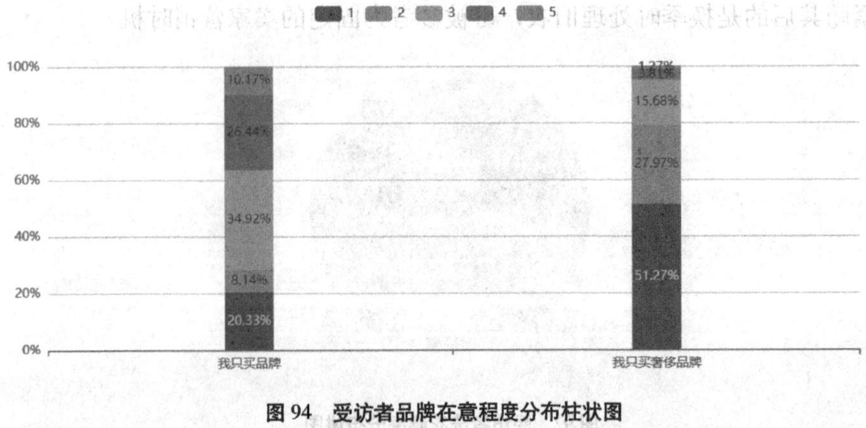

图 94　受访者品牌在意程度分布柱状图

关于选购衣服是否在意品牌的调研共收集有效数据 295 份。在意程度由轻到重，占比分别是 20.33%、8.14%、34.92%、26.44%、10.17%，可以看出，受访人群对品牌在意程度处于中等位置。而在对奢侈品的追求上面，绝大多数人选择了理性，并不会过多追求奢侈品，在意程度由轻到重分别为 51.27%、27.97%、15.68%、3.81%、1.27%。

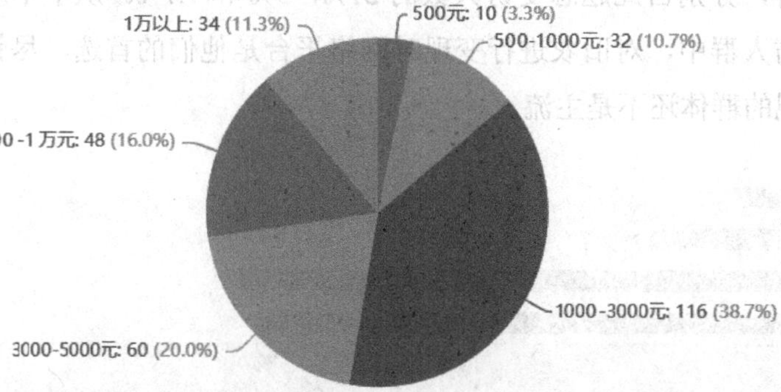

图 95　受访者最贵的一件衣服价格分布饼图

关于买过最贵的一件衣服价格的调研共收集有效数据 300 份。其中，占比最高的区间为 1000～3000 元，为 38.7%；其次是 3000～5000 元，为 20.0%；再次是占比相近的 10000 元以上为 11.3%，和 500～1000 元为 10.7%；最少的是 500 元的，只有 3.3%。从中我们可以看出，受访群体更多地选择了万元以下、千元以上的衣服作为自己的上限，说明都有不错的消费能力，经济上相对宽裕。

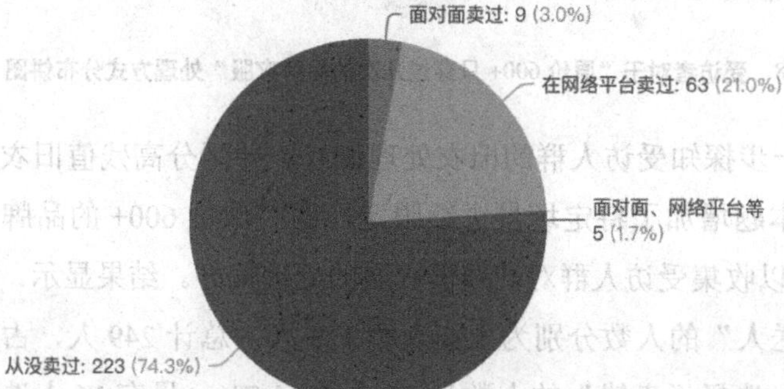

图 96　受访者旧衣售卖行为分布饼图

在这一结果中，“从来没有卖过旧衣服”的人数有些出乎意料，高达 223 人，占此题总受访人数的 74%，说明对旧衣服进行变现处理不是大多数人的选择。如果换个角度来推演这一结果，那么大多数人手中旧衣存量较大，且目前变现不是他们的首选。除此，其余的“在网络平台卖过”63 人，“面对面卖过”9 人，“面对面、网络平台都卖过”5 人，这三类人组成了将旧衣变现的人群，分别占此题总受访人数的 21%，3% 和 1.7%。从中不难看出，在本次受访人群中，对旧衣进行变现时网络平台是他们的首选，尽管总体来说选择变现的群体还不是主流。

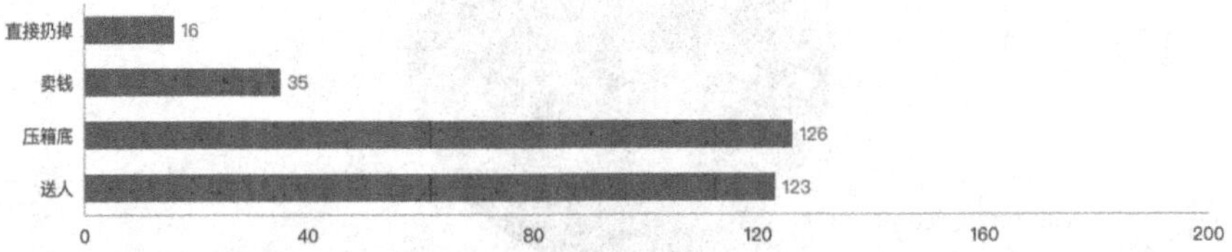

图 97　受访者对于“原价 600+ 只穿过几次的品牌衣服”处理方式分布柱状图

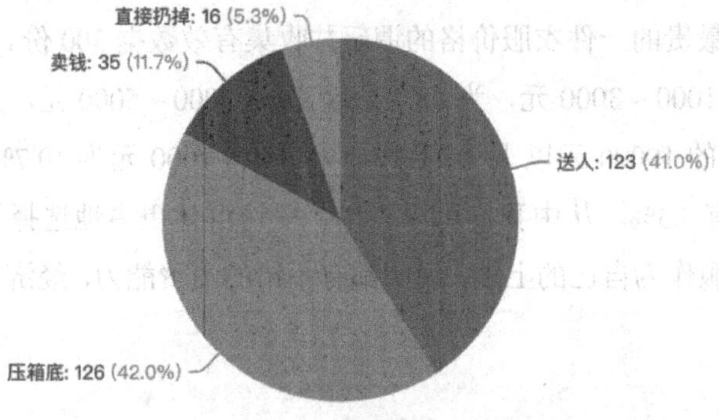

图 98　受访者对于“原价 600+ 只穿过几次的品牌衣服”处理方式分布饼图

为了进一步探知受访人群的旧衣处理偏好，并区分高残值旧衣与破旧衣服的差别，本题增加了特定场景进行限定，即“原价 600+ 的品牌衣服、只穿过几次”，以收集受访人群对高残值衣服的处理偏好。结果显示，选择“压箱底”和“送人”的人数分别为 126 人和 123 人，总计 249 人，占此题受访人数的 83%。选择“卖钱”的人数为 35 人占 11.7%。另有 16 人选择“直接扔掉”。选择“压箱底”的 126 人代表着一种“尽管衣服已没有实用性，但扔了也确实可惜”的心态。这一人群有较高的转化为目标顾客的可能性。

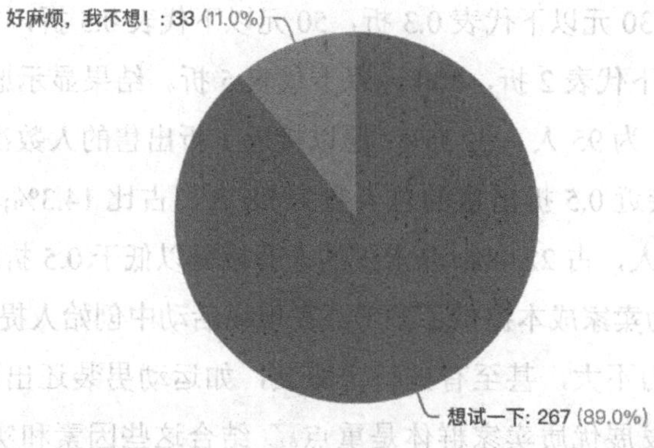

图 99　受访者关于便捷售卖旧衣态度的分布饼图

本题基于受访人群不进行旧衣变现可能的原因进行假设，去除操作过程复杂、耗时的障碍，探求受访人群的旧衣变现意愿。结果显示有 267 人，占本题受访人数的 89% 表示“想试一下”，阻碍大多数人对旧衣进行变现的因素可能正是交易、操作的便捷性。同时，这一结果也符合受访人群“热爱探寻新鲜事物”和“没时间、怕麻烦”的特征。本题中选择“好麻烦，我不想”的受访者 33 人。由于确定不希望尝试旧衣变现，被划归为非卖家用户，二次细化目标人群。

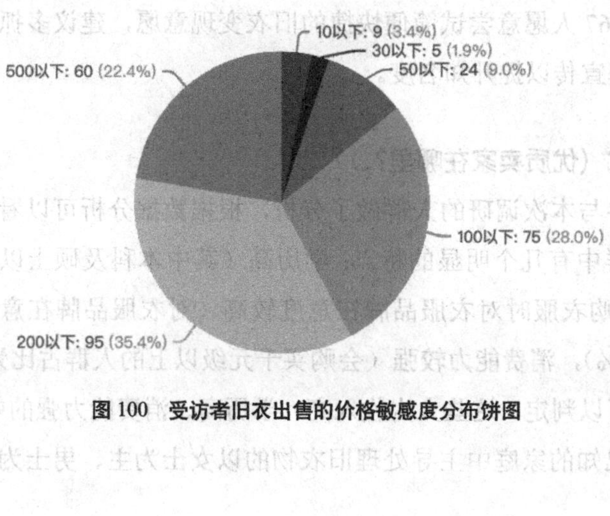

图 100　受访者旧衣出售的价格敏感度分布饼图

本题设计的初衷是要探究受访人群对于旧衣出售价格的敏感度。假设前提为“原价 1000+ 的品牌衣服”在出售时的心理预期价位是多少？10 元以下代表 0.1 折，30 元以下代表 0.3 折，50 元以下代表 0.5 折，100 元以下代表 1 折，200 元以下代表 2 折，500 元以下代表 5 折。结果显示愿以接近 2 折出售的人数最多，为 95 人，占 35%；愿以接近 1 折出售的人数次之，为 75 人，占 28%；愿以接近 0.5 折出售的总人数为 38 人，占比 14.3%；接近半价才愿出售的人为 60 人，占 22.4%；非常少的人会接受以低于 0.5 折的价格出售。

这一结果为卖家成本提供了参考。在现场活动中创始人提及：“目前的旧衣改造出售压力不大，甚至有些特定服装，如运动男装还出现秒购的情况。所以目前大力发展优质卖家群体是重点。”结合这些因素和实际情况，多抓鱼可以考虑适当调整（提高）进价以吸引更多优质卖家，同时也调整（提高）改造后衣服售价，并保持中间利润不变。诚然，这一调整需要达成多方市场价格的平衡，即卖家（更）有意愿出售，多抓鱼保持利润水平，买家可以接受。这一平衡偏向卖家时，可能造成改造后衣服的流转周期变长，企业会承受现金流和库存的压力；平衡偏向买家时，卖家的出售愿意会随之降低。可进行更大范围的卖家调研，并根据调研结果和市场动向，动态地调整价格平衡。

调查最后的问题询问了多抓鱼在受访人群中的品牌知晓度，（同时也算是通过问卷形式为多抓鱼进行一次广告宣传），结果显示在受访人群中有接近 20% 的人知道多抓鱼的二手售卖衣服服务，另外的 80% 受访者并不知晓。结合调查中有 267 人愿意尝试简便快捷的旧衣变现意愿，建议多抓鱼进行更多的服务与品牌宣传以提升知名度。

二、营销方式（优质卖家在哪里？）

我们对参与本次调研的人群做了分析，根据数据分析可以看到，参与本次调研的人群中有几个明显的特点：学历高（其中本科及硕士以上的占比为 83.83%），选购衣服时对衣服品牌在意度较高（对衣服品牌在意度达 3 分的比例为 71.53%），消费能力较强（会购买千元级以上的人群占比为 86%）。由此我们基本可以判定，这些人为收入高、学历高、消费能力强的中高端人群，再加上我们已知的家庭中主导处理旧衣物的以女士为主、男士为辅的先决条件，基本可以按照这个人群画像为基础，在现实社会和互联网上他们经常出现和停留的地方进行针对性的推广和营销，从而迅速导流到多抓鱼的平台上来，最终通过运营转化为平台的忠实用户。

我们将通过互联网和现实社会渠道进行线上线下的同步推广，具体建议如下：

1．互联网渠道推广

通过分析目标人群常用的社交软件排名，其中抖音（30.39%）、小红书（27.72%）、微博（25.26%）占前三位。在这些平台，又有一些人是和多抓鱼的业务关联非常紧密的，比如：抖音和小红书上的整理收纳博主以及爱分享的收纳师，微博中的环保爱好者，定义“断舍离”的短视频大V。

可采用多样化推广方式：植入型短视频、大V背书、软文推送、博主种草、营销/品牌广告等，都是不错的推广方式。

表22　受访者常用社交软件情况

选项	计数	比例
抖音	148	30.39%
快手	31	6.37%
小红书	135	27.72%
微博	123	25.26%
不使用以上软件	50	10.27%

2．社会渠道推广

高端写字楼：我们根据卖家画像得知，这些高知高收强消人群，一般出入的是相对高端的商场及写字楼，所以，定向在这个范围内投放相应的营销广告效果会比较明显。

高端社区：高端社区里住着拥有大量品牌和高端服装的居家小主们，而且他们基本主导着旧衣物的处理。所以，在高端社区里进行相应的推广，可以收获不常在高端写字楼里出现的优质卖家。

品牌服装企业：除了不断吸纳C端优质卖家外，品牌服装企业卖家同样需要大力开拓，B端企业相对比C端的卖家而言，一旦合作将成为量大且长期的合作。

三、交叉分析

1．优质卖家性别分析

女生男生都在处理旧衣服：统计数据显示，女生参与处理旧衣服的占比93.10%，男生参与处理旧衣服的占比81.73%，比例均超过80%，可见旧衣服处理主导权方面，虽然女生比例高于男生，但差距并不悬殊，男生大多也都参与处理旧衣服。

女生并不比男生更勤快（整理、处理旧衣服和保持衣服干净程度）。统计数据显示，女生男生都是不定期整理衣服的比例最高，女生占比62.96%，男生占比61.18%；且都是突发奇想和换季时候处理旧衣服的比例最大，女生占比96.3%，男生占比90.58%；洗衣服频率比例也相似，每3天洗一次衣服，女生占比43.98%，男生占比47.06%，女生每天洗衣服的占比比男生高2.82%；可见男生和女在整理、处理旧衣服和保持衣服干净方面勤快程度相当。

男生更注重品牌，女生实际花费更多。统计数据显示，从衣服的购买来源看，女生男生衣服60%以上都来自于淘宝和商场品牌店，但女生来自街边小店和抖音的比例更高；在品牌注重程度方面，男生注重指标>3的占比75.3%，女生注重指标>3的占比70%，男生比女生更注重品牌；在奢侈品牌注重程度方面，男生注重指标>3的占比24%，女生注重指标>3的占比19.29%，男生比女生更注重奢侈品牌；在买过最贵的衣服价格方便，男生低于1000元的占比18.83%，女生低于1000元的占比12.09%，在实际消费过程中，女生比男生衣服价格更高。

女生更有旧衣服售卖经验，且大多通过网络平台。统计数据显示，31.17%的女生有过售卖旧衣服的经验，且26.98%通过网络平台进行，只有11.76%的男生有过售卖旧衣服的经验。女生男生600元以上的衣服压箱底和送人的比例都大于80%，但是14.42%的女生会把旧衣服卖掉。

如果能便捷地卖掉旧衣服，女生男生都很想试一试。统计数据显示，愿意便捷卖掉旧衣服的女生男生比例都超过 88%。

男生可能更不在意售卖价格。统计数据显示，原 1000 元以上的品牌衣服，50 元以下售卖可以接受的比例，男生占 16%，女生占 13.47%。

社交软件使用习惯方面，女生使用小红书最多，男生使用抖音最多，男女使用抖音都很多。统计数据显示，女生使用小红书最多，占比 31.94%。男生使用抖音最多，占比 35.2%。而女生抖音使用占比 28.61%。

2．线上营销渠道分析

年龄：18 ~ 23 岁使用小红书最多，占比 40%；24 ~ 30 岁使用微博最多，占比 39.93%；31 ~ 40 岁使用小红书最多，占比 29.49%；41 ~ 50 岁使用抖音最多，占比 30.99%。

学历：本科使用抖音最多，占比 31.67%；硕士使用小红书最多，占比 30.32%。

常住区域：京外南方使用微博最多，占比 31.46%；京外北方使用抖音最多，占比 37.13%；北京使用小红书最多，占比 33.48%。

四、整体分析

购衣渠道：选择商场品牌店和淘宝的最多，分别是 38.4% 和 35.9%；可以看出，受访人群更愿意选择品质好、有保障的货源，如正规的品牌店或有售后保障的平台等。

处理旧衣场景：数据显示，参与处理家里旧衣服的高达 89.6%；且多数受访人员对衣服整理并没有一个明确的规划，更趋向于随缘性质的整理；在选择处理时机的问题上，除了选择突发奇想的人群以外，选择换季时处理的人群达到了 44.5%，可被参考为固定的卖家营销时机。

旧衣变现频次："从来没有卖过"旧衣服的人数高达 223 人，占受访人数的 74%。说明大多数人并不会对旧衣服进行变现处理，换个角度，大多数人手中旧衣存量较大，且没有合适的变现渠道。

旧衣变现意愿：结果显示有 267 人，占本题受访人数的 89%，表示"想试一下"。结合以上结果来看，阻碍大多数人对旧衣进行变现的因素可能正是交易、操作的便捷性。

旧衣变现心理价位："原价1000+的品牌衣服"在出售时的心理预期价位是多少？结果显示愿以接近2折出售的人数最多，有95人，占35%；愿以接近1折出售的人数次之，为75人，占28%；愿以接近0.5折出售的总人数为38人，占比14.3%；接近半价才愿出售的人为60人，占22.4%；非常少的人会接受以低于0.5折的价格出售。

结合以上因素和实际情况，大多数人都有旧衣变现的意愿，但苦于没有方便有保障的变现渠道，且变现价格达不到心理预期。多抓鱼可以考虑适当提高进价以吸引更多优质卖家，在平台服务上缩短服务链条，保证旧衣变现的高效快捷。

五、行业背景

多抓鱼的主业是耐用品循环回收，slogan是真正的好东西值得买两次。截至目前，多抓鱼已经卖出了2000万本二手书，在国内二手书市场上占有不错的市场份额。

多抓鱼的创办最初是受日本最大的二手书连锁公司BOOK OFF的启发。当时，创始团队到东京八王子的BOOK OFF旗舰店考察，发现不仅是书籍，凡是能想到的商品在那里都应有尽有，并且都可以用很便宜的价格买到，品类齐全到已经可以称之为一个生态小镇了。受此启发，多抓鱼的创始团队开始思考如何把这种便捷、实惠又充满乐趣的消费体验复制到国内，由此做了很多的本地化和线上化的尝试。

经过对市场的分析，多抓鱼认为服装循环过程中主要存在三个痛点：衣物回收存在源头性污染，小区服装回收箱中的衣物很容易被污染。

二手衣物精细化分拣难度大，行业利润低。国内一般的服装回收处理厂环境都很简陋，工人只是依据材质或厚度简单地对服装进行分类。基于这种分拣方式，一件纯棉的优衣库的风衣和一件纯棉的Burberry的风衣，它们的价值便是相同的，并不能产生更好的产值。实际上，这些二手衣物大多打着"工业废料"的名义，通过灰色渠道转运到第三世界，产值大概一吨牛仔2000元，一吨夏衣3000元，一件衣服1～2元。行业利润如此之低，导致难以产生创新。

难以低成本进行服装展示。二手服装一款只有一件，拍摄展示成本较高，但缺乏高质量的图片又会导致销售困难。

六、技术创新

多抓鱼为了二手衣物实现国内内循环，在用户手中的闲置衣物，付费回收，然后清洗、消毒、翻新，重新上架售卖这一整条链路里面面临着的许多技术问题，多抓鱼用了一系列创新的技术手段去解决这个问题。

1．解题思路一：不能让用户付出比下楼丢垃圾更高的成本

中国用户服装回收动力不足，怕麻烦心态占主导。所以希望做到能够让用户甚至不需要拍照，只需要点点手机屏幕就可以把衣服卖给多抓鱼，如果要实现这个，首先必须清楚一件衣服的一手价值是多少。

通过半年之内对几千个品牌在一手市场上的交易记录的抓取，发现看起来琳琅满目的定价只需要三个因素：品牌、类目、面料。

现在在多抓鱼卖衣服，比如风衣，1 秒生成价格，然后可以选择一个方便的时间，多抓鱼就会派顺丰上门去把衣服取走，就是这么简单，全程并不需要拍照，更不需要下楼，比丢垃圾还方便，同时还能获得几百块钱的收益，所以这个体验对于用户来说是非常友好的。

2．解题思路二：时尚生意需要有效地筛选流行与过时

多抓鱼怎么去发现一件衣服它的时髦程度呢？每件衣服到达多抓鱼之后，其实都会进行多达 70 多个字段的记录，包括传统互联网公司会有的一些线上的浏览数据、点击数据、独特的到货提醒，还有多抓鱼的线下数据，以及这件衣服诸多的测量值，例如说它的尺码、松紧度、图片。根据这些字段的采集，无论是通过数据统计的方式，还是机器学习的方式，可以有效判断一件衣服的售出概率，有了售出概率定价就变得非常简单。对于售出概率高的衣服，以高一点的折扣收，售出概率比较低，则可以以较低的价格收，甚至是不收。

通过数据的分析还可以发现市场上的一些流行趋势，例如在后台数据识别到在多抓鱼上卖得非常好的品牌，它们的市场份额虽然不高，但基本上一上架服装就会被秒抢。这些基本上都是年轻人非常喜欢的一些设计师品牌，有些是中国本地的设计师品牌。

3. 解题思路三：需要低成本让二手服装焕发魅力

多抓鱼的设计师、硬件工程师和软件工程师一起合作开发了一个拍照自动化的机器，实现了拍照、抠图、修图、调光、调色到上传完全的一体机。首先它会生成一些网格线，然后工人只需要把衣服摆在上就行了，无须任何操作，之后就开始自动拍摄，整个过程拍摄完毕，机器会根据整个参数自动设置它的曝光和白平衡，并进行修图和细节修正。拍摄效果类似日本的工装杂志。

这个过程甚至不需要上传，因为一件衣服都对应着唯一码，这个唯一码对应的所有物理信息早已经记录在案了，等拍照完成之后，衣服的页面就自动生成了，工人是只需要做摆放和回收的操作就可以，不需要再去判断哪一个图片是对应的哪件衣服。

经过统计，在多抓鱼一吨服装可以卖 25 万 ~ 50 万人民币，对比原先的回收模式有了 100 ~ 200 倍的提升。

七、渠道

多抓鱼营销渠道主要分为线上小程序：前台内容社区 + 后台精准回收系统模式，让 C2B2C 二手交易服务保证购物体验；线下实体店体验：探索式门店设计 + 回收模式，使相关的有趣活动形成体验附加值。

多抓鱼小程序上社区内容的呈现形式为书单，书单的主题由官方或用户组成的坐客鱼编提供，各主题下每位用户都可推荐书单并附上理由。书单的主题不像传统书店直接分门别类，而是从更细分的角度，如通宵读完的一本书。这样更易激发起一览书单的好奇心。

图 101　多抓鱼书单展示

除了二手书，多抓鱼还开拓了二手服装、电子产品业务，这让多抓鱼更像一家大型买手集合店。多抓鱼曾发布过一条关于其工厂作业流程的视频，介绍了后台由数据处理决定产品回收范围，保证产品的受欢迎程度以及收益。其鉴定真假、自动化消毒和重新包装的作业流程，保证了回收产品二次出售的质量。

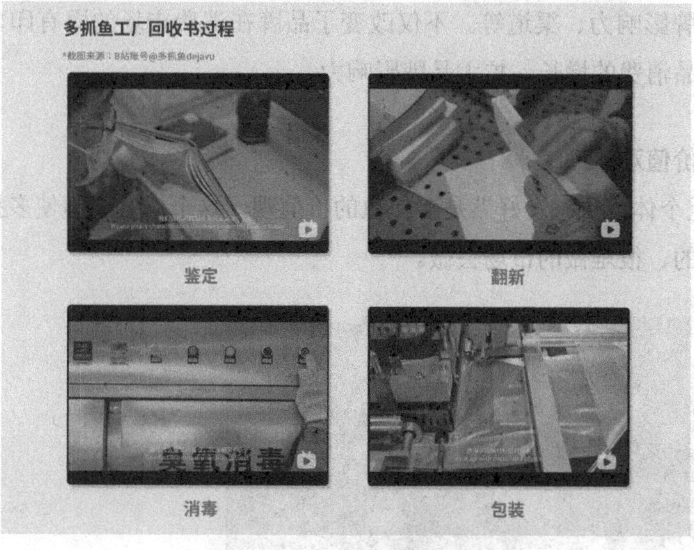

图 102　多抓鱼工厂的图书回收过程

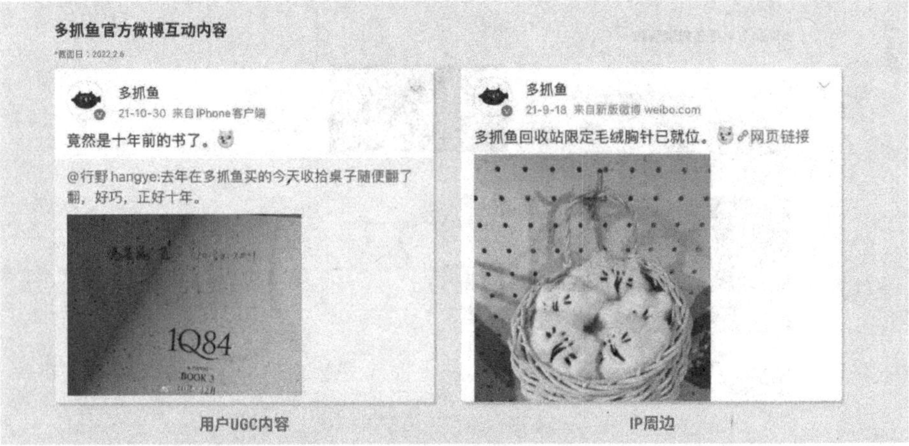

图 103　多抓鱼的微博互动内容

多抓鱼通过与品牌联名扩大品牌影响力。此前，多抓鱼与美国现代环保时尚品牌“Everlane”合作进行艺术装置展览，后来多抓鱼又携手“COS”在上海安福路“多抓鱼循环商店”三层，为二手衣服赋予全新空间，主题为“Dear Old Days”，挖掘每一件二手衣物所保留的珍贵回忆。COS（Collection of Style）是与 H&M 同集团旗下的服装品牌，其优质布料与简单的设计获得大量消费者的青睐。跨界联名活动能够让品牌之间进行资源整合，包括消费用户、品牌影响力、渠道等。不仅改变了品牌在消费市场的固有印象，也能够推动产品消费的增长，扩大品牌影响力。

八、企业价值观

“尊重个体，生态友好”是多抓鱼的价值观，这个价值观驱使多抓鱼专挑一些很小的、很难做的市场去做。

生态友好，是多抓鱼做一些生意，在创造利润的同时，它对于整个的社会环境、生态环境和企业用户的体验，都是有利的。而不是说利润自己赚了，但是把外部成本留给社会和自然，这是多抓鱼基于价值观而选取的生意模式。

服装行业其实是全球仅次于石油工业的第二大污染行业

多抓鱼从事的服装二次循环，除了直接增加回收份额，减少污染排放外，还通过对整个市场的循环链路的改良，带来行业的产值提升及用户体验的提升，让整个市场处于“体验－规－利润－创新投入”的正循环之中。

基于调研对多抓鱼未来发展的建议

通过多方面的市场调查、数据研究以及用户反馈，根据自身工作经验以及亲身现场走访企业后针对多抓鱼未来发展进行了全方位的讨论，并拟定了符合当今社会主流趋势、适配多种渠道以及兼具内容深度和广度的战略建议，为多抓鱼透过各行各业人士的见解拓展思路提供抓手。以下内容将通过产品、渠道及营销等三大类别给出本组建议。

一、产品类：深化产品优势，拓宽品类赛道

多抓鱼的二手循环服务始终是将其品牌与其他竞品产生差异化的强有力王牌。通过便捷、简明、人人皆可上手的优势，品牌的影响力逐步扩散。为了持续升级自身核心竞争力，多抓鱼通过多种方式面向消费者深化产品特色，并稳定拓宽产品类别范围将成为让多抓鱼持续领航的决定性武器。

1. 增加回收二手商品的品类

根据用户亲身经历和体验，多抓鱼回收的大多数为时尚、文学、心理学、小说等书籍，可在此基础上扩大回收二手书的品类，比如辅导书、练习册等学生用书。据市场调研发现很多中学生在家长定制的“题海战术”中，很多练习册甚至课本是没有拆封的，而大学生买来的雅思与四六级考试用书也多是八九成新甚至是全新。增加教学工具书类别的举措，既扩大了优质卖家的年龄段至中到大学生，同时也有效扩大了使用多抓鱼购买二手书的买家群体。

2. 增加适合二手循环服务的产品范围

可参考书店“三联韬奋”“Page One”“言几又”的复合商业模式。鉴于大多数多抓鱼用户是具有“文艺”细胞的人群，音乐消费也是一大市场，除二手书外，多抓鱼的二手服务完全可以参与到音乐市场中，例如增加二手CD、黑胶唱片等具有收藏价值和情怀寄托的产品回收服务线。数字音乐的流通给传统唱片业带来发展的停滞，但可以通过我们的努力，让仍然热爱传统唱片的消费者能够与拥有实体唱片的卖家通过多抓鱼进行交易，也是遇见更多与自己兴趣相投的朋友的契机。

二、渠道类：借助社交媒体有效赋能品牌，线上线下共同助燃循环理念

在新媒体大行其道的时代下，每一个人都离不开社交媒体来为自己汲取来自大千世界的生活养分，而这其中衍生的“种草”理念也深入人心。几乎每个人都曾被自己所常关注的自媒体账号“种草”并“拔草”过，而邀请博主进行带货也成为各大品牌几乎是必备的商业环节。多抓鱼作为广受Z时代人群欢迎的品牌，应当有效利用其自身作为环境友好品牌所自带的亲和度、美誉度和文艺感，借助多种线上渠道赋能品牌，与潜在用户产生友好互动，配合其核心服务，进一步助力自身理念的传播和推广。

1. 有效利用现实空间进行广告渠道投放，刷爆存在感

根据调研可知，目前市场对于消化高端品质的服装是有需求的，但是苦于认知的服装回收较少，且流程复杂而没有去售卖，这也对多抓鱼的未来发

展提出了方向。就目前而言，线下广告投放依旧是性价比较高的推广渠道。根据卖家画像得知，有相当一部分用户人群是精致的单身白领，他们其中有很多独居、中高收入、经常搬家、高端写字楼办公等画像特征，因此针对搬家整理收纳衣服的时候，才会想起将自己的中高端服装拿去第三方平台出售这一现象提出建议，多抓鱼可以有针对性地在高端写字楼楼梯间、搬家公司车身、搬家公司软件进行广告投放，营销效果可能会更为可观。

2．与抖音、小红书等头部分享类品牌进行联名合作

根据本组的市场调查报告显示，多抓鱼的核心用户所常用的社交媒体平台中，抖音、小红书、微博等App位居前三，是极佳的品牌意识植入群体选择。很多用户也会在此类平台分享对旧物出售的困扰，此类讨论几乎是该平台的常驻热门话题。经过此次调查我们还得出，调查对象群体中只有20%人知道多抓鱼，剩下80%的人群从未听过。如果这个时候他们能频繁在抖音、小红书、微博中看见多抓鱼服务的亲身体验，并有大量种草等文章涌入视野，很多人会抱着试一试的态度看看多抓鱼二手置换是否快速、安全，符合自己的期望。这时再搭配多抓鱼最具有优势的快递上门取件分析折算等服务，完全满足了现代人们的诉求。

三、营销类：多维度深入潜在用户周边，潜移默化地吸引兴趣重合群体

在信息爆炸的时代，许多消费者对于投放广告及种草的模式会产生轻微的抵触，在这种情况下我们可以选择多维度多线发展，不只是强硬地占据用户的手机界面，也可以借助多种趣味方式深入到现实生活中，让消费者被吸引后主动参与、主动接受直到主动“安利”给身边的人，这种模式有助于提升用户黏性并提升宣传深度和广度。

1．与大型书店联手助力二手循环服务推广

多抓鱼可与大型连锁书店例如新华书店、西单图书大厦甚至是网红书店等进行合作宣传，让买家去店里购买图书的同时，看到多抓鱼二手图书回收的宣传海报。购买新书和购买二手书的群体处于重叠但不对立的关系，

甚至是处于一种“生产者”和“接受者”的流水线关系，让购买新书的人知道自己手中的书本能够重获价值，自己也能在这个过程中带来收益，从而更加愿意购买新书，形成了一个合作闭环。同时，大型品牌书店的公信力极高，客群覆盖面广，能够潜移默化地为多抓鱼进行背书，将双方的用户进行有机结合。

2．玩转大品牌联名，强强联手

可与MUJI等同样热衷于回收服务的大品牌进行联合宣传，无印良品的环境友好、尊重自然的品牌理念正是多抓鱼做二手循环服务的初衷，双方可在推出联名款造势的同时，在线下店内设立多抓鱼二手回收服务台，在店里消费的顾客，不仅会了解到家中旧衣物的环保处理方式，还能间接地促进新衣服的购买兴趣，同时给线下实体店营业额带来增益。

3．设立“多抓鱼·亲亲地球循环节”作为品牌节，集中提供回收服务

根据我们市场报告显示，从来没有卖过衣服的人群高达受访人群的74%，而他们并非完全不想处理旧衣物，而是缺少一个合适的契机没有合适的变现渠道，从而不知道该如何处置。而在调研人群中卖过二手衣物的人会有接近一半的人选择在换季时候卖出，其余都是随缘出售。为此我们可以为此设立一个类似双十一的年度活动甚至季度活动集中提供回收服务，并在过程中提供可观的奖励吸引用户参与，比如当日折现衣服到达多少件或者多少金额，可以获得多抓代金券或者同等价值换二手衣服等活动，让人们感觉不仅处理掉了旧衣服同时还有点小赚不亏的感觉。

4．线下快闪体验店

快闪店是一种不在同一地久留的品牌“游击店”，也是现在比较流行且租用成本较低的线下临时体验店，在商业发达的地区设置临时性的铺位还可以帮助商业街聚拢人气。多抓鱼可以在双十一等特殊购物节日之后在比较短的时间内（若干星期）在热门商场或者社区设立线下快闪体验店，尤其抓住一些季节性、冲动性的消费者的“后悔时期”，既帮助了消费者处理“困扰”，

又能够提升品牌知名度和影响力。

同时，快闪店的门店风格更具有个性化和品牌辨识度，也可以增设一系列适合打卡的设施，包装成网红或者文青打卡圣地，吸引路人作为自来水参与到品牌体验和话题传播中，增加话题感与关注度，扩大多抓鱼的品牌影响力，同时同步配合在小红书等网络平台上推广，也不失为一种好感度强的软广方式。

欢乐传媒：IP 商业化如何做出破圈效应

欢乐传媒介绍

欢乐传媒以喜剧综艺节目投资、制作、广告销售、跨媒体整合营销和宣传推广为主要经营业务。近些年已成功推出大型综艺喜剧真人秀《笑傲江湖》《欢乐喜剧人》以及《喜剧总动员》等多部口碑载道、交口称誉的佳作。凭借着多档精良综艺节目，已跃升为集投资、制作、发行为一体的喜剧资源型平台企业。

公司一方面秉承“匠心”精神，打造最优质的顶级内容，另一方面与全国优秀的电视平台以及一流的互联网媒体已结成紧密的战略合作，垂直深耕喜剧产业，为观众传播欢乐能量，创造丰富感受的喜剧文化，成为中国喜剧产业资源的整合者及领军人！

欢乐传媒 IP1 商业计划

公司依托欢乐传媒喜剧产业链布局及内容矩阵，顺应新媒体兴趣电商和 IP 商业化发展趋势，为 IP 商业化提供专业解决方案，创立新的赛道，公司名称命名为 IP1。

公司愿景：做中国 IP 商业化运营上的赛道标杆

企业目标：TO BE IP 商业化领域的 NO.1

中文音译：爱皮玩，将有强烈价值认同的 IP 通过不同的品牌联合为大家提供好吃好玩的产品。

公司价值观：通过 IP 和大众生活需求双向赋能。

1．IP1 赛道分析

从全球的大环境来看，目前 IP 授权行业处于历史转折点，这要求行业从业者思考如何改变战略及以更有创意的方式从疫情中恢复过来。可以看出一些处于领先地位的品牌商如何在消费者行为不断变化的时代中持续创新，这种趋势预计将持续很长一段时间。

从我国国内环境来讲，无论是从业务场景联动的可操作性，还是从年轻用户群体的消费变化趋势和资本市场的价值预判来看，IP 商业化都是一个具有巨大发展潜力的赛道。但是目前国内并没有 IP 商业化运营的标志性企业。悦己型消费成中国消费动因，15～39 岁逐渐成为社会的消费主力；通过《2020 潮玩行业深度报告》预测，中国 2025 年、2030 年衍生零售市场规模为 1021 亿、1938 亿元。与此同时，资本市场对 IP 衍生市场的想象空间也已经被打开；到 2021 年年底，中国内地新增 260 余家潮玩相关企业，总量达 800 家，多家潮玩品牌获得了资本市场的青睐。

2．IP1 运营闭环

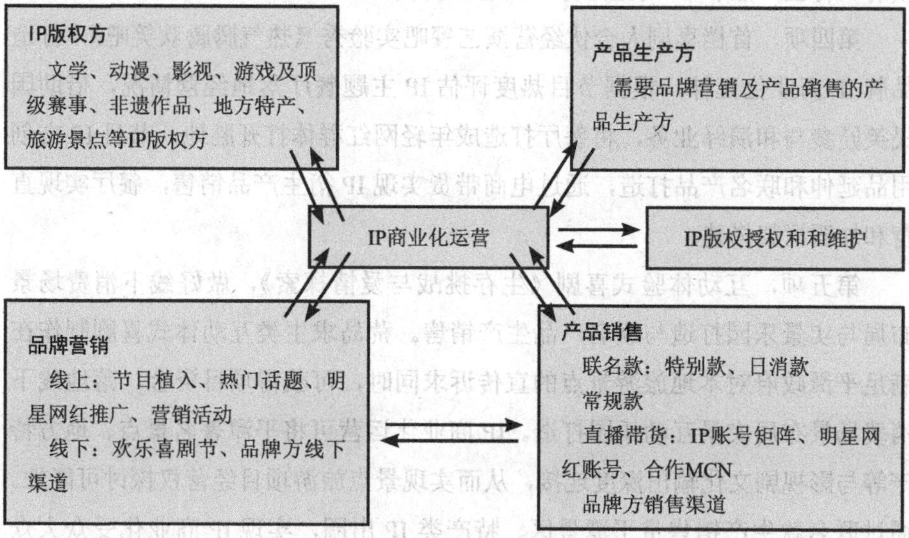

图 104　IP1 的业务介绍

IP1 商业化的业务优势主要有四点：第一，兴趣电商刚刚起步；第二，IP 商业化进入 2.0 时代，可顺势而为，踏实走好每一步，做雨后春笋；第三，依托欢乐传媒喜剧产业链布局，充分使用资源发展 IP 商业化；第四，顺应局势依托欢乐传媒背景，做好营销和产品销售两件事，打造案例标杆，为接入外部 IP 商业化运营打好基础。

IP1 主要业务有六项。第一项，IP 账号矩阵，做好官方账号矩阵和衍生账号运营两件事。IP 账号矩阵分为内容账号矩阵和电商账号两个板块；内容账号矩阵主要聚焦于官方账号矩阵、衍生账号矩阵和达人账号矩阵三个组成部分；电商账号目前规划：IP1 抖音官方旗舰店官方账号，主营 IP 联名产品、衍生账号垂直产品及票务、周边销售。

第二项，搭建欢乐自有主播体系，为线下消费场景演出人员梯队和电商带货主播梯队蓄能。欢乐传媒主播体系分为合作主播和自由主播两部分。自由主播主要筛选在自身粉丝细分领域有粉丝基础且具备与自身特长存在反差感主播。根据主播自身特色和资质定位包装培训及内容产生（短视频、音乐等），进入欢乐传媒艺人体系，为欢乐传媒综艺、电影及线下演出提供新鲜血液，也为电商带货主播梯队蓄能。

第三项，综艺真人秀《打卡吧！吃货团》的 IP 商业化，做好 IP 商业化政府、特色产品和 IP 衍生账号、内容矩阵商业化。

第四项，首档喜剧人合伙经营演艺餐吧实验秀《热气腾腾欢笑吧》，打造品牌 IP 商业化延伸，根据节目热度评估 IP 主题餐厅落地经营情况，借助国民笑匠参与和演绎业务，将餐厅打造成年轻网红群体打开胜地，节目 IP 文创用品延伸和联名产品打造，通过电商带货实现 IP 衍生产品销售，餐厅实现直营和加盟框架搭建。

第五项，互动体验式喜剧《生存挑战与爱情探索》，做好线下消费场景布局与实景乐园打造与联名产品生产销售。荒岛求生类互动体式喜剧制作在满足平潭政府对本地旅游景点的宣传诉求同时，可获得项目资金，落地线下消费场景布局实景互动乐园打造。IP 商业化运营可将平潭著名景点、地方特产等与影视剧文化输出深度连接，从而实现景点旅游项目经营权探讨可能性。通过联名款生产销售带平潭景区、特产类 IP 出圈，实现 IP 商业化受众大众化可能。

第六项，欢乐戏剧节 IP 商业化，做好优秀新人选拔筹备、优秀作品选拔和版权扩充、招商、联名生产销售等。欢乐喜剧节是喜剧艺术交流的平台，也是城市满足自身文化生活需要的选择，更是城市特色品牌和综合克争力的提升路径。最接地气的喜剧艺术形式走进民间通过 IP 商业化获得政府资金支持、政府配套资源，同时探讨文旅地产带动配套商业地产开发价值，让生活在这个城镇的人重新认识自己的文化与价值，并逐渐影响审美心理的变化和城市的气质，激发认同与情感共鸣，实现文化价值与商业价值的双向赋能。

欢乐传媒行动力学习总结

一、IP 及 IP 商业化概念

1．什么是 IP

IP 即英文 Intellectual Property 的缩写，直译为“知识产权”。但在我国实际使用语境中，IP 的概念得到了很大延伸，它可以是消费者喜欢的人物、故事，也可以是一台综艺、一个吉祥物、一款游戏，甚至可以只是一个理念，只要能够持续获得吸引力和流量的文化消费品，就能称之为 IP。业内专家总结，IP 特指具有长期生命力和商业价值的跨媒介内容经营。

近年来，随着媒介种类增多，IP 的来源也越来越丰富。在当下，除了文学、动漫、影视、游戏等传统的 IP 来源之外，社交媒体平台、文博机构，以及不少地方政府等也纷纷加入打造网红 IP 的潮流之中，成为不可或缺的新兴力量。

个人 IP。以李子柒为典型代表。着一袭古朴装束，在充满古意的氛围里，用古法的工序、传统的工具展现古风乡村美食文化。通过一系列独具特色的短视频，李子柒形成了“乡村古风生活”“传统美食”等身份标签，其产品由短视频延伸至食品、电商领域，实现了个人 IP 的拓展和变现。

文博 IP。近年来，一些广播电视和文博机构借国风浪潮创设 IP。河南卫视春晚，一曲《唐宫夜宴》在网络上爆红，“唐宫小姐姐”极具辨识度的 IP 形象，让其成为文创界的“新宠”。河南博物院反应迅速，开发了《唐宫夜宴》

系列IP衍生品，“仕女乐队”盲盒一经推出便成了爆款。

城市IP。西安的不倒翁小姐姐、长沙的茶颜悦色、成都的大熊猫……这些IP的走红让公众关注到一个崭新的领域城市IP。放眼世界，城市IP的概念早已有之，许多知名城市都有自己的吉祥物，它们往往承担着推广地方旅游的重任。日本熊本县的熊本熊就是城市IP中最知名的一个。

2. 什么是IP商业化

从欢乐传媒的定义“无IP，不商业”可以看出，IP是商业化的基石，IP是商业的使命，没有IP的企业或文化、品牌、影视作品等，永远只能“就事论事”，而不是“就事论商”。

IP就商业经济社会而言，实际上是社会的无形资产，也是商业资产的重要部分。文化内容IP化，推进商业的IP化，将商业从物质资产管理提升到无形资产管理，实现以精神服务为核心。IP是文化与商业之间的桥梁，商业需要文化的加持，甚至需要建立良性的文化引导和信仰，而文化需要商业的价值体现，需要商业的推广，在文化与商业之间，IP即成为实现两者目的的核心纽带。

IP商业化简单总结三点：品牌价值的传递，可供多维度开发的文化产业产品，拥有更大商业想象空间的产品组合。

二、打造爆款IP的两大条件

在互联网经济时代，非常流行爆款这一说。无论一个品牌还是一个产品，只要成为爆款，就意味着占领了市场，获得了大众的认可。

那么如何打造爆款IP呢？首先需要了解一个IP是如何进化的。IP的进化过程大致可分为三个阶段：起源层、发育层和获利层，这也是一个作品最终能成为具有高价值IP的必经过程。

第一个是起源层，IP的源头阶段。它可以是小说、漫画、动画、电影等，也是IP产业链的最低端。这个阶段是以众多企业或个人的智力投入为主。

第二个是发育层，IP的发育阶段。它是IP产业链的中端，主要是以互联网、出版社、影视公司等为代表的IP开发平台，以投资入股、买断版权、提供报酬等方式，向原始IP提供适应性改造建议和展示、销售平台。这个阶段的作用是进一步扩大IP的影响力，以获取更多的受众。

第三个是获利层，IP的收获阶段。通过前两个阶段的创造和建设，IP已经能够在多个领域进行套现。它是产业链的最高端，即影视巨头和互联网巨头对优质IP进行二次开发或多次开发。具体就是通过小说、影视剧、娱乐节目、游戏、动漫等不同形式的开发，产生忠诚度较高的核心用户群体和协同效应，从而提高IP的增值变现能力。

从这个角度来看，一个IP从最初的作品成长为具有高价值的商品需要经历非常漫长而曲折的过程，可以说是多方精心打磨、相互合作、共同努力的结果；同时还需要运气的光顾，毕竟并不是所有的IP都能成为爆款IP。

一个成功的"IP开发"应该围绕IP的商业价值在不同领域进行反复开发，直至让IP的核心生产力充分发挥出作用。然而，任何一个IP从作品到商品的成长过程中，其价值都是在不断发展变化的。可见，要成为爆款IP必须符合两个条件：一是已经获取了价值外溢，有一定程度商业化运作的基础；二是前期积累了大量的忠诚粉丝。如《神偷奶爸》系列喜剧3D动画电影，曾创造了轰动一时的票房纪录，被认为是当时的一个爆款IP。而其最重要的一个标准就是符合以下两个条件：一是获得大量观众的认可，屡创票房纪录；二是经过一系列的商业化运作后，其衍生价值得到了尽可能的放大。尤其是对影片中的主人公角色小黄人进行延伸打造，使得与之有关的纪念品、影片、游戏层出不穷，如《迷你小黄人》《小黄人大眼萌》便是其最成功的产物。

只要认真梳理就会发现，凡爆款IP都符合以上两个条件，这也是目前IP的商业逻辑。其实方法很简单，就是在现有IP的基础上不断开发出更多的IP，以吸引更多的粉丝和消费者。因此，业界很多人认为，爆款IP的标志或者将爆款IP运营到极致的标志，就是其衍生品也十分受欢迎。通过纵横联合的方式将利益最大化，是打造精品爆款IP衍生品的商业逻辑。

为了更好地理解这个概念，要抓住以下两个关键词：

精品化。所谓的精品化就是质量上乘，一定要能引起人们足够的关注，并且发自内心地喜欢。如很多毛线公仔，曾经也是以打造爆款IP的标准来开发的，但最终结果不甚理想，定价高、质量差，给粉丝的感觉很不好。反观迪士尼授权开发的毛线公仔，定价虽高但质量上乘，无论大人还是小孩都喜欢，而且很多人愿意买来赠送给朋友。可谓名副其实的爆款IP。

纵横联合。什么是纵横联合？简单来说就是联动厂商和各个销售渠道，甚至自建渠道打通市场，让产品最大限度地被更多消费者所熟知。日本动漫爆款IP衍生品的操作在这方面就十分到位，衍生品专卖店和授权店遍布全国各地，甚至还有各种线下活动或签名活动。

爆款IP的商业逻辑其实很好理解，总结起来就是“做好产品，将更多能帮自己变现的合作伙伴及渠道纳入一个良性运作的体系”。IP的商业运作实质上就是一次流量的迁移，从一个大IP中分化出小IP，以实现跨平台、低成本、高价值的传播；即使价值的可挖掘性有限，但成本低也会吸引很多企业去做。这也是现在很多企业大量收购、囤积IP版权的原因。

如今有很多企业、行业大咖、明星艺人都开始培育自己的IP，例如罗振宇、罗永浩等借助自媒体和自身内容的生产力聚拢粉丝实现自带流最和势能，不仅降低了引流成本，而且还摆脱了单一平台的制约，从而做到了跨平台进行流量分发。

随着各种互联网红利的耗尽，营销成本在不断增长，流量已被大的平台垄断。在这种情况下，品牌急需要低价、精准的引流。而IP化运作符合绝大多数企业，尤其是中小企业、个人品牌的期望值，这从网红经济的兴起就可见一斑。通过网红个体引流的成本要比平台低很多，而且更加精准，也更容易提高品牌黏性。

三、打造高价值IP的关键点

1．确定主题，根据主题搜集素材

一个好的IP首先要有好的内容，如选材新颖，主题积极向上，符合大众阅读、观看的口味，满足大家的体验需求。为了达到这些目的，就需要有大量好的素材来支撑。就像画一幅画需要画笔、画纸、染料，盖一座房子需要石头、木料、泥土一样。创造卫也需要相应的素材，而素材选择是否得当在很大程度上决定着IP项目的最终形成。素材是组成IP项目最重要的因素，IP项目质量的高低首先取决于选自什么样的素材。

2．精准定位，圈定目标群体

任何 IP，无论是一部作品还是一个人，当大众一提到时就能联想到超脱他自身以外的很多东西，这就是定位的作用。只有定位明晰、精准，才能给人留下深刻的印象。比如在今天的文化消费市场上，有一个人就不得不提郭敬明。他是一个把商业写作和消费生活一体化、具有巨大商业价值的人，俨然已成为 当今文化市场的标杆、文化符号和最有价值的人物 IP。

3．制造引爆点，切中用户需求痛点

一个 IP 项目要想成为热点 IP、顶级 IP，在市场上引起关注甚至轰动，关键就在于要有引爆点。引爆点就是用户的痛点，只有切中痛点才能满足他们的心理需求。这就好比销售一种产品，如果产品本身没有特点，或者在宣传、推广上没有体现出自己的优势，恐怕很难会被消费者认可，更不用谈销量了。一个 IP 要如何打造爆点呢？这就需要创作人员在定位上善于思考、善于创新、善于把握市场的需求，同时在内容上尽可能地表现出来。

4．寻找差异化，有特色才有竞争力

综观那些好的 IP 项目，多是很“自我”的。这里的“自我”不是指自私，而是指独特，突出差异性。随着 IP 市场竞争的日益激烈，同质化现象十分严重，这个问题在行业内已经非常普遍并引起了行业、媒体的高度重视。优质的 IP 已成为稀缺资源。差异化是生产者向市场提供有独特利益，并取得竞争优势产品的过程及结果。无论是事物还是现象，或者是形式，都需要有一种差异化的定位，才能凸显出自身的独特魅力。打造 IP 也是如此，要想脱颖而出就必须实现差异化。值得注意的是，差异化并不是全面推翻旧有的。推出新花样，在某种程度上讲就是围绕一个点、一个思想、一个观点 一向话、一个人物形象，甚至一个细节等。这些往往会成为整个作品的爆点，而引起大众的广泛关注。

5．注重情感，有温度的 IP 才更感人

在创作 IP 内容时，首先要讲好一个故事，即用创作故事的思维去做 IP。

在故事的创作过程中，一个重要的因素是不可忽视的情感。故事的创作过程就是一个情感的代入过程，即通过丰富的情感来影响读者、强化读者对内容的忠诚度。与其将 IP 看作一个冷冰冰的产品，不如看作一个富有生命力的作品。产品往往是功利性的，企业生产一个产品最终的目的就是盈利；而作品往往是富有情怀的、有温度的。作家创作一个作品重在与受众进行沟通，建立情感共鸣。所以，创作 IP 需要先建立情感基础，再去谈市场价值。也就是说，IP 必须打通“受众的情感”。在互联网、移动互联网时代，每个人面对的、接受的信息非常多，因而拥有了更多自主选择的机会。在这种背景下，如果不尊重与迎合用户的情感，发出的营销信息被用户关注、接收、认同的概率就会明显减小。

修正集团：
处方药和中成药对外宣传如何破局

药企行业的市场营销现状与传播案例

一、药品市场流通现状

根据商务部发布的《2020年药品流通行业运行统计分析报告》，2020年全国药品流通市场销售规模稳步扩大，但增速放缓。统计显示，全国七大类医药商品销售总额24149亿元，增速同比放慢6.2个百分点。其中，药品零售市场5119亿元，增速同比加快0.2个百分点。到2020年年末，全国共有药品批发企业1.31万家；药品零售连锁企业6298家、下辖门店31.29万家，零售单体药24.10万家，零售药店门店总数55.39万家。

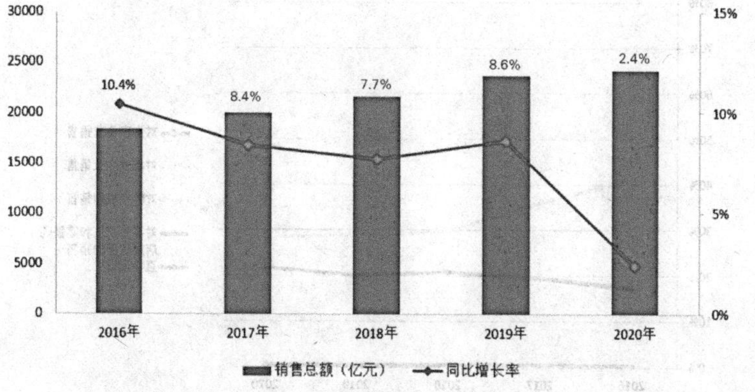

图105　2016—2022年药品流通行业销售趋势

按销售品类分类，西药类销售居主导地位，销售额占七大类医药商品销售总额的 71.5%，其次中成药类占 14.1%，中药材类占 2.3%，以上三类占比合计为 87.9%；医疗器材类占 7.4%，化学试剂类占 0.7%，玻璃仪器类占比不足 0.1%，其他类占 4.0%。

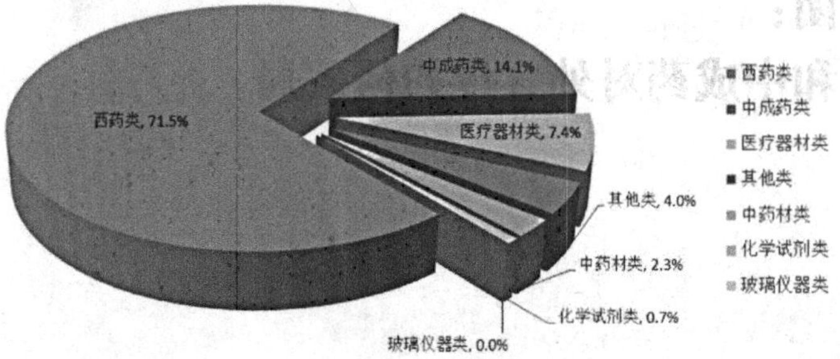

图 106　2020 年全行业销售品类结构

按销售渠道分类，2020 年对生产企业销售额 121 亿元，占销售总额的 0.5%，同上年持平；对批发企业销售额 6881 亿元，占销售总额的 28.5%，同比下降 0.5 个百分点；对终端销售额 17079 亿元，占销售总额的 70.7%，同比上升 0.4 个百分点；直接出口销售额 68 亿元，占销售总额的 0.3%，同比上升 0.1 个百分点。在对终端销售中，对医疗机构销售额 11851 亿元，由于 2020 年医疗卫生机构诊疗人次的下降，占终端销售额的比例由 2019 年的 71.5% 下降至 69.4%，同比下降 2.1 个百分点；对零售药店和零售药店对居民的销售额 5228 亿元，占终端销售额的 30.6%，同比上升 2.1 个百分点。

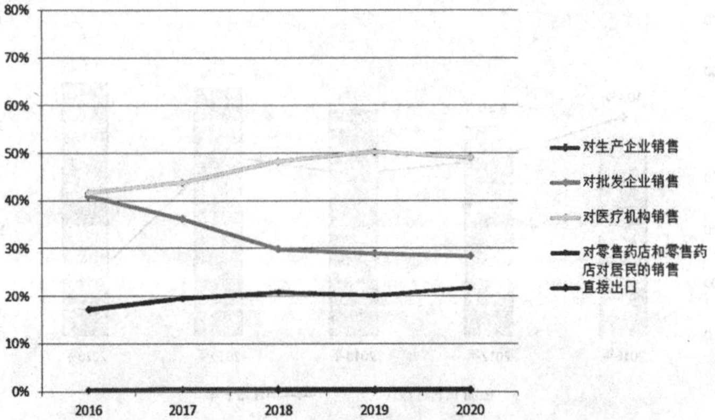

图 107　2016—2022 年药品流通行业销售渠道占比

2020年，全国六大区域销售额占全国销售总额的比重分别为：华东36.1%、中南27.0%、华北15.2%、西南13.3%、东北4.4%、西北4.0%。其中，华东、中南、华北三大区域销售额占到全国销售总额的78.3%，同比上升0.1个百分点。

三大经济区药品销售额占全国销售总额的比重分别为：京津冀经济区12.8%，同比下降0.7个百分点；长江三角洲经济区26.5%，同比下降0.2个百分点；珠江三角洲经济区10.6%，同比上升0.4个百分点。2020年销售额居前10位的省市自治区依次为：广东、北京、上海、江苏、浙江、山东、河南、安徽、四川、湖北。

二、药品企业情况

1. 药品生产企业情况

全国有效期内药品生产企业许可证7690个（含中药饮片、医用气体等），从所生产产品类别看，生产原料药和制剂的企业有4460家，生产化学药的企业有3519家，生产中成药的企业有2160家，生产中药（含饮片）企业4357家，生产医用气体的企业有671家，生产特殊药品的企业有224家。

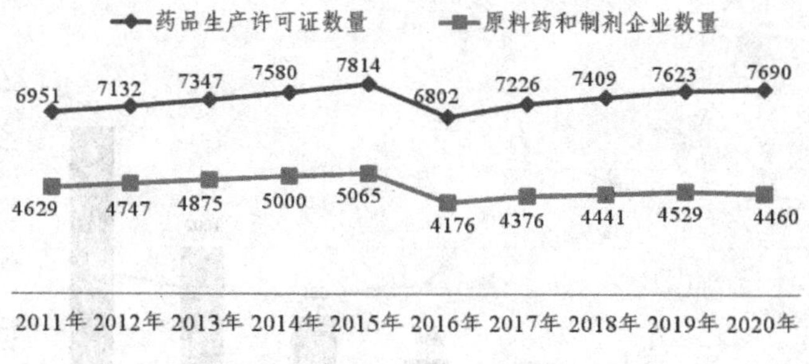

图108　2011—2020年药品生产企业数量变化趋势　单位：件，家

2. 药品经营企业情况

截至2020年年底，全国共有《药品经营许可证》持证企业57.33万家。其中，零售药店24.10万家，占经营企业数量的42.03%，零售连锁企业和门店数量31.92万家，占比55.68%，批发企业1.31万家，占比2.29%。

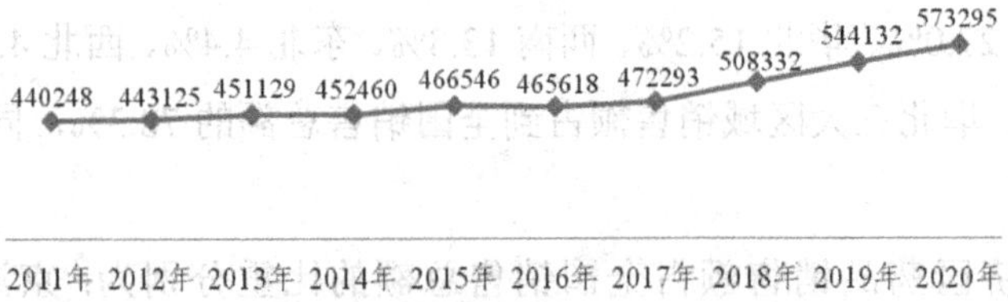

图 109 2010—2019 年药品经营企业情况 单位：家

信息来源：《药品监督管理统计年度报告》2020年

三、药品线上销售迎来快速发展

我国现有的网上药品销售模式主要有四类：线上零售自营模式，如阿里健康大药房、京东大药房；线下实体零售药店自营电商模式，与传统医疗机构药房和社区药店相比，网上药店打破了地域空间的局限，具有明显的时空优势。同时，互联网平台具有人机互动性、可实时在线咨询交流等特点，有助于为患者提供个性化的医药服务，方便消费者快速获取药品信息。

2020 年受新冠肺炎疫情影响，中国网上药店销售额大幅增长。2020 年中国网上药店（含药品和非药品）销售额达 1593 亿元，较 2019 年增加了 591.00 亿元，同比增长 59.0%。

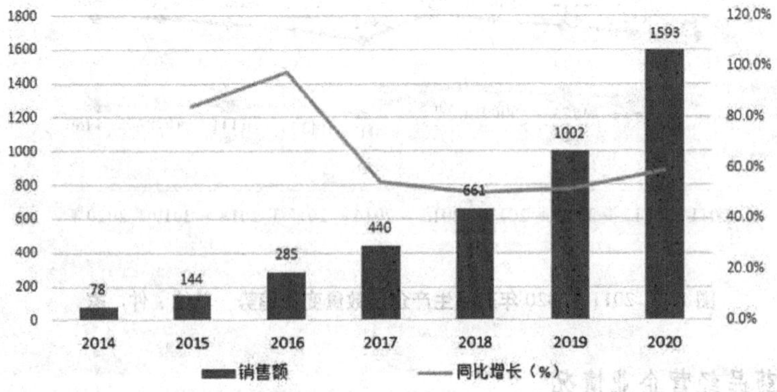

图 110 2014—2020 年中国网上药店（含药品和非药品）销售额统计（亿元）

中国网上药店（含药品和非药品）销售额占药店（含药品和非药品）销售总额的比例逐年攀升，2020 年中国网上药店（含药品和非药品）销售额占药店（含药品和非药品）销售总额的 22.20%，较 2014 年的 1.90% 增长了 20.30%。

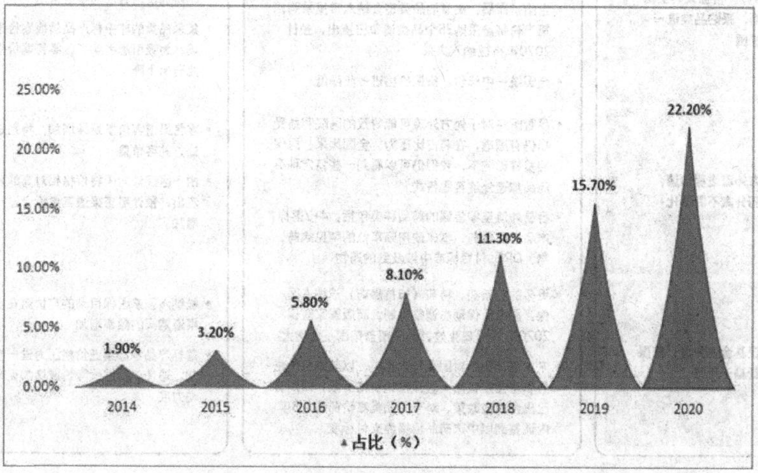

图 111　2014—2020 年中国网上药店（含药品和非药品）销售额占药店（含药品和非药品）销售总额的比例

信息来源：数据来自行业研报

随着医药分开、一致性评价、带量采购、疾病诊断相关分组（DRGs）等政策逐步落地，“处方外流”进一步提速。新冠肺炎疫情爆发后，门诊停诊，住院病人量下降，又助推量处方药销售的院外迁移。新形势下，零售渠道对制药企业的战略意义越来越高。与此同时，随着 B2C、O2O、互联网医院等新模式的出现，线上零售发展迅猛，对企业战略调整也提出更高的要求。

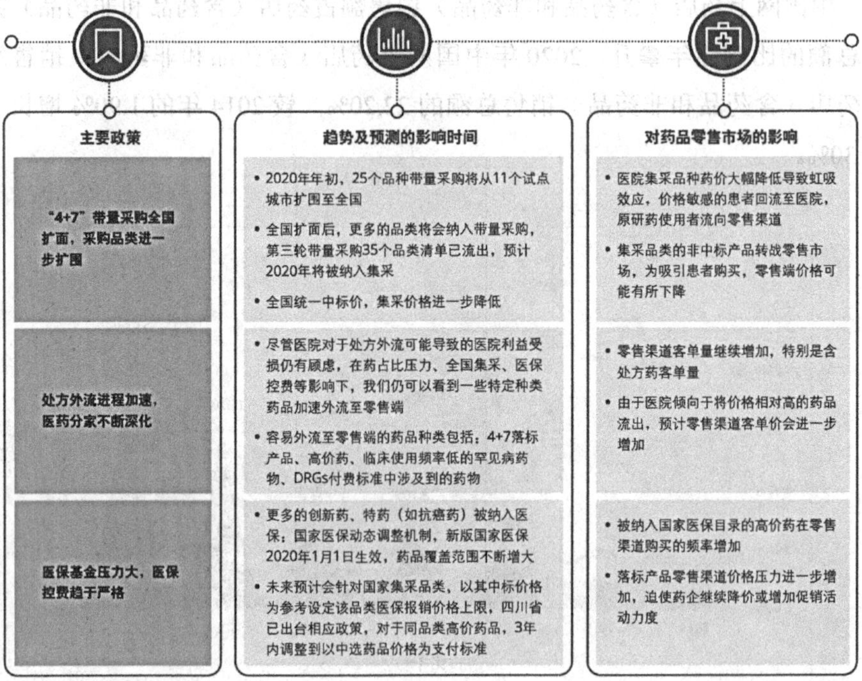
主要政策
"4+7"带量采购全国扩面，采购品类进一步扩围
处方外流进程加速，医药分家不断深化
医保基金压力大，医保控费趋于严格
趋势及预测的影响时间
• 2020年年初，25个品种带量采购将从11个试点城市扩围至全国
• 全国扩面后，更多的品类将会纳入带量采购，第三轮带量采购35个品类清单已流出，预计2020年将被纳入集采
• 全国统一中标价，集采价格进一步降低
• 尽管医院对于处方外流可能导致的医院利益受损仍有顾虑，在药占比压力、全国集采、医保控费等影响下，我们仍可以看到一些特定种类药品加速外流至零售端
• 容易外流至零售端的药品种类包括：4+7落标产品、高价药、临床使用频率低的罕见病药物、DRGs付费标准中涉及到的药物
• 更多的创新药、特药（如抗癌药）被纳入医保；国家医保动态调整机制，新版国家医保2020年1月1日生效，药品覆盖范围不断增大
• 未来预计会针对国家集采品类，以其中标价格为参考设定该品类医保报销价格上限，四川省已出台相应政策，对于同品类高价药品，3年内调整到以中选药品价格为支付标准
对药品零售市场的影响
• 医院集采品种药价大幅降低导致虹吸效应，价格敏感的患者回流至医院，原研药使用者流向零售渠道
• 集采品类的非中标产品转战零售市场，为吸引患者购买，零售端价格可能有所下降
• 零售渠道客单量继续增加，特别是含处方药客单量
• 由于医院倾向于将价格相对高的药品流出，预计零售渠道客单价会进一步增加
• 被纳入国家医保目录的高价药在零售渠道购买的频率增加
• 落标产品零售渠道价格压力进一步增加，迫使药企继续降价或增加促销活动力度

资料来源：专家访谈、德勤分析

图 112　主要政策对于药品零售市场的影响

药企行业的品牌传播现状

一、药企当下的新媒体传播机遇和数字化转型

1．"互联网 +"对药企传播的助推

近几年，国家药品带量采购来势汹涌，新政策法规密集出台、医疗机构自身的改革加速，整体医疗市场的复杂程度加深和成本压力上升，导致传统营销分崩离析。在行业变革及新冠疫情影响下，大批医药企业探索医药数字化营销新模式，借助行业"互联网 +"新变化来获得发展的契机。

"互联网 +"对药企的真正含义是资源整合、获得发展新动力。增加了品牌建设渠道、主销产品的销售渠道以及与消费群体链接的渠道。对医药企业业务拓展来说，可通过药械网直供民营医院、诊所或药店，促进产品上量的同时，为药企布局非公医疗市场搭建桥梁，实现铺货渠道多样化，均匀化。“互联网+”对医药企业来说，可以达到医药产品、医药电商平台和医疗机构三点对接的新的产业链形态，强化竞争力，有利于合规经营。帮助合作客户对主销品种进行推广和促销，为合作客户提供增值服务，树立品牌良好形象。

2．药企数字化营销传播的挑战与机遇

医药企业借助医药电商体系构建数字化营销平台，降低交易成本，提升交易速度、强化增值服务，进一步加快转型升级，提高核心竞争力。其最重要的目的是为消费者、合作客户和终端提供更专业的增值服务，提供更为有效的更为便捷的合作体验，让药企的众多消费者、合作客户和终端更为长期的粘结到药企的品牌上来。

药企与第三方平台公司的合作已经成为一股热潮，诸多制药企业与第三方平台公司建立了各种合作关系。但平台公司到底能够帮助制药企业提升多少销售额仍有待考证。当前阶段，通过数字化工具与处方医生开展信息传递和沟通，大多数情况下传递信息的效率有待提高，这种创新模式只是影响医生处方行为很小的因素。此外，事实证明，通过数字化工具对患者进行健康管理来提高用药依从性的效果也一般，往往需要对患者进行反复提醒并希望他们上传数据等，对制药企业来说，未必是个最好的投资。

二、药企宣传的行业限制与相关法律法规

2020年3月30日，《药品管理法》两个重要配套规章新修订《药品注册管理办法》和《药品生产监督管理办法》正式对外公布，自2020年7月1日起施行。业界对此反响强烈：“中国医药创新正在从全球创新药物的‘跟随者’迈入‘并行者’并向‘领跑者’奋进。”药品标准方面，2020年7月2日，2020年版《中国药典》正式对外公布，共收载品5911种。新版药典的颁布实施将对保障药品质量、维护公众健康、促进医药产业高质量发展发挥重要的作用。

由于医药领域专业性强，普通消费者难以区分使用各类医药产品，或较难判断医药广告信息的真实性、合理性，有可能误用医药产品甚至加重病情，

因此我国对医药广告的监管相较于一般产品广告更为严格。医药广告的监管涉及到的法律法规有：《广告法》《广告管理条例》《医疗广告管理办法》《药品、医疗器械、保健食品、特殊医学用途配方食品广告审查管理暂行办法》《药品管理法》《食品安全法》《反不正当竞争法》《著作法》《商标法》《消费者权益保护法》等。

针对我国相关医药广告法律法规规定，广告发布建议如下：

事前分类：医药企业在发布广告前，应当仔细分类本企业产品所属的类别，针对禁止对外发布或限制发布广告的产品，应放弃采取广告作为宣传推广的方式。

前置审批：及时向广告审查机关申请审批，获得批准文号，未被批准则不先行发布。

加强封控：构建广告合规管理体系，联合企业内部的法务、合规风控等部门，引入专业律师事务所等外部资源，定期对已经发布的广告进行排查整理，注意停止发布相关专利已过期的、广告批准已过期的广告。

关于处方药的传播研究

一、处方药的定义和现有的传播分析

1．处方药的定义及相关特点

处方药的定义：药品是一种特殊的商品，既有治疗属性也有商品属性，我国自2000年起依据药品的安全性、有效性原则实行处方药（Rx）和非处方药（OTC）药品分类管理。处方药（Rx），必须由通过国家相关医学考试和相关部门审核通过后具备处方资格的医生开具处方，以此作为凭证才可到医院门诊药房或连锁药房购买的药物。通常情况下，这种药物具有一定的毒性及其他的副作用影响，其服用剂量、次数、时间都有相应的要求，是必须在医生指导下使用。

列入到处方药管理目录的药品多具有一定毒副反应，或是存在可能发生的不良反应，其主要特性如下：

质量标准严格：跟非处方药相比，处方药标准更加严格，必须通过国家三期临床试验才可用于临床使用。如果处方药的安全性和有效性不符合国家法定标准，一方面药物疗效就会大幅降低，另一方面表现在毒副作用成倍上升，势必将会对患者的身体健康造成极大的伤害。

专业技术性强：首先，处方药研发过程需要投入大量专业技术人才以及专业技术仪器，相关人员需要较强的专业技术，在遵守法律法规尊重医学伦理的情况下，才能对处方药安全成分进行界定与判断；其次，市场监管过程中，需要投入借助专业性的检验方法和专业性仪器。

患者低选择性：处方药具有必须由医师或助理医师开具的属性，当患者进入医疗机构进诊疗时，需要依赖执业医师对疾病知识的诊断开具相适应的药品，同时处方药的使用过程中也需要执业医师或执业药师对病患进行指导。

2．处方药的传播现状

处方药在我国需要经过研发上市、生产、药品招标、医院准入、物流配送、医生处方、患者支付七个环节才到消费者手上。因此，处方药营销环节涉及众多层级客户，包括政府药品招标部门人员、医院药事委员会成员、具有处方权的医生、患者。当然处方药也可以不通过公立医院，尤其是口服处方药（不含毒、麻、精）可以在私人诊所，药店凭借医师或药师处方销售。

处方药的传播特征有以下几点：

特殊性高：药品是特殊的商品，与人民日常生活息息相关，关乎人的生命健康，尤其是处方药，从研发、生产、销售、使用、购买支付均是国家严格监管的对象，有一定的行业和产品属性特征。

专业性强：药品知识的专业性导致使用者和决策者分离，对销售人员的专业学术水平要求较高。由于多数消费者医药学知识匮乏或不足，处方药的主要消费途径是由医师或药师处方或推荐给消费者，导致处方药消费时需要使用什么药品、需要多少，需要什么品牌等相关因素的决策权不在消费者手上，多数在处方医生手中，因此处方药企业不仅关注患者需求，更多的考虑处方医生行为特征。

宣传受限：我国药品管理法明确规定，处方药不能在大众媒体上针对公众宣传，只能在指定的医药学专业期刊上宣传，宣传用语等内容受到严格的管理和限制。一般只能按说明书批准的内容进行宣传。一律不得在大众媒体以其他方式对公众对象做宣传。

价格受控：处方药价格受国家严格管控，在公立医疗机构销售时，国家集采中标或谈判目录的产品价格不能高于国家集采价格、谈判价格；未进入国家集采目录的药品价格不能高于省级招标采购价格、挂网交易价格，未中标（挂网）的产品不得在当地医疗机构销售。

渠道终端专有化：国家对药品流通渠道进行了严格规定和监管，处方药只能在医疗机构（各级医院）、药店、私人诊所销售，渠道具有一定的专有属性。

二、处方药宣传面临的问题与限制

传播策略单一。随着市场环境的成熟，越来越多的广告信息的干扰，消费者对传统媒体厌烦，企业单一的传播策略显然不适应市场发展的要求。中国的医药企业对大众媒体广告的依赖性很强，在与消费者的沟通中，大多以广告猛砸、药店义诊、免费试用为主，缺乏创新与实效，传播手段简单，忽略了对医生的直接推广和其他的推广方式，对国际的流行的处方药推广方式没有很好的吸收利用，忽视了自身资源的合理利用，缺乏整合营销思路。

忽视品牌形象。许多医药企业只考虑广告投入的短期效应，在产品功效上大做文章，而忽视品牌形象的塑造。一些打擦边球、夸大疗效、利用医生、患者形象做宣传的行为比比皆是，请明星做“体验式代言”的广告层出不穷，但真正具备品牌意识、注重品牌形象策划与传播的企业太少。因此，那些靠大打广告尝到甜头的企业只能提高了品牌的知名度，并没有塑造出良好的品牌形象。有的企业把产品销量作为企业追求的最大目标，认为做销量就是做品牌，只要销量上来了，品牌自然会得到提升，有的企业认为投资品牌会花费很大，而且似乎不着边际，不如打广告战促销来得实在，这都是非常错误的观点。

渠道掌控不力。广告禁令前的医药企业，只注重“拉式策略”，通过大众媒体广告拉动需求，而淡化了“推式策略”，松散了和经销商、医院、药店的合作关系，忽视了分销渠道管理，渠道运作效率低下。在对渠道成员的激励和沟通中，以简单的返利、提成、礼金等形式为主，甚至进行贿赂，破坏了行业氛围，企业容易陷入被动局面，不利于渠道管理和发展，甚至造成管理失控的局面。

产品线欠合理。处方药多为上市5年内的新药，利润大多超过产品成熟、竞争对手较多的非处方药（OTC），因而许多医药企业只把光盯在了处方药的生产与营销上，而整个产品线中无OTC产品，影响了企业和品牌的整体推广。还有不少企业产品线过长，众多不同功效的产品全部推向市场，导致产品个性化不足，没有真正站得住的主导产品，市场影响力较弱。

三、处方药当下的传播机会

处方药的传统宣传手段主要有以下几种：临床拜访：处方药厂家通过医药代表，对医生进行拜访，建立联系，宣传处方药。组织学术会议：通过召开学术会议，邀请知名专家介绍使用本厂商处方药的经验、临床研究的成果，使得参会医生加深对本厂商处方药的认识与认可。开展临床研究：通过与有代表性的医院、专家合作开展临床研究，获得证明处方药疗效的循证证据，借以影响更多的医生认可本厂商处方药。征集应用文章/发表论文：通过发表论文、征文，借以影响更多医生的处方决策。制定诊疗指南/专家共识：通过制定治疗指南、专家共识，方便更多医生开处方时，优先选择本厂商处方药。

品牌传播/新闻稿、公益活动：通过参与公益活动、发布品牌新闻，提升品牌知名度与美誉度，一方面影响医生决策；另一方面也提升了患者对品牌的认知度。专业媒体广告宣传：通过在专业媒体上投放广告，提升品牌在医生群体中的认知度。

营销模式的数字化、宣传渠道的数字化、销售渠道的数字化，为处方药的传播带来了新的机会。

现有营销模式数字化是指单纯将现有线下的营销场景切换到线上。例如将面对面的拜访转化为在线拜访，将原有的线下讲座转化为线上直播等。提供这类服务的主要是技术型公司，他们设计数字化工具解决处方药厂商的需求，将多种功能集成到SaaS系统。SaaS系统将网络科室会、在线拜访、虚拟代表、医患管理工具等多种功能集合打包提供给处方药厂商，提升了处方药厂商开展宣传的效率，并节约了大量成本。

SaaS 系统不仅带来线上营销的便捷性，还方便进行数据收集和统计。每一个线上的行为都会留下数据，通过数据分析了解每一个客户的活跃情况、药品观念、内容喜好等，最终实现对客户的个性化精准营销。SaaS 系统可使药企快速搭上数字化营销的列车。

宣传渠道数字化是指通过互联网平台进行医生教育和患者教育。这些平台主要包括医生社区、患者社区、大型互联网平台（抖音、微信、微博、小红书、知乎等）。这些互联网平台通常有非常庞大的目标用户群体，可实现更广泛更高效的目标用户触达。为处方药厂商的数字化传播带来新的机会与无限的想象空间。拥有专业内容运营人才的处方药厂商，熟知医生和患者痛点，可以开展精细化的策划和运营，更有能力设计出个性化的数字营销玩法，获得强大的竞争优势。

四、处方药传播新方向的思考与建议

由于处方药购买和使用的特殊性，处方药的传播宣传在渠道上有很大的限制，如何打开处方药传播新方向，可以在以下五个方面作好文章：

塑造良好的品牌形象。在品牌繁多、竞争激烈的处方药市场，良好品牌形象的塑造具有重要的意义。良好的品牌形象就是质量的保证，代表了信赖与安全，忽视品牌形象的推广，往往造成流星效应。所以，打造良好品牌形象的首要前提是要有过硬的产品品质，品质是品牌的生命，没有良好的品质，任何推广只会加速它的一败涂地。

重视医药代表的培训和管理。处方药退出大众媒体后，医药代表的市场工作将变得更加重要。医药代表是处方药推广的中坚力量，他们拜访区医生，进行市场调查，了解临床使用情况，联络与消费者之间的感情，是企业和医生、药师、消费者之间沟通的桥梁。

利用好医药专业媒体。国家药监局禁止处方药在大众媒体发布广告，但允许在医药专业媒体发布广告。药监局至今共批准了包括报纸、期刊和年鉴在内的近 400 余个处方药广告专业媒体，如《中国处方药》《中国美容医学》《中国生育健康杂志》。医药专业媒体的主要读者群是医药卫生专业技术人员和医疗管理人员，对医生用药选择的影响力较大。

调整产品线，以OTC带动处方药。企业要合理地调整产品线，个别药品形成系列，推出拳头产品，增强市场优势。同时，开发OTC产品，或将一些处方药尽快申请“变”为非处方药，并使处方药与OTC的品牌形象相统一，通过OTC产品在大众媒体的广告投入来提高品牌的知名度，强化品牌的形象，带动处方药的推广。在这主面，海王是一个典型案例，在新政策出笼时，海王就着手研究相应方法，该集团从几年前就开始进行广告策略的调整，提出了“以OTC（非处方药）广告投入加快品牌传播速度”的思路，并通过非处方药和保健品的广告，积累品牌资产，提升品牌形象。还有美国百时美施贵宝也是以施尔康和百服宁系列品牌等非处方药的成功营销而带动了处方药的销售。

开展疾病防治教育和义诊。对患者进行疾病教育和义诊是处方药宣传推广的有效手段，也是跨国医药巨头常用的推广方式。企业可就大众关注的以疾病防治宣传为目的一些主题内容作为开展疾病防治教育和义诊的机会，如高血压日、男性健康日、关节炎日等。

关于中成药的传播研究

一、中成药的定义和现有的传播分析

1．中成药的定义及相关特点

中成药是以中药材为原料，在中医药理论指导下，为了预防及治疗疾病的需要，按规定的处方和制剂工艺将其加工制成一定剂型的中药制品。包括丸、散、膏、丹等各种剂型。

中成药具有性质稳定、疗效确切、毒副作用相对较小，服用、携带、贮藏保管方便等特点。

2．中成药的现有传播分析

中成药的学术推广，是指药品销售以药物本身相关元素为出发点，引发

医生有不断的兴趣，认知、掌握该药物使用的系统市场推广规划。目前的临床推广方式为“中药西推”。目前我们在临床上所面对的医生这个群体，绝大多数的都是西医。其思维方式、哲学基础和诊断治疗的方法，与中医都有着明显差异，这的确是中成药学术推广的一大障碍。“中药西推”需要做大量的临床观察和药材药理、药性分析。很多制药公司仅限于短期效益，在缺乏理论和临床观察的科学佐证下，实施推广导致销量不佳。

当中成药市场的主导由医疗部门转向消费者时，品牌效应就会显著很多。药品多为治疗一般疾病的常备药品，竞争者进入壁垒低，市场上同一种药品往往具有多个品牌。在激烈的市场竞争中，企业主要靠品牌商标来保护自己的产品。消费者主要通过认牌购买来保证所购药品质量的安全有效。

中成药的市场传播主要有以下特点：

款式包装新颖求大。在药房终端同类产品中尽可能显眼、另类，在表现方式上，更求别致新颖，从而更具特色。

独特成分领先科技。当产品原料基本相同时，科技成分就成为区分于竞品的权威利器。如上海中药研究所新研制的杏灵颗粒则以银杏酮酯为主要诉求点，从剂型与有效成分上区分于其他竞品，力求独树一帜。

保健营销推广。例如汇仁肾宝、汇仁乌鸡白凤丸以及溶栓胶囊，无论从宣传手段上，还是包装策略上，都是保健品营销模式的翻版，其目的就在于以此扩大消费人群，增加使用频率，扩大市场销量。

软文广告诉求功效。软文广告在保健品领域屡试不爽后，以科普知识或专家指导为由，做软文广告，以此含蓄诉求产品多种辅助功能。

硬性广告猛打名气。硬性广告也是药品营销的主导手段，传达产品功能语知名度。但是新媒体的崛起也为药品营销的方式带来的新的突破。

终端营销争夺顾客。几乎所有药品企业都意识到终端的重要性，不是拉拢营业员，就是推出回扣政策，吸引零售点推荐产品，同时对软硬终端进行包装，就连少数医院也以提成为由头，促进医生多销产品，争夺市场份额。电商方式的迅速崛起，也成为药品销售的一个重要途径，各种网络营销方式，推广方式的组合拳，也成为药企必须修炼的一项技能。

二、中成药宣传面临的问题与限制

第一，缺少对产品品牌的重视。由于中成药多为复方医药产品，其大多数配方都是公开的，导致没有特别的专利。同时我国是个传统的中药大国，在中成药制造上有着悠久的历史，往往出现数个厂家共同制造一个中成药产品。随之而来就带来一个在中成药行业普遍存在的现象：没有一个品牌能够让人们一提起到某类中成药就自然而然会想到它，而不是像我们一说到碳酸饮料就想到可口可乐一样，这种现象严重影响了中成药产品在市场上的品牌知名度。

第二，中成药缺少产品的个性特色。中成药在缺乏对品牌重视的同时缺少其产品的个性特色即这类产品找不到合适而独特的卖点，也就是理论上讲，没有寻找到符合自己的差异化定位和独特的销售主张。

第三，缺乏中成药产品技术标准。与中成药相比，西药对于功效的传达，都有着较为正规和严格的药理、病例、毒理等实验，特别是对于功效方面及引起的相关副作用方面都有着比较准确的说明。而中成药由于中药本身药性的特殊性、配方的复杂性、成分的多样性和中医所独有的医学上的见解、看法、治疗方法，并不能适用西药的标准。所以，中成药行业应当在遵循现代循证医学的原理上，制定出包括药理、病例、毒理与临床试验等一系列自己中药行业的标准，而不是单纯的符合国家 GMP 认证。

三、中成药当下的传播机会

从目前传出的信息来看，临床使用的一些抗病毒、抗菌药疗效不佳，一些看起来有效的新药还在临床试验中，中药在新冠肺炎轻症治疗上表现出很好的效果。从这些迹象来看，中药很有可能迎来了一次翻身的机会。

国家卫健委和国家中医药局就推荐一些中药方剂和中成药用于治疗新冠肺炎。全国试行第四版《新型冠状病毒感染的肺炎诊疗方案》，推荐使用的中成药共有 12 个，包括藿香正气、金花清感、连花清瘟胶囊、疏风解毒胶囊、防风通圣丸、苏合香丸、安宫牛黄丸等胶囊、颗粒，以及喜炎平、血必净、参附和生脉 4 个注射液。此后，多地出台了中医药诊疗方案，并增补了痰热清注射液、紫雪散、双黄连口服液、清开灵胶囊、复方鱼腥草合剂等近 30 个中成药和一批方剂。

其实，中药在抗击“非典”中就发挥了重要作用。最早收治非典病人的广东省中医院，自2003年1月7日接诊第一例SARS患者开始，到同年5月底，共收治SARS患者112例。广东省中医院对患者采用中西医结合的治疗方法，除7名合并有严重心脑等基础疾病的患者死亡外，其余105例均治愈出院。

除了全国和地方诊疗方案中推荐的中成药品种外，一些地方为抗击新冠病毒还在紧急储备其他一些中成药。如2020年2月8日下午，浙江省药械采购中心紧急采购康恩贝的医保品种蓝芩颗粒，并将其列入供应紧张药品，从提起新增采购需求到完成审核只用了2分钟时间。抗击新冠病毒使得一些中药企业消化了库存、短期大幅增加了收益，但对于他们来说，除了配合好抗击新冠病毒，更要思考如何利用好这次契机，将中成药行业振兴起来。

四、中成药传播方向建议

中成药的传播方向可以按照4P理论，从产品（Product）、价格（Price）、促销（Promotion）、分销（Place）四个方面进行破局：

产品（Product）方面，注重开发的功能产品要有独特的卖点，把产品的功能诉求放在第一位，同时重视产品形象和包装。菲利普·科特勒等营销前辈提出的关于产品整体概念，指出一个产品包含五个层次：核心产品、形式产品、期望产品、延伸产品、潜在产品。对于中成药产品同样如此。可以把科学理论采取“生动、形象、差异化的方式”对高深的理论进行语言包装，用深入浅出的道理将理论诠释出来“使理论变成人人都能理解的东西”，即用药品包装概念来引来消费者的注意。作为药企更应该改善形象包装、强化对中成药相关知识的宣传。

价格（Price）方面，根据不同的市场定位，制定不同的价格策略。随着医药体制的放开，越来越多的药品将走向市场，价格战势必会再次打响，以至于价格的竞争势必越演越烈，更多的价格泡沫将被挤掉。但作为一个成熟的医药企业，不能简单地顺着市场价格战随波逐流，企业应当在具体实践中，利用灵活的定价策略，修正或调整产品价格。在产品生命周期的引入介绍期，企业一般采取渗透和掠取的价格策略，在产品成长期一般企业采取渗透和掠取策略，在产品的成熟期和衰退期，企业宜采用价格战或领导者定价策略。但通常一般中成药相对于价格昂贵的中药，在产品的每个生命周期价格都是中成药的一种优势，厂家应善于运用这一优势，对区域市场进行细分，制定合理的价格水平。

促销（Promotion）方面，企业注重销售行为的改变来刺激消费者，以短期的行为促进消费的增长，吸引其他品牌的消费者或导致提前消费来促进销售的增长。在制定促销策略时，要注重销售行为的改变来刺激消费者，以短期的行为促进消费的增长，吸引其他品牌的消费者或导致提前消费来促进销售的增长，使企业获得更加快速的成长。

分销（Place）方面，企业并不直接面对消费者，而是注重经销商的培育和销售网络的建立，企业与消费者的联系是通过分销商来进行的。国家医疗改革的深化和完善势必会使医院这一零售终端的作用逐步削弱，而零售药店则会发挥越来越大的作用。一方面，企业应协助零售渠道的建设余铺货，进一步完善销售网点，方便广大老百姓购药；另一方面还要积极鼓励渠道成员，经常激励中间商，使之尽职并与零售商建立友好互利的合作模式，共同推广品牌。

对修正集团营销破局的分析和建议

一、修正当下处方药和非处方药的市场现状和行业分析

1. 行业分析

近年来，医药行业的供给端、需求端以及支付端均有大量的政策出台，医疗、医保、医药“三医联动”效应产生积极的结果，推动了医药行业价格体系及竞争格局重塑。根据国家统计局数据，从 2016 年到 2020 年，我国 65 岁以上人口占总人口的比重已经由 10.8% 增长至 13.5%；我国卫生总费用已经由 46344.88 亿元增长至 72306.4 亿元。中国医药市场规模从 2017 年的 14304 亿元增长至 2019 年的 16330 亿元，增长 14.16%，2020 年受疫情影响，其市场规模有所下降，降为 14480 亿元，下降 12.78%。

2020年我国医药市场规模达到约人民币14480亿元，同比下降11.33%。但随着我国人口老龄化趋势加剧，以及相关医疗卫生支出的持续增长，预计未来5年，中国医药市场规模将会以9.6%的复合年增长率持续增长，并于2025年达到人民币22873亿元。

在治疗领域方面，中国医药市场与全球医药市场略有不同，2020年，消化道和代谢药物、抗肿瘤药物及心血管药物是前三大细分治疗领域，占比分别为15.3%、13.6%及12.2%。

随着医药行业的不断发展，新兴市场尤其是中国市场比重将不断增大，国家会大力鼓励创新，并且中小型创新药企也会逐渐崛起。与此同时，各国也会不断规范医药行业的市场监督，促使医药行业健康快速发展。

2. 修正药业市场现状

修正药业是集中成药、生物制药等的科研生产营销、药品连锁经营等于一体的民营制药企业。其处方药占比较低，多数为非处方药。凭借丰富的产品管线，修正药业连续多年入选“中国医药工业百强榜单”十强企业。

中国药企重营销轻研发由来已久，因此过去很长时间“电视广告营销”都一直是诸多医药企业的制胜法宝，一大批产品，一大批企业因此被老百姓熟知。然而随着时代发展，一个个明星产品光环渐褪，每个企业都迎来了各自的发展难题。其中，特别是在国家大力发展医药创新，并且发布新广告法后，越来越多药企开始走上了艰难的突围之路。

修正药业在医药行业同样是深谙广告营销的大户，早在20多年前，修正药业就已通过广告投放实现效益大增。同时，通过明星代言，修正药业也成功让“斯达舒、肺宁颗粒、六味地黄胶囊……”等产品成功被大众熟知，并给企业带来了丰厚利润。

1998年，修正药业推出用于缓解胃酸过多引起的胃痛等症状的药品斯达舒。通过在央视播出的广告中反复强调“斯达舒”三个字，斯达舒产品成功被众多消费者熟知。2010年，仅斯达舒单品的销售额就已经超过33亿元。斯达舒的成功让修正药业拥有一定市场地位，但一款产品生命周期有限，经过十几年发展，市场上类似于斯达舒功效的产品众多，修正药业的优势难以存续，公司业绩也会出现放缓。目前国内治疗胃酸胃胀气市场除了修正斯达舒，还有拜耳达喜片以及葵花胃康灵等产品占据一定的市场份额。明星产品市场份额被分割，在一定程度上影响着公司整体运营情况。公开数据显示，修正药业2014年以507亿元的收入在民营医药业中位列第一；2015年，修正药业实现销售收入575亿元，同比增长16%；2016年，修正药业实现销售收入约636亿元，增速下降至8.16%；2017年，修正药业实现销售收入638亿元，增速仅为0.31%。

其次，中成药监管加强。近年来，国家对于中成药市场的监管在不断加强。2017年11月，原国家食品药品监督管理总局发布《关于发布中成药通用名称命名技术指导原则的通告》《关于规范已上市中成药通用名称命名的通知》提出，中成药不应采用强力、速效以及灵、宝、精（名称中含药材名全称及中医术语的除外）等夸大用词，要坚持科学简明、避免重名等原则。目前修正药业多为中成药产品，随着国家对中成药产品监管力度不断加大，中成药品种将会迎来较大规模的洗牌。

二、修正集团已有营销手段分析及遇到的问题

1．企业营销现状

为了能够在竞争激烈的市场格局，以及互联网浪潮的冲击下继续取得亮眼成绩，近年来修正药业开始加速改变传统营销方式，致力从单一的供货方角色转变为产销一体的经营者角色。据悉，为实现这一目标，近年来修正药业已经开始通过结盟下游零售销售，产销联合，打造覆盖面广泛的产销一体品牌经营模式。除此之外，修正药业还开始在大健康领域加速布局。一方面不断推陈出新，完善大健康产品链，提高产品品质，深入了解受众的需求与喜好，进行品牌创新；另一方面，则开始对企业内部进行产业链的整合与升级，改变消费者对修正传统药企的固有认知，加快品牌的整合营销之路。修正旗下的修正酒业在近期一系列“时髦”的动作，就是又一证明。

目前，修正药业借助电视、高铁等传统媒体进行品牌宣传。采用捆绑式销售，明星产品如斯达舒，限定疗程最小用量，要求患者采购最小疗程数。以产品线为单位，划分事业部，依赖庞大的销售队伍由医药代表拜访医生药

店客户、进行产品推销。

2. 目前营销方面存在的问题

传播策略单一。中国的医药企业对大众媒体广告的依赖性很强，在与消费者的沟通中，大多以高频次硬广、药店义诊、免费试用为主，缺乏创新与实效，传播手段简单，忽略了对医生的直接推广和其他的推广方式，忽略了自身资源的合理利用，缺乏整合营销思路。

忽视品牌形象建设。许多医药企业急功近利，只考虑广告投入的短期效应，在产品功效上大做文章，而忽视品牌形象的塑造。一些打擦边球，夸大疗效，利用医生、患者形象做宣传的行为比比皆是。所谓“体验式代言“广告层出不穷，但真正具备品牌意识、注重品牌形象策划与传播的企业太少。

渠道掌控不力。广告禁令前的医药企业，只注重通过大众媒体广告拉动需求，而忽视了和经销商、医院、药店的合作关系，忽视分销渠道管理、渠道运作效率低下。

明星产品梯度不健全。明星产品线较少，大众熟知的斯达舒为主要明星产品，应加大新药研发，持续加大研发投入，丰富产品线，以应对不确定性的市场风险，明星产品较少，也影响了企业和品牌的整体市场推广。

缺乏完整的私域运营模式的数字化营销平台。虽有信息化的软件应用，但缺乏企业整体以私域运营模式的整体数字化营销方案，对内应健全完善SFA营销一体化应用套件，对外应加大投入引入闭环生态的数字化营销平台，实现从公域引流到私域，实现从药企到医生到患者的整体营销解决方案。

三、对修正集团品牌传播的建议

采用优势策略做好品牌差异化定位和品牌支撑。差异化战略是指企业结合自身优势选定细分市场并将企业产品、服务、营销渠道、企业形象等与竞争对手明显区别开的市场策略。我们通过对修正产品品类分析发现目前修正施行的是多元化发展策略。产品品类多，定位比较模糊，明星产品比较单一，对品牌支撑不够。

做好原材料品控，讲好修正药“源头”故事。“做良心药”，是修正所秉持的一贯责任。基于这个朴素的责任感，修正把药品质量和疗效奉为企业理念的核心。而原材料是药物最核心的价值载体。中药强调“道地药材”。以日本中药产业为例。日本出台了药材种植规范，要求生产过程中尽量不用化肥和农药，尽可能降低农药残留和重金属含量。对每个环节都有详细记录，以保证原材料的质量。除了检测性状、干燥减重等项目外，日本对于汉方药中重金属残留量和农药残留量的监控非常严格。而且日本汉方药对于鉴别和含量测定的要求非常高，普遍比中国中药标准更为严格。“津村药业”先后在中国建立了 70 多个 GAP（中药材生产质量管理规范）药材种植基地。国内拥有最多 GAP 基地的中药企业是同仁堂，而同仁堂 GAP 基地也才只有 8 个。中国生产的大量药材原料出口到日本，日本进行加工再把成药卖到全世界。一位长期关注中药海外市场的业内人士透露，日本最大的汉方药制药企业津村药业，是我国中成药国际化最大的竞争对手。这家企业在 2001 年成立上海津村制药有限公司，2005 年大规模进行美国 FDA 申请，无论是在日本国内市场，还是在美国市场，津村都奠定了极其稳固的市场地位。对于津村药业，国内中药企业并不陌生，其汉方药中的草药，大约 80% 从我国进口，津村药业已先后在我国建立了 70 多个 GAP 药材种植基地。

优化品牌媒介组合策略。媒介组合是一种综合性的媒介现象，是未来媒介产业发展的一种趋势，特别是多媒体和互联网络的出现，加快了媒介组合化的步伐。由于媒介的组合运作，深刻地影响着人们接触媒介和运用媒介的基本方式。多样的媒体组合策略是指选择多种媒体到达目标受众。这种策略对那些有着多样市场细分的商品或服务更加有效，可以通过不同的媒体对不同的目标受众传达不同的信息。在发挥传统广告媒介作用的同时积极拓展电商平台、短视频平台、搜索引擎广告的曝光度的购买链接推送。同时加大私域建设和互动，积极探索公域到私域的引流工作。

加大修正品牌国际传播策划，积极响应国家“一带一路”倡议走出去。我国古方“六神丸”，日本拿去改造后，开发出“救心丹”，曾一度风靡全球，被誉为“救命神药”，年销售额 1 亿多美元。日本老牌的汉方药“正露丸”，也已经返销中国。日本在中药“六神丸”的基础上，加入人参、沉香研制的“救心丸”，年出口额就超过 1 亿美元。

日本重视中医古籍的传承。不同于西医，中医的智慧植根于中国传统古籍之中。现在日本汉方医籍的藏书量仅次于中国，还有 20 多家汉方医籍出版和翻译机构，每年出版汉方医药书籍 100 多种。不仅注重古代书籍，日本还特别关注内地和港台地区最新的中医药研究动态，在内地和港台地区设立专门机构，收集所有中医药出版物，为其所用。

总结

医药行业不同于其他行业，它关乎每个人的健康甚至生命。首先企业应先具备高品质的产品，才能站稳脚跟。其次，企业需要有完善的危机预警机制，进行舆论监测和引导，并能预测到潜在的危机，在面临危机时才有一定抵御能力，及时化解危机甚至转变为机遇。危机出现后，应坚持速度为先、权威证实、承担责任、真诚沟通的原则。医药企业塑造品牌形象，需要的是积极健康的正能量。可以通过策划一些有影响力的活动，多开展公益活动传播健康知识，相信会得到政府和群众的支持。一般药企营销是以强有力的广告宣传攻势顺利拓展市场，为产品准确定位，突出产品特色，采取差异化营销策略；建立起点广面宽的销售渠道，不断拓宽销售区域等；以产品主要消费群体为产品的营销重点。而我们通过资料收集和行业分析认为，药企营销需要从四个方面着重入手。

提高公司知名度。药企要是想提高公司知名度，首先应该建立一个系统化的体系，全方位地对药企进行定位和经营。包括产品的研发、销售以及人才招聘等。在无任何基础上单纯地提高每一方面是无法快速并长久地提高公司知名度，无法更好地经营。准确的定位，全方位的发展会使公司知名度快速提升。

在竞争中脱颖而出。当上百万家企业同时竞争时，有什么理由让别人一眼便看上你。是价格、质量、信誉度还是其他，这便是药企要思考的地方。全面发展不会让你跑得很慢但同时他也可能不会让聚光灯全聚焦在你的身上。因此在全面发展的同时又要发挥属于自己的优势，这样才能实现从量变到质变的飞跃，才能发展得更好。

吸引更多的人才。现如今，越来越多的人才被需要。有一个能力强的同事会让工作事半功倍。合理利用资源，准确把握员工特性，根据其特性进行工作分配，会让工作效率提高很多。因此，在招聘员工时，要认真负责，要学会人物匹配。什么样的人员适合什么样的岗位，人际考核、高薪酬等都会影响人才的去留。

利用现代信息化，实现从传统向信息化药企转型。现如今，5G、信息化和现代化早已风靡全球。便捷的网络改变了人们的生活方式，同时也影响着人们的购物方式。快速的适应社会节奏，并有效合理的相关资源。

“药品 + 药品正确使用 + 增值服务”的运营模式将成为药企利润的主要来源。药企要想使自己的整体解决方案打动客户，就要构建一个良好的、能频繁运用的客户数据库，通过技术手段而不仅是服务热线的方式链接客户。黏住客户、开发新客户，这是真正的大数据应用。

第四部分

探索行业方向

东行记：
机上 WiFi 平台商业策划

机上互联网平台行业背景

一、机上互联网需求的出现

随着无线通信技术的快速发展，人们对飞机上使用便携式电子设备，特别是使用手机的需求越来越强烈，多个国家的研究机构和专业组织对机上便携电子设备（PED）使用进行了持续性研究。

2018 年，民航局发布《机上便携电子设备（PED）使用评估指南》，中国民航正式进入手机时代，为机载娱乐行业的发展增加了新的可能和机会。我国和欧美国家的空地互联技术研究同时期起步，但机上 PED 开放时间比美国晚 5 年左右。目前，美国 80% 的航班已装备机上 WiFi 系统，预计未来五年，我国民航会加速发展机上 WiFi 的覆盖率。中国乘客对于机上 WiFi 服务的兴趣也在逐步增长。国内行业网站一项调查显示有超过三成乘客愿意为空中 WiFi 付费，以此推算，中国的空中上网服务约有 76 亿元的市场前景。

对于航空公司来说，机上网络业务能够带来额外的收入。对于乘客来说，网络连接带来的娱乐、办公支持亦是整个飞行中很重要的一环。这既是顺应顾客需求，也被航空公司寄予增收希望。据调查显示，国外约有 66% 的乘客认为机上有无 WiFi 服务是其选择航班的重要因素之一。据统计，目前我国 12 家航空公司的 300 多架航空器上已开通客舱网络服务，占国内民航 3638 架运输飞机的8.5%左右。东方航空、南方航空、海南航空、吉祥航空和春秋航空等航司都在积极规划、布局、验证，尽力提供空地互联服务，促使互联网技术向上延伸至飞机这一曾经的“信息孤岛”，为旅客出行带来全新体验。

二、“东行记”平台运营现状

“东行记”是悦航天翼为东方航空合作打造的空中互联网娱乐服务平台，目前可服务于互联网覆盖的90余架东航宽体客机，国内机上WiFi覆盖率排第一。目前该App共覆盖146+条国内外航线，辐射全国重点城市及各省市行政中心22个，境内热门目的地航班次数已高达2636班次/月，月覆盖用户量超过150万人。

“东行记”将机载娱乐与移动互联网相结合，引入旅客手机的新屏幕，提供空中一键上网、一键购物、一键浏览等互联网娱乐服务。通过“东行记”，旅客可以获取基于航线推荐的定制化内容及服务，并可获得空中院线等娱乐内容，以及免税店购买，同时，App已完成与支付宝合作的离线支付服务，使空中购物更加便捷。

“东行记”发展业务主要覆盖三个方面：一是其数据业务，包括用户数据、广告数据及航班数据；二是其核心业务，包括一键联网、娱乐影音、资讯频道、目的地攻略、游戏、阅读及免税品；三是其商业业务，包括开屏广告、首位推荐广告位、定制频道、频道广告位、商业软文及电影贴片广告。

航旅App行业现状

一、航旅服务

航旅服务软件需具备行程管理、机票搜索、航班动态、机场信息、登机口信息、地图导航等功能，现阶段市面上此类App中评价最好的是航旅纵横和航班管家，而航旅纵横几乎实现了所有航旅服务软件应具备的功能。在航旅服务软件功能越来越完善的同时，市场空间也已经趋于饱和。

二、机上娱乐服务

各大航空公司都具备专属的娱乐系统，大多通过座椅背板遥控器连接，实现机上两大基本功能：娱乐（电影、电视、音乐、游戏、儿童天地等）和服务（呼叫服务、调整硬件、飞行信息等）。目前随着技术的成熟，空中WiFi为各大航司机上网络系统提供了基础支持，机上娱乐功能正倾向于从座椅背板往手机App转移，从而增加客户黏性。

三、机上WiFi服务

目前，相比美国超过80%的航班均已配备机上WiFi系统，我国的机上WiFi业务发展空间巨大，机上WiFi服务也是航空公司当下最亟待解决的问题。现阶段已有12家航空公司开通客舱网络服务，而剩下的航空公司也正在积极筹划。未来五年，预计80%航线将实现空中上网，机上WiFi体验也将日趋完善。目前“东行记”产品仅局限于东方航空机上服务，且国内暂未出现可以整体对标的公司。该空中互联网平台包含机上WiFi、航旅服务和机上娱乐三大模块，为客人提供娱乐媒体、旅游咨询、游戏、购物等服务。对于“东行记“而言，需深耕双边用户市场，提供更多有偿服务，从而实现乐观的盈利回报。

“东行记”发展战略

一、对“东行记”进行SWOT分析

1．优势 Strengths

悦航天翼目前已经成长为中国空中互联网领域产业链最完整、最具影响力的高端航空客舱数码多媒体及数字信息娱乐运营商，以及航空互联网业务综合解决方案提供商，其优势在于拥有卫星资源、较为成熟的空中无线网络技术及独家视频航空版权资源。目前“东行记”App已投入使用，拥有一定的用户基础，更有东航用户体量可利用，且已有盈利案件，进一步验证了市场需求。

2．劣势 Weaknesses

“东行记”在除信息技术的其他业务上也有许多拓展，这会导致其对非特长领域的控制力不强，在适应性上比起更加专注于某一领域的竞争对手存在劣势。同时空中娱乐受环境影响限制较多，用户数量有限，使用黏合度及活跃度不高。目前“东行记”App 设计上仍存在较大的完善空间。平台前期资金投入较多，而用户还需时间来逐步引导。“东行记”作为先行投入者未必会是回报最丰，盈利模式还需进一步探索。

3．机遇 Opportunities

机上网络的普及是未来的必然趋势，空中网络也得到国家的政策支持。“东行记”可合作的客户水平优质。目前“空中互联网产业联盟”成员包括中兴通讯、航通公司、中国银联、京东商城、新浪等互联网知名企业，经济实力强。疫情结束后长途旅行需求有待释放，旅行业联动产业广泛，如酒店预定、出行 O2O、景点门票购买及攻略查询、机票在线购买等，这也意味着其 App 应用范围及空间巨大。

4．威胁 Threats

空中 WiFi 行业发展前景广阔，在未来必将吸引越来越多的企业进入这个领域，其他互联网平台及航司均可成为其潜在竞争者。机上互联网改造成本高昂，当技术发展成熟，原本的局域网络面临淘汰。日常的通用 App 和机上其他媒体和电子设备对产品功能有一定的替代性。目前旅行、航空业受全球疫情影响严重，国际长途航班减少、品牌广告预算缩水，行业在一段时间内都将受到挑战。

二、未来发展路径

作为空中互联网平台，“东行记”App 目前已与东方航空达成合作。通过孵化完善该模式，从而与其他航司平台合作，进一步资源整合与转化，致力打造空中智能化娱乐媒体中心、多样化商务体验营销平台以及定制化品牌服务中心。

基于商业模式维度的“东行记”未来发展规划

一、商业模式画布

当今企业之间的竞争，不再是简单的产品之间的竞争，而是商业模式之间的竞争。所谓“商业模式”旨在说明企业如何对战略方向、运营结构和经济逻辑等方面具有内部关联性的变量进行定位和整合，以便在特定的市场上建立优势。商业模式的本质是价值创造、价值获取和价值传递，而目前“东行记”存在的核心问题是未形成成熟的运行模式和商业模式，因此本文将从商业模式的九大构造模块对“东行记”现状、趋势及创新进行分析。

二、“东行记”九大模块的现状、趋势及创新

1. 客户细分

（1）现状

现阶段“东行记”主要为三方面提供产品服务：用户、广告主及合作方。这三大客户市场是相辅相成、相互制约的关系。该App主要通过与航司合作为用户即乘客提供免费的流量，提升航司的客户黏合度；同时为广告主提供信息发布平台，获取品牌的市场关注度。

合作方的流量付费以及品牌方的广告付费是目前“东行记”主要收入来源，而最基础的使用者并未成为“东行记”的直接客户，但反之，用户的数量和体验感却对“东行记”目前盈利来源产生直接影响，这就导致企业在评估客户利润贡献率、忠诚度和响应度上面临困难，从而无法制定有针对性、可执行的对策。

（2）趋势

根据“东行记”战略业务模式和客户的需求属性，可将其客户划分为五大市场：一是大众市场，主要为航司常旅客及商务乘客，该群体飞行次数频繁，对机上互联网需求高，且对价格不敏感，这也正是“东行记”白金客户群体。二是利基市场，主要为旅游乘客以及特殊需求乘客如返乡探亲旅客、学生旅客等。三是区隔化市场，主要为对空中互联网有需求的特殊群体，包括政府、军队、企业、院校、科研机构等。四是多元化市场，主要为有广告

投放需求的品牌方。五是多边市场，主要为航司、旅行、金融、影音、电商、娱乐等方面的合作伙伴。多元化和多边市场仅次于大众市场，同样为“东行记”需重点关注的黄金客户群体。

（3）创新

客户细分需关注两个基本问题：我们正在为谁创造价值？谁是我们的最重要的客户？对细分客户的划分需基于“东行记”自身的数据积累，根据区域、出行细分、付费模式、出行目的、人口细分等指标对用户进行分析，可利用数据建模方式，针对真实的市场和用户进行调研，进一步验证细分的准确性，从而制定切实可行的市场销售战略。

当今企业已经打破“一手交钱、一手交货”的简单收费模式，更加提倡生态系统的概念。也就是说，企业需要设计的是大轮回的、复杂的运营模式，而不再是简单的线性、直接的买卖关系。基于以上分析，“东行记”应明确自身资源和能力，发挥企业自身的优势打造空中移动互联网领先者，聚焦大众市场，迎合特定市场，创造更多互相依赖的多元化市场，自小处着手，不断扩大，实现可持续的收入来源。

2．价值主张

（1）现状

目前“东行记”主要的价值主张可概括为：为用户带来便利与欢乐。体现在：

一是基于大数据为用户提供便利。未来必然是大数据的时代，东行记App通过对出行信息、用户信息等一体分析，帮助用户提供最优出行选择，提高乘客的出行体验。

二是基于免税优势为用户提供优惠。通过自身资源优势，用户可在App中可购买免税奢侈品，且直邮到家，为用户提供价格优惠的同时还提供了便利。

三是基于影音资源为用户提供娱乐。通过提供一系列游戏，让用户在乘坐飞机时更加享受行程，不再是连续几个小时的枯燥时光。

四是基于乘客需求为用户提供个性化推荐服务。基于大数据搜集用户习惯与个人喜好，推荐其感兴趣的新闻，提供信息价值。

（2）趋势

所谓价值主张是指：我们正在满足哪些客户需求，以及我们正在帮助我们的客户解决什么样的难题？价值主张根据企业发展是不断演化的。基于此，未来“东行记”价值主张必将从目前的用户关注进一步拓展至更深层次，为特定客户细分创造产品和服务价值。

首先是用户：提供服务，解决需求痛点，不仅包括办公、娱乐、休闲、购物等通用需求，还需关注特殊需求人群，为其定制个性化服务。

其次是广告主：聚焦精准，帮助品牌方通过有限成本覆盖更多广告受众，提供有竞争力的广告解决方案和服务。

再次是合作方：创造共建共享平台，深化异业合作。

（3）创新

根据价值主张简要要素，“东行记”可通过产品优化，从性能、设计、成本三方面着手，实现产品的定制化及可达性。具体分为五个层次：

一是战略层。“东行记”是垂直领域的首批 App 涌现者，其产品和服务满足且持续满足客户从未感受和体验过的全新需求，从而基于此愿景提出产品优化策略。

二是战术层。改善产品和服务性能，建立 IFE 矩阵，选择某页面结合战略层提出修改建议。

三是功能层。针对个别客户或客户细分群体，对现有产品结构进行分析，提出创新的结构图，以满足其特定需求来创造价值。

四是框架层。结合首页底部 tab，提出核心页面的框架想法，帮助客户削减成本（用户的时间成本、广告主的金钱成本等）。

五是表现层。结合 UI，包括统一颜色和 icon，实现多段兼容的交互方式，以优秀的设计脱颖而出。

3．渠道通路

（1）现状

目前“东行记”主要依托东方航空，通过与东航的合作，免费为用户提供空中上网服务。根据企业现有战略规划，未来“东行记”将从 B2B 转为

B2C，通过向乘客收取流量费实现盈利。

（2）趋势

所谓“渠道通路”是指通过传播、分销和销售渠道向客户传递价值主张。基于“东行记”细分客户群体，可将其未来渠道通路分为三部分：

一是流通渠道，面向C端客户。该渠道客户类型主要为航司乘客，包括重点客户群体商务旅客及常旅客；旅游乘客以及其他需求乘客，如返乡探亲、学生等。该类型客户特征体现在需求多样（商务、吃喝住行娱购）且消费能力差异较大。影响该类型客户决策的关键在于产品是否可以提供个性化服务，以及产品和服务的收费定价。

二是KA渠道，面向B端客户。该渠道客户类型主要为航司及品牌方。该类型客户更侧重关注产品的用户，包括数量、黏合度、忠诚度等。影响该类型客户决策的关键在于产品应用性范围，是否可以为其提供增值服务，以及终端用户的体验感受。

三是特通渠道，面向一些具有特殊需求的机构，包括政府、军队、科研机构、院校等。该类型客户极度关注信息安全，因此在服务该客户群体时应侧重提供定制化服务，并确保保密性。

（3）创新

通过以上分析，“东行记”未来需从三个方面打通渠道通路：

销售团队：针对B端客户，无论是为“东行记”实现流量收入的航司或是广告收入的广告主，不仅需要有专门的KA团队对其服务，还需制定区别于C段客户的价格体系（KA价格；分销商价格等）。对于C端客户而言，出行者选择坐飞机，首要就是为了解决从A地到B地的问题，至于最终哪家航空公司其实对于大部分人来说都无所谓，“空中互联网”是锦上添花的事情，它可以起到吸引顾客、提高竞争力的作用，但千万不能因“收费”让竞争力变成绊脚石。因此，“东行记”在实现B2C收费的过程中要尤为关注这一点，前期可通过免费使用，实现用户累积，培养消费习惯，成熟后通过定期促销，维护客户，实现用户拉新，类似于早年期间滴滴打车会疯狂发放优惠券，摩拜单车免费送月卡做法，C端客户的稳定才能进一步促成B端客户的激活与增长。

市场团队：有效利用航美广告及媒体资源，实现线上、线下、KOL的全面覆盖，同时通过与关联平台合作，如信息植入，与机票、酒店捆绑销售，VIP权益互通，会员积分转化等方式，为“东行记”提升市场知名度。关注行业内媒体报道，打造行业媒体矩阵，频繁参与行业活动，提升业内关注。

技术团队：技术创新是产品的重中之重，关注政策，开拓独有应用场景；产品优化，打造行内领先核心优势。

4．客户关系

（1）现状

从内部而言，北京悦航天翼电子信息技术有限公司为悦航阳光网络科技有限公司子公司，持股比例100%，北京悦航天翼影视文化有限公司为悦航阳光网络科技有限公司子公司，持股比例97.14%，持有大量视听内容的航空版权，费用已支付。悦航阳光网络科技有限公司与联通在线信息科技有限公司（中国联通子公司，持股比例100%）合资成立了联通航美网络有限公司，中国联通目前在网的3.56亿用户（其中，出账用户3.1亿，用户保有率81.2%）。

从外部而言，“东行记”通过App为用户提供空中上网、购物浏览等互联网娱乐服务。通过“东行记”，旅客可以获取基于航线推荐的定制化内容及服务，并可获得空中院线等娱乐内容，以及免税店购买，App将完成与支付宝合作的离线支付服务，使空中购物更便捷。且目前“东行记”与内容、服务等平台有一些基础性合作。

总之，“东行记”目前用户尚未为App提供更多价值，参与度与交互程度低；用户（会员）体系仍不完善，不能为用户提供更多的优质服务；B端和C端合作不太清晰或为单线条关系，缺乏交互和互相借力。

（2）趋势

“东行记”其发展趋势可从以下三方面分析：

一是人性化体验。通过共同价值观紧密联系并团结客户、员工和业务合作伙伴。据安索帕集团最新研究，用户行为和期望已经在疫情的影响下发生转变，从通信到商务到社区互动，个性化被认为是建立差异化客户体验的最关键要素。

二是融合生态系统化。企业品牌对潜在合作伙伴和客户同等重要。企业是在生态系统（而非行业）中竞争。

三是提升客户参与度。让客户参与完整的客户旅程和产品生命周期以收获客户洞见，并利用客户的体验、影响力、话语和情感来推动品牌发展，加速实现忠诚客户的培育。

（3）创新

第一，个性化用户（会员）体系构建。

用户注册时可选择自己的偏好，结合 App 智能筛选推送个性化信息流。

使用场景延伸：基于疫情带来的问题考虑，适当调整用户定位，并拓展用户圈层。致力于用户使用场景的多元化，从乘机途中延伸到线下。

搭建明晰的用户等级和配套权益系统，为用户场景使用延伸打好基础，成为多项交互的中心基地。

将 App 的功能使用等用户行为与用户等级挂钩，并进行明确说明。将所有使用行为，例如游戏、读书、视频成为用户积分的来源，用积分换升级鼓励用户延长使用时间，增加黏性。

数据打通、提高交互、明晰权益、提高实用性，以达到增加用户基盘、拓展场景多元化、延长使用时间、提高用户黏性，同时有所收益的目的。

第二，多平台用户共享（战略联盟）。

与航司或旅行预订平台合作，与机票、酒店进行打包销售，为航司或旅行平台会员提供独享优惠，甚至其金卡或 VIP 会员可免费使用空中互联网服务，促活会员转化。例如东航、航旅纵横，航班管家、滴滴等出行工具联盟，引流或提供增值服务。

与内容平台合作，例如联通、爱奇艺、京东读书、QQ 游戏，引流的同时起到服务延续（地上→空中→地上）的作用，增加黏性。

与旅游 / 政府机构合作，例如旅行社、相关机构、酒店、景区在交互传播的同时为 App 提供目的地内容、服务和福利支持。

与自己的用户合作，为合作的或者独立提供的内容与服务进行体验、介绍和评价，参与游戏与购物等的同时产出内容。

举例："东行记"服务融合联通用户福利体系，可通过积分兑换等获取相对应的空中服务体验，后续产生的一定时期之内的其他服务的购买收入可与联通分成，其他平台也适用。

5．核心资源

要保证"东行记"App产品的商业模式能够顺利的进行下去，一定需要具备多样性的核心资源。这些资源使得产品得以创造并提供价值主张、获得市场，保持与某个客户群体的客户关系并获得收益。在商业模式画布中，核心资源作为决定如何实现价值主张效率的关键所在，是企业需要重视的。

"东行记"的核心资源主要可以从四个方面进行分析：技术及资产资源、合作伙伴及客户资源、知识产权资源、金融资源。

技术及资产资源：企业现有的技术和设备包含运用好信息数据资源和技术产品能力的提升。信息资源涉及到企业生产和经营活动过程中所产生、获取、处理、存储、传输和使用的一切信息资源，贯穿于企业管理的全过程。随着社会的不断发展，信息资源对企业发展，对人们工作、生活至关重要，成为重要战略资源。它的开发和利用是整个信息化体系的核心内容。目前悦航天翼技术基础成熟，服务范围广，已经成长为中国空中互联网领域产业链中最完整、最具影响力的高端航空客舱数码多媒体及数字信息娱乐运营商，以及航空互联网业务综合解决方案提供商。此外，航空工程领域的研发与集成能力强，拥有自己的卫星，搭建全球卫星通讯保障网络。

合作伙伴及客户资源：悦航天翼与东方航空、航美传媒合作关系紧密，客户水平优质，经济实力较强，具备一定程度上的垄断性。

航美集团与中国联通及海特凯融携手宣布成立联通航美网络有限公司共建国内机载WiFi，强强联手，实现轻松"空中上网"。同时，企业还加入了"空中互联网产业联盟"，联盟中成员包括中兴通讯、航通公司、中国银联、京东商城、新浪等互联网企业。飞机出行频率较高乘客经济实力较强。

知识产权资源方面，悦航天翼拥有国内航空系统大部分的电影版权，独占资源。可以为后期的商业产品、运营方案提供资源基础，有效节约成本。

在利用好企业核心资源的同时，企业需要注重从现有资源的基础上持续不断更新和发展，顺应时代的发展趋势，拓展核心资源的维度。所以，主要从核心资源的三个发展趋势进行了进一步的梳理和创新。

金融资源方面：悦航天翼经多轮融资，具有可观的现金流。集团其他业务发展良好，可以为新产品的前期铺垫输送血液。金融资源在市场中较有竞争优势。

相较于业界同样的产品，悦航天翼于 2019 年成为 JetWave TM 卫星通信系统中国地区的独家经销商后，大大降低了东行记产品的互联网接入成本，从而提高了产品在市场中的竞争优势。

6．收入来源

（1）现状

目前“东行记“收入来源现状主要包括四个方面：首先来源于服务收入，主要是基础业务延伸的收费项目，例如影音娱乐、旅行管家、书籍课程购买等沉浸式学习服务获得的收入；第二部分主要是广告收入，比如“东行记”手机 App 中弹窗、banner 等位置广告服务、手机 App 客户端内容广告商的植入；第三部分来源于免税商品、东航的衍生商品销售所获得的收入；第四部分其他来源，目的地政府赞助支持、金融商旅平台获客所得到的佣金分成以及其他增值服务获得的收入。

（2）趋势

广告收费，空中互联网是非常稀缺的场景，中国民航全年旅客运输量为 6 亿人次，每人次平均乘机时间 2 个多小时，总共十几亿小时驻留时间。依据大数据精准分析，广告商可以精准推送广告，这时的广告不再是让人反感的推销，而变成了用户正好需要的信息资讯。

内容 / 服务点播模式，在飞行过程中提供影音点播观看，如热门、经典高清电影、短剧和音乐；机舱内提供互动游戏，放松的同时可以交到朋友；提供各类内参新闻，了解关心领域的最新投资动态；除此之外，还可以上架电子书、电话会议、电子邮件。甚至可以提供购物消费内容，比如返程机票、目的地租车等产品。

流量运营变现，即面向信息使用者或浏览者收费，航空公司会以不同的方式向旅客收取，这种盈利模式在欧美航空公司中已经广泛实践。例如：按使用时间收费、按流量收费、按航段收费。国际航班普遍是按小时计算上网费的，例如达美和美国航空都提供 24 小时、月卡以及年卡套餐。按照流量收费为乘客带来了更多的灵活性，让乘客可以充分利用所有的互联网服务。例如瑞航提供三款数据流量套餐，9 瑞士法郎的 20MB 的数据、19 瑞士法郎的 50MB 数据和 39 瑞士法郎的 120MB 数据套餐。还有航空公司会为会员提供里程积分换上网时间的服务。

（3）创新

资源能力创新：基于资源能力的商业模式创新，包含创造性的利用现有资源、围绕新资源构建商业模式。新资源为公司创造新的顾客价值提供了潜力，将新资源的潜力释放出来。比如，引进新技术、开发新算法、可以降低成本、填补某块市场的空白点，并与基础市场结合，构建网络延伸。现有资源在当前的商业模式下运作而实际的开发度仍存在空白点，比如资产和供应链管理体系，基于用户需求出发，开发基于现有资源的另一维度价值，整合满足用户需求的同时，进一步发挥现有资源的潜在价值点，实现资源价值的最大化和收入的增加。

价值网络创新：打造独特的价值网络，设计交易机制多样化，将企业自身与价值创造协同方有机联系起来，形成价值创造的合力。比如组织者、平台构建者、中介者。基于组织者的角度，可以把相关专业的服务商供应商组织起来，共同服务于顾客价值创造，并分享收益。基于平台的角度，将多渠道注册账号打通，交易联动，吸引不同群体的用户，靠点击量的累计赚取利润。基于中介者的角度，促成某种交易的实现，通过建立广泛的上游营销手段，与大规模上游建立联系池，扩大网络规模大小，不断发展和壮大解决方案提供者的数量和质量。

收入渠道创新：渠道创新有三种情况，第一从消费者方面出现新的需求，第二从产业链上出现新的产品，第三从市场布局上出现新的竞争者。由于每一种渠道的流量有限，通过扩展渠道和对渠道的资源重组来实现渠道创新进而盈利创新。

商业模式创新：开发价值链上的新定位并重组价值链。从财务的角度来看，通过专注于价值链上的某些活动，（最好是高利润回报的活动），将其余活动外包出去，打造企业自身的新链条定位，实现创新并培养核心竞争力。也可以通过对产业价值链进行创造性重组，来创造出新的商业模式进一步盈利。

7. 关键业务

（1）现状

目前，悦航天翼及其合作方向国内94架宽体客机提供机上WiFi服务，从软件开发到运维均具备自主研发和维护能力。而“东行记”App，作为悦航天翼基于民航卫星通讯应用产业布局，是下探资讯、娱乐服务市场的重要一步，涵盖付费娱乐、电商、拍卖业务，可实现空中互联。

“东行记”相关联企业有：

联通航美，具备运营航空互联网卫星通信链路的全套技术解决方案和运营能力，构建了国内功能最为齐全和完整的卫星通信主站系统，能同时运营国际主流机载设备和舱内娱乐通信系统，并可针对不同航空公司的需求进行机上IFEC系统的定制化开发和娱乐内容的商业化。

悦航天翼，与霍尼韦尔签署自2019年3月起三年的合作协议，作为其新一代JetWave™卫星通信系统中国地区独家经销商，提供目前最快、可靠和便捷的空中互联服务。

某影视公司，运营十余年，拥有大量影视作品的航空版权，每年授权业务收入千万元左右；某数字媒体公司，经营广告业务，每年收入千万以上。

（2）趋势

2021年，“东行记”将围绕社交互动生态产品线，基于机上局域网，研发游戏、航图等新体验，继而推出社交属性模块、商品交易、娱乐等内容来完善商业化功能。

（3）创新

提升体验感：除了App注册长时间收不到验证码，影响用户体验之外，目前App里面的内容较为杂乱，用户不容易找到自己感兴趣的板块。建议可优化App体验，调研使用感受，学习类似“纵横航旅”App设计。

设置特色内容版块：除相对少的长距离飞行，大多数的飞行属于短途飞行，所以碎片化内容更适合用户体验。建议可推出适合休息的助眠节目；提高社交属性，可设计局域网游戏；满足商户人士需求，开通区域线上会议平台。

免税品如何选择：目前东行记里的免税品仅限离境入境旅客选购，且价格较高。建议可与相关机构合作，尝试打造海南离岛免税店模式，让旅客购物更便利；

品质保障：从供应商源头把控，严格执行商品入驻平台标准，高毛利正品真品，例如：阳澄湖大闸蟹；

特色保障：自身拥有本地化最全面和最优质的旅游资源，由各地方下属公司专业买手进行采购试用；当地著名特色，例：北京稻香村、全聚德；跨境知名特色品牌，例：美国轻奢、法国香水；

价格保障：采用供应商直接发货，减少中间商环节，最终商品价格不高于京东价格，举例：选品以京东 TOP10 为参考，已签约的供应商品牌及折扣（参考京东价）。

8．重要合作

（1）现状

目前航美和联通合作，为全卫星业务，具备运营航空互联网卫星通信链路的全套技术解决方案和运营能力，构建了国内功能最为齐全和完整的卫星通信主站系统，能同时运营国际主流机载设备和舱内娱乐通信系统，并可针对不同航空公司的需求进行机上 IFEC 系统的定制化开发和娱乐内容的商业化。航美公司与多家影视公司合作，拥有大量影视作品的独家航空版权。

（2）趋势

航空网络目前属于美国，航美计划建设中国自主网络，“局域网 + 互联网”才能实现地面资源和航空同步，继而达到互联互通；另外“东行记”App 是航美和东航合作打造的平台，航美想以此为试点平台，未来希望打通其他航空公司壁垒。

（3）创新

由于局域网的局限性，用户只能在飞机上受限的使用网络，但之后如果网络放开，航美如何能留住用户甚至成为航空独家平台，就需要与多方拓宽合作范围，用丰富的业务内容吸引并留住用户。

娱乐资源嫁接：虽然目前航美拥有独家航空影视版权，但资源相对有限，且影视单期时间可能比飞行时间长，影响用户连贯性体验。建议可以和“腾讯”“爱奇艺”等平台合作，提供除了影视节目之外，一些时间较短的综艺节目等无连续性的内容。

航空信息共享：东行记 App 是航美和东航求合作推出的 App，未来航美要想与多家航空公司服务平台合作，就需要完善平台功能，嵌入购票、查询航班等实用航空信息，达到信息共享。

9．成本结构

（1）现状

目前航美推出的“东行记”App 的成本结构包括员工费用、平台技术研发费用、电影版权购买费用、产品运营费用、推广费用等。

（2）趋势

由于航美和联通捆绑深度合作，所以联通的巨大人员数量可以投入航美产品的服务，但未来东行记 App 涉及像其他航空公司甚至向地面拓展业务，所以成本一定会增加。

（3）创新

针对“东行记”这款 App，因为资金投入有限，但是相应资源背书很强大，前期产品规划需要更多地考虑投入产出比以及其传播实用性。

影视独家版权转换：航美拥有中国影视航空独家版权，但仅限于航空局域网场景使用，如果未来的某一天互联网放开，独家版权的投入就失去了意义。建议是否可以将独家版权转换成和其他平台的合作，通过拓宽业务、扩大平台吸引有各种需求的用户，成为一个大集合平台。

减少平台研发投入：航美对东行记 App 的研发投入了大量的人力物力，但就目前的收效而言相当不匹配。建议找准业务方向，确定东行记 App 未来的主要方向是 to C 还是 to B，尽早做好成本嫁接，比如：可以通过 UGC 方式获取旅游分享等内容。

通过开通会员体系反哺投入：

第一，产品包计费策略。将东行记所有服务融入联通用户基础业务产品包，让所有联通用户可直接享受东行记提供的所有基础服务，如视听内容观看。与联通进行基础服务结算，联通为此支付每个用户 0.1 元 / 月或 1.0 元 / 年的基础费用。与联通进行增值业务分成，如商品销售等增值业务可以以一定比例与联通进行利润分成。

所有联通用户可享受空中高端服务，增强身份感与用户感知，从而增强用户黏性可通过利益关联绑定的方式迅速将联通用户导流至东行记，在较短时间内完成高速用户增长。通过运营商基础业务结算完成部分成本覆盖。

第二，联通积分兑换策略。打通数据接口，将东行记服务全部或部分纳入联通用户积分兑换体系。按实际价格扣除用户积分，按合作价格与联通结算。所有联通用户可享受空中高端服务，增强身份感与用户感知，从而增强用户黏性。可通过利益关联绑定的方式迅速将联通用户导流至东行记，在较短时间内完成高速用户增长。拓展收入渠道。

机上互联网行业的未来展望

经过一代又一代 IT 技术的发展，互联网已经成为现代生活的重要组成部分，截至 2015 年，中国已经拥有 6.2 亿手机用户，是全球之最。就像当年普及的固定网络一样，现代人已经非常熟悉如何在移动中保持网络的畅通。4G 移动、家庭宽带、WiFi 已经成为工作生活标准配置。然而，当你乘坐飞机这样的现代交通工具时，那里的网络生活环境则是另一番景象。截至 2016 年 6 月，中国大陆的航空公司只有约 30 架客机具备客舱互联网接入能力，而且主要值飞洲际航线。因此，当你在大陆乘坐客机时，您只有十万分之一的可能性有幸体验一次与地面相近的生活方式。

东行记所处的客舱娱乐系统、航空互联网行业在国内尚处于一个新兴的行业，结合了民航运输业与互联网服务业的特点同时在航班航线上布局，各大航空公司无论是航空传媒还是其中的航空机载电视都呈现各自为战、封闭缺乏活力的状态，这显然是不利于市场竞争的。作为一把双刃剑，垄断为企业阻挡了很多竞争对手的发展，提升了自身核心资源的竞争优势，同时也为市场竞争带来了消极的因素，如价格不透明、抬高生产成本、压制中小型企业发展，同时不利于创新思维的发展，形成惰性竞争。

改革发展亟待高位推动，改革渠道急需打通，但缺乏向公司有效提供建议的渠道，他们只能利用空余时间自发组成小组，对有价值的项目进行尝试并向公司申请一定经费，这对促进公司发展的作用非常有限。当前航空机载电视业发展呈现下滑趋势，改革势在必行。因而，如何打通产业链、延伸航空机载电视业产业链，如何创新营销策略、资源整合，如何扩大品牌影响力，如何加大与地方政府合作，以及如何打造高端、纯净的航空机载电视品牌，打通改革渠道是当务之急。

美团：
电单车如何兼顾用户价值、商业价值和社会价值

随着互联网经济的不断发展，共享经济应运而生，如何运用共享经济在交通出行方面作出贡献，共享单车是短距离出行的解决方案吗？是否会被替代？共享电动车的出现，是否能补充短距离出行的尴尬？共享电单车能否兼顾用户价值、商业价值和社会价值，是一个值得探讨的问题。

电单车行业的前世今生

一、共享出行的发展

1. 什么是共享经济

“共享经济”（Sharing Economy），又称分享经济，其实质是使用权的共享。共享经济属于“互联网+”经济模式的一种，是通过互联网平台将商品和服务的闲置资源在不同主体间进行共享的经济模式。

共享经济这个概念雏形来自于1978年美国学者Marcus Felson和JoeL. Spaeth在*Community Structureand Collaborative Consumption: ARoutine Activity Approach*一文中首次提到的协同消费，即一人或多人为了满足日常需求，而联合他人进行的产品或服务的消费活动。共享经济是指短时间转让某一事物的使用权以获取一定报酬或经济收益的一种新型的经济模式。其出现的主要意义在于对闲散物品的合理利用，以便于提高物品的利用率，充分发挥物品的价值。

2．出行的变化

表23 不同出行变化对比图

<table>
<tr><th></th><th></th><th>停放站点</th><th>存取技术</th><th>服务对象</th><th>收费标准</th><th>押金</th></tr>
<tr><td rowspan="2">公共自行车</td><td>原来</td><td>有桩
固定点位</td><td>IC卡</td><td>当地居民</td><td rowspan="2">1小时以内免费，
2小时以内1元</td><td>199元</td></tr>
<tr><td>现在</td><td>蓝牙停车
增密站点</td><td>手机扫码</td><td>不限身份</td><td></td></tr>
<tr><td rowspan="2">共享单车</td><td>原来</td><td>无桩
随停随放</td><td>手机扫码</td><td rowspan="2">不限身份</td><td>半小时以内1～1.5元</td><td>299元</td></tr>
<tr><td>现在</td><td>电子围栏
智能停放</td><td>手机扫码/
微信小程序</td><td>半小时以内1.5元，
可办周期卡</td><td>免押金</td></tr>
<tr><td>共享电动车</td><td>现在</td><td>电子围栏
智能停放</td><td>手机扫码</td><td>不限身份</td><td>2.5元/20分钟</td><td></td></tr>
</table>

互联网思维的进入，激活了共享出行业态的发展，这意味着要从以重资产经营为基础、以互联网租车为主要业态的“公司模式”，转向以互联网租车为入口，为用户提供各种增值服务的“平台模式”。平台模式的经营规律是：寻找需求最强烈的用户，依靠免费或其他方式获取海量用户，建立基础服务平台，用最聪明的方式提高用户黏性，然后推出增值服务，依靠广告和增值服务盈利。共享单车的发展，为共享电单车奠定了基础，在资本竞争之后，共享出行市场的细分和成长特性，成为发展的重点。

3．共享单车现状

(1) 共享单车管理混乱成“公害”

共享单车兴起后迅速进入红海市场，大量资本涌入导致共享单车投入量过剩。更严重的是，共享单车一直缺乏有效管理，一方面是因为极低的成本，效益比使得公众和企业都缺乏动力制止公害蔓延；另一方面，由于部分不自觉的用户破坏、私占、随意弃置共享单车，致使很多共享单车无法正常使用，资源严重浪费。虽然政府出台过相应措施，如2017年的《关于鼓励和规范互联网租赁自行车发展的指导意见》，但是情况没有得到根本改变。这些因素造成共享单车市场混乱，给经济社会带来负外部性，成为“公害”。

（2）共享单车市场需求下降

共享单车已呈现衰落之势。一方面，用户的需求开始下降。根据课题小组在嘉兴市区收集到的100份有效问卷中，有22%的回答者表示有明显减少使用或停止骑行共享单车。据第三方数据挖掘及市场研究机构比达发布的《2019年第一季度中国共享单车市场研究报告》，共享单车用户规模减少，2019年第一季度共享单车用户规模仅4050万人，同比减少24.4%。共享单车用户规模已经连续3个季度下滑。另一方面，现存的用户对共享单车的需求也不是多数人刚需。根据课题小组回收的问卷，92.3%的人使用共享单车的原因是短距离出行有急事或者是不想等公交，骑行频率大约为一周3次。在“共享”的热潮过去后，市民的常规出行还是更倾向于小汽车、步行等传统的交通方式，相比而言共享单车主要用于应对偶然情况，刚需不足。

（3）共享单车业盈利低、风险高

摩拜（现美团单车）是发展比较成熟的共享单车企业，据其2018年财报，摩拜收入15亿，亏损45.5亿元，贡献了美团总亏损额的一半。共享单车一方面需要安装移动定位装置，智能车锁等装备，本身造价较高；另一方面，共享单车因共享性质，暴露时间长，维护成本高。同时，由于共享单车属于初始投资大的企业，资金回收长，且随时面临退还押金的风险，财务风险较高。

（4）部分共享单车企业退出无秩序

2017年共享单车行业巅峰时70多家企业共存，到2020年只剩下不到10家。剩下的企用户活跃度较高的也只有美团单车、青桔单车、哈罗单车三个巨头，而这三方可以继续运行，很大程度是依靠巨大的财力支持。退出的共享单车企业，也存在诸多问题，如押金难退还、留在市场的车辆难以处理等问题。

二、市场细分

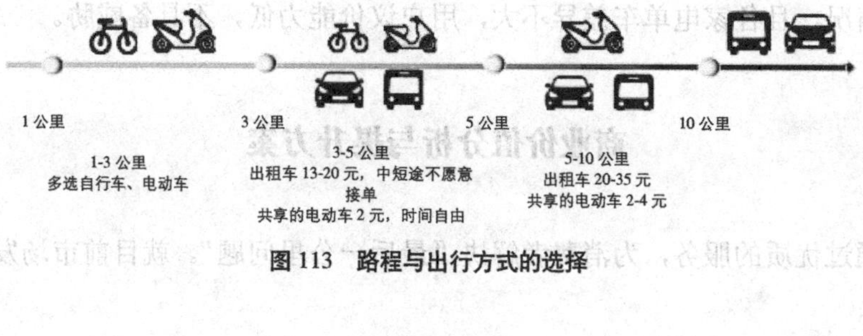

图113　路程与出行方式的选择

出行工具的多样化，逐渐细分了出行市场，马路上随处可见的自行车、电动车、出租车、公交车，都为出行者提供便利。

1～3公里的出行距离，充斥着自行车、电动车；3～5公里的出行距离，自行车、电动车、公交车、出租车都是可选择的对象；5～10公里的距离，自行车逐渐消失；10公里以上，两轮车基本不再出现。同时，随着城市的发展和人口的聚集，城市公共交通问题日益突出，社会车辆的增多为出行带来了诸多不便。

在共享单车市场培育下，社会对绿色共享的两轮出行方式接受度逐渐提高，然而共享单车所能满足的出行需求相对有限，得益于物联网、人工智能、大数据的技术应用，针对3～10公里中短途出行痛点，共享电单车成为首选的解决方案。

三、运用波特五力模型分析电单车行业的竞争环境

现有竞争者：除美团外，还有哈罗、滴滴等竞争者存在，行业处于导入期，市场增长缓慢，想进入该行业的企业较多，行业内竞争激烈。

潜在进入者：电单车市场进入的企业，没有成本优势，品牌优势也不显著，差异化不明显。因为市场需求巨大，想进入的企业多，还处在比资本投入的阶段，潜在者威胁大。

替代品的威胁：共享电单车的替代品主要是共享单车、出租车、公交车、打车软件等。但从出行距离、费用等方面分析，单车的距离，出租车、打车等的费用，与电单车相比都不具备竞争力。因此替代品威胁较小。

供应商的还价能力：上游企业提供产品需要标准化，同时被购买企业压低成本，且生产企业较多，企业对产品的议价能力不高，不具备较大威胁。

客户的还价能力：现在处于人多车少的阶段，用户在高峰期存在无车可骑的情况，且各家电单车差异不大，用户议价能力低，不具备威胁。

商业价值分析与提升方案

通过优质的服务，为消费者解决“最后一公里问题”。就目前市场发展现状来看，盲目扩张的道路已经走不通了，为求发展企业必须细分市场、深耕渠道。共享单车的由于管理混乱、给经济社会带来负外部性，导致资源严重浪费，成为“公害”。同时，共享单车市场需求下降、且盈利低、风险高。据2018年财报，仅摩拜（现美团）单车收入15亿，亏损45.5亿，占据了美团总亏损额的一半。综上，美团电单车可定位于填补由共享单车退出造成的市场空白，找准投放点、实现精准投放。

一、市场细分

电单车与共享单车功能、运营模式相近，但是具备共享单车不具备的省力舒适、便于盈利等优势，这样的替代品既易于被广大消费者接受，又便于原先存活下来的共享单车企业进行产品的迁移。

单车的计费规则为1.5元/30分钟，而电单车的计费规则为15分钟内2元，超出按1元/10分钟收费，根据调查，这个价格是可以被大部分（78.27%）的用户所接受的，因此相比于人力单车，电单车可以为企业创造更多的利润。另外，62.2%的市民表示在相比于人力车，他们更愿意使用电单车，因为电单车省时省力。由此可见，电单车作为人力单车的替代品，更容易被用户接受，因此电单车无疑是人力单车的理想替代品。

从大学校园出行需求可得出，随着校园面积的扩大，许多学校校车并不能满足学生上下课的需求，学生从住宿区到餐饮区、教学区、娱乐区的校内路程步行要花费大量时间。因此主要按照地理距离和时间因素来进行市场细分。

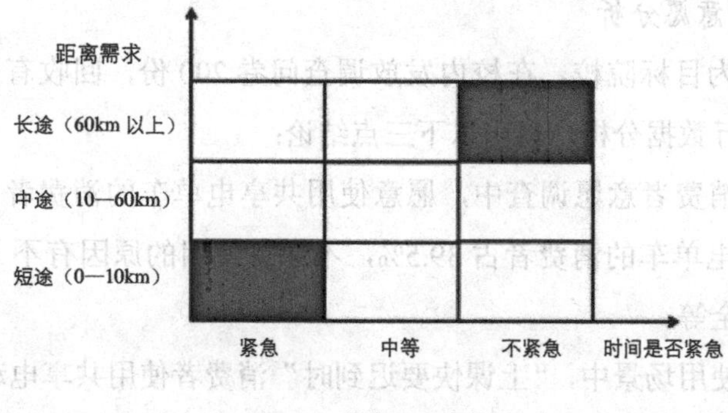

图114　单车受众定位图

根据市场细分将得到以上模块。通过市场调查，当距离范围在 0～10 公里时，消费者时间充裕的时候会选择步行，时间中等的时候会选择骑自行车，时间紧急的时候会选择电瓶车或出租车。在距离范围为 10～60 公里时，消费者时间紧急会选择出租车，时间中等会选择公交车，时间充裕时会选择电瓶车。在距离范围超过 60 公里时，消费者会选择大巴等长途交通工具。所以，品牌目标人群定位是出行距离范围为 0～10 公里且时间紧急的人群和出行距离范围为 10～60 公里且时间充裕的人群。

综上述，电单车的市场定位是解决 0～10 公里的出行需求，希冀为顾客带来舒适便捷的出行体验。

二、共享交通工具市场分析

1．PEST 分析法

从政治、经济、社会、技术四个维度对交通工具运行的宏观环境进行分析。政治上，国家大力提倡低碳环保出行方式，但目前有很多地方政策上对于共享交通工具尤其是共享电单车的态度比较模糊，这是阻碍共享电单车的主要原因。经济上，共享交通工具符合当前共享经济模式，适应互联网时代发展要求，相当于多人承担出行成本，减少了人们的生活成本。社会上，共享交通工具能解决市民“最后一公里”的问题，符合社会公众的需求。技术上，共享交通工具运用了物联网技术和移动互联网相结合的智能化租车系统，可以实现智慧管理、迅速寻车、实时定位等系列操作。

2．消费者意愿分析

以某学院为目标院校，在校内发放调查问卷 200 份，回收有效问卷 185 份。据问卷进行数据分析，得出以下三点结论：

第一，在消费者意愿调查中，愿意使用共享电单车的消费者 60.5%，不愿意使用共享电单车的消费者占 39.5%，不愿意使用的原因有不了解、不会骑、觉得不安全等。

第二，在使用场景中，“上课快要迟到时”消费者使用共享电动车意愿最强烈，占 43.2%；其次是“有免费骑行活动时”占比 19.5%。

第三，在使用电单车首要考虑因素中，在以性别为变量，令 X= 男，Y= 女，进行交叉相关分析发现，男性最重视的是价格，女性对价格和车辆自身的安全性比较敏感。通过上述数据分析发现，消费者使用共享电单车意愿还是比较强烈的，但应进行合理定价和提高其安全性。

三、营销策略

1. 产品策略

因人而异，针对不同的人群提供不同型号的电动车，如简易款、舒适款、助力款，通过不同的产品类型来满足市场需求。

因地制宜，针对不同校区的不同地理环境和道路条件，电单车采用合理的规划设计，制定出适合不同学校安全性高的出行线路图，以此保障用户体验和用户出行安全。

因时制宜，根据使用时长不同采取不同的收费等级。使用时长的把控是优惠力度不同的依据，根据不同时长给予不同力度的优惠条件，刺激用户选择相应的租车套餐。

2. 价格策略

价格策略针对不同情况，可采取阶梯定价法，具体步骤如下：

第一，了解消费水平，在对应范围内进行问卷调查，调查用户的消费能力及消费水平。

第二，设置试用期价格，通过控制其他变量，收集不同价格下的用户使用量和营业状况；

第三，调查经营区域内其他竞争者的价格水平，统计经营区域内竞争者的用户流量。综上述考量后进行合理的阶梯定价，如 10 分钟 /1 元、60 分钟 /4 元、1 天 /30 元。

3. 渠道策略

在渠道上，选择直销与加盟相结合的双线模式进行营运。即企业可以选择进驻新校区时自行提供共享电单车并招募本地营运团队，进行该区域的营运管理；或者选择招募加盟商，也可选择由企业提供技术指导和营运平台并抽取一定服务费用，由加盟商自行营运且自负盈亏。

4. 促销策略

提高产品的认知度，通过线上线下推广美团电单车，提升其知名度。线上可结合知名小编、博主等写推文。线下促销可以通过举办活动或者讲座宣传，招聘兼职做地下推广等方式进行提高消费者对共享电单车的认知度。

提高老用户使用率，采用促销组合吸引老用户使用，让其在朋友圈、空间转载发布美团电单车平台和其对租赁电单车的优惠活动等，稳定老用户使用的同时吸引新用户的眼球。

打好促销组合拳：第一，实行销售促进 + 人员促销，即由线下推广人员直接与顾客沟通交流；第二，实行广告 + 销售促进，如在插播共享电单车活动广告。在一些人流量多的地方贴上共享电单车的宣传海报；第三，实行公关关系 + 人员促销，如通过响应社会绿色出行的方式，在各提倡环保的传播媒体上宣传企业形象，促进内部员工、外部公众良好沟通。

四、风险管理

1. 宏观行业风险

政策风险及应对措施。盲目推广使用电单车可能导致校方的抵制，许多共享交通工具营运公司因前期没有与校方进行良好的沟通，现在就面临学校政策压力，导致无法正常运行。应对措施：在校区投放前与校方积极沟通，签订合作协议，确保项目在该校能够顺利进行。

产权风险及应对措施。随着我国经济发展，知识产权保护的重要性越发突出，因为同质化经营，容易引起知识产权纠纷。应对措施：增强团队成员的产权保护意识；规范团队的管理制度，尽量避免人才流失；关注科技成果的转化，确保合同签订的规范性和责任的明确性。

技术风险及应对措施。共享电单车自身存在着技术方面的不足，很多品牌电池的使用及中控器的准确控制存在着问题，电池使用时间过短就导致了共享电单车的使用率降低、用户的骑行体验差，中控器不准确会导致用户没法准定位还车，所以造成的时间损失计费没办法明确责任方，也导致用户品牌忠诚度降低，甚至用户流失。应对措施：在电池及中控器生产商家的选择上，应该更注重品质，从优选择，在技术上给予用户最优的骑行体验。

2．营运风险

押金管理风险。很多企业无规划挪用用户押金，导致最终无法退还用户押金，面临着投诉及官司，导致企业没办法正常运转。解决措施：利用自己的信用平台，依靠用户信用免出押金骑行。符合信用标准的用户可以免押骑行，对于收取的押金，可交由第三方平台监管。

加盟商选择风险。加盟商的不良行为会直接间接地影响品牌公信力，从而导致品牌用户的忠诚度下降，影响整个企业的发展。解决措施：第一，建立审核部门，对于加盟商家的活动及推送消息，提前进行审核；第二，安排专门的人员不定期对于加盟商所加盟的高校进行调查，对于奖励优秀加盟商，对不合规行为罚责令整改，如果不改者则取消加盟资格；第三，安排专门的客服人员与加盟商接洽，对于新的加盟商应指导相关工作，还可建立加盟商社群，分享成功经验。

用户价值分析与提升方案

一、经济成本分析

2019 年家庭人均月收入在 2000 元以下的人口占 68.85%，收入水平差异对消费能力提出了限制。单就出行消费这一板块而言，高收入群体对消费升级的需求表现为豪华品牌汽车市场渗透率的提高，截至 2020 年 5 月该渗透率达到 18.4%，同比提升 3.7%。而中低收入群体也同样面临适应其消费能力的消费升级需求，相较于公共交通出行方式，电动车兼具便捷性和高性价比，是一个很好的出行消费选择。假设存在 5 公里的通勤性出行需求，每日使用共享电单车往返仅需 4 元，按全年工作日 250 天计算，年通勤费用约为 1000 元。因此，共享电单车的出现有效地节约了用户的成本。

二、节省用户时间和体力

不同的交通工具覆盖不同的出行需求，共享单车主要覆盖 3～5 公里以内的出行距离，在非一线城市中，短途的交通更为密集。非一线城市的主要城区面积相对较小，中短距离的出行需求相对更多，共享电单车可以方便地解决用户的使用需求。根据百度地图《2018 年度中国城市交通报告》，四五线城市中有 10.5% 的出行需求都在 3 公里左右。在一二线城市，由于私家车辆较多，早晚高峰城市交通堵塞情况严重，电单车灵活便捷的特性，可以很大程度地解放使用者的体力和节省时间，并且电单车提供的是点对点运输模式，可以不受道路或公家路线等交通工具的制约，因此共享电单车可以较好地为用户解决生活所需。

三、后疫情时代的用户健康

2020 年由于新冠病毒疫情的暴发，持续保持对疫情的高警惕使得人们对社交距离的重视度大大提升，在受疫情影响的短期内，相比于其他公共交通工具，电动车的优势得到了凸显。使用共享电单车有以下几点优势：

有效避免在公共场合与陌生人接触；

在户外通风良好的场景下骑行降低空气污染的概率；

提供点到点的出行体验，尽最大可能减少不必要的逗留。

短期来看，电动车是一种相对安全的出行方式，全球 Google 搜索指数的变化趋势也显示，疫情发展的进程的确带来了人们对电动车关注度的滞后性上升。

四、丰富用户出行时间段

24 小时“不打烊”、多高峰出行，是共享电单车骑行的另一特征。大数据显示，其工作日呈现出典型的早晚大高峰、午间小高峰的多高峰特色，9 点和 19 点前后的早晚高峰出行非常集中，昆明、长沙用户在该时段的合计出行比例均超过 20%；在周末，早晚高峰时间较工作日有明显延后，晚间 18～19 点成为一天出行的最高峰，傍晚和夜间的骑行相较平日更受欢迎；在清晨 5～6 点、晚间 22～23 点和凌晨 1 点前后，三城不约而同地出现了骑行潮，该时段常规公共交通基本处于停运状态，而共享电单车在一定程度上填补了公交运营的“空窗期”，夙兴夜寐的人们或早起加入新一天的奋斗，或晚归感受夜生活的魅力，可以说共享电单车从侧面刺激了城市夜间经济的发展，也见证了人们不打烊的“慢”生活。

社会价值分析与提升方案

在巨大的市场驱动下，共享电单车预计将私人电动车市场的20%～30%进行转化，可达每天8000万至1亿单，这是一个巨大的数字，其市场还在持续开发中。截至目前，支付宝Hello电单车在市场中的数量为190万，遍布300多个城市，是目前共享电单车市场中投放最多车辆的商家，排名第二的是滴滴的青桔电单车，数量为140万辆，遍布250多个城市。

从对市场的预估数字来看，目前共享电单车的投放数字似乎并不多，这是因为在进入市场的过程中，共享电单车显示出强负外部性问题，例如，电动车骑行安全、头盔、超载、上牌、车辆运维管理等，这些强负外部性使得政府对共享电单车投放市场的态度是：不鼓励，不支持。部分地区“禁摩禁电”，这些问题使美团电单车业务风险加大，投放速度放缓，投放范围受控，所以，解决美团电单车的负外部性是业务开展的根本。

一、共享电单车正外部性列举

即使共享电单车行业具有强负外部性，但其社会价值是显著的，以下列举美团发展共享电单车业务的正外部性：

1．吸纳就业

共享电单车在投放之后，需要大量的运维人员在城市内进行车辆调度、车辆维修、更换电池等工作。这些工作对劳动力水平、年龄、受教育程度没有过高要求，且需求数量多，需求范围广，可以吸纳大量就业或解决退休人员二次就业的问题。

2．减弱私人电动车安全隐患及管理问题

城市中的私人电动车数量多，充电安全隐患很大，据北京市公安局消防局防火部火查处介绍，每重大火灾3起中有1起就是由电动自行车引起的。电动自行车市场亟须更新换代、转型升级。锂电池共享电动自行车的批量投放，将有效挤压铅酸电池电动自行车的市场份额，加速铅酸电池车辆淘汰，降低电动自行车电池环境污染。

此外，私人电动车车辆管理比较差，经常出现乱停乱放的问题，共享电单车通过停放区域划定，停放位置限制，统一管理运维，优化城市中的电动车管理问题。

3．助力智慧城市建设

美团使用物联网技术，对共享电单车进行产品迭代，升级车辆管理方法，以此来推动智慧城市的建立，提升社会整体效率。比如，美团可以借助车辆搭载的智能终端采集车辆位置、轨迹、车速、车况、年限、里程等，与交管部门平台的数据共通共享，实现政府对车辆的统一监控与管理，极大地降低了交通管理难度。为提高道路行车安全，平台行驶数据与交通信号灯和道路监控摄像系统智能联动，即时判定车辆违章情况，并在后台及时纠正和制止，提高道路行车安全。还可以通过车辆智能终端的数据采集，形成违章、违规骑行行为进行监测系统，对守信和失信者提供差异化服务，如提高违章骑行者的收费标准，对遵守规则的骑行者给予奖励等，以此提高消费者文明骑行素养。

二、解决共享电单车负外部性方法

1．关于建设“电单车车站”及存放点的投入

应避免之前城市单车的停存方式。因为共享单车存放点会占用较大公共道路，且可能因存放点较为固定、就近存放点远、单个存放点停车数量少、存放点乱停私家单车但建设专属存放点成本高、路面划线存放点不易于发现等问题，为骑行者带来单车停放困扰，且为市容市貌造成严重污染。此外，因电单车乱停乱放在利用率不高的地方，可能造成很大一部分车辆长期闲置。

解决办法，即可以将单车存放点的划线部分改为带光的“光线”，由下向上投射，这样既解决了停放点划线部分因磨损看不清的问题，也可成为市容的一个亮丽的风景线。光线存放点与之前城市单车的停放机器相比，节约成本，减少占地面积，还可以增加停放车辆的数量。多规划一些光线存放点还可以解决用户“停车找不到站”“停车站距离远”等问题。关于节能与环保，可以圈起存放点的“光线”，在其发光点下面安装感应器，当周围有美团的电单车想要停车时（停车与否可通过单车运行速度考量），感应器接受感应，光线才会亮起，这样可避免能源浪费。

2．遵守交通规则及电单车使用规则相关安全问题

如今因骑行不戴头盔、骑车闯红灯、乱停乱放等不遵守骑行规则的现象太多，为交通安全带来巨大隐患。

解决办法可以通过为每位骑行者进行信誉分测评的方法，治理该问题。因没有按要求佩戴安全护具、闯红灯或乱停乱放等违反规定的行为，都会因问题不同严重程度，被扣除相应分值。类似于汽车驾照，当信誉分减少至一定数值，会对骑行者进行禁止骑车、重新学习骑行规则等教育惩罚。当通过学习或其他方式获取合格的信誉分后，方可再次使用共享电单车。

3．电单车电池降解问题

电池降解作为世界难题，目前并没有好的解决办法。美团是否可以通过某些技术，尝试努力提高电池的寿命，从而实现“减少需要降解的电池数量”。也可以对电单车的电池进行定期护理，当一些电单车在被使用一定次数或行驶一段距离后，企业对这些车辆进行成批次的召回，对其电池容量及性能进行检测评估，良好的保养也可能延长电池的使用寿命。思考如何通过技术使电单车电池进行回收，使其可以二次利用，循环利用，减少废弃电池的总体基数，以达到环保的目的。

商业价值、用户价值与社会价值的兼顾

一、美团在追求商业价值的同时，怎样满足用户价值？

共享电单车的用户主要面临停车难、电池续航差、安全隐患多等难题。大都属于日常维护管理层面的原因导致。和共享单车一样，共享电单车也是智能出行的一种方式。作为“互联网+”经济的一种形态，电单车平台应以用户为中心，靠优质的产品与服务为其打造良好的使用体验。这要求共享电单车企业应坚持精细化运营，在车辆管理、区域调度管理、充电管理、换电管理等诸多环节做精做细。

据悉，美团将对电单车持续加大投入，并持续关注产品研发、提升骑行体验、科技赋能安全骑行以及城市精细化运营等方面。

产品研发方面，美团电单车全部符合新国标的要求，并从轮胎加宽，避震加强，限制速度、升级刹车制动等方面，解决私有电动车存在的安全问题，车辆的安全性、易用性大幅提升。

保障用户安全方面，据美团电单车研发人员介绍，美团电单车的研发设计，核心聚焦安全，通过硬件产品设计、软件技术研发，全方位保障安全骑行。目前，美团电单车已经实现用户实名认证，并研发人脸识别、智能头盔等安全管理模式，可有效防范和降低潜在盗窃事故隐患。值得一提的是，针对电单车超载等现象，美团电单车研发防载人技术，车辆在开锁后，可依据重心智能识别载乘人数，一旦系统识别超载，车辆将无法启动。此外，美团电单车在App和车辆醒目位置明确标示，骑行者必须年满16周岁，车篮严禁载人、车座禁止超载，违规严重者个人账号将被永久封停。美团电单车还为用户及车辆购有保险，人身与财产安全得到保障。

二、美团电单车如何兼顾社会价值和商业价值？

如若过度注重满足社会价值而忽略用户价值，可能会引起用户体验不够满意或引起用户不耐烦情绪，后果可能会致使用户产生不再使用共享电单车产品的决定或者改为使用其他使用要求不那么严格的其他品牌同类产品。为了避免发生以上情况，可从两方面着手平衡社会价值与用户价值，以此来寻

求社会价值与用户价值的最大化。即：放宽共享电单车停车规范方面、增加用户奖惩机制两个方面。停车规范方面常遇见的问题，如，为保证停车规范化标准而严格要求电单车用户停放角度与马路成90度角，如若不满足规定将无法锁车导致无法结束行程。此项规定可能给美团电单车用户带来繁琐的停车体验以及浪费更多的停车时间，使原本以“方便、快捷”为初衷的共享电单车变得“繁琐、不便捷”。可见，过度规定电单车使用要求会导致共享电单车使用者体验差，从而无法满足共享电单车的商业价值。因此，可适度放宽因为需满足社会价值和预设的使用要求。

提升社会价值是所有以“给社会和人民带来便利”为宗旨的公司所重视的，但过度重视将可能会影响用户体验从而使用户价值降低，失去了用户价值意味着商业价值也将随之降低。长此以往，社会价值也将失去意义，此类产品也将失去其存在于社会的意义。因此，一个新产品若希望长久地为人们提供便利、被人们喜欢并且习惯性消费使用甚至将其作为出行的第一选择，需要寻求社会价值与用户价值的平衡点，既可以满足社会价值，也可增加用户价值。

事实上，国内90%的企业很难两者兼顾，或者根本只是追求高额的利润。为了实现变现，产品出现大量破坏用户体验的功能和应用，但由于可替代性不高或产品“垄断”，用户又无法不去使用的情况。其实这种企业无疑是自掘“坟墓”，也许短期内可能给企业带来了业绩和利润，但从中长远来看，是给企业自己挖一个大大的坑，就等着自己往下跳。因为真正的用户是不会骗人的，而且也不会被骗，他只要在市场上看到同类替代品产品，换掉你是分分钟的事情，特别是在互联网免费经济时代，用户更换产品的代价越来越小，选择的空间却越来越大。

首先，商业价值和社会价值不应该是矛盾的。商业价值大的往往对社会也有很大价值。商业价值往社会价值的增量并不是你在中间一定要做一个取舍，你在既定的原有的商业的策略上做做加法，社会价值就出来了。换言之，我们只有实现了自己的“社会价值”，才能实现自己的“商业价值”。一家企业、一个品牌在法定义务之外所做的承担企业社会责任的行为，对社会有价值的事情都可以视为它具有了公益属性。在产品日益同质化，竞争越发激烈的今天，在商品和服务之外，品牌更需要从情感角度去链接用户，公益则可以提供很好的助力。

然而，由于市场运作的不规律和消费需求的不定，确实存在有很多社会价值大的产品和项目不能得到应有的商业价值，这是市场暂时的缺失，看不见的手会迟早把它拨回应有的位置。而长期主义者敢于主动延缓商业化变现的速度，依靠快速的业务扩张和不断摊薄的服务成本，将自己的护城河挖深挖宽。同样美团电单车想在复杂的市场中发展下去，不是要考虑如何降低社会价值提升商业价值，而是对于共享单车后期的管理，怎么样让用户的体验更好，怎么样更有效的管理，这是共享单车企业必须面临以及考验的地方，比如美团用户多，使用面积广，可充分利用这一特色进行广告宣传，获取收益，增加利润；未来美团也可以进一步提升用户体验，使用户得到愉悦的使用感受；企业还可挖掘共享单车方面的大数据，并对这些数据进行深度的处理和分析，通过与旅游、美食、电商等其他行业相结合，让共享单车的发展找到更多的发展可能性；此外，共享单车还可以走出国门，充分发挥共享单车绿色、便捷的优势，打开国外市场。最后，谁能够真正平衡好社会价值和商业价值的关系，谁就能够真的走到最后。

总结：通过以上论证，可以画出三角关系图（如图115）。由图可知，如何平衡三方关系的具体措施，但还需要在实践中不断尝试，以达到三方平衡且三方损失最小。

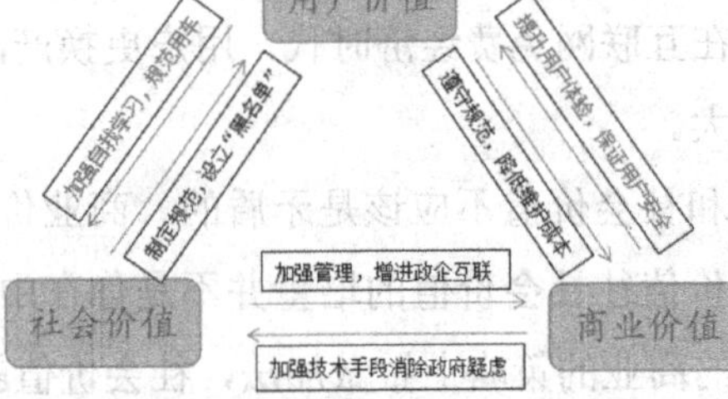

图115 美团电单车对用户价值、社会价值及商业价值的平衡策略

中视金桥：
纪实电视片营销价值分析

纪录片在中国的社会现状

一、纪录片概念与功能

纪录片是以真实生活为创作素材，以真人真事为表现对象，并对其进行艺术的加工与展现的，以展现真实为本质，并用真实引发人们思考的电影或电视艺术形式。纪录片的核心为真实。

表 24　不同类型纪录片特征对比

	纪录片			专题片/新闻专题片
类型（按制作平台及传播途径划分）	电视纪录片	纪录片	新媒体纪录片（“微纪录”）	
特点	立足历史文化与现代生活，不断开发新题材，与当下社会热点问题相对接，同时承担一定国家意识形态输出的作用。	年超70%由民营公司出品，半数以上均是社会新式题材。	由新媒体平台自制或参与合制，具有较为完善的运作模式与品牌建设方式，正探索寻更多样的IP运营策略。	

续表

	纪录片			专题片/新闻专题片
概念	是以电视节目形式为创作载体，电视台专业纪录频道、省级卫星综合频道等为主要发行、传播平台，内容类型多以宣教型为主，致力于以平民视角与真情实感出发，引起时代共鸣。	作为纪录片在电影领域的分支，以电影形式为创作载体，以电影院线为主要发行、传播平台。具有极强的艺术价值与商业价值。	艺术形式多样，以主流视频平台、短视频平台、新闻资讯平台、自媒体平台为发行、传播平台，以极强的活力扩宽了纪录片的题材方向、表现形式与传播渠道。由于当下短视频产业发展迅猛，以真实生活为创作素材逐渐衍生出传播速度快、制作成本较低、时长5~30分钟的纪实类短视频。	国内外影视界在纪录片（Documentary）与专题片/新闻专题片（Propaganda film）的分类上一直有较大分歧。由于创作者主观意识的明显介入，一般的专题片都会表现出明确的主题性、针对性、宣传性、目的性等特征。

二、我国纪录片发展历程、趋势总体向好，进入产业化发展新阶段

随着社会的变革发展，中国纪录片产业自 1949 年发展至今，经历了政治推动、文化推动、市场化、产业化四个阶段，整体呈现向好发展趋势。2018 年 6 月，广电总局发布《关于实施“记录新时代”纪录片创作传播工程的通知》，进一步提高了国家对纪录片的政策扶持力度，推动我国纪录片产业繁荣发展。综合来看，2010 年至今，我国纪录片产业随着国家相关政策扶持以及互联网的介入，纪录片出现“微纪录”“新媒体纪录片”等新型纪录片形式，拓宽了纪录片行业的发展空间。

得益于政策扶持与市场化的助力，我国纪录片市场规模迅速扩张。根据中国纪录片研究中心（CDRC）数据显示，我国纪录片行业的市场规模从 2013 年的 22.8 亿攀升至 2015 年的 46.8 亿元，每年市场增长率保持在 30%～50% 以上。由于用户对互联网新媒体的关注度的提高，我国电视行业发展趋缓，这在一定程度上影响了纪录片的市场，2018 年，我国纪录片市场规模达到 64.5 亿元，同比增长 7%。我国纪录片行业的市场规模开始进入稳定增长阶段。

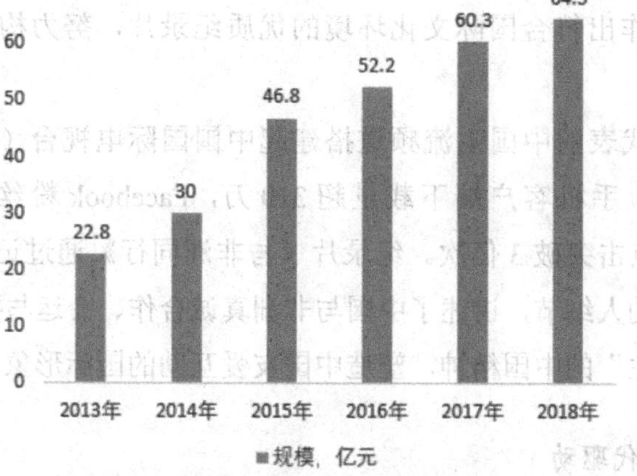

图 116　2013—2018 年中国纪录片行业市场规模现状分析

目前，在我国的视频平台中，腾讯视频、优酷、芒果 TV、爱奇艺和 B 站都开始布局自制纪录片。相比而言，腾讯和 B 站在自制纪录片上投入更大。结合 2018 年五大视频平台在自制纪录片的情况来看，腾讯自制纪录片的数量远高于其他的视频平台，其中《风味人间》纪录片的豆瓣评分高达 9.1 分。根据前瞻分析，新媒体平台不仅在生产投入成本逐渐增加，其拍摄纪录片的质量也处于上乘品质，这预示着新媒体机构将成为我国纪录片行业的支撑点和发展新动力。

三、驱动纪录片发展的重要因素

1．政策驱动

纪录片表达的重要主题始终是国家意志。纪录片一直以来都承担着引导与整合社会价值观的重要功能。无论是政论专题纪录片还是社会现实纪录片，其传达的主流、正向精神也一直贯彻国家意志、弘扬主流思想、引领时代脉搏。在当下，优秀的政论专题片不断涌现，例如《不忘初心继续前进》《必由之路》《大国外交》《辉煌中国》等，而在社会现实类纪录片中也有《零零后》等高质量作品呈现。

随着我国综合国力与国际影响力的不断增强，对外宣传国家形象、实现中国精神文化的“走出去”成为日益重要的课题。在国际传播领域，中国纪录片正在持续地探索建立自己的传播平台，推广中国纪录片在国际市场的销售，制作出符合国际文化环境的优质纪录片，努力构建真实立体的中国形象。

以央视为代表的中国主流频道搭建起中国国际电视台（CGTN），截至2017年11月，手机客户端下载量超310万，Facebook粉丝量达5269万，YouTube全球点击突破3亿次。纪录片《与非洲同行》通过记录发生在普通非洲人身上的动人细节，讲述了中国与非洲真诚合作、命运与共的感人故事，传递“和谐共生”的中国精神，塑造中国友爱互助的国际形象。

2．技术迭代驱动

从摄影器材便携化至数字技术创作。声音的出现、轻便摄影器材、声画同步技术和数字技术的出现都在不同程度上推动了纪录片样态的革新。如今，全球正处于以数字技术为基础的新媒体时代下，数字拍摄与制作技术、计算机虚拟成像技术、互联网与移动互联网技术、航拍、VR等新媒体技术纷纷进入到纪录片创作领域，使当下纪录片多元形态并存。

3．受众需求驱动

纪录片蕴含高浓度知识内容和深层次内容吸引了大批高品质的受众。调查显示，我国纪录片的受众中有82%年龄在18～35岁，有74%受众的教育程度在本科及以上，有55%的受众月薪在7000～20000元，说明纪录片受众群体主要以新中产阶层为主。

在受众观看纪录片需求上，超过68%的受众观看纪录片是以放松心情、扩充知识面为目的，也有66%的受众是为了获取社会热点和新闻资讯；在受众观看纪录片后二次传播的主导因素上，59%的受众认为具有社会意义才会引发二次传播；在风格偏好上，超过60%的受众认为内容深刻、发人思考最为重要。行业满足受众需求不断提升出品质量，急速推动纪录片行业发展。

4．产业服务端驱动

经过16年发展，中国国际纪录片节已经成为具有国际影响力的成熟的纪录片产业服务平台，正在为中国乃至全世界纪录片产业提供支持服务。专业平台的诞生为中国纪录片产业搭建了更专业的舞台，吸引全球媒体的关注提高纪录片产业的曝光度，助力中国纪录片走向更广阔的国际市场。

图 117　中国（广州）国际纪录片节服务维度

四、我国纪录片产业链现状

1．纪录片行业制作模式：推进制播分离，发展多元制作模式

随着纪录片观看需求不断增加，纪录片栏目缺口逐渐显现，传播主体需要更多的外方制作力量介入以推动纪录片市场需求供给。早期纪录片多以电视台自制作为主要制作模式，随着“制播分离”的制度发展，民间资本的介入使得纪录片产业得以实现更自由、更灵活的市场化运作，催生出更多元化的制作模式。外购、联合制作、委托承制三种制作模式有效地凝聚民营制作主体、新媒体平台与电视台的资源，使民营主体与制作、传播主体得以将资源进行有效整合，为市场贡献更优质的纪录片作品。

制作模式大体可分为以下几类：

外购（素材 / 成片）：外购包含版权交易，是一方向另一方购买素材或成品，进行再制作及运作。

联合制作：制作与传播主体之间进行合作，根据项目投融资情况划分版权收益。

自制：制片主体独立自主完成制片全部过程。

委托承制：制片方将部分工作制定标准后授权于另一方制作，精力及资源集中在固定制作环节。推动形成统一、开放、竞争、有序的纪录片市场。

目前，我国纪录片制作播出仍主要为“制播一体化”模式。多方纪录片机构可进行合作，实现机构双方的经济共赢，有效降低了纪录片创作的成本，为市场提供更多优质的纪录片作品。

2．传播模式

在市场化与互联网的双向驱动下，纪录片产业已经形成台网院线渠道立体化，线上与线下互动传播，资源互通流动的全媒体传播体系，纪录片传播渠道越来越立体化。

表25　不同媒体平台对比

类型	电视台	电影院线	新媒体平台
范围	央视各大频道 纪录片专业频道 各省级卫视频道 各地区地面频道	各大全国院线 区域性地方院线 地方独立电影院	主流视频网站/平台 各类短视频平台 各类社交媒体平台
特点	以各大电视台为主的传统媒体是中坚力量	影院则是对纪录片传播渠道的重要补充	各大视频网站和社交媒体构成的新媒体是强劲的新兴势力
传播方式	传播方式从单一的官方信息推介，发展为通过观众互动、网络分享、线下活动等线上与线下相结合的方式，达到更好的传播效果。在电视台、网络平台、影院之间多向流动，扩大传播范围，能够涵盖更加广泛的受众群体。		

3．产业链模式

经过近十年的发展，中国纪录片产业链已经逐步清晰，涉及纪录片创意、资金募集、制作、市场推广、播放等流程，形成多种产业主体参与的产业格局。在我国纪录片产业快速的发展背景之下，我国对纪录片的生产投入也呈现逐年增长的趋势。根据中国纪录片研究中心（CDRC）数据显示，2013—2015年，我国纪录片产业投入规模高速增长，至2015年年增长率高达57.3%；2016—2018年逐渐实现平稳发展，2018年我国纪录片投入规模达到46亿元，同比增长16.4%。

经过多年的发展，中国纪录片的制作主体与传播主体沿着产业链相互延伸，形成了以电视台、民营公司、国家机构、新媒体机构为主的主体结构。从制作主体对纪录片的投入规模来看，2018年，我国电视台的生产投入占据

48% 的份额，依然处于行业发展的主力地位。值得关注的是，新媒体的投入规模占比从 2013 年 4% 的份额提升至 2018 年的 24%，成为仅次于电视台的第二大产业主体。

4．产业链核心角色

（1）电视台：电视台仍是纪录片产业发展主力，频道内部呈现两极分化。

在电视台播出是实现纪录片市场价值的一条主要渠道。通常，纪录片在播映的时候可以附带一定时间的贴片广告，获取额外的收入。欧洲很多国家把纪录片播出看得比电视剧重要，甚至在播出时长上都有明确的规定。美国国家地理频道和探索频道是全世界最著名的纪录片频道，在世界各国的收视率都很高，已形成了自己独特的风格和品牌，拥有大批忠实观众。20 世纪 80 年代末 90 年代初，中国电视纪录片创造了辉煌，上海电视台的《纪录片编辑室》曾经创下 36% 的收视率，比电视剧还要火爆。随着电视剧的兴起，国内纪录片的收视成绩逐步滑落，几乎所有电视台的黄金档都给了电视剧，一些电视台甚至几乎摒弃了纪录片。

由于新媒体机构的兴起和民营公司的发展，电视台投入占比趋于下降，但是其投入份额始终保持在 50% 左右，仍是纪录片市场投资、制作、运营、传播的第一主体，但电视台内部逐步出现两极化趋势。一方面，四大纪实频道不仅在宣传国家形象和重大政策方面发挥重要作用，更是带动产业发展的引擎。其实力远远高于其他卫视与地面频道。另一方面，许多地面频道纪录片栏目、专题由于生产能力不足，电视受众有限，收视低迷而生存艰难，面临被裁撤的风险，产业资源更多地流向省级综合频道、专业纪实频道及体制外新兴力量。

【案例】

四大纪实频道势头强劲。央视纪录频道、上海纪实频道、DOC 北京纪实频道、湖南金鹰纪实频道先后成立，为纪录片开辟了专业播出平台，推进了纪录片从栏目化向频道化、专业化转变。制播改制，成立台属企业，推进纪录片的市场化、专业化运营。

卫视频道特色鲜明。卫视依托地域历史文化和频道优势资源，联合地方政府，发掘特色题材，打造地方文化 IP。河北卫视的《中国梆子》《大道太极》、安徽卫视《天下微商》、新疆卫视《伊犁河》等，均取得较好效果。

（2）国家机构：大局把控，顺承政策改变格局。

国家机构不仅具备投融资、制作、营销宣传等方面资源优势，而且汇聚较多的纪录片创作人才，能够承担投资规模大、制作周期长、品质上乘的纪录片项目，对纪录片精品化、专业化、国际化发展起到重要的带头作用。其中，新影集团拥有多年制作经验，在涉及共和国的重大活动、历史事件等方面具有权威的拍摄地位，制作并保存着大量珍贵的影像资料；解放军电视宣传中心主要负责军事相关纪录片开发运营，其余民营企业与新媒体均不可拍摄军事题材纪录片；五洲传播中心则趋于平台化，致力于推进国际合作、整合资源。

【案例】

军事媒体融合改制——解放军新闻传播中心：2018 年 4 月，解放军新闻传播中心正式成立，涵盖报纸、通讯社、电台、电视、网络、出版等模块，共推出 100 多种新闻产品，从而在体制编制上把军队媒体集合一起。而军事纪录片开发依然是先台后网，在先网后台的路上依然还有很长的路要走。

布局全球合作五洲传播中心、新影集团：五洲传播中心与来自 34 个国家和地区的 67 家成员组成“一带一路”媒体传播联盟，新影作为纪录国家重大活动、历史事件等方面的权威拍摄单位，二者协同将制作与传播渠道打通，为全球化布局贡献最为重要的一份力量。

构建立体传播网——五洲传播中心：五洲传播中心从制作向投资、制作、传播综合平台转型，在整合资源、国际合作、立体传播方面发挥重要作用，已经构建起传统媒体、新媒体和线下活动相结合的立体传播网，与爱优腾等视频网站全面合作推出新媒体品牌。

（3）民营机构：业务变革推动产业链上下游布局，盈利趋向多元。

民营公司投入规模保持稳定增长，投入占比维持在 15%～20%。随着制播分离的扩展，纪录片市场化、产业化进程不断推进，民营公司纷纷对业务进行结构性变革，民营公司积极布局产业链上下游的各环节，推动业务变革实现多元化盈利，以重塑竞争优势。一方面，民营机构与视频平台紧密合作，根据实际需求进行纪录片创作，大量增加自制节目的比重。同时依托“泛纪录片”的概念，扩大纪录片观众群体范围。另一方面，民营公司通过增强投资和运营业务比重，发展诸如围绕品牌策划的企业宣传片、纪录片从业者培训业务、纪录片衍生品等多元化产品线，以弥补单一盈利模式的不足，增强公司资源整合能力和公司运营水平。

与视频平台合作加强：形成“工作室＋视频平台”制作模式。

自制节目比重增加：民营公司以委托承制起家，逐渐 AVG 正价联合制作与独立自制的项目的比重，力图摆脱以往免费播出或低价销售的传播模式。

创新纪录片题材形式：幕后纪录片、电影花絮纪录片、电视剧嫁接等。

多元化产品线探索：企业宣传片、代理运营业务、纪录片衍生品、培训业务等。

（4）新媒体：新媒体创新渠道与体裁，成为纪录片产业重要支撑。

自 2015 年起，新媒体投入规模高速拉升，占据总投入规模 24%，相继超过国家机构与民营公司，成为仅次于电视台的第二大产业主体。新媒体已经成为中国纪录片产业的重要支撑与新动能。一方面，随着网络视频平台自身建设的完善，各大视频网站为了形成差异化竞争优势着手向产业链上游发展，从单纯的播出平台发展成为创作、播出、运营为一体的综合平台。另一方面，短视频的兴起和迅速发展激发纪录片形式创新，促成微纪录片的诞生。短视频 UGC+PGC 的协同创作，内容产量大，生产成本低，不仅提供大量纪实素材，而且吸引与培育大量纪实爱好者与创作者，在客观上以互联网收入的增长弥补了传统媒体的萎缩，推动了纪录片市场繁荣发展。

创新纪录片体裁形式：以短视频形式呈现纪实内容，推动 UGC+PGC 协同创作，增加市场活力。

打造品牌化纪录片：新媒体自制内容高速发展，逐渐从播出主体转向为制作主体，打造出诸如《人生一国国申》《风味人间》等优质的品牌化纪录片。

重构纪录片传播形式：新播放渠道有效缓解纪录片曝光不足、关注度较低的现状，将更好的作品推送到受众人群中，同时依托其特性更有效地了解观众需求，实现制作反哺，使市场实现良性循环。

我国纪录片的痛点

一、产业链不成熟

相较于国外成熟的纪录片制作体系，国产纪录片行业，从上游的融资创作到中游的播出传播，再到下游的营销与衍生品创作，始终没有一条完整的产业链将其串联在一起。专业纪录片频道依然采用收支两线运营的方式，生产播出与后期营销处于部门分离的状态，纪录片产业各环节处于严重的脱节的情况，各个环节只考虑各自的情况，与其他环节对接沟通较少。纪录片行需要在类型化生产、工业化生产和产业运作，以及在商品化、市场化、资本化、品牌化等方面同步发展。如何进一步打通各环节之间的壁垒，使纪录片创作从创意环节开始就全链条运作，将是产业下一步思考、发展的方向。

二、创作题材单一、优质内容缺乏——爆款均出现在人文题材

近年来我国纪录片行业发展迅速，优秀纪录片层出不穷。但国内纪录片题材偏向于历史人文，宣传意味较为浓厚，与之相比其他类型纪录片的比例相对不协调。国际上诸多优秀的纪录片都是以反映社会发展的现实类题材、环境保护题材为主，引起社会强烈反响，相比之下，国内此类题材的纪录片仍是凤毛麟角。由于我国文化语境与历史背景的原因，国内的纪录片创作者往往喜欢宏大深远的历史题材，同时站在民族、国家的高度来加深纪录片的人文内涵。总体来说，国内纪录片题材较为单调，尚未形成百花齐放的局面。

传统纪录片制作机构对当下百姓精神内核挖掘不足，优秀纪录片作品虽然持续产出，例如《了不起的村落》《生门》等，但远不能满足用户的需求。新媒体纪录片以量取胜，3～5 分钟的时长更适合于手机观看，内容深度有待提升。

三、实践人才稀缺

1. 纪录片制作专业人才稀缺

纪录片拍摄周期长，内容创作门槛高，纪录片时长越长，对纪录片人的故事建构要求就越高。这对创作者的故事架构能力提出了更高的要求。目前国内的纪录片导演此前并非专业的纪录片导演，多为跨界转行，半路出家。

此外，纪录片人才的培养体系并没有很好地建立起来，一些大学、机构可能开设了纪录片相关的课程，但是仅止步于理论，缺乏实践，无益于人才的培养和发展。现在纪录片人才培养花费时长较长，人才输出不够稳定，各专业制作机构其制作核心团队的不稳定性对纪录片产业带来的影响不容小觑。

2．培训体系理论大于实践

现有的影视制作培训体系理论内容大于实践内容，多数止步于理论，现在内容制作培训市场中也逐渐开始出现更多结合实践的专业机构，以二更教育为代表，其自2016年以来整合社会各界与高校的优质影视创作人才，建立起大体量、高质量的人才库、作品库与资源库，已为全行业培养输出上千名优秀人才，可见建立起更完善的培训体系尤为重要。

四、商业模式探索不足

1．生产模式老化，周期长投资大

现在纪录片制作周期长，回收投资难度大，投资回报率远不如影视行业高，制作过程中经常风餐露宿，充满艰辛。

2．变现能力远不及电视剧

纪录片现有商业化：冠名、植入；电视剧现有商业化：产品 / 品牌摆放、电视剧人物推荐品牌、电视剧人物使用产品、道具植入、中插小剧场。

五、宣传环节薄弱、观众关注度低

1．宣传方式与力度

电视剧、电影的宣传不仅仅是其本身的宣传，也会有演员、导演、企业、品牌、播出平台等宣传，此外演员多参加综艺、访谈类等节目，也可以提升关注度，为其出演的电视剧或电影加强宣传。而对比纪录片的宣传，其宣传方式显得薄弱，多样性弱，很多纪录片甚至在开播前都没有什么宣传活动。

2．宣传渠道

从渠道角度来说，纪录片在网站中的曝光度远远低于其他类型的视频节目。例如，电视剧、电影大部分已经实现网络同步发布，可以充分借势来提升它们的宣发辐射力。但是，纪录片作品还很少有同步网络发布的机会。在各个平台之间，除了竞争之外如何做到通力合作，则有待突破。

3．市场信心不足，消费习惯仍需培养

中国纪录片长期是电视台公益形象和文化品格的象征，“宣传品”“艺术品”的价值定位和产品业发展错位，导致其市场化程度低。

当前市场对纪录片的接受程度略有提升，但市场信心依然不足。一方面，电影节相对活跃的宣发公司对纪录作品的认可相对不高，很少参与纪录片的宣发，从历年实际票房来看均是如此。同时，从纪录片院线排片来看，除了《厉害了我的国》首日排片达到了8.8%，有5部在1%～4%，大部分排片不足1%。另一方面，纪录片的主流市场一直在电视和互联网端，主要依靠政府和企业在为纪录片生产买单，观众为纪实内容付费的意识相对单薄。多年来，观众习惯于免费收看纪录片作品。对于以满足娱乐需求为主要目的的院线观影来说，目前市场上大多数纪录片还为观众无法实现这一需求。总的来说，解决纪录片产业困境首先应从源头入手，提升纪录作品质量，紧跟政策导向，同时培养用户对纪录片的付费意愿，推动市场商业化进程，使纪录片乃至纪录片产业步入良性发展阶段。

我国纪录片行业发展趋势

一、以泛娱乐形式进行注意力争夺

在注意力稀缺的时代，纪录片外延逐渐扩大，形式也不似我们印象中“古板”的样子，用花样翻新的形式吸引大众的注意力。受众观看习惯和传播媒介的更改也给纪录片的制作、运营带来改变。在视频平台为视听化播放主力的时代，优爱腾主流大平台和以B站为代表的特色平台虽各有侧重，却无一不在寻找贴合受众的新玩法，比如增加互动功能。另一方面，脱离了电视媒介的纪录片可以更短、更小巧，5分钟、10分钟一集的纪录片也开始出现，配合用户习惯，效果也不错，玩法更灵活。甚至在内容运营上，纪录片也摆出不一样的架势。而“泛纪录片”概念的产生，正是扩大纪录片外延的关键。具体体现在以下三点：

（1）表现手法的丰富

将综艺、电影里讲故事的创作手法借鉴到纪录片中。例如将电影叙事移植到纪录片中，故事化的呈现大大增加了纪录片的可看性。

腾讯视频从BBC引进的《王朝》便采用了拟人化的表达方式，“一集一种动物，完全是故事的外壳，但动物都是拟人化的。它们像人一样有情感、有悲欢离合爱恨情仇，还有领地争夺。”在拟人化的表达下，纪录片与电影、电视剧在某种程度上出现了重叠和交叉。

更常见的，是纪录片与综艺嫁接。腾讯视频也曾做过尝试。如《奇遇人生》被划分到综艺频道，但从纪实性上来讲，其同样符合纪录片的特性。西瓜视频也尝试着将微综艺与微纪录片相结合，如《丹行线》《侣行》等，都是兼具纪实性的综艺节目。

（2）品类的打开

就腾讯视频而言，在版权购买上，以往可能更多集中在自然地理、历史、科技太空，现在会增加一些青年文化潮流类等更垂直领域的内容，也会增加一些教育、育婴类的方向。而对于教育及育婴领域，则更偏综艺纪录的形式呈现。据悉，腾讯视频在准备一档名为《小孩的秘密生活》的节目，首次涉猎育婴领域。让观众在相对愉悦一点的环境里接收一些知识、达到思考的目的，是其追求的方向。

（3）传播方式的灵活

除了自身的迭代进化和在制作上的求新求变，应用新媒体时代的“武器”贴近年轻受众视野也是必不可少的运营方式。目前，纪录片也开始运用剧集和综艺的运营方式来运营：将长视频切割为短视频，通过用户常用的渠道传播出去，进而吸引用户来观看完整节目。

2020年，微博成立了纪录片联盟，与微博旗下的酷燃视频一起借鉴剧集、综艺内容的合作模式，通过强化短视频社交赋能逐步拓展纪录片合作伙伴规模。据微博台网纪录片内容运营主管贾保成称，最初纪录片联盟保留了台网合作模式的基础即电视端引导与微博端讨论，开始时在运营层面引导合作方通过纪录片碎片化视频运营进行传播，但后来发现粗暴的切割并不适用于纪录片，转而与出品方在完整播出版本外，寻找更适合微博传播的短纪录片版本，通过找出一两个关键故事点重新剪成适合新媒体的精简内容，每部片子5~8分钟。同时配合微博热点话题或权重较高的账号进行推广，比如美食、旅游，微博都有专门的板块进行合作。

目前，纪录片联盟的合作方已经超过150家，既包括腾讯视频、优酷、爱奇艺，也包括一些制作公司和新媒体纪录片生产者。腾讯视频纪录片目前正在与微博酷燃视频进行"星空旅行局"的整体合作，将片库中的70多部片顶级宇宙类纪录片项目，以精选片段的方式在微博平台上发布供网友观看，试图以短带长。用户需要快速达到信息的积累，所以以短带长，或者说仅仅通过短视频来获取一些相关信息内容，对很多用户来说是一种很迫切的诉求。而对于纪录片来说，这也是新媒体时代下的全新传播方式。

二、纪录片用户呈现年轻态势

随着纪录片形式的多元化，传播的便捷化，纪录片的年轻化趋势越来越明显，例如《了不起的匠人2019》的受众群众中，年轻用户占比就达到了72%。

而年轻人的侧目让纪录片成为香饽饽。腾讯、B站、优酷、爱奇艺纷纷加码纪录片，大量国外头部内容被引进国内，自制也渐渐兴起。近几年，优酷人文在吸引年轻用户方面的成绩尤为突出。从传统美学到潮流文化，丰富的品类满足了年轻精神的需求。

根据AdMaster发布的《2019纪录片内容及用户报告》中显示，纪录片受众76%来自一线城市，74%接受了本科及以上教育，82%年龄为18~35岁。这意味着在纪录片的观看者中，有着审美能力和文化水准的新中产阶层的年轻人占据了主要位置。

同时据报告显示，有61%的年轻用户会主动分享引发其共鸣的内容。可见，瞄准年轻人的喜好，有利于内容的传播。为了唤醒或强化当代人对社会、生命、科技、与时代发展的关注意识，从各个方面直达年轻用户的精神世界，优酷人文内容理念定义为"青年智慧的基石"。

优酷人文在纪实性内容领域所创下的成绩有目共睹，优质内容层出不穷。比如集结了14位中国艺术大师的《中国美》，通过展现传统美学在当代世界中的魅力，折射中国人的精神世界；《大地情书》将镜头对准四季家园、农业生产等风土人情，展现人们不屈不挠、乐观坚强的精神；历史体验式纪录片《十三行》则带领观众感受不一样的历史故事。

年轻人会关注艺术、文化、旅游等传统文化，同样会关注时尚、音乐、街舞、国潮等潮流文化。年轻人的精神世界是非常丰富的，既寻找真善美的价值，又要探寻未知的世界。因此，年轻、智慧、温度将会是优酷人文的三大关键词。

其一，如今越来越多的观众会试图从纪录片或深度访谈中寻找共鸣并解答困惑，因此聚焦年轻人的生活状态，始终是优酷人文核心是战略方向之一。例如，聚焦女性生育问题的《奇妙的蛋生》，通过心理学实验讨论单身、交友、婚外恋、家庭等社会话题的《幸福实验室》。发现问题的同时，也提出解决方式来缓解年轻人的精神焦虑。

其二，年轻人作为国家栋梁，需要拥有强大的智慧来建设国家和社会。采用了最先进的影视制作技术，汇集了全球顶尖科学家的纪录片《病毒星球》，呈现德国、新西兰、新加坡等地各国基础教育的《他乡的童年2》等作品，将科普硬核的人文及科学文化，拓宽当代人的眼界并启动智慧思维模式。

最后，生活在当代环境的弄潮儿，更需要拥有对生活的信念与希望。纪录片在兼顾内容的硬度与广度的同时，更需要具备温度。《奇妙之城》便通过对6座城市中手艺人、美食家、艺术家等群体的记录，展示多姿多彩、欣欣向荣的城市生活。《我的时代和我2》对朗朗等有着杰出贡献的人物进行访谈和记录，诠释个体与时代的紧密关系。

随着移动网络的发展，信息渠道的爆炸，当代年轻人对精神层面的文化形态有着越来越高的需求。尤其是在疫情期间，大众对社会及民生的探索欲望更加强烈。他们会渴望能够丰富内心世界、引发情感共鸣，或陷入深刻思考的深度性内容。因此，优酷人文锁定年轻人赛道，丰富内容的品类与精神价值。无论是传统美学还是潮流文化，都可以让观众从中找到来自于时代的共鸣。

三、纪录片内容成为必争之地

互联网、新媒体与纪录片相遇后，激发出很多意想不到的化学反应。近些年更是成为了视频网站的“必争之地”，嗅到风口的优爱腾和B站纷纷摩拳擦掌争夺内容，近两年在纪录片领域里动作频频。

（1）优酷

近些年，优酷陆续打造了的《侣行》《摇摇晃晃的人间》《了不起的匠人》等纪录片，均取得了不错的成绩。2018年上线的优酷自制的《三日为期》豆瓣评分8.7分。

除了在自制内容上继续深耕，优酷纪实还联合了美国国家地理、BBC、Discovery探索频道等国际知名厂牌，多维度打造优质的泛纪实内容。

2019年推出了《生活万岁》《海龟奇援》《界外之徒》《地球餐桌》《中国：变革故事》《运行中国》（第二季）等多部纪录片。其中《被点亮的星球》豆瓣评分高达9.6分。

2020年1月，优酷因在题材内容上守正创新，作为互联网平台首度获得国家广播电视总局年度国产纪录片优秀播出机构。数据显示，2019年，优酷纪录片总播放量超700小时，其中国产纪录片播放量近500小时，占比超70%；原创纪录片播放量近260小时，占比超35%。2019年豆瓣8分以上的纪录片一共有31部，优酷播出的纪录片占据12席，位居新媒体平台第一。此外，优酷2020年的《航拍中国》第三季，豆瓣评分9.0分。

2021年又推出了《老广的味道》第六季、《神奇动物的一天》《真菌王国》第二季等纪录片。

（2）爱奇艺

爱奇艺不断深耕纪录片内容布局，已经与KBS、BBC、Netflix、美国历史频道、中国纪录片研究协会、中国国际电视总公司等国内外纪录片公司形成良好的合作关系。并通过纪录片领域付费分账合作模式，为更多纪录片从业者提供更加专业的播放渠道，满足用户多层次、多元化的需求，构建包含价值观、创新、标准化和开放的纪录片行业生态。

同时，爱奇艺也进一步着手拓展自制纪录片内容，相继推出了《讲究》《博物奇妙夜》《天罚——二战全纪实》等原创内容。

（3）腾讯

在国内纪录片领域，腾讯视频更专注于讲好中国人自己的故事。以《风味人间》《风味原产地》《风味实验室》为代表的“风味”系列作品，《蓝色星球2》《纪实72小时》（中国版）等都有超乎意外的表现。同时，腾讯开启纪录片新模式，走起“纪录片 + 综艺真人秀”路子，《奇遇人生》在豆瓣上获得了9分的成绩。

“年轻态”的网络视频平台，无疑成为了纪录片的最佳传播阵地。腾讯视频针对年轻群体，在纪录片频道为年轻人提供观赏性、思考性、纪实性兼备的优秀作品。在内容构建上，腾讯视频将用纪录“最in生活方式”的内容满足用户好奇心，提供轻松愉悦的生活参考；通过对“潮文化”的映射，将纪录片与年轻人更靠近；以“胖滚计划”为轴心，推进与国内外纪录片厂牌的深度合作。

2018年已经与金铁木团队、五星传奇、大伙儿纪录等14家国内制作团队，英国广播公司（BBC）、国家地理、日本放送协会（NHK）、英国独立电视台（ITV）、探索频道（Discovery）、Lion、IFA7家国际制作团队达成合作。同时，全球最有影响力的流媒体平台之一Netflix买断《风味原产地·潮汕》的海外版权。作为Netflix购买并播出的第一部中国原创系列纪录片，腾讯视频也开创了国产美食纪录片出海的先河。而早在2014年，腾讯视频就将《国家地理》等优质的纪录片内容引进，借此与Netflix、BBC、NHK等众多国际合作伙伴结缘，为中国内容出海打通了渠道。

2019年“风味2”IP继续上线，已达到9.6亿次播放量，豆瓣评分9.1分。同时深度挖掘年轻人的喜好，推出《潮city》《决胜！无人机》《触电》等纪录片。

2021年3月25日，腾讯上线的《敦煌：生而传奇》一经播出，播放量已达到1045万次，豆瓣评分高达8.7分。

（4）B站

在纪录片领域，最不能忽视的就是B站。《我在故宫修文物》和《寻找手艺》在B站走红后，迅速传播扩散至社交媒体和主流媒体，直接推动了优秀纪录片在内容市场上的火爆效应。

《我在故宫修文物》，这部以故宫文物修复师为主角的纪录片最初在央视九套首播时收视率平平无奇，但在B站播出之后却很快受捧，几乎是一夜之间红遍大江南北，总播放量达411.7万，年轻人功不可没。制作不算精良的纪录片《寻找手艺》在2017年从B站上线后，豆瓣评分从7分一路狂飙至9.1分，超过12万人为其投币，播放量150多万，远超一般纪录片。

2018年，B站“寻找计划”推出，上线的《极地》《人生一串》《历史那些事》等都是口碑、收视“双高”的作品。

2019年推出的《人生一串》第二季点击量突破1亿，豆瓣评分8.7分。

2020年12月推出的《我在故宫六百年》，截至2021年3月末播放量已突破437万，豆瓣评分9分。

对内，B站一直在寻找优秀的纪录片制作公司，走联合出品的路线为用户呈现各色的优质作品；对外，与Discovery展开深度合作，除了上线丰富的版权内容以外，也在探索类似于内容共制这样新的合作模式。

内容方面，目前我国产量最高的纪录片主要分为两类：一是迎合国家主题主线宣传需求的作品，二是迎合市场需求的美食纪录片。据统计，在我国纪录片类型分布中，美食类受网民欢迎度遥遥领先，占比达到45.6%；其次是生活观察类，占比14.2%；然后是人文历史、改革开放和社会发展类，占比分别为9.8%、7.2%、5.9%；其他类型纪录片占比均超过5%。

四、纪录片意识强化国家意志

如维尔托夫拍摄的《电影眼睛》将最真切的现实用最超前的理论来展现，服务于实践层面的执政党意识形态用最抽象的艺术理念来表达，是艺术与政治结合的成功范例。如美国战时宣传纪录片《我们为何而战》为观众提供了空前广阔的视野，它深具说服性与戏剧性，审视着战争双方，开创了适用于大型纪实电影的宏大叙事手法。20世纪90年代至21世纪初，我国也创作了很多优秀的纪录片，如《望长城》《大国崛起》，它们在创作之初已具备国家形象塑造意识，国际交流意识以及跨文化传播意识。

纪录片的商业价值探索

一、纪录片商业价值的实现路径

总体来看，近些年的市场化运作使得相当一部分观众能够接受付费观看，社会资本的介入一定程度上拓宽了纪录片的商业空间，为纪录片生产提供了必要的资金支持，纪录片盈利模式得以呈现多元化发展，主要以广告销售、版权售卖、IP 授权及衍生品开发等为主，但广告销售仍为主要收入来源，收入占比一般超过 50%。同时，电视台因其资历与经验丰厚，为企业进行高端定制纪录片也成为其一大盈利来源。相比于其他类型作品，纪录片商业化能力较弱，一定程度上限制了纪录片产业化、市场化进程。随着互联网与纪录片融合程度不断加深，丰富纪录片盈利模式，开拓多元化收入渠道，具备更多的想象和创新空间。

1．广告

经由纪录片传播的广告形式，将视觉形象和听觉综合在一起，充分运用各种艺术手法，能最直观最形象地传递产品信息。部分纪录片作品从创意初期便进行招商，通过冠名广告、植入广告等方式进行广告销售。同时，台播网播并行的纪录片，开始实行两套广告植入阵容，实现广告收益最大化。

目前，我国纪录片行业收入来源仍为广告销售。调查显示，受众普遍对片头片尾的鸣谢广告、场景中商品摆放、视频角贴等干扰性较低的广告不感到反感，而与情节结合的深度植入方式品牌回想度高达 40%，软广能使产品购买兴趣度提升 31%。

以《舌尖上的中国》为例，《舌尖上的中国》带动的相关产品的销量很大，淘宝数据显示，自 2012 年 5 月 14 日《舌尖上的中国》纪录片开播之后 5 天内，共有 584 多万人上淘宝网找过相关的零食特产，搜索次数达 471 万次，搜索量环比增长 13.54%，有 2005 万人浏览相关美食页面，成交 720 余万件。5 月 24 日，淘宝网推出“舌尖上的淘宝”，集纳了纪录片播出的几十种美食特产，在短短 24 小时内，超过 31 万人关注了“舌尖上的淘宝”，浏览量高达 1000 万次，成交 7 万多件。在此带动下，食品相关类目支付宝成交额达 2195

万元，环比增长16.71%。以上数据清晰地表明，一部成功的电视纪录片在拉动周边经济的影响是多么强悍。尽管《舌尖上的中国》没有刻意地进行营销，但网络上的强大影响力带来了意想不到的推广效应，其本身也因此受益。《舌尖上的中国》在拍摄第一季时，是摄制团队去挖空心思地找选题找人物；而在拍摄第二季时，则是蜂拥而至的合作对象千方百计地想与摄制团队联系，广告收入非常可观。

2．版权

纪录片的版权属于著作权的一种，归制片方和创作者共有，包括发行权、放映权、复制权、翻译权、出租权、广播权，以及信息网络传播权等。与影视节目相比，纪录片有着更长的版权拓展期，一些历史资料往往随着时间的推移而价值凸显。在传统的生产格局中，纪录片的版权概念相对淡薄，缺乏明确的划分，而随着传媒产业市场的深入发展，以及互联网的日益发展，国家加大了版权保护的力度，出台了《信息网络传播权保护条例》，进一步加强了对纪录片的保护。

版权售卖以国内外电视与新媒体平台版权售卖为主包含纪录片作品的海外发行权、媒体放映权等，同时，付费分账作为版权售卖的演化形式，以分账形式做为版权持有人的报酬。

2019年，陈晓卿团队打造的微纪录片《风味原产地·潮汕》的全球版权被Netflix买断，于2月12日在Netflix上同步190多个国家和地区播出，目前已配置20多种语言字幕，这是Netflix采购的第一部中国原创系列纪录片。《风味人间》由陈晓卿担任总导演，于2018年10月28日至12月16日在浙江卫视首播，并在腾讯视频同步播出，豆瓣评分9.1。Netflix在这个系列的制作早期就已经表示了兴趣，而这一次的全球版权购买也是Netflix近年来对中国制作纪录片的最大规模采购。

同时该工作人员透露，前不久赢得良好口碑的《风味人间》，在首播时就在TVB以及马来西亚最具影响力的Astro电视台同步播出，后续也将继续发力海外市场，邀请全球各地的观众领略中国风味。这无疑给中国纪录片制作人一剂强心剂，为国产纪录片走出国门发出强有力的信号。

3．IP

IP指具有高关注度、大影响力且可以被再生产、再创造的创意性知识产权。目前，IP广泛活跃在影视行业，为影视作品的可持续发展提供动力。纪录片IP应是以内容优质、具有强吸引力和商业性的纪录片为主体打造的一系列内容矩阵及衍生开发行为。

衍生品指建立在受众对纪录片创作者所表现的情感认知基础上，利用纪录片所表现的内容或其塑造的形象及其拍摄的情境，经过专业人员创意设计，进行生产、销售和体验的产品或服务。通过纪实IP开发、内容授权等方式，形成线上线下整合营销，同时完成衍生产品设计与制作、销售等环节，实现多线盈利。从广义上说，由纪录片中的人物或事件、地点带来的旅游、投资等间接开发也属于衍生产品开发。

纪录片的投资制作成本高，光靠低廉的电视播出收入很难收回成本，更不要说实现盈利。开发衍生产品是实现纪录片商业价值的重要途径，通过多次销售、媒体互动，既实现了增值收入，还可进一步扩大节目的知名度。作为几乎赢得全球市场的内容提供商，无论是美国探索频道还是国家地理频道，在播出和销售纪录片节目的同时，都非常注重开发衍生产品，以提高观众对电视节目的认可并增加收入。以电视节目为原材料，他们生产出不同的衍生产品——图书、杂志、音像制品甚至探险产品、娱乐用品，再将这些产品销往世界各地的电视台及文化市场。与此同时，各种产品所形成的互相响应的宣传势头，也将其影响的市场和人群不断扩大。

IP的开发，将内容延伸到院线、线下门店等其他场景。《舌尖上的中国》在海内外观众中产生了一定的影响力，成为中国纪录片商业化转型的成功典范，从此“舌尖”变成了一种IP，之后《舌尖Ⅱ》《舌尖Ⅲ》的广告费近亿元，这是其他纪录片中未出现过的现象，在互联网的背景之下，舌尖系列又与电商合作，利用已有的IP影响力在网络平台卖美食，打通了线上线下的边界，进一步发挥“舌尖”IP价值。院线电影《舌尖上的新年》借助纪录片《舌尖上的中国》的粉丝效应上映，通过高品质内容与观众建立良好互动，形成品牌良好商誉，提高消费黏性和忠诚度。

《人生一串》《生活如沸》等美食IP线下变现，开启了体验店，给用户持续性的沉浸式体验，从而反哺这一美食 IP。从《人生一串》第一季有且仅有一个赞助商，到如今形成“一串联盟赞助商”，引爆了 IP 价值，为纪录片行业提供了优质内容商业化的样本，这已经成为经典的纪录片式商业营销案例。在接地气、下沉式的烤串场景中，有效地针对用户痛点，引发共鸣，激发欲望。

潮流文化纪录片《街舞中国》，这部纪录片脱胎于爆款综艺《这就是街舞》系列，以成熟 IP 为依托，依靠粉丝群与节目流量创造收入，娱乐化综艺或剧集的 IP 价值辐射了纪录片的价值。

4．私人定制

以民营机构与电视台为主，根据企业诉求拍摄以企业发展、文化建设等方面的纪录片作品，利用大数据预判受众需求进行定制生产。

随着商品经济的不断发展，广告已经不是单纯的商业行为，它已经成为现实生活的一面镜子，折射出当前社会的商业动态和消费情况。一幅优秀的企业宣传片作品，可以被视为消费品的一张生动名片。

蒙牛作为不断发展的企业，在广告方式上也不断创新。蒙牛乳业以 2015 年《蒙牛之温暖回家路》纪录片广告开启归途，此次纪录片以春节归家作为基调，符合蒙牛乳业主打的产品蒙牛牛奶在生活上有着天然的连接。

这其实是一种必然的趋势，麦当劳、农夫山泉、小罐茶等一系列的大牌企业也在近些年不断尝试使用纪录片这一种新型的广告宣传方式，用纪实手法将自己产品的生产流程、产品内核、企业文化等蕴含其中，并进一步展现出来，让消费者了解更多的同时，更加信任企业，从而建立强烈的品牌忠诚度。

二、纪录片的商业价值拓展新思路：多角色入局，扩大纪录片商业空间

随着近些年来新媒体与民营企业的入局，拓宽了纪录片的传播渠道与制作空间，增加了纪录片渠道与内容的种类，使大众对纪录作品更为熟识，同时也积淀了一批核心用户。而更多的是扩大了纪录片在商业化进程中的想象空间，将纪录片与其他领域的角色赋能，在商业模式、价值空间、内容范围

上实现革新，为之后的纪录片商业化发展提供了新思路。

1．“品牌＋”

致力品牌与纪录片结合，实现品牌价值与纪录片作品本身的双重赋能，争取既有品牌带动其纪录作品传播，再通过传播作品反哺品牌价值。纪录片品牌价值初步呈现，形成品牌化集群。

近些年来，纪录片IP与品牌的结合带来巨大的联动效应，并产生价值裂变，如《舌尖上的中国》系列、《风味》系列，《老广的味道》系列、《人生一串》等美食系列纪录片，还有《故宫》《故言100》《我在故宫修文物》《如果国宝会说话》等围绕故宫来打造的系列IP，借助既有品牌的传播力，进行创新化和持续性开发，并形成新的品牌，同时反哺品牌，扩大影响力。这已经成为很多中国纪录片运营成果的重要手段。央视纪录频道基于这一运营思路，已经成功打造了《如果国宝会说话》《航拍中国》等系列品牌化的纪实内容，以及国际合作项目“魅力”系列，都将在未来继续围绕着“品牌”+“纪实”的双线合并，互相哺育的方式继续发展，原创品牌与纪录形式的结合将形成巨大的市场动力。

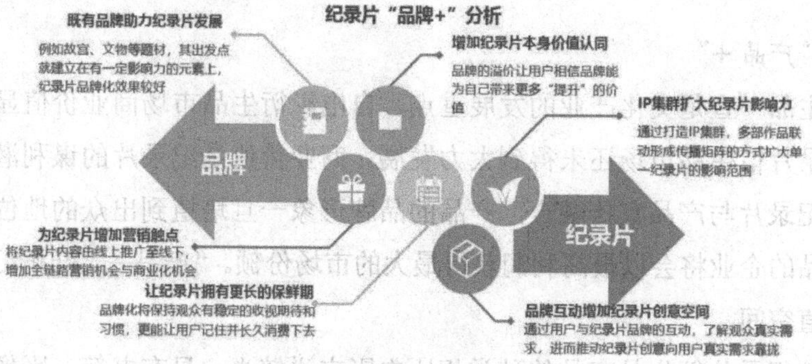

图118　纪录片“品牌＋”分析

2．“纪实＋”

将纪实内容从播放渠道、内容形式、制作体裁、行业合作等方面再扩大，实现范围蔓延，增加纪录片商业化的想象空间，为纪录片商业化带来更广阔的发展空间。

近年来，电视媒体广告收入呈下降趋势，仅仅依靠广告的盈利模式对纪录片项目显然已经趋于颓势。为此“纪实 +”跨界成了纪录片人必然的出路之一，纪录片不仅具有普通娱乐产品的属性，更是一种高效的传播载体，纪录片的商业价值正被逐步挖掘。近几年，其他产业与纪录片的跨界合作也正从简单的经济行为向着更深层次迈进，对纪录片行业有着超乎想象的推动力。纪录片与其他产业的跨界案例已经不胜枚举，汽车、银行和奢侈品等企业都在与纪录片业跨界合作。在新兴媒介技术驱动下，泛纪实内容生态呈现出新景观，纪录片边界和类型的模糊化，让产业背后拥有更多想象力。

图 119 “纪实 +”跨界合作分析

3．“产品 +”

衍生品一直是文化产业的发展重点，自电影衍生品市场商业价值显现之后，纪录片衍生品市场还未得到大力发展。商业价值是纪录片的谋利潜力和能力，纪录片与产品宣传融合，产品的品牌形象一旦培植到出众的地位，生产该产品的企业将会以最高利润获得最大的市场份额。“产品 +”开拓纪录片更大价值空间。

传统纪录片衍生品产品的种类相比电影来说较少，只有书籍、影像制品及部分取景地的旅游开发，其价值一直被低估。随着近些年 IP 产业、电商等产业发展，深入挖掘纪录片品牌商业价值的举措越来越多。美食类纪录片《风味人间》开发“风味”IP 产业链，“风味”系列 IP 应运而生，美食脱口秀《风味实验室》和《风味原产地》，同时联合家乐福、万达广场、胡姬花、东风雪铁龙、康师傅、雪花匠心营造六大品牌，共同组建了“风味美食联盟”，线上线下多维发力，完善衍生品线下布局。在纪录片衍生品实现商业价值的同时，纪录片本身的经济效益也能获得提升，对完善纪录片产业链、推动纪录片产业化发展也能发挥出巨大作用。

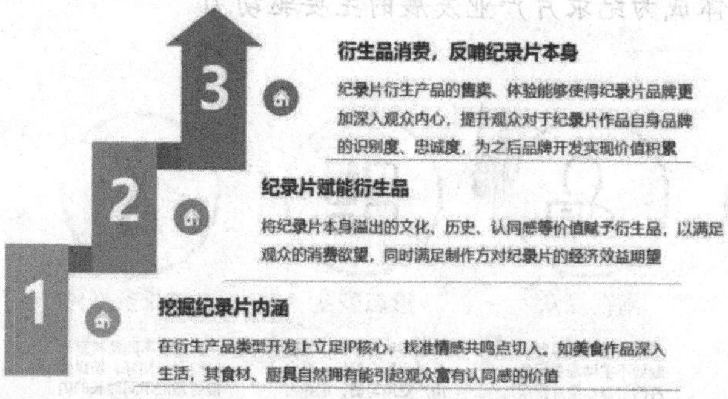

图 120　纪录片“产品 +”衍生品价值分析

美食纪录片《舌尖上的中国Ⅱ》，在节目播出前，运作方和天猫签定独家合作协议，在天猫商城建立了专门的页面销售《舌尖上的中国Ⅱ》里提及的食材，并附上菜谱，让观众边看节目边买，并且还可以按照菜谱和节目提示亲自试验，在片中未有任何形式的植入广告，这在保证了片子质量的同时，也实现了产品商业价值。

从官方的数据显示，天猫同步上线的 100 多款食材在 1 小时内就有 200 万人在手机上边看边买。整个周末达到了 540 万人登录天猫食品《舌尖上的中国》独家合作页面。据天猫方面透露，1000 份雷山鱼酱上线仅半天时间就售罄。《舌尖上的中国Ⅱ》运用多种方式，巧妙地建构了其产品宣传价值体系，从而促成了该作品的成功。这里所谓的“纪实型广告”其实就是早期的微纪录片与商业广告探索合作的产物，而微纪录片与广告的结合在一定程度上消除了传统广告的不真实感。传统的“劝服性”广告策略可以通过与微纪录片的结合而隐藏其推广痕迹，达到更好的营销效果。

纪录片面临的机遇

一、多元媒介驱动、多形态形式呈现

1. 新媒体成为纪录片产业发展的主要驱动力

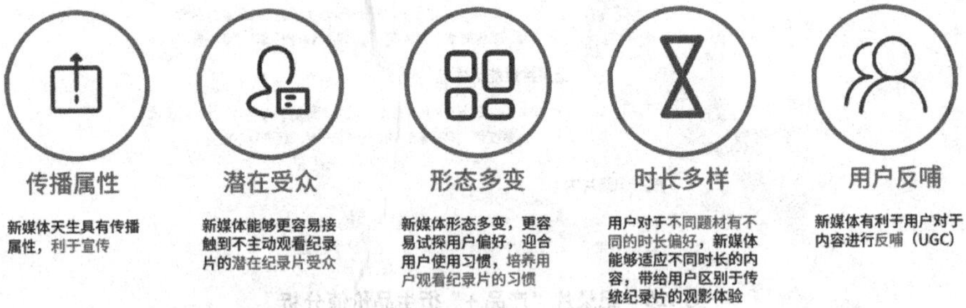
传播属性
新媒体天生具有传播属性，利于宣传
潜在受众
新媒体能够更容易接触到不主动观看纪录片的潜在纪录片受众
形态多变
新媒体形态多变，更容易试探用户偏好，迎合用户使用习惯，培养用户观看纪录片的习惯
时长多样
用户对于不同题材有不同的时长偏好，新媒体能够适应不同时长的内容，带给用户区别于传统纪录片的观影体验
用户反哺
新媒体有利于用户对于内容进行反哺（UGC）

图 121　新媒体的特征

新媒体机构的生产投入和营收总量在纪录片产业中占比大幅提升，成为产业发展新动能，“网生纪录片”传播影响力、商业化优势明显。2013 年新媒体纪录片总投入约为 5400 万元，行业占比 3.51%。2019 年新媒体投入总额增至 6 亿元，占比达 26%，增幅 10 倍多。“新媒体产能已经大幅提升，两年内相继超过国家机构和民营公司，成为体量仅次于电视台的第二大产业主体。”

在内容选择、话语样态和传播方式等方面，“网生纪录片”表现出鲜明的“互联网基因”，更具市场活力。《早餐中国》《人生一串》选题切口小，题材内容更加接地气；《守护解放西》《宠物医院》采用纪实真人秀风格，《历史那些事》则运用小剧场表演的方式，说唱、脱口秀、穿越等元素拼贴，更具年轻态、时尚感。这些内容真实贴近、语态生动轻盈、注重故事化叙述的纪录片逐渐在年轻人中间打开市场。新媒体平台的互动、社交功能更有助于提升话题热度，为纪录片的商业价值实现提供了更多的可能性。

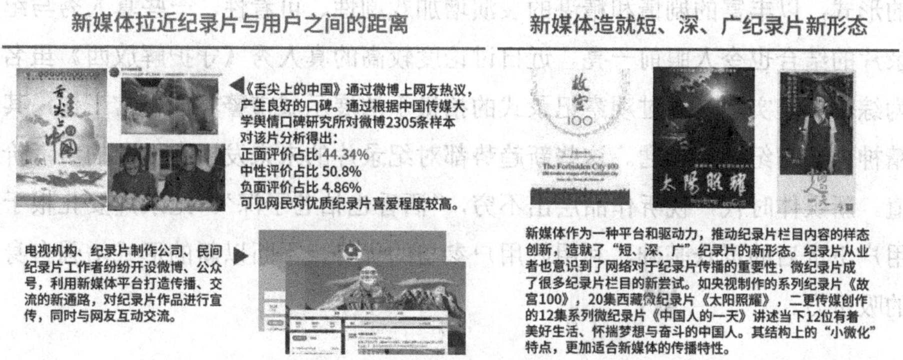
新媒体拉近纪录片与用户之间的距离
新媒体造就短、深、广纪录片新形态
故宫
100
The Forbidden City 100
太陽照耀
《舌尖上的中国》通过微博上网友热议，产生良好的口碑。通过根据中国传媒大学舆情口碑研究所对微博2305条样本对该片分析得出：
正面评价占比 44.34%
中性评价占比 50.8%
负面评价占比 4.86%
可见网民对优质纪录片喜爱程度较高。
电视机构、纪录片制作公司、民间纪录片工作者纷纷开设微博、公众号，利用新媒体平台打造传播、交流的新通路，对纪录片作品进行宣传，同时与网友互动交流。
新媒体作为一种平台和驱动力，推动纪录片栏目内容的样态创新，造就了“短、深、广”纪录片的新形态。纪录片从业者也意识到了网络对于纪录片传播的重要性，微纪录片成了很多纪录片栏目的新尝试。如央视制作的系列纪录片《故宫100》，20集西藏微纪录片《太阳照耀》，二更传媒创作的12集系列微纪录片《中国人的一天》讲述当下12位有着美好生活、怀揣梦想与奋斗的中国人。其结构上的“小微化”特点，更加适合新媒体的传播特性。

图 122　新媒体推动纪录片的发展与创新

2. 媒体融合背景下的纪录片传播新形式

不同媒体平台呈现出不同的观看特性。在未来媒体融合的大趋势下，纪录片传播需要思考的是如何做好全媒体传播渠道的筛选，打造多平台配合的矩阵型传播效果。当前很多纪录片已经开始采用院线点映、新媒体端首发等方式作为造势工具，并搭配不同版本的预告片、宣传片投放到微博、抖音、B 站等平台。在纪录片播出阶段，创作方也会组织相关社交话题讨论以增加曝光度。在未来，这些营销手段应该会走向常态化，成为纪录片宣传的基础模式。除此之外，还有一些新兴的传播方式可以加进来。2020 年“直播”方式的创新使用和巨大效能让人们眼前一亮：武汉火神山医院建造的“慢直播”引来上千万人观看；频繁出现的央视直播带货证明了直播作为宣传工具的有效性。这都给未来的纪录片带来了启发，通过直播直接让观众“走进”拍摄地，最直观地感受“真实”；也可以邀请嘉宾来到直播间进行交流对话，通过直播活动跨平台维持热度。

3. 多形态，助力纪录片形式多样化

腾讯视频 2019 年推出文旅纪录片《是面包，是空气，是奇迹啊》，邀请演员夏雨、音乐人陈粒、诗人西川等年轻偶像作为纪录片的嘉宾。《上新了 · 故宫》《国家宝藏》加入明星真人讲述参与，使内容更加生动，更有利于吸引各年龄层的观众。“剧情式纪录片”《风云战国之列国》则承袭“纪录剧”

的形式，以丰富的剧情和精湛的表演增加戏剧性、可看性。一些真人秀与纪录片的结合也令人眼前一亮。近日讨论度较高的真人秀《守护解放西》虽名为综艺，但实际是通过观察记录式的拍摄手法展示城市警察的日常工作，其精神内核与纪录片相通。这些新趋势都对纪录片的未来发展有很大的参考价值。新媒体时代，视听作品层出不穷，“酒香也怕巷子深”。纪录片要扎根于用户下沉后的群众基础，利用好用户参与的优势，不断以新的形式增强自身的吸引力。

二、技术赋能，纪录片呈现新形式

1．技术发展，创造无限可能

人类的视听传播活动始终在两个方面不断深入：一是不断追求身体感觉丰富性的还原、刺激和拓展；二是不断追求交往互动的深化。对于以真实为核心的纪录片而言，这一理念同样适用。首先是对身体感官的还原和刺激。《微观世界》《航拍中国》等片子的成功，都证明了从“非常规”角度刺激视听感官能够激发人们的好奇与热情。而逐渐完善的4K高清拍摄技术能让画面更加清晰，更有真实感和现场感；3D技术让人们的观看走向立体，增强观看的丰富感。其次是交互技术的运用。交互剧《黑镜》推动了“互动视频元年”的到来，新闻作品的创新更是对“真实”与“交互”的关系进行了直接探讨。同时，虚拟现实、全息投影等技术也是纪录片还原“真实”的有效助手。深入到触觉、嗅觉等感官的“真实”打破了传统的视听局限，“沉浸”的技术理念与纪录片的“真实”追求有天然的契合。当然，这还需要未来的纪录片人在“采集真实”的过程中更加脚踏实地，讲述更有吸引力的故事。

2．拥抱大数据，定位更精准

大数据为现实题材内容的选题、生产、投资、运营都提供了清晰的数据佐证。在商业之路上，决定出品能走多远的不仅仅是广告收益，更有可能是数据的技术应用能力和宝贵的数据洞察能力。

3．建立健康的生态系统

建设高效合理的产业体系，进一步优化纪录片生态圈，这已经成为一个业内共识。在各产业主体在强化市场意识的同时，社会意识和公益意识也在提升，不少机构都致力于培养生力军和未来的观众群。

图 123　媒体生态系统图示

4．出海、合拍让世界读懂中国

纪录片作为国家名片，可以很好地向世界展现中国形象。随着中国纪录片产业的不断壮大与纪录片人的努力，一大批精品纪录片相继问世，并且走出国门。这些纪录片在西方主流国家的电视机构进行播放，并且受到热烈的反响。此外，与世界上其他优秀纪录片团队合作共同拍摄纪录片，也被证明了是一种成功的模式，产出了《蓝色星球 2》《王朝》等一众优质纪录片。腾讯视频与日本 NHK 合作的《纪实 72 小时》（中国版）好评如潮，随着中国纪录片产业的成熟，纪录片出海与合拍将会进一步增加，产出更多适合国际传播的中国纪录片，让世界读懂中国。

隆瑞三优：
公交充电桩运营优化

公共充电桩行业背景

一、充电桩相关概念及定义

充电桩是指与电动汽车或蓄电池相连接并为其提供电能的设备，按照使用人群分类可分为公共、私人和专用充电桩。本报告的重点研究范围是公共充电桩，即建设安装在相对开放的区域为所有社会车辆或特定集团内部的所有车辆提供充电服务的充电桩。

传导式充电是目前为电动汽车能源补给最常用的方式。传导式充电桩充电桩分直流充电桩与交流充电桩两种。其中，直流充电桩可通过其本身带有的 AC-DC 充电模块完成变压、整流，将输入的交流电转化为充电所需的直流电，完成充电过程。直流模块可以并联，功率较大，故充电速度较快。但由于充电过程为逆向化学反应，长期快充会影响电池还原能力，进而影响电池寿命。交流充电桩则可看作是可控的交流供电装置，需要车载充电机进行变压、整流后输出直流电，受车载充电机大小和功率限制，充电速度较慢。

随着充电技术的逐渐成熟，直流桩功率模块成本明显降低。新增公共充电桩直流模块价格不断降低，功率不断上涨。2019 年直流模块降至 0.4 元 /W，仅为 2016 年的 30%。功率变化方面，新增交流桩功率以 7kW 为主，平均功率稳定在 8.7kW，预计 2025 年将提高到 10kW。新增直流桩平均功率为

115.76kW。由于电池容量的提升和大功率充电技术的发展，预计直流桩功率未来两年内将持续上涨。

二、中国公共充电桩行业发展历程

早期充电桩市场由国家主导，主要参与者包括国家电网和普天新能源，同时比亚迪为自身生态建设入局较早。

新能源汽车的推广助力充电桩行业加速发展自2015年开始。2015年，新能源汽车进入快速发展阶段，保有量持续升高。其中纯电动汽车车主为充电桩主要使用群体。纯电动汽车的销量自2015年开始保持在80%左右。充电桩为纯电动汽车的配套基础设施，但建设乏力成为了制约新能源汽车推广的首要问题。因此，车企会更加重视充电桩的建设与推广，建立完整生态，与新能源汽车协同发展。

2015年《电动汽车充电基础设施发展规划（2015—2020年）》指出了明确的发展目标，大量社会资本进入行业开启了大规模的投资建设。由于强力的政策指引，大量资本在2015年开始涌入。企业为拿到融资开始了“跑马圈地”式的疯狂扩张。然而运营不善导致多数企业在盈亏基准线上不断挣扎。同时由于用户基数较少，流量思维下的规模效应难以实现，投资机构因此愈加谨慎。2016年后由于竞争加剧，部分企业退出市场，企业差距也逐渐拉大。初步统计，2019年的融资数量较2016年减少了约50%。然而新基建引发的巨大虹吸效应和运营模式的不断完善会吸引更多新玩家进入新能源汽车充电桩赛道，预计少量优质企业将在短期内得到新一轮的大量融资，而通过优化运营提升的盈利能力将成为拉动新一轮融资的关键。

三、充电桩行业相关政策标准

国家政策与地方补贴双轮驱动，补贴细则仍需改进，国家多部委及地方政府相继出台政策鼓励充电桩建设发展，国家补贴仍然停留在新能源汽车推广阶段。然而在发展前期，大部分地方补贴未考虑实际用电需求与充电桩建设分布的合理性。同时部分地方审批流程复杂，对企业要求较高，导致部分企业为了拿到补贴发展失衡，因此各地方补贴细则仍需加强。目前，地方补贴逐渐向运营端倾斜。2020 年上海市已开始按照信息互联互通和分时共享模式补贴。总体来看，充电桩企业目前依然处在补贴运营模式，若可以由此拉动盈利，则补贴带来的景气周期将显著拉长。

充电桩的早期标准化建设并不完善，导致车桩适配性不强。2015 年新国标出台后可达成不同型号的车桩兼容，为互联互通打下基础。目前标准化研制趋向于其配套的技术与服务方面。然而充电基础设施相关标准共有 52 项，技术类标准均未被列入强制性目录。虽然国标和行标可相互参照补充，但并未强制执行或为产品质量埋下隐患。2020 年工信部已出台相关工作要点，行业发展和标准化工作的同步有望增强。

公共充电桩行业现状

一、全国公共充电桩建设情况

全国公共充电桩建设数量稳定增长，投建模式逐渐成熟。2015 年公共充电行业初现苗头，自 2016 年开始公共充电桩及公共充电站开始迅猛发展，公共充电站增长更是达到 7 倍之多。2018 年增量达到顶峰，公共充电桩和充电站分别增长 14.7 万台和 11531 座。直至 2019 年增长势头开始放缓，保有量增速降低至 33%。这意味着公共充电桩的建设进入战略调整期，开始逐渐脱离“超前投建”的增长模式，转而进入良性的需求驱动的增长阶段。

东部沿海地区公共充电桩建设较为集中。因京津冀、长三角和珠三角区域为新能源汽车消费重点区域，公共充电桩又为新能源汽车的基础配套设施，故公共充电桩的建设普遍较多。西北、东北和西南部分地区则分布较少。到 2019 年 12 月，广东、江苏、北京和上海为公共充电桩保有量最多的城市，数量均超过 5 万台。

总体来看，公共交、直流充电桩的比例保持在 6∶4 左右。一方面直流桩建设成本较高导致数量偏低。另一方面，目前的充电设备可基本满足用户有计划充电和应急充电需求。因此，6∶4 的比例符合目前的市场合理性。然而由于用户对快速充电需求的增加，预计直流快充桩在未来两年的保有量占比将有所提升。

新基建助力新一轮增长，行业有望加速发展。由于新基建的提出，充电桩成为助力国家稳增长的重要力量，充电桩投建速度有望加快，整体充电桩制造市场呈现周期向上的特征。同属于新基建范畴内的5G，大数据和人工智能的应用都可以加快新能源汽车的推广，从而带动充电桩建设，加速推动充电桩行业发展；窗口期也将缩短，优胜劣汰即将加速。经保守测算，以60kW直流桩和7kW交流桩为主，2025年中国公共充电桩市场投资建设规模将达187.6亿元。

二、运营商商业模式分析

1. 运营商收入来源较为单一，现有商业模式仍需完善

由于充电桩行业发展较晚，商业模式较为单一，服务费的收取仍然为其主要盈利来源。由于其核心业务需要与电池、整车厂商等高度配合，并且同时面向车主和企业，因此各路资源的开发及整合能力成为开展核心业务的关键，重资产的经营也使得压缩成本成为关键。目前，企业正在探索充电桩+增值服务的模式以提高盈利；由于充电桩为车联网的重要入口，以大数据为基础增值服务可为整车厂商、出行公司等提供较高的商业价值，因此为头部企业重点关注的探索方向。

盈利能力有待提升，提升利用率可显著缩短投资回报周期。充电桩运营商盈利能力较弱已成为行业共识，目前仅特来电一家在2019年宣称跨过盈亏平衡线开始盈利。公共充电桩的盈利能力取决于单桩利用率和充电服务费两大因素，目前运营商的收入绝大多数来源于服务费的收取，模式较为单一。而激烈的竞争和用户对充电费用极为敏感导致服务费短时间内难以上升，因此单桩利用率成为目前运营商盈利的重中之重。经测算，在全国平均服务费为0.6元的情况下，利用率提升1.9%可以显著缩短两年的动态投资回报周期，而更加合理的选址布局和加大直流桩的投建为提升利用率的关键所在。

2. 服务费逐渐放开，市场竞争加剧或导致服务费进一步降低

2014年发布的《关于电动汽车用电价格政策有关问题的通知》中指出

企业可收取服务费用于弥补充换电设施运营成本，现阶段充电服务费均价在0.5~0.6元/度。目前大部分城市服务费最高价格由地方政策限制，整体确保电动汽车使用成本显著低于燃油汽车使用成本，将逐渐放开执行市场调节。然而前期投建慢充桩过多、布局不理性，导致部分运营商只能通过下调服务费的方式进行止损。目前运营商盈利几乎完全依靠服务费的收取，因此对于“充电桩+”盈利模式的创新将引领充电桩运营企业新一轮的增长。

3．B端领域增长困难，服务重点向C端转移

出租车、网约车等B端市场为现阶段运营商重点服务领域。在服务领域方面，公交车、出租车等B端领域的电动化发展已成定局，虽然数量较少但由于充电需求量大且稳定，但可带来稳定的现金流，因此成为多数运营商在短期内的重点服务领域。尤其对于小型运营商来讲，本身诞生与新能源汽车下沉过程中形成的区域性市场并具有明显的主场优势；同时由于资源的匮乏，开拓区域性的B端市场可为其提供暂时性的立足之地。长期而言，B端市场的天花板较低，随着电动私家车的增长，运营商的服务重点将逐渐向C端转移，面向C端的精细化运营将成为企业关注的重点。

三、运营模式分析

1．运营商主导模式

运营商主导为充电桩行业现阶段的主要运营模式。运营商主导模式指由运营商自主完成充电桩业务的投资建设和运营维护，为用户提供充电服务的运营管理模式。同时运营商也在逐渐建立SaaS平台，可同时面向用户和商家。运营商主导模式的服务内容和场景布局方面更加市场化，可有效推动行业竞争。国家电网因其强大背景在充电桩行业具有绝对的话语权。因为各家运营商都是自有资产，大多数民营企业共享数据的意愿不强，导致车桩互联互通性不高。由于参与者较多，部分运营能力较弱的运营商逐渐退出。在300多家运营商中，运营超过1000个充电桩的企业仅15家，一些小企业已停止运营，少量头部运营商目前主导充电桩市场。

2. 车企主导模式

车企自建桩与合作建桩模式并存，车企为提供更优质的服务，纷纷布局充电服务，打造自家生态链形成闭环，将充电桩作为售后服务提供给车主。车企主导模式主要适用于较为成熟的电动汽车企业当中，对于资金和用户数量有较高要求。而充电桩的实际需求不断增加，车企在能源供给与技术方面相对运营商而言较为匮乏，转变思路寻求与运营商的合作共建或是未来更加合理的运营思路。

3. 第三方平台主导模式

第三方充电平台一般不直接参与充电桩的投资建设，而是通过自身的资源整合能力将各大运营商的充电桩接入自家 SaaS 平台，以智能管理为依托提供商业价值。第三方平台的发展打破信息桎梏，促进互联互通，其独特的流量优势使其他企业短期内难以复制。以平台为主导的运营模式可打通不同运营商之间的互联互通，为用户提供更便捷的一站式充电体验。此种模式的收益来源于与运营商的服务费分成和以大数据挖掘为基础的增值服务，因此与运营商之间会存在部分利益冲突。一旦头部运营商退出合作，第三方平台的价值将难以体现。因此需要在合作建立之初明确利益关系，稳定流量优势后，以增值服务为切入点完善运营模式。

4. 合伙人模式

合伙人模式指由资源募集方提出需求，招募拥有所需资源的集团或个人共同进行分散式充电桩和公共充电站的建设运营，达成资源的合理分配和利益共享。合伙人招募方需要在行业中有强大的影响力和背景才能聚集到多方资源。与独立建桩运营相比，合伙人模式将明显改善运营商重资产的运营现状，有效盘活充电桩上下游的产业资源，拓展社会多方的合作，有望对充电桩行业格局产生积极影响。国家电网、星星充电和小鹏汽车等先后尝试合伙人的招募，国家电网因拥有绝对的电力资源与背景，在此模式中优势明显。

四、行业竞争分析

充电桩行业头部运营商在建设数量方面优势明显，行业格局仍未定型。

截至2019年，充电桩保有量超过8万台的运营商有三家，保有量达35.6万台，占比69%。行业集中度较高，头部企业优势显著。同时地方性小企业充电桩数量也在稳定增长，目前已经形成以头部企业为主，小型企业为辅的局面。然而目前充电桩行业处于初期向中期过渡的环节，并且充电桩数量仍未达到国家目标，因此行业格局并未完全形成定论。

短期内资金决定市场占有率，长期综合运维将来带竞争优势。充电桩行业发展较晚，商业模式单一，制造方面门槛较低，因此目前的核心竞争力主要集中在投建时所必要的资源整合能力上。可以在短时间内拿到所需资源的企业便可在市场中占有一席之位，而充足的资金则可加快市场开拓的进程。随着市场的逐渐成熟和竞争的白热化，企业可将原有模式进行复制开拓更多市场，但企业的核心竞争力将从资源整合能力转变为综合的运维能力；合理的布局、产品的稳定性、运营方案的差异化和互联互通将吸引更多的用户及资本的青睐。因此在行业逐渐成熟之后，竞争将变成一场综合实力的较量。

以细分领域为突破口，新进入者有望促进行业健康发展。2019年全国新能源汽车保有量达381万，而充电桩保有量为121.9万。数量缺口和明确的政策指引促使新玩家加速入局。因为新玩家容易看清之前行业走的弯路，从应用场景倒推所需资源，结合自身优势寻找定位，因此不会盲目投建，后发优势明显。多数新玩家选择进入细分领域，将会优化产业结构产生鲶鱼效应，对行业产生积极影响。然而外企还没有真正进场，受疫情影响节奏变缓。到2020年开始外资品牌加速进入并打造新型生态。相比国内质量参差不齐的产品，将会给国内市场来带较大冲击。

五、公共充电桩行业痛点

前期发展的不均衡最终指向运营商的盈利问题，行业发展早期部分运营商建设发力过猛、盲目自信，且过多考虑电力和场地资源而未考虑市场需求；同时为了拿到补贴而过度投资成本低充电慢的交流桩，不符合用户的使用习惯，导致整体利用率低下回报周期变长。产品质量方面，标准化的建立晚于市场发展，导致大量前期投建的充电桩因标准不统一，质量问题频出。同时运营商几乎仅依靠收取服务费盈利，尽管有充值优惠等营销手段可加强用户黏性，但单次充值费用较少，意义不大。因此，行业发展的痛点可认为是前期发展过快、对市场判断的失策、资本的冲动和粗犷的补贴所造成的必然后果，而前期发展不均衡导致的遗留问题仍然会在短期内影响整个充电行业。部分运营商已经开始从重资产向轻资产转变，重视精细化运营，开发数据价值，提升单桩利用率以突破自身发展瓶颈。

用户层面，充电桩质量和建设运营问题给用户带来诸多不便，整体充电设备制造行业技术门槛较低，直接导致充电产品质量参差不齐、坏桩较多，从而直接影响了用户体验。同时充电标准、动力电池和充电技术的发展不协调，导致充电速度提升较慢。前期的重建设轻运维也导致了充电设施布局不合理，用户难以找到合适的充电场所。充电场位无人看管，引发燃油车占用充电车位的社会问题。种种问题导致新能源汽车在使用上失去了部分优势，因此需要动力电池制造商、新能源车企和充电桩运营商协同发力提升用户体验。

六、公共充电桩行业发展趋势

1. 运营商与车企协同发展

车桩协同发展将优化用户体验，提升运营效率。早期运营商单打独斗的方式经不起市场及用户的验证，公共充电桩的发展仍需与车企协同配合。当前充电桩运营商在产业链中的地位相对较低，车企需要深度参与到充电桩的运营环节以带动行业健康发展。打通车企自建桩之间的互联，与运营商共同以更开放的格局为用户提供服务。同时，车企可通过与充电桩运营商的数据共享和战略协同，推动充电桩更合理的布局、更精细的运营和更专业化的服务，在解决用户痛点的同时推动新能源汽车的加速推广，达成良性循环。

2. 充电平台互联互通

万桩互联将解决车主充电难题，利益分配成为关键因素。物理接口互通在技术上并无难点，不涉及多方利益，只要电动汽车厂家和充电桩制造商统一标准即可。车桩数据信息互联为消费者提供实时动态信息，监控充电和车辆状态，车载终端与充电设备连接相关标准正在制定当中。支付方式的互联互通将不同运营商的充电桩信息和支付方案接入同一款 App 当中，可解决用户找桩及支付痛点。但由于企业竞争激烈，目前阶段不愿公开自身经营及流水情况，同时对服务费分成和流量的共享模式方面争议不断，因此短期内实现难度较大，长期看来为解决车主的充电问题，全国性的互联互通将是必然。

3．充电模式发展趋势

大功率快充和有序慢充体系的结合成为充电模式发展方向。大功率快充可解决用户的应急补电和长距离出行需求，提升运营车辆效率。同时功率提升也可带动单桩充电量的提升，不仅用户充电时间缩短，企业的盈利能力也会有所改善。有序慢充则主要面向办公场所和小区内的充电桩，用作市内通勤来讲交流桩足以满足充电需求。通过有序控制调节功率，削峰填谷，在有限电容的情况下完成可用电力配置，保证充电体系和电网协同发展。由于面向B端用户发展大功率快充可以一定程度上解决企业的盈利问题，因此大功率快充趋势在短期内较为明显。发展有序慢充则不会在短期内给运营商带来直接利益，因此需要用户数量逐渐形成规模时才能得以展现。

4．新型商业模式与增值服务探索

场景的融入和以大数据为基础的增值服务将提升企业盈利。充电桩作为车联网和智慧城市的重要组成部分，与商业地产、超市、餐饮等场景的共建和周边的配套设施将推动充电运营商转型为综合充电服务提供商，拓展商业模式的多样性和价值链长度，有效打造充电服务的差异化。与商家的流量共享也可达成规模效应。同时，依托从充电桩获取的海量信息，以充电桩App为渠道开发汽车销售、租赁、金融等增值服务可加深运营商与用户的连接，增加营利点，有效改善运营商盈利模式单一的现状。而运营商与商家的数据互通是合作的基础，但目前的电动汽车数量无法给商家带来足够流量，其合作意愿并不明显；因此随着新能源汽车的推广，此类商业模式和增值服务的创新步伐将逐渐加快。

5．电动汽车与电网双向互动（V2G）

电动汽车客户侧储能未来将于电网协同发展。V2G是Vehicle To Grid的简称，又称双向逆变式充电技术。本质在于车辆能源和电网能源之间的平衡，可发挥电动汽车动力电池的储能作用。在满足电动汽车的驾驶需求的同时可通过双向充放电桩向电网传输电力，使电动汽车参兼具负荷管理和系统调峰的作用，以便实现能源的合理分配并达成电网与用户双赢。欧洲在 2017 年已开展 V2G 测试，国网电动汽车也已经完成 V2G 平台及小功率 V2G 设备开发并与部分车企展开合作。此项技术现受制于电动汽车数量少、动力电池容量小和投资成本高，同时多数地区的峰谷差价无法体现电动汽车在移动储能端的价值，因此目前阶段仍然处于测试阶段，长期来看 V2G 将成为能源互联的重要一环。

6．向用户端市场扩展

扩大服务规模，利用现有 B 端资源，渗透 C 端市场。面向普通大众消费者，用户量比较大。目前的充电运营盈利模式还比较单一，未来想要获得更大的发展，唯有创新商业模式，与时俱进，才能推进整个电动汽车行业的快速发展。以电动汽车充电桩为中心，建立配套的商品零售与休闲服务商业圈，将成为未来城市发展电动汽车及配套产业的新模式，实现设想中“充电桩＋互联网”产生的跨界收入。

（1）云服务运营平台

构建智能后端“云服务”运营平台 App，通过系统搭建、资源引入形成平台式的自行充电、代客充电等服务为一体的充电桩平台供应商。提供能源计量与管理系统、代客加电系统，附加增值服务为辅的大数据经营模式。该模式主要基于充电设施掌握的海量信息数据，进而延伸发展以数据为依托的增值服务，从而靠充电和增值服务共同来盈利。“云服务 App＋智能管理”模式以应用功能集成度强的 App 为依托，可为用户提供实时掌控充电时间、充电电量、充电预约提醒、故障报警、远程监控充电状态等智能管理服务，充电桩运营企业可以为充电站经营者提供智能管理设备、丰富的大数据分析、便捷的支付交易流程等。在此基础上充分利用企业现有的公交充电桩数据展示大屏为基础，通过二次开发和新指标研发形成“云服务”运营平台 App 专属的数据展示平台，为企业提供“管理驾驶舱”管理形式，也为 App 功能的下一步细化、运营模式的进一步优化提供数据基础。

（2）多种充电容量与速率选择

为充电站提供多种充电容量与速率选择，可通过提供灵活的充电容量以降低运营成本，还可以为经营者提供详细的大数据分析支撑，为改进提升服务提供依据。基于“云服务”的管理平台，将会帮助充电站经营方科学有效地管理和运营充电站，而不仅仅是基础的站点维护服务。通过“线上App+充电网络+线下充电设备”的O2O闭环，将人、车、桩串联起来。并且通过多种充电桩容量数据的测算，可以精准的利用数据分析出不同地区的消费者偏好，根据办公楼周边、小区周边、大型商超周边等不同环境，分析使用时长和容量速率选择，让企业更容易决策下一步统筹规划不同容量与速率的充电桩配备分配模式。

（3）整合资源

一是整合资源，利用现有公交车充电场地，通过代客充电形式，进行资源共享，整合现有充电桩资源。在代客群体方面，整合各类代驾以及闲散劳动力等人力资源，培训合格取得上岗证后可以在平台接单，日常监测代客群体的服务质量，采用客户回访和问卷调查等形式不断提升服务水平，可以为社会解决部分就业问题；二是强强联合，利用公交体系资源与汽车行业资源，打通大型商超停车场、户外停车场渠道，安装充电桩并提供相应的优惠服务，如充电可以免两小时停车费等形式，形成强强联合的优惠模式；三是数据资源利用，提供全面的数据服务、多维缴费和支付评价等，提升服务质量；四是联合房企，与头部房企联合，由上而下推动充电桩进小区进程。这可以让每户居民都可以享受到代客充电服务，让充电桩入库服务成为楼盘卖点，尤其是充电桩资源缺乏的新楼盘，打造惠及购房者的“新能源”优秀楼盘标杆，不仅可以有效增强充电设施的建设，同时还利于推动整个电动汽车行业更快地向前发展。

隆瑞三优企业介绍

一、企业愿景

让电动汽车走进千家万户，节能减排，造福环境。

二、企业使命

与绿色同行，与智慧共融，着力解决乘用电动汽车规模化推广的社会责任。

三、企业战略

作为中国首都北京公交的“专属”新能源充电桩服务企业，隆瑞三优能做些什么？

积极投身于乘用车充电基础设施的投建运营，打造面向C端客户为主的充电网络。

搭建新能源智慧管理平台，将公司引入了“智能管理”的新阶段。从发展规划、充电管理、绿色节能，到人员配置等实现科学调配，同时为运营决策提供数据支撑，实现了“集中管控、加强业务保障”“持续优化，达到精细化管理”“数据分析、提供决策依据”的三大目标。较为完善的充电桩布局和日益丰富的信息化管理手段以及较为可靠的设备维护能力等，可以为客户提供更多的选择、更好的服务。

瑞龙三优的战略布局

一、成立新的子公司 / 事业部

首先，充电桩行业市场潜力极大。隆瑞三优具有先发优势、资金规模和行业经验，在充电桩数量、充电量份额上占据绝对领导地位，可成立子公司或事业部来运营C端业务。一方面子公司或事业部需独立运营并且以每年度绩效考核形式，衡量全年业绩是否达标，公平、公正、公开的评定C端对企业贡献度大小；二是新架构将在自己现有的产品上搭载更多的服务，并且搭载合作伙伴，一起服务C端；三是隆瑞三优要结合公交充电桩现状和分布情况，统筹考虑C端充电桩采用何种布局，从而符合资源整合的经营理念，为企业节省运营成本，提高经营效益。

不仅是个人用户，还包括智慧城市、智慧旅游，大数据服务，互联互通。随着互联网的快速发展，充电桩的商业价值不仅体现在充电业务上，还包含以充电桩为入口的广告、保险、金融、售车、4S增值服务及汽车工业大数据等。未来还可以纳入电动车线上销售、汽车维修数据服务、金融支付服务、互联网电商和工业大数据等业务。这种模式的优势在于盈利的来源多种多样，但增值服务的专业化与用户的使用效果直接挂钩，如何做到与市场标准持平的专业化的增值服务是隆瑞三优面临的最大挑战。

二、新战略—ToC 业务线—私桩共享

在公共领域充电桩建设的发展如火如荼之时，私桩共享也逐渐成为充电市场的一大热点。从2014年开始，已有多家桩企开始了私桩共享的部署，随着近年来私人电桩建设数量的不断增加，越来越多的车主在加入这一共享计划。

现阶段，受充电速度、找桩困难、停车费等因素影响，对于私家车主来说，无论家门外建了多少公共电桩，都比不得家门口能够竖起一根桩，利用夜间闲余时段和谷时电价进行充电更符合人们的日常使用习惯。家门口充电的需求日益增加，公共桩又进不去，正是在这样的矛盾下，私桩共享诞生了。一方面，在居民区停车位和电容有限的情况下，“一车一桩”很难实现，另一方面，现有私人电桩普遍有着75%以上的闲置率，有着巨大的利用空间，因此，越来越多的桩企开始了私桩共享的尝试。

未来，电动汽车会逐渐在民用领域普及开来，私人充电需求会日益旺盛。届时如果条件允许，运营商何不自己把桩建到小区里呢？如今不是没有人想这样做，只是难以实现，现今的难点主要在于土地资源，一方面缺少政策的有力支持，一方面运营商与物业之间也缺少完善的合作方式，但这些都并非永恒的矛盾。

运营商们也在不断探索着与物业管理方之间有效的合作方式，某些运营商曾推出同物业合作的模式，先垫付充电桩采购、安装的费用，等到充电桩建好后，物业赚取服务费偿还充电桩费用，之后充电桩的产权就完全归物业所有，每年给运营商500元的设备服务费。当未来逐渐增加的用户需求量能够带来稳定的利润时，互利共赢的局面也就不会太远了。

新形势下企业优化方案

一、增加充电桩服务数量

进入C端市场最大的问题就是要提供足够多的充电桩服务数量，这样才能满足日益增长的电动汽车充电需求和解决车主无处充电的困难。

对于隆瑞三优而言，新成立的子公司或事业部负责C端市场的充电业务运营，需要利用现有充电站网络，并布局新的充电站网，在充电业务的渠道上进行市场开拓和业务升级。

1．现有充电站改造升级

现有充电桩升级：为满足公交等大型电动车辆而设计充电桩，其电压、电流等参数不适合C端市场的电动轿车用户，需要对现有充电站扩容并升级或新增电动轿车充电桩。

增加站内充电桩数量：现有充电桩要优先保障公交运营的需要，一旦提供了C端市场充电服务，在充电高峰期势必出现排队等待过久的现象，不利用C端业务运营，也影响了公交充电服务的效率。根据覆盖地区的市场需求量，按照比例在充电站内增加轿车快充充电桩的数量。

2．北京地区C端充电市场网点布局——增加充电站

用国企影响力，向政府寻求更多合适地点做2C充电站：与政府合作，解决电动汽车充电难的民生问题。相关政府与所辖地区的住宅区合作，提供充电站所需场地，隆瑞三优提供充电站建设和技术及运营。三方合作，大面积布点充电站网络，赢得C端充电市场的渠道。

应对市场化需求布局充电站：对北京地区C端客户充电桩市场调研，根据客户需求布局充电站位置。以覆盖住宅小区、商业区、写字楼、产业园区几个方向进行调研，根据充电桩市场需求进行充电站网点布局。

与第三方合作建设充电站或增设充电桩：以C端充电站项目融资，制定市场投资计划，引进社会资本和社会资源。前期投入资金量相对较大，引入社会资本作为该项目启动资金。同拥有适合做充电站场地的机构或个人进行

合作（如停车场）进行市场化网点布局。

二、优化用户体验

1. 公交充电场地，以适于个人充电和代客充电

为拓展公司业务范围，增加公司收入，优化用户体验，公司可对现有的充电站进行扩容，并对充电桩进行改造升级，使其配备公交车及私家车两种充电模式，并向私人客户提供个人充电和代客充电服务。公司根据电动车充电量收取额外 0.6～0.8 元 / 度的服务费，对于代客充电服务，公司根据提车距离收取相应的人工费。

2. 提前预约充电时间段，保证客户到场即可充电无需等待

公司应开发相应的移动端 App，客户可通过 App 查询距离自身的充电站位置、可用充电桩数量等，并据此进行充电预约。预约应包含个人充电（用户驾车前往充电站）及代客充电（预约专门人员上门取车，充电完成后将车送回）两种模式。众所周知，对于北京电动公交车行业，每日的 10～15 点、18～21 点为充电峰段，而移动端 App 能有效避免公交车充电峰段客户等待过久，提高充电站平段及谷段的充电桩利用率。

3. 在充电时提供收费简易洗车服务（增值服务）

通过移动端 App，客户可以自行预约充电和提车时间，同时可预约洗车等增值服务。公司可在充电站设置专门的私家车洗车点，并雇佣外来人员对已充电完成的电动车进行洗车服务。一方面能够拓展业务范围并增加收入，另一方面又能优化客户体验、提升复购率。

三、自研代客充电 App

1. 探究市场、分析需求

外卖模式解决了我们生活需求的“最后一公里”，让工作、生活、休闲、娱乐和平共赢，让时间可以自我主宰，让生活变得更加从容。随着国家政策的倡导，新能源电车的兴起，电车用户逐年递增。那么，对于电车群体的上班族，如何让充电更快捷，更省心，是我们应该探究的市场，对于电车群体，

他们的充电需求，消费心理，值得我们调研、分析。

2．快速启动：从美团、滴滴、e代驾等互联网公司挖到一批关键人才

人是一切变革的关键。自研代课充电 App 的关键是网络一批有理想、有经验的开发人员、管理人员和推广人员，这类人员在现在的瑞隆三优是很少的。建议从美团、滴滴和 e 代驾等较为成熟的 O2O 企业，挖到需要的人才，而非从零开始完全自建。

3．聚焦服务：参考美团外卖或代驾服务模式，按次收费，而非销售月卡或季卡

采用按次收费模式，将迫使公司将注意力放在提升服务质量和客户体验上，而不是将注意力放在销售季卡或年卡上，这有利于瑞隆三优持久提升核心竞争力。因为如果服务质量或客户体验不好，在单次收费的模式下，客户下次就不回来了，因为充电服务的迁移成本很低。但是如果以销售季卡或年卡的形式，公司很可能将资源投放在销售端，而且很可能落入价格竞争的陷阱，很难持久提升服务质量和客户体验。

4．提供就业、培训上岗

针对竞聘合格者可进行专业培训，培训合格后就业上岗。即解决了社会就业压力，又为企业创新模式添砖加瓦，实现双赢。同时，可与滴滴平台洽谈合作，赋予滴滴司机代客加油服务，让滴滴司机实现双重挣钱机会，又能无形中助力企业推广、宣传。

5．建立合作，抢占电车客户市场

除了普通的电车上班族，还可以与电车销售公司建立合作，从电车销售前端占领市场，如销售电车时附赠代客充电优惠月卡，进而从源头抢占市场，更有利于企业的代客充电业务宣传，推广代客充电的业务模式，扩大客户群体。

6．资源优势：自建充电桩只向自己的代客充电App开放

由于公司有大量自建充电桩，建议自建充电桩只向自己的代客充电App开放，对其他潜在竞争对手App形成资源优势，吸引更多客户使用公司App。

7．快速上线、快速迭代、不断优化打磨用户体验

瑞隆三优是一家政府背景的企业，服务对象主要是市政企业。市政企业对服务质量的要求不高，对充电站服务流程，便利性、效率等要求不是很高，而个人客户对服务价格和服务体验都极为敏感，所以现有的充电流程体验应该并不符合个人客户的需求。所以需要打磨服务全流程，将服务标准化、产品化，超出客户预期。建立一支以服务为导向的高素质团队。

8．增值服务：代客充电人员充电时可收费提供简易洗车等服务

建议充分利用代客充电这一宝贵的“占用客户时间”，进行增值服务，如简易洗车，车内饰品用品销售，或维修保养等，为客户提供可选的增值服务，提升客户体验和复购率。

四、推广

1．充电站和充电桩网点推广

与北京市政府部门协商，争取获得政府政策支持，获得进一步布局北京市市场的机会。

与相关私用部门协商，包括产业园区、商场、住宅小区等，合作建设充电站。设置充电桩，进一步开拓充电站网点，增加充电桩数量。

与国家发改委等相关部门协商，争取获得政府支持，获得进一步布局全国市场的机会。将北京市的运营模式推广到全国，布局全国市场。可以从新能源车推广力度较大的城市和地区开始布局，另外应避免过度分散经营、增加管理成本，可以从京津冀地区开始推广，而且在深圳等城市推广的经验可以借鉴。以此逐步扩大运营范围，建立聚焦主业的充电桩运营全国性公司。

与各地区相关政府部门、相关私营部门协商，签订合作协议。可以发展、建立各地区运营、管理团队。必要时，可以寻找地区的代理商，代理公司与

地区公、私相关部门的合作谈判以及协议签订。

2．充分融资策略

面对公司逐步扩张的形势，需要引入各方资金，保证租用土地、设施建设、购进设备、雇佣人力等运营管理需要。筹资渠道包括如下内容：股东投入资金：公司大股东增加投资，不必借债，风险较小。申请政府财政支持：可以获得政府支持，但拨付数额有限。

完美世界：传统商业模式如何引入游戏化思维

本次活动加深了对完美世界多元化、国际化、多板块联动核心发展战略的了解。通过与完美世界的深度交流，了解到完美世界是如何用实际行动将游戏化思维运用于各个领域，也看到了以完美世界为代表的游戏行业与其他领域完美融合的前景与决心。

完美世界有两个案例打破了我们关于游戏化思维的运用。一是准备开发治疗阿兹海默症的游戏，另一例是开发治疗脑损伤的游戏。查阅了相关资料，了解到这两例目前用药物也难以治疗的病症可以通过游戏的方式进行辅助治疗对大脑加以刺激，并且通过一定的临床研究发现取得了不错的疗效。通过研究 60～85 岁的老年人的研究报告发现，在通过相关的游戏训练后，60～85 岁的参与者比未经过训练的 20 岁的参与者，其认知控制能力前者比后者能有更好的表现。更令人震惊的是，这些提高的控制能力能持续半年的时间。而脑损伤的患者，可以将游戏引进康复治疗，让整个治疗过程摆脱枯燥，充满乐趣，激发患者持续的参与。参与游戏的玩家，所有的动作都可以被服务器记录，结合参与者脑部的磁共振医学影像，对头部的血液流动性进行分析，然后得到哪些行为与游戏相关、哪些对脑部退化有所改善，最终应用到更广的范围。将科学转化成游戏和医学领域的互动，帮助更多的生命，为医学领域提供更多新的可能。

游戏与游戏化

一、游戏的定义

游戏就伴随着人类的发展，具有数千年的历史渊源。但即使如此，人们对游戏也没有唯一的定义。对于游戏是什么，各路学者都有着自己的思考。康德认为“游戏是内在目的并因而自由的生命活动”；荣格尔觉得游戏是“没有明确意图、纯粹以娱乐为目的的所有活动”；Chris Crawford 则认为“游戏是一个独立闭合的、有明确规则的、从世界抽象而来的一个系统，这个系统从人的主观角度反映了现实世界的作用”。

但归结而言，对游戏特点的共性认知包括四点：一是玩家的自愿参与；二是游戏要有规则边界；三是玩家行为给世界带来变化从而导致不确定的结果（交互与反馈）；四是参与者试图达到目标的过程中会遇到一些阻碍（挑战）。

二、游戏化的定义

游戏曾被视为“洪水猛兽”，孩子沉迷游戏是不思进取，成年人沉浸游戏则是不务正业，有时候就连玩家自己在游戏过后，也会陷入深深的空虚和自责中。即使这样，还是忍不住“入坑”。而这种让人沉迷的状态，其实正是企业孜孜以求的终极目标。让员工对工作“无法自拔”，让消费者对品牌“无法自拔”。

现如今，游戏已经走出游戏产品本身，正在成为一种思维方式。游戏元素和技巧被应用于非游戏化场景，不断改变着营销和商业领域的产品设计。

首先，什么是游戏化思维？简单来说就是在非游戏情景中使用游戏元素和游戏设计技术。那么游戏化思维又是如何注入商业模式的呢？这其实表现为人们在非游戏环境和活动中使用游戏风格机制的激励，从而促进人们完成目标。它将游戏设计中使用的工具，如奖励用户的成就、“升级”和获得徽章，带到现实世界中，以帮助激励个人实现目标或提高绩效。非所有游戏化的例子都鼓励人们消费。比如：Nike+ 是一款通过将个人健身变成游戏来鼓励用户锻炼的应用程序；各种非盈利组织赞助商为了增加慈善捐赠而举办的友好竞赛活动；Foldit 鼓励玩家折叠蛋白质从而为生物科学研究提供新的思路。

除此之外，游戏化的另一个重要途径是在工作场所。通过在工作中引入游戏元素，雇主可以帮助员工跟踪自己的表现，设定目标，参与友好的竞争，从而改善工作环境，提高企业绩效。它可以鼓励员工尽最大努力，并为他们提供与他们的努力水平直接相关的奖励。

但游戏化思维也同样有一些缺陷和风险。游戏化利用了人们在游戏中享受胜利，不喜欢甚至害怕失败的心理。这也会为它造成一些不利因素。首先，选择正确的机制和指标可能是一个挑战，因为这些都是参与者将要关注的。其次，游戏设计不当会分散玩家对优先事项的注意力，也可能导致玩家进行零和甚至负和竞争。任何这些结果都意味着浪费时间和金钱。最后，游戏化思维产物可能会让玩家像沉浸式电子游戏和强迫性赌博一样上瘾，这就增加了将游戏化用于商业目的时可能出现的风险。

商业中的游戏化有以下几个关键要点：游戏化是在非游戏活动中使用游戏元素；游戏化可以提高客户和员工的参与度，促进销售，降低成本；游戏化可能有一些缺陷，这取决于它是如何实现的。

三、游戏化实践的类型

我们相信游戏化是可以改变世界的，因为游戏的力量已经远远超出了游戏本身所要实现的目标，它可以帮助企业提高关键业务的方方面面。在任何领域内，游戏化的方法都是可行的。但在发展的早期阶段，三种游戏的类型尤为突出：内部游戏化、外部游戏化和行为改变游戏化。

内部游戏化，也称企业游戏化。指的是企业利用组织内的游戏化提高生产力，促进创新，增进友谊，鼓励员工，从而增加业务成果。不论是大公司还是小公司或者新兴创业公司均可以利用游戏开发技术，提高自身的生产力。

内部游戏化有两个显著特征：第一，参与者是公司的一部分。也就是说公司知道他们是谁，彼此之间也拥有可以相互交流的基础。虽然不一定有着共同的喜好，在观点、利益方面也不同，但他们有着共同的“参考系”，比如分享同样的企业文化，渴望进步，以及组织内部的成员身份等。第二，强大的心流体验。动态的游戏化机制必须与公司现有的管理和奖励机制挂钩。内部游戏化可以运用于企业核心业务，但必须有新的激励措施，比如参与者可能会赢得令人垂涎的员工奖励，或者赢得学习其他新技能的机会。

外部游戏化通常与客户或者潜在客户有关。其目的是获得更好的营销效果，改善企业与客户之间的关系，提高客户参与度及其对产品的认同感和忠诚度，并最终增加企业的利润。

有一种观点认为，以游戏形式进行的教学是游戏化教学。另一种观点则认为将游戏设计的元素融入到教学中才叫游戏化教学，而并不是套用整个游戏的形式。Karl K App 在《游戏让学习成瘾》一书中给出了广义的游戏化定义。他认为只要将游戏元素、游戏机制、游戏思维等融入到了教学中，都可以叫做游戏化。也就是说，教育的游戏化既可以是仅添加游戏元素的设计，也可以是一款充分设计的教学游戏。

四、游戏化的核心价值

在全球化竞争的时代，技术从根本上降低了竞争的准入门槛，更强的参与性才是竞争的优势。游戏化设计技术正为我们提供了增强参与性的方法，让人从必须做的事情中发现乐趣，通过流程有趣而使得商业产生吸引力。成功的游戏化可以提高参与度，而参与会促成商业交易。

相关研究发现，游戏玩家在游戏时，很多时候都在失败。让人惊讶的是，玩家们非常享受这个过程。当玩家们玩一款游戏时，失败并不会让他们沮丧，反而会激励他们再试一次。游戏化激励开拓了更多的可能性。游戏的本质是实验，经历失败后还可以重新开始，失败感没有那么沉重。鼓励乐观情绪面对挫折是确保用户能够持续保持参与感的关键。

玩家为什么能把几乎每一款游戏都越玩越好？实时数据和定量基准就是原因所在。他们的绩效以进度条、点数、级别和成就的形式，持续地得到测量和反馈，玩家很容易看到自己什么时候得到了怎样的进展。瞬时的积极反馈让玩家更加努力，并成功完成更艰巨的挑战。因此，把我们本来就喜欢的事情变得更像游戏是值得一试的。它能让我们做得更好，帮助我们把目光放得更为高远。我们因为渴望完成而从事的任何项目或挑战性爱好，都能从类似于游戏的反馈及氛围支持中受益。

传统商业游戏化

一、公益事业

1．网易公益教育＋网易游戏

网易公益频道是中国最大公益性网络媒体及公益活动合作平台，通过关注社会公益热点、报道社会公益事件、营造公益爱心社区，全力打造大众参与的公益互动地带，联手公益组织、爱心企业及爱心人士奉献爱心、助学助残、扶贫济困、共建和谐美好家园。2019 年 11 月 1 日网易游戏、网易公益教育和网易游戏会员俱乐部三方发起了“会员积分换捐”活动，倡导“玩游戏，献爱心”的全新公益理念，将游戏化思维运用到传统公益活动中，激励广大的游戏玩家通过游戏互动，解锁公益助学目标，推动欠发达地区实现教育公平。项目上线 16 天即达成解锁目标，成功帮助四川广安、巴中、泸州等 20 所学校达成了助学计划。

网易平台通过以下几种游戏化方式来吸引用户参与到公益项目中来：第一，参与程序简单化。网易旗下 27 款热门游戏用户均可参与。玩家无额外的负担，玩游戏即可产生积分。相较于传统的捐赠或志愿者形式的公益活动，这样的设计显然更加简单且成本更小。第二，参与过程有趣化。用户登录网易游戏会员俱乐部，收养一只宠物当徒弟，用平时玩游戏获得的积分来培养小宠物，同时可通过小游戏督促它学习，产生“知识点”。玩家为获取知识点而进行游戏互动。这种游戏化设计思路，使得公益活动更加充满趣味性，在传递公益理念、扩大公益参与人群方面具有明显优势。第三，公益进程可视化。当“知识点”累积到一定程度，可解锁公益助学计划。这种类似于游戏“血条”的设计，将公益活动解锁过程可视化，及时反馈给参与者捐赠积分的结果。这种即时反馈机制是玩家获得成就感的重要途径，也是游戏乐趣的主要来源。将及时反馈的设计运用在公益中，可以使参与者在整个活动中都能够保持积极主动，并为之努力。第四，公益使游戏更具使命感。将游戏化思维运用到传统公益中挖掘了玩家与公益之间的情感连结，将玩家对游戏投射的每一份热爱，赋予了一定的“意义”和“使命感”。玩家在游戏过程中就有望在现实中帮助他人，让玩家在游戏里的每一分钟都产生新的价值。

2．贵州扶贫宣传+QQ飞车＋吉尼斯世界纪录

游戏作为商业气息浓厚的数字娱乐产品，长久以来都被认为与公益事业格格不入。而一旦与公益思路做了结合，就会产生刻板的捐钱捐物或者粗暴地投放公益广告的印象。但游戏作为当代最流行的数字娱乐产品，与公益并无根本上的矛盾之处，反而可以成为公益文化事业的最佳载体、大众日常生活的卓越助力。不仅如此，通过公益行动积极承担社会责任的同时，游戏产品本身也能获得品质与内涵的提升。

2020年是中国脱贫攻坚的关键之年。在此背景下，腾讯QQ飞车与新华社全媒体编辑中心合作推出了扶贫主题游戏赛道“一路向黔”，将扶贫创新举措等相关元素与赛车有机结合，通过在游戏赛道中融入贵州山水、人文，吸引玩家关注贵州，为贵州偏远地区脱贫助力。为了更好地推介此赛道，引起人们对扶贫工作的更高关注，腾讯QQ飞车与新华社全媒体编辑中心决定通过发起与扶贫宣言相关的吉尼斯称号挑战来团聚用户、营造话题。

在互联网时代，网络游戏其实已成为实体产业以及广大网民尤其是年轻人与公益产生连接、关注社会议题的超级数字场景。参与的公益方向，也拓展到了文物保护。比如腾讯就将游戏作为切入点，以“Play for Good”为主题，通过互动性的游戏体验、闯关答题、爱心拼图、爱心分享等方式获得爱心助力值。然后由腾讯基金会统一出资捐助，用于支持河南灾后文物修缮和应急保护、云冈石窟16窟数字化保护、敦煌莫高窟数字化保护、长城修缮保护、城乡孩子“智体双百”捐赠计划等一系列公益项目。在互动过程中，玩家们不仅表达了爱心与关注，还学到了不少文物知识，了解到文物背后的历史故事和传统文化，同时也发现在游戏场景中常见的数字化技术，竟然可以用来保护和复原珍贵的历史文物，让游戏展现出更加多元和丰富的正向价值。

二、社媒平台

粉丝经济的本质其实是C2B经济（Customer-To-Business）。营销学上有一个公认的常识：发展一个新客户的成本是挽留一个老客户的3～10倍。因此，通过互联网低成本积累自己的粉丝会员已成为未来企业的一种核心竞争力。如何积累粉丝会员、如何让会员能够留存、如何给到会员足够的“归属

感”是重中之重。归属感消费心理研究发现，一个好的参与互动模式，很容易给用户带来归属感。而社交媒体高度发展的今天，通过游戏化思维使用社交媒体增强粉丝的用户黏性，则是最行之有效的方式。

粉丝经济、社交媒体与游戏化形成一种三者共生的互动关系。粉丝无意识地参与游戏化思维的活动中，而游戏化思维增强了粉丝经济继续发展的动力。社交媒体赋予了粉丝参与活动与发表言论等的权力，而粉丝同时对社交媒体产生了高度的依赖。游戏化思维为社交媒体赋能，更全面地展现了社交媒体本身拥有的能量，而社交媒体同样为游戏化思维产生了载体。

游戏的元素、机制和动力广泛存在于社交媒体时代的追星行为中。在这样的过程中，粉丝明确规则、清楚目标、期待反馈、自愿参与，但未意识到它们参与的活动已经被高度游戏。与前社交媒体时代相比，社交媒体时代的追星行为呈现出更强的非物质性和群体性特征。社交媒体、游戏化和粉丝形成了较为密切的三角互依关系。非物质性的追求让微博平台的区隔性意义更为突出。参与者因为游戏化和平台的结合失去了部分现实意义和选择权利。更广泛的，游戏化可以作为分析当代文化和商业活动的独特视角。但游戏化实践的影响的广泛性和价值取向难以预见。

三、医疗行业

第七次全国人口普查数据显示，我国 60 岁及以上人口已达 2.64 亿，占总人口的 18.70%，人口老龄化程度进一步加深。预计到 2060 年，中国 70 岁以上的人口将超过 3 亿。针对老年人的健康护理以及相关的社会数字化适应，成为互联网高速发展的背景下亟待解决的问题之一。

1. 治疗多动症游戏化例子

由 Akili Interactive 开发的 EndeavorRx 游戏，于 2020 年 6 月 15 日获得了 FDA 的处方药批准认证，用于儿童多动症（ADHD）的治疗。这也是第一款有临床随机试验数据支持、并正式获批用于医疗处方的电子游戏。

2020 年 11 月，中国国家药品监督管理局（NMPA）批准了第一款数字疗法上市，《强化训练号》，作为处方由医生为患者直接开具。研究表明，《强化训练号》对ADHD有着明显的治疗及改善效果。

2．阿尔兹海默症游戏化例子

任天堂的《Wii Fit》运用电视和虚拟教练，帮助阿尔兹海默症患者开展瑜伽、力量、有氧运动和平衡等锻炼。试验表明与参加步行计划相比，轻度阿尔茨海默症（AD）患者在使用该产品后的平衡和步态都取得显著改善。

来自希腊研究与技术中心（CERTH）的研究团队，针对早期阿尔兹海默症患者情绪健康改善，开展了一项名为“促进心理健康发展的认知操作系统”的功能游戏研究，并研发了治疗工具COSMA。作为一种大脑刺激类软件，COSMA注重刺激不同领域的大脑活动，如批判性思维、记忆检索、识别物品、执行任务、导航能力、情绪提升等。同时还提供可由家人或护理人员远程激活的网站，家人、护理人员和患者本人都可以使用电子邮件在网站上创建账户。用户可以选择相关重要照片上传至网站，COSMA则可以根据照片为患者提供一组个性化COSMA游戏。这种游戏方式有助于促进朋友、家人和护理人员参与治疗，并提供远程参与选项。在开展现行和其他COSMA临床研究时发现，使用一段时间后，COSMA软件有助于满足患者及其亲友的情感和心理需求，而日常在线聊天和视频通话都无法做到这一点。很多参与者告诉研究人员，他们一边上传一边翻看照片，唤醒了以往的记忆，使他们从中获得了美好的体验。

老年患者群体可能不适应游戏化数字训练方法的认知是来自社会的偏见，也就是说他们的接受程度及学习能力足够让他们在游戏化训练方法上获得不错的成绩。当前，数字资源在代际之间的分配仍存在相当不公，但每个在信息技术革命中老去的人都应当享有充足且健全的数字服务。

四、品牌宣传

1．游戏和平精英案例

游戏《和平精英》中，很多品牌方植入了游戏道具载具皮肤进行品牌宣传，如悍马、特斯拉、兰博基尼、哈雷摩托、蝙蝠侠跑车、阿斯顿马丁等。另外游戏《极品飞车》更是将其车属性的游戏优势进行了最大化曝光，知名车企品牌均在其游戏中进行全面曝光。游戏者不仅体验了车型外观，更进一步对车型、内饰以及性能进行了全方面了解。另外，在游戏运营过程中，也会联合多品牌方进行如限量皮肤、车型等品牌宣传活动，进一步加大曝光力度。

开心网是国内较早成立且知名的社会化媒体，其在运营过程中不仅仅蒙牛、立顿、Pizza Hut 等大批的快消品牌入住其中，甚至新华社、壹基金、CCTV2、宜家家私等多家知名机构在开心网上建立了自己的“粉丝群”进行其品牌宣光与传播。

小仙炖通过与分众传媒的合作礼盒寻宝游戏，将电梯广告置于主流人群每天的必经之路上，在北京全城的分众传媒电梯广告里全部放置了红色礼盒，里面是瓶装的小仙炖和周卡，只要能找到就能得到。一时之间，线下扫楼寻宝的热潮兴起，线上微博热搜、朋友圈也相继被刷屏，销量获得同比 465% 的增长。

2．Apple Watch Nike 与 Nike Run Club App 的应用

Nike 联合 Apple Watch，可将用户跑步时产生的一系列参考数据上传至在线服务平台。在这个平台上，用户可以直观地跟踪自己的健身进展，实时接收来自朋友的鼓励，并能与其他用户比较，互相挑战。这个系统提高了用户跑步时的个人体验，并且把跑鞋和运动装备整合进了一个消费系统。如果你是一名入门跑者，Apple Watch Nike+ 对你的吸引力可能高达 80%，比传统运动手表更好用的智能功能，与 iPhone 的无缝衔接，以及让人眼花缭乱的炫技应用。这一切都让 Apple Watch Nike+ 比传统手表更具优势。它能满足你的不仅仅是跑步的需求，更多的是你无论是运动还是生活可能都将难以离开它。Apple Watch Nike+ 出色之处不仅仅在于它更方便的跑步功能，其依托于 Nike+ Run Club 社区所带来的社交内容，社区以及社交上的改变，更加强调活动、训练以及社区属性，这是 Nike 在后 Nike+ Running 时代做出的最重大的决策。不论是运动还是社交，当这一切与 Apple Watch Nike+ 连接至一起之后，原本需要在智能手机上的操作，现在在抬手间或许就能完成。在 Apple Watch Nike+ 上能够接受智能跑步提醒、来自朋友的跑步挑战和天气不错时

发来的提醒。除此之外如果你的 Nike+ 好友足够多，还可以与好友共享你的跑步成绩，通过 Apple Watch Nike+ 的 Force Touch 显示屏还可以直接在手腕上给朋友们发送虚拟碰拳。Nike 尝试着将跑步这件事变的不再那么枯燥无聊，相比于越做越大的手机，手腕上的 Apple Watch Nike+ 在做的这些事就具备了无可代替的优势。

五、旅游行业

在旅游行业方面，商业模式也与游戏化思维进行了可行性较高的结合。例如“湘西文旅 + 天涯明月刀”的成功合作，是大型网游《天涯明月刀》基于过去五年的新文创沉淀，首次汇集“音乐”“华服”“文旅”三大发力点的全面应用实践，借助张家界、湘西自治州等大湘西地区丰富的自然和人文资源，共创新的国风文化体验，探索文化价值与商业价值良性循环。在此案例中，商业模式和游戏化思维之所以高度融合，除了游戏化体验感有所提高外，电竞游戏的大量玩家还可以转换为景区游客，借助电竞游戏 IP，为景区打造独特的游戏艺术文化。同时，旅游、传统文化与数字 IP 共融共生，在后疫情时代，通过游戏等新兴载体形式来传播传统文化和进行旅游跨界营销，是推动中华优秀传统文化实现创造性转化和创新性发展的全新思路，也给旅游界带来了更多产业升级和发展新路。

除此之外，完美世界开发的游戏也有相似的成功案例。2019 年年初《诛仙手游》与国家首批非物质文化遗产南京夫子庙合作，推出了“与子同游”的文化体验内容。经过近距离实地考察，反复推敲设计方案，游戏研发团队将夫子庙历史街区全实景植入《诛仙手游》，包括著名天下文枢、明远楼等经典场景，为玩家构建了一个沉浸式的“秦淮风景区”，并在游戏中加入了极具传统文化特色的“与子同秀”、“花朝节副本”等全新玩法，让玩家在数字化的夫子庙中敲锣、吃糖葫芦，逛庙会，深入了解南京夫子庙所代表的优秀传统文化，并积极参与到文化符号的传承中来。

当沉浸式旅游与沉浸式游戏相互碰撞，极大地激发了用户的探索活力，从而可以得到更积极健康的市场反馈，游戏化思维就不仅仅局限在游戏中了。

六、家居行业

宜家是一个广为人知的家具品牌，它的成功也暗含了企业对游戏化元素的深刻理解和灵活运用。从宜家商品的设计、定价、运输，再到宜家卖场的整体安排、装修布局、货架陈列，都体现了游戏化思维的特点。样板间的游览给你带来沉浸式体验，商品标签给你家居商品的及时反馈，商场各个角落隐藏的特价商品和结账出口的 1 元冰淇淋给你带来惊喜和奖励，购物记录卡和购物路线规划告诉你拆解和锁定目标。在一般的家具城，我们买的家具都是成品，商家在销售后会把我们所购买的家具打包好后送到家，并且还会有免费安装服务。但在宜家买家具可就“麻烦”多了。首先，你得拿着记录好的商品编号，去一楼仓库里自己调货，然后自己一件一件把半成品运回家，或者花几百块钱，让工作人员帮你运回家。然后，精彩才刚刚开始，你拆开所有包装，然后趴在地上仔细研究说明书，拿着扳手和螺丝刀，小心翼翼把他们拼装起来。每次都要花费大量的时间和精力才能完成，有时候不小心拧错了几个螺丝，装错了几块木板，就得从头来过。但是，这种游戏式组装让我们享受到了成功的喜悦，让我们喜欢上了宜家。2019 年宜家的零售销售额达到了 2800 亿人民币，中国的 28 家宜家商场的销售额就达到了 157.7 亿人民币。宜家还迎合人们的“新鲜感”会不断推出新的游戏玩法。例如宜家为了使用户对 DIY 游戏更加狂热，举办了“家具组装挑战赛”，还在上海区域举办了“生活寻宝家”有奖参与活动。

七、网购促销

近年来，“将游戏元素纳入非游戏情境”的游戏化设计理念引起国内外的巨大关注。

随着网购电商平台逐步进入存量时代，如何留住用户，提升用户的持续使用意愿，对网购电商平台来说非常重要。当用户数量不能持续高速增长时，网购电商平台就要提升运营效率，通过构建激励体系，调动现有用户的积极性，提升用户持续使用意愿，进而提升用户每日活跃量。因此，越来越多的电商企业开始在系统中加入积分、勋章与竞争等游戏化元素及功能，以此激发用户多种行为动机并引导用户持续参与。

在信息技术飞速发展的今天，刺激消费者的方式也越来越多，消费者越来越难得到满足，注意力集中在某一事物上的时间也逐渐缩短。而游戏带给消费者的挑战和吸引力是持久的和连续性的，消费者花费在玩游戏上的时间一年比一年增多。因此，以上种种的游戏化设计都使得更多的用户参与了游戏化应用及活动，各大电商平台也都在争先推出自己的游戏化产品，提升用户持续使用的意愿。

表 26　各大电商平台的游戏化产品

平台名称	上线时间	游戏化应用	奖励内容
支付宝	2016.08	蚂蚁森林	通过收集虚拟的能量，完成任务，获得环保证书
拼多多	2018.04	多多牧场	通过喂养牧场中虚拟的奶牛获得实物牛奶
京东	2018.11	种豆得豆	通过领取营养液的方式获取京豆，购买物品时使用
美团	2019.04	小美果园	通过给虚拟果树浇水获取实物水果
云集微店	2019.04	云鸡农场	通过虚拟的饲料喂养小鸡
淘宝	2019.11	盖楼	通过自己或者与好友一起“盖楼”获取现金奖励

完美世界集团的游戏化应用案例

一、完美世界与 IP 影视项目的合作

完美世界作为一家影游公司，获得《哪吒之魔童降世》《姜子牙》《西游记之大圣归来》三大国产动画电影 IP 游戏改编授权，先行布局游戏。并且还与国漫的生态融合，与哔哩哔哩、艺画开天签订合作，共同打造顶流国漫多端“灵笼”系列 IP 游戏，与温瑞安先生达成合作，未来将围绕温瑞安系列武侠 IP，在游戏领域创造出更多独具特色的诗意武侠精品。而完美世界投资制作的大热电视剧《香蜜沉沉烬如霜》也早已开发为手游，目前各大游戏网站均可下载，为“香蜜”IP 延续热度之外，游戏也是变现的快速方式

除了影视作品的游戏化外，几乎所有的品牌都想和年轻人沟通，但与年轻人沟通，需要更精准的媒介载体。作为网络时代的原生民，以 95 后、00 后为代表的年轻一代对游戏都有着深刻的感情。游戏不仅是占据年轻人时间

较长的娱乐工具，也是年轻人更为熟悉和易于接受的表达和理解方式。现在，游戏已经成为与年轻人沟通的一种良好媒介。完美世界联合中国航空传媒有限责任公司为国航开发出首款专属游戏《云伴旅程》，以游戏化的方式帮助乘客解锁飞行知识，最终用文创思维与乘客建立起关注与认同，打造国航差异化的竞争优势。同时还将进行包括视觉识别系统、周边衍生品设计、主题图库、微信表情等整体IP形象"云宝"的设计开发合作。更多的内容和形式的创意，有趣、好玩、能激发用户分享的互动，能更好的让用户参与进来。

二、完美世界与文旅的融合

游戏化思维现在已经被很多文化领域接受，很多非物质文化遗产希望通过游戏的方式来深入挖掘和传播中国传统文化。完美世界的游戏团队一直在进行着相关的探索。除2019年年初，《诛仙手游》与国家首批非物质文化遗产南京夫子庙合作，推出了"与子同游"的文化体验内容外。2020年，完美世界旗下游戏《新笑傲江湖》手游联合"天下第一苗寨"西江千户苗寨以及三位苗族极具代表性的苗族文化非遗传承人，以苗疆千年历史文化特色为灵感，打造了一个具有特色的职业"五仙教"，在游戏世界中描绘了一个真实而又充满武侠风韵的苗疆世界。可能对于很多人来说，苗族、苗疆、苗族文化因为远离现代生活而显得比较神秘，游戏选择了极具苗族人文历史的西江千户苗寨和多位极具代表性的苗族非遗传承人作为内容创作指导，探索民族记忆，展现中华民族精粹。完美世界一直以来都把用游戏化思维保护非遗作为一个长期的追求，以"非遗＋文创"平台的形式探讨游戏化思维激活非遗生命力的各种可能，促进非遗的数字化保护与开发。

"元宇宙＋"游戏跨界其他行业最好的载体

一、元宇宙的出处

元宇宙一词最早出自1992年出版的科幻小说作家尼尔·斯蒂芬森的《雪崩》："只要带上耳机和目镜，找到一个终端，就可以通过连接进入由计算机模拟的另一个三维现实。每个人，都可以在这个与真实世界平行的虚拟空间中拥有自己的分身。”

元宇宙不是一个新的概念，它更像是一个经典概念的重生，是在扩展现实（XR）、区块链、云计算、数字孪生等新技术下的概念具化。

二、元宇宙的定义

“元宇宙”最有代表性的定义是：“元宇宙”是一个平行于现实世界，又独立于现实世界的虚拟空间，是映射现实世界的在线虚拟世界，是越来越真实的数字虚拟世界。

专家们认为，随着数字技术的发展，人类未来一定会完成从现实宇宙向元宇宙的数字化迁徙。整个迁徙过程，分为三个阶段，分别是：数字孪生、数字原生和虚实相生。数字化迁徙之后，数字空间（元宇宙）里面会形成一整套经济和社会体系，产生新的货币市场、资本市场和商品市场。

三、不同行业在元宇宙中的探索

Louis Vuitton 曾推出内含 30 个数字藏品的手机游戏，点击黄金明信片的玩家会获得抽奖资格，自动跳转到一个网站，奖品是 LV 限定 30 份的 NFT 数字艺术品，有人预估价值在 2 万到 2000 万美元。NFT 非常适合用于奢侈品，因为它们具有出处、持久性、不会腐烂，并且可以在原生元空间环境中展示。

社交空间构成了每年超品日“双十一”的数字藏品矩阵元宇宙的游戏环境。它们不是在虚拟中运作的渠道，而是年轻人相遇、竞争、合作和进行创造的文化接触点。元宇宙拥有更高的集成性、更高的品牌自由度、更灵活的营销形式，是游戏跨界其他行业最好的载体，元宇宙未来还有很长的发展过程，并且需要根据国家的政策而定。

云尚制片：
影视制作工业化的挑战和对策

我国影视制作工业化现状

一、什么是影视制作工业化

1．影视制作工业化要营建全产业生态链

完整的电影产业链包括研发、融资、制片、宣传、发行、版权交易、衍生产品开发等，工种包括服、化、道、摄、录、美、编、导、演等。影视制作工业化的重要特征是能够高效率地按照既定的标准规模化生产，最终是要营建一个全产业生态链。一部纳入工业化生产体系的影片首先要面对和思考的问题就是如何确保其达到生产制作标准，诸如：流程管理是否遵循行业共同准则；是否具备一个稳定可控的现代化拍摄基地、摄影棚或者置景车间；各类前后期制作设备是否达到市场投放的技术门槛；视效环节是否具有与国内外对接的可能性等。标准的高低有无直接关系到一部影片的最终品质及市场可兼容度，而目前中国这些环节的标准化程度并不高。

2．中国影视制作工业化需要行业规则重构和智能制作

国内影视制作行业工业化需要进行行业规则重构。内容行业的核心是人，传统的影视行业也处处都透着“人治”的影子。统剧组里场记的工作繁琐，且记录大多杂乱无章不便查找；后期剪辑时拍摄版本过多，很难及时同步给各个部门……为了让创作者从繁杂、重复的工作中解脱，需要行业使用智能

制片工具。国内影视制作行业工业化需要以科技创新为基础的智能制作。

二、影视制作工业化的必要性

1. 成熟的影视工业体系意味着低成本高品质

在成熟的影视工业体系中，包括：导演、编剧、制片、演员、摄影、灯光、布景、美术、服装设计、化妆、特效……每一项工作都要有专业的分工和明确的管理，谁负责什么内容都清晰可控。影视制作工业化意味着影视制作团队能够获得专业的团队、先进的技术、流畅的生产流程，在制作出优质的影片同时只需要付出很低的成本。在这样的背景下，高品质内容的持续供给才能变得可期。精准高效的影视制作流程运转需要每个环节、每个工种上都有精通的人才在操作，为此，好莱坞甚至建立起了牢不可破的“精细化分工价值观”。正是好莱坞催生出的高度成熟的电影工业化体系，让其在世界电影圣堂长盛不衰。

2. 中国影视行业仍需与国际接轨

中国影视行业在工业化制作流程上业已迈出脚步，并推出了《捉妖记》《动物世界》《流浪地球》等基本遵循工业流程制作生产的影片。但在大批量的常规电影生产中，环节缺失、分工初级、标准化程度低、协作低效仍然是普遍性问题。仅剧本格式一项，就可谓五花八门、标准不一，难以接轨国际。2019年《流浪地球》的成功，被很多人认为中国电影工业化的代表作。而导演郭帆却一语道出了现阶段国内影视行业的产业链极不完善的现状：“拍摄《流浪地球》，我们工业化不足的时候就是靠人肉填的，我们的经验不是很多，但是教训很多。拍摄这部电影让我意识到，中国电影工业化还是处在一个非常早期的阶段。”影视工业化是持续生产好内容的前提，也是中国影视行业发展的必经之路。

三、我国影视制作工业化现状

1. 大多数公司沿袭“小作坊”的制作模式

近年来我国有一些头部项目初具工业化基础，但于整个行业而言仍然只是起步，生产分散且缺少系统，中国影视行业以往的粗放制作模式已经成为影视产业发展的“绊脚石”，我国影视工业化水平仍处于初级阶段。在国内的剧组里，项目制作仍是“作坊式”为主，大部分公司都沿袭“小作坊”的制作模式，拉朋友找亲戚搭伙组一个草台班子就开拍电影电视剧的不在少数，在流程管理、拍摄管理、制作管理等方面都缺乏规范，这使得成片质量无法保证。成片质量出现问题后，难以找到一个明确的责任人，更难以改进这种工作流程，工作效率不高、成本却不低。因此也出现了一大批粗制滥造的“作品”，此前“烂片”“神剧”频出也是这种情况造成的恶果。

统一标准的制作流程、专业且高效的从业人员、高科技影棚建设、先进拍摄设备的使用、数字化后期制作等一直都是中国影视制作行业的“短板”，加速中国影视制作工业的现代化进程，已成为业界共识。

2．缺少统一的标准和流程，数字化管理更无从谈起

与好莱坞高度工业化的制作流程相比，很多影视项目内部连剧本格式都无法做到统一，数字化管理更是无从谈起。比如前期筹备的拍摄计划，在实际拍摄时因种种原因打了折扣，交付给后期又发现有些素材需要作废……整个创作流程层层“做减法”，计划与成品如同卖家秀与买家秀，艺术创作处处受限，无法得到有效控制。影视项目收支不透明、流程不规范，在人情江湖下，庞大的影视项目流程难以透明化、规范化。

四、我国影视制作工业化面临的主要挑战和对策

影视项目制作的前期筹备、拍摄、后期，时间跨度较长、涉及人员较多、需要完成事项比较复杂。尤其是拍摄阶段，大的剧组可以达上千人，小的也是几十上百人，这么一个庞大的临时性组织，在短时间内组建起来，相互之间并不熟悉，传统剧组要实现高效运转一直面临很多阻碍。这些客观存在的问题已经影响到行业的发展，我国影视制作工业化依然面临较大挑战。

1．挑战一：产业链不完善

问题表现：工业化不足的时候靠人填，中国电影工业化还是处在一个非

常早期的阶段，国内影视行业的产业链极不完善。

应对策略：（1）产业链的完善不但需要较长时间的沉淀，还需要跨企业和行业的协同发展。在能够衡量一个国家影视制作工业化水平指标之一的视效 / 特效技术方面，我们与美国还有很大差距。可以促进制作公司和特效公司形成稳定的捆绑合作，使优秀的特效公司可以形成专业的工艺流程，形成各自的专业细分优势，从而能高效优质的完成各类影片的特效制作需求。（2）通过各影视制作公司的个体力量，来构建中国的影视工业化体系，短时间内并不实际。

2．挑战二：内容制作周期长且不可控

主要表现：（1）制片缺乏统一的流程和标准。有的公司层面有流程，剧组层面没有详细的流程，有的甚至公司层面也没有，制片人每天花费大量时间记事情，做沟通，却无法实时看到每件事的详细进展。剧组工作人员责任不清晰，工作量和质量难以管控，因此出了问题常常有甩锅现象。很多事情讨论完无法落实。（2）拍摄周期难把握。剧组经常遇到拍摄准备不充分、计划执行不到位的情况，导致延期。传统工作模式，各部门用很多 Excel 去记录、管理工作进度，沟通效率低下，信息难以同步，造成剧组内部信息的不对等，从而造成制作周期的延迟。剧组是一个人员密集型的组织，人员都是按天数算钱，人力成本极高，超期意味着每天都需要多付出几十万甚至上百万。因此需要在时间上严格把控进度。（3）财务风险大，项目周期不可控。传统管理模式合同不规范、验收标准不明确、财务通常提供周报数据，预算支出管理无法做到实时跟进，且常常出现超支之后，制片人才知道情况，团队是否专业，导演和制片人是否合作默契，这些都是影响项目周期的因素，另外管理混乱，偷盒饭、吃空饷等现象司空见惯，剧组风气并不好。最后，是简单重复的工作过多，很多部门都要重复造轮子。

应对策略：我们需要运用专业智能的制作流程和系统，（1）智能集成制作系统，以人工智能为核心将影视制作流程中的人、设备、物料集成起来并规范管理。（2）智能制作工具集，利用人工智能技术、计算机图形学等技术实现影视制作从前期到后期多方面的制作工具集，提升工作效率和用户体验。

(3) 制作商业智能系统，用于播出后商业指标分析以及播出前各个制作阶段的播出商业指标预测。

3. 影视人才短缺且专业素养匮乏

主要表现：(1) 中国电影人才匮乏现象凸显，一个100人的剧组里，科班出身的可能只有五六个，科班出身的人也大多缺乏实际操作经验。(2) 另一方面，影视行业不仅缺少导演、编剧人才，还包括电影其他环节的专业技术人才，如场务、灯光、美术、摄影等基础技术工种专业素养的匮乏。(3) 经验传承问题。大部分剧组都是临时团队，项目结束也就各自离开了，项目的管理过程以及详细数据无法完整留存和复盘。制片人无法详细分析项目中的各种问题，并且在下一个项目中避免，不断提升项目精细化管理能力。很多公司也没有完善的人才培训体系，影视行业人才的成长多是靠师傅带徒弟带出来的。

应对策略：搭建全流程人才孵化网络，如 (1) 学校数量方面：教育系统中应该增加影视类高校建设（目前屈指可数），培养数量庞大的技能型、技术性、管理型人才。(2) 学校类型方面：职业中专性质的学校也可以提供影视专业技术型蓝领人才的基础培训。(3) 专业设置方面，除了已有的导演、编剧、演员等艺术家方向的专业外，也应增加影视服装设计、特效化妆、道具置景等技术型人才培训。(4) 教育和产业结合方面，增加实操经验：国内高校电影相关专业的教育除了为学生提供理论基础外，还应该积极与影视行业企业合作，帮助学生将经典理论运用于复杂的拍摄过程中，增加实操经验。

4. 影视业人才缺少成长沃土

在国内，分门别类且具备规模的行业组织建设以及在此基础上形成行业规则都有待推进。除了位于金字塔尖的导演、制片人、演员之外，大部分基层从业者的上升空间仍缺乏保障，职业前景模糊。由于缺乏职业认同感、安全感，人才的频繁流动、流失已成为影响行业稳定性的固疾而这一中国电影工业高楼所匮乏的根基，恰恰是美国电影工业持续吸引新人涌入的魅力所在。《唐人街探案2》几乎全程在纽约拍摄，其与美国制片人工会、导演工会和卡车司机工会等展开了深度合作，各个工会的严格规定以及成员的专业技能带来的高效表现，正是剧组得以按原定计划完成纽约拍摄的重要原因。

应对策略：成立多门类的有强大话语权的电影行业工会和行业协会，树立切实可行的保障体系。充分发挥政府、影视行业协会组织、高校、影视投融资机构和人才市场的有效协同，借助集群效应，让行业工会逐渐成为具备话语权的组织实体，让工会应有的人力资源建设和行业规则帮助基层从业者搭建保障体系并不断提高其职业素养。如美国早在20世纪初期就已成立多门类的电影行业工会和行业协会（如编剧工会成立于1912年），上百个工种多能找到对应的工会保障体系。

云尚制片市场现状

一、云尚制片公司介绍

云尚制片是由阿里巴巴影业集团开发的一款影视制片管理系统，同时也是阿里影业新基础设施的成员之一，是一个覆盖影视项目制片全流程的信息化管理平台。自2019年7月正式上线至今，云尚制片已经稳定安全地帮助灵河、慈文、悦凯、新力量、飞宝、新湃、大盛国际、亭东、莱可、耐飞等400余家制作公司的超过800个剧组项目规范制片流程、实时把控拍摄进度和支出进度、监测项目风险和品质。此外，云尚制片还着力人才培养领域，与16个热门拍摄城市的33所高校达成制片培训合作。

这是一款针对影视剧制作的全流程管理系统，包括制作全流程管理、剧组成员沟通协作、剧组财务管理等功能，可以帮助制作公司规范制作流程、提高工作效率、控制制作成本、管理项目风险。用互联网的方式去提供管理工具，帮助投资人、影视公司老总和制片人管理剧组不超期、不超支，从而更好地控制项目风险和把控项目品质，让影视制片更简单、更可控、更透明，通过数字化助力制作管理模式升级。

二、云尚制片产品功能

在效率方面，使用云尚系统后，场次、拍摄计划、场景等环节，每一次小改动都能同步给制片人等相关角色，效率大幅提高。在预算方面，管理者可实时看到剧组的支出和预算执行情况，临近超支会有提醒。整体管控方面，优化生产者的执行，优化管理者的综合管控，保证内容生产不超支、不超期。从安全性考虑，在数据存储方面，在线看片的所有数据都加密存储，应用和支付宝等阿里系产品同等级别的安全防护体系。第一，制作过程流程化、标准化，通过把标准流程置入系统实现线上数字化，从而实现制作管理模式的升级；第二，项目进度可视化，随时随地查看项目筹备进展、拍摄进展、财务信息和风险提醒；第三，文件和财务线上化，在云尚制片系统里，所有的工作文件以及财务信息都可以线上化；第四，经验传承连续化，保证公司通过项目获得的制作经验不会因为人员的变动而无法连续传承。

流程管理：把标准流程内置到系统。云尚制片结合成熟公司的制片流程，梳理出来一套非常详细的制作管理流程，包括剧组的每一个业务部门的工作流程。这样既方便制片人跟业务部门有很好的沟通协作，又有利于制片人整体把控项目周期和品质。剧组管理：各个部门的人员职责清晰，每件事都确定了时间、责任人和结果交付标准。到时间系统自动提醒相关人员检查结果，让制片人不再花更多时间去记各种琐碎的细节。同时跨部门可以更好的协同，比如美术团队和服装团队，他们可以在系统里相互查看对方的工作进度和结果，而不需要再去询问对方的进度。拍摄管理：线上顺分场表，一键生成通告单，拍摄进度实时同步。元素管理：元素指的是角色，场景，服装，化妆，道具等，各部门长在“元素”板块里汇总素材数据，无论是场景、服装还是道具，每一场戏需要使用的元素都能清晰可见。财务管理：财务实现剧组支出的线上化和实时化，财务申请审批报表“一站式”管理，剧组真正花了多少钱，有没有超支的风险。通过以上几大模块实时生成六大报表方便剧组管理，同时进行线上协作，统一管理制片流程。

三、云尚制片的市场竞争

基于种种行业现实，许多影视从业者在数字化管理中寻求自救之道，尝试在项目制作过程中使用云尚制片等项目管理软件，把复杂的影视制作工作通过数字化清晰地在线管理，随时随地掌握剧组的项目进展和财务状况。目前云尚制片的强劲竞争对手：

（1）海外90年代开始推出影视制作数字化管理软件

好莱坞早在20世纪90年代就推出了一系列制片管理方面的软件，例如帮助剧本筹备和预算制作的Movie Magic Scheduling和Movie Magic Budgeting，还有统筹软件Scenechronize。影视专业的学生，在校读书时就会开始学习使用这些系统。

（2）爱奇艺的三大智能制作系统和蓝海创意云流程管理软件安捷秀

爱奇艺开发的三大智能制作系统和蓝海创意云自主研发的一个制片管理软件AgileShot（安捷秀），也是影视制作的流程管理软件。它们包含制片计划、剧本拆解、勘景、财务管理、拍摄计划、通告单、审片室，以及分包关系管理和剧组管理等功能，覆盖到了影视制作的筹备期、拍摄期、后期，可帮助剧组一定程度上解决管理难题，目前已在《河神2》《异兽来袭》《奋斗吧！中华儿女》等多部影视剧的制作中被使用。

四、云尚制片优劣势

1．一秒剧本对比，解放统筹“双手”

在剧组，顺场表是大量工作的基础依据。拿到剧本后，统筹需要第一时间制作成顺场表，一旦剧本有所修改，统筹只能依靠肉眼一页页、一行行进行对比，找出不同之处，再修改顺场表。在实际操作过程中，剧本多次易稿是常态，若是遇到集数多剧本量大的项目，再有经验的统筹也会疲惫不堪。事实上，不止统筹，但凡涉及阅读剧本的部门都可以使用剧本对比功能，比如服装组、化妆组、演员副导演等都需要根据剧本安排各自的工作。有时候，剧本哪怕改一个字或是改一个颜色，都会涉及重新设计的问题。

2．随时随地审片，比“机房”更方便安全

影视看片历来有两大痛点：一个是效率，无论是把相关人员聚集到一起，还是把素材资源分发到天南地北，无不费时又费力；另一个是安全，多个环

节、多个部门都要看片，难以确保不出纰漏，影视泄密事件并不鲜见。而在疫情之下，组织看片更是难上加难。云尚制片的看片功能便在此时应运而生。云尚制片打破了传统看片模式，从线下搬到云上，实现远程多地实时办公，后期又陆续加入了视频标注、在线评论、在线送审等功能，可随时随地采集、保存意见，使用起来更加顺畅。安全性是云尚看片的一张王牌，其用于存储的阿里云经过国际权威机构认证，全方位、高标准保护数据隐私与安全。另外，“截屏会黑屏”以及“水印防翻拍”两大功能同样能够保障观看安全。以往的传统模式都是用硬盘或网盘传送方式，不仅消耗成本，更无法保证隐私与安全，在大基数的前提下存在非常多的隐患，同时也增加了很多沟通成本，影响工作效率。云尚看片不仅解决了这些问题，还大量缩减了沟通与人力成本。基于安全的云存储、云分享等功能，用户创造性地开发了云尚看片的更多应用场景，从前期筹备到后期招商都可以发光发热。比如，很多剧组都是边剪边看边拍，通过云尚看片，制片人、投资人即便不在现场，也可以实时监看每天的拍摄内容。

3．财务申请审批报表“一站式”管理

财务管理是剧组运转的核心。财务人员每天要处理大量单据，用 Excel 记录下来，并且定期制作报表向上汇报，一般为单周汇报或者双周汇报。对于投资人、影视公司管理者或者制片人来说，他们若想知道财务支出进度，每次都需要找财务查询，非常被动。另外，由于数据并不能实时生成，还曾发生过剧组超支很久之后制片人才知道的状况。云尚制片财务功能实行全闭环管理，一站式呈现关键数据。当财务申请和审批在系统完成后，报表会自动生成，且可以根据需要随时导出。人工录入数据很难保证一点不出错，但使用云尚之后，错误非常容易得到监测，它有各种筛选功能，包括金额、预算科目、申请人等，都可以分类查看。如果超支的话，还有超支预警功能及时提醒制片人和财务。

云尚制片的挑战和对策

影视制作的三大痛点在于管理无序、沟通繁杂、保密困难，同时还存在信息不及时、不透明的问题。而云尚制片能够让所有人用制片工具对接到同一个信息维度上，让中国影视制片行业在效率提升和成本节省上产生良性变化。数字化趋势的大背景下，阿里系的支持、行业发展和项目管理的现实需要让云尚制片成为炙手可热的影视制片管理工具之一，但在推广普及和行业适用性上，云尚制片目前仍面临较大的挑战。

一、挑战一：试用和使用门槛高

主要挑战：（1）试用方面：目前用户无法直接下载软件试用；（2）使用方面：云尚制片提供了一套制片系统，对于大部分影视公司来说一次性彻底更换管理方式可能存在困难。

解决对策：拆分用户需求，降低使用门槛。如（1）降低试用门槛，扩大用户基数：将云尚制片系统中针对行业通用需求或行业痛点的功能放大，或单独开发成独立 App，免费或低成本向行业开放，扩大用户基数，提升云尚制片的品牌影响力。如在线看片和审片功能，在将保密技术做到极致的情况下，每月向用户免费提供一定数量的短视频的看片和审片功能，吸引用户使用软件。（2）个性化定制，吸引用户：为部分大型影视制作公司 / 项目提供个性化定制，方便企业用户根据自身需求选择使用，并逐渐将云尚制片过渡成公司主要的制片管理系统。（3）建立行业人才生态。云尚可以组织一系列专业培训，提供信用履历、培训和就业推荐等服务，沉淀行业人才，并且与北京电影学院、中央戏剧学院、中国传媒大学等 33 所高校深化人才培训合作，通过大量业内人士使用，把中国制片人才的专业性、职业化程度提高一个台阶。

二、挑战二：使用软件反而会造成重复工作

主要挑战：（1）剧组各部门数字化管理水平不同，使用制片软件后反而容易造成重复工作，加重信息不对称，尤其是加重了部门长的工作任务，如美术组负责人在云尚制片上更新每日工作，制片组可收到信息，但道具或者

陈列并不知道（道具和陈列师傅文化水平较低会干活不会使用软件），还需要再和道具或者陈列师傅进行重复沟通。（2）软件容易造成无效内卷，让大家“在软件上工作”，领导也只看软件，真实工作推进缓慢。

应对策略：操作简化及系统培训，如：（1）简化操作以及进行系统培训：云尚制片可对企业客户的不同环节制作人员进行定期线上培训，帮助云尚制片成为各环节工作人员的好的帮手，而不是内卷工具。（2）优化信息接收反馈并落实工作责任制：系统中可以设置消息通知、显示是否已阅读、等待时间（已阅读但未处理）等，让部门长可以及时了解各环节进展并进行督促；落实责任制，每个环节显示完成后，需由上一环节人员在系统上验收确认，确保工作落实到实处，避免大家“在软件上工作”。

三、挑战三：制片平台偏管理思路，拍摄环境灵活多变

主要挑战：（1）国内制片尚处于缺乏规范化、流程化管理的阶段，还是靠经验值、人脉资源等为主，很难进行有效规划，所以仅通过软件的使用，无法真正达到使财务透明、成本可控、流程化管理的理想效果。（2）一些制片人反馈，目前平台的系统更多的是在规章制度和流程上要求剧组统一，服务水平还有待提高，比如杭州有多少影棚，多少器材公司，多少酒店；某影视基地能提供哪些场景，场景是否闲置……没有一个软件具备抓取这些综合数据的能力。

解决对策：不断完善、优化产品功能和服务，提升资源整合能力。如：（1）提供一个整合各地影视资源、各种资金、宣发平台、演员等资源的平台，切实服务于影视制作方，实现系统的不可替代性。比如通过数据整合让系统更智能，可以针对剧组拍摄遇到的各种特殊情况事先预设解决方案，如天气方面，可自动根据未来的天气情况，对拍摄计划提出调整建议。（2）持续基于自身平台的供应链探索增值服务体系。作为阿里影业在制片管理方面的基础设施，云尚与大阿里系统的联动有着充分想象空间比如阿里商旅已经接入到云尚制片系统中，让剧组得以获得更流畅方便、更高性价比的订票支持；连接内容侧的阿里文娱用户研究团队，可针对影视剧项目筹备、拍摄、播出、收官等各个关键环节，通过科学有效的用户研究方法，将研究结论和用户洞

察输入给创作方。

四、挑战四：身份的敏感性

主要挑战：（1）云尚制片希望做到的是为整个影视文化行业进行工业化提升，但是其背后的公司背景却是行业中的核心成员之一阿里影业。如何让整个行业中的其他竞争者选择对手公司所开发的软件，这是云尚制片天然的身份劣势。

应对策略：提高行业话语权，如：（1）依靠组织几家行业巨头去定义行业标准不是一件容易推进的事情，因为每个公司都有自身利益的诉求点，很难达到一个公允的期望值。（2）提高阿里影业在影视行业的话语权，通过绝对话语权以及自身所践行的行业最高标准，去推动整个行业的参与者匹配这个标准；可以考虑邀请同行业参与者共同开发软件或入股云尚制片公司。

工业化体系的形成和运行不息绝非唯硬件之功，其背后势必贯穿着一条由精神文明、观念认知、思维方式等所织就的严密逻辑，这种逻辑力量未必可见、可量化，却是内在于工业体系中的“如同空气一般的存在”。不同工业体系之间最难跨越的差距，未必来自于硬件设备、技术手段和具体战术操作，而是受观念和思维滞后的掣肘。缺乏深彻认知、观念蜕变和思维转向，工业化发展将面临各种“原罪论”。在万物亟待互联的数字化时代，于从业者而言，少不了适应数字化时代的专业能力；于影视公司而言，更好的未来势必需要更精细化的经营管理、更高的成本效益和更强的抗风险能力；而于影视制作行业而言，工业化是必经之路。云尚制片未来还需持续深入剧组，与行业和用户紧密站在一起，持续优化附件服务以更符合行业的使用习惯，为未来的影视生产降本增效，用数字化率先为中国影视工业化的发展破题。

行动学习成员名单

猫眼娱乐：大数据赋能电影智能宣发

薄天明、邓颖、郭王威、孔繁奇、李佳杰、李露思、李禛、刘菲菲、马莉媛、裴金歌、曲杨、沈迪心、孙超、王宁、巫婷、吴菡、夏露、徐世群、杨咏琳、姚木兰、张帆、张潇、张莹莹、赵丽娟、赵亚楠

中外名人：传统广告企业如何在新媒体时代创新突围

罗杲炅、戚晓晨、荣利敏、苏畅、苏里、孙超、王晓迪、杨子、张栋

四达时代：融合电商路线探索

边渊昱、陈洁、陈薇伊、陈艳娃、丁连嵩、丁一、李超、刘红涛、刘静、王冬梅、杨蕾、支姝涵

星光影视：XR 虚拟演播室的发展趋势

薄天明、曾召龙、陈君、冯乃峣、顾立军、姜永慧、李菲菲、李露、李羿玫、刘飚、刘建军、刘梦诗、刘昕玥、彭春、秦江、曲婷、阮琪凌、尚琨、宋彦杰、孙卉、王冬梅、王晶、王凇、武凤、谢冰洁、杨朝霞、杨曼凝、张华、赵阳

阿里巴巴：科技助力老年友好型未来社区建设

白璐、常佳阳、郭琼、何婧、金怡文、李凯歌、李晓婉、李洋、梁志昆、刘炳辰、刘东波、刘璟、马楠、杨雪、张金芳、张强、张爽、张雪姣、周晓娇、朱朝阳

美食中国：美食纪录片商业化改进措施

蔡予熙、陈璐、陈莎莎、古倩云、郝校晨、李桢、李振朝、梁青春、任凯琴、石单单、史进、田子恒、王思梦、叶佳琪、张婧琪、张茹

中国邮政：文创产品的经营战略

陈晓蒙、陈一雄、杜阳、光伟、郝杰、郝云飞、姜晓、李虹雨、李君阳、李林霏、李露思、李鹏、李屹、李昀、刘松、刘英腾、刘媛午、吕潘、吕珍珍、马娟、孙芳、王淞、王浥宁、魏妙、许辛、许志刚、于介豪、张魏、郑霈茹、周洋、朱海仙

东华软件：市场营销能力提升策略

陈圣文、崔雨晴、范芮瑜、付学、盖迪、盖晓西、高文峰、耿伟超、韩朔、郝光明、卢颖、马晓、屈传丁、沈秦闽、谭爽、夏安琪、闫志敏、杨霁、张丹宁、张乐、张晓萌、赵亚洁

红星高照：高端白酒品牌定位重塑

车丽萍、程锋、董国平、董磊、郝小琴、李楠楠、李腾飞、梁欣、刘辉、刘娇洋、吕福香、马博元、彭园媛、史一然、宋哲帆、万烨、王莹、王颖、殷晓野、张文明、张英、朱凌宇

欢娱影视：非遗产品的市场化如何操作

陈名鹭、陈鹏宇、段冉、郝玉美、李可人、李桐、刘峻含、钱琛宇、石英、宋哲帆、王瑞、王威、巫志英、吴珊、薛佳贤、张磊、张梦婷、张心羽、张莹雪、赵溦

长和医疗：首习门诊心脏康复行动

姜玉霞、李佳、李锦喆、李霖、李旖旎、李振朝、刘红涛、马筠、梅竹、孙超、孙丹丹、谭晓慈、万锋松、武瑾卓、杨涛、张微、张圆圆、赵晓飞

天桥艺术中心：剧院发展趋势探讨

安倍萱、陈海超、陈锦宇、陈习文、段梦真、冯焱、谷迪、郭帅、韩秋实、纪玥、姜海松、李冰、李根旺、刘畅、刘芳舟、刘鹏、马丽、潘鑫、祁楚航、秦江、腾亚云、王璐、王艺媖、王悦莹、吴燕、谢丹丹、杨鑫、姚木兰、尹君茹、朱礼君、朱双玲

融创文化：动画 IP 全产业链运营新模式

曾彦浩、崔畅、葛丽丽、纪聪雪、金晓岩、李竞波、李妍霏、林小博、刘畅、刘小艺、刘乙璐梓、毛春艳、任子强、商博、王静、王梦昊、王中一、伍晔、徐亨达、徐一博、薛靖、张楷亮

多抓鱼：高效市场推广获取优质服饰卖家

丁煜懿、郭盈、黑赫萱、洪晓宁、侯蓓、李泽珍、李占磊、刘妍、谭旭、汤蓉、宛志弘、王传华、王晗、王婷、王云丹、辛晏子、邢然然、翟洪娇、张辉、张娟、张梦璐、诸文杰

欢乐传媒：IP 商业化如何做出破圈效应

单韵菲、丁野、董璐、赖梅、李瑛、梁化瑶、沙小涵、沈笑笑、石峰、帅建国、孙飞、吴其松、肖一、许涛、杨芊昀、张涛、赵航、赵慧雯、赵欣、钟源

修正集团：处方药和中成药对外宣传如何破局

葛秀、韩晓康、侯君伟、黄滟斐、贾晓晨、李海坤、李杰、李庆佳、李玉、刘冰、刘纪强、刘庆成、孟玮、宋心洁、王立倩、王永辉、徐玉华、杨歌、邹倩

东行记：机上 WiFi 平台商业策划

毕依然、陈明瑜、凤羽、傅佳敏、谷迪、韩怡然、何花、胡杨杨、贾少筠、

贾志杰、姜洁、李轩竹、陆瑞、宁昆、潘瑶、唐畅、王洪武、王暄、王一博、王梓、相晶、谢梦、薛莹、张宸铭、张洁琳、张杨、周辰、邹骏

美团：电单车如何兼顾用户价值、商业价值和社会价值

白鑫宇、段艺琳、韩冰、贾燕、寇夏妮、况蕾、凌晨、刘瑞雪、陆帅夫、罗亚昆、梅竹、苗雨、牛雅萱、苏园晴、田欣桐、王小翔、王悦莹、魏兰、武璇、谢鹏、杨楠、杨鑫、岳佳磊、翟铄、张安琪、张敬丽、张译彬、郑迪、郑明雪、邹荃

中视金桥：纪实电视片营销价值分析

部凡、程霞、韩帅、姜舒怡、康丽、李梦露、李明珠、李逸涵、梁羽岐、孟郑姝、任佳文、阮琪凌、申坤、宋丽娟、田欣桐、王洪强、王帅钧、王一戈、王瑜、肖融宇、徐烨、闫瑞芬、杨悦、杨越、尤建颖、于晓玉、袁玎、张孝微、张敬涛

隆瑞三优：公交充电桩运营优化

段宁、范中昱、古俊、蒋碧玮、李海啸、刘建军、刘子昊、龙青哲、孙健琦、王美、王晓、王奕琳、徐亚炜、杨苗、杨泽昊、玉乃心、张琳、张鹏、张亚如

完美世界：传统商业模式如何引入游戏化思维

高尚、管越、侯梓良、贾晓光、蒋洁、蒋帅、李爽、牛烨、潘丽慧、潘玉婷、王美、颜邦日、杨智明、姚怀宇、张爱、赵莹莹、郑园园、周雪、朱嘉慧

云尚制片：影视制作工业化的挑战和对策

白雅心、程雅茗、高倩、高悦、郭青、郭雨薇、焦琦然、解九林、李敏、李哲、林晓菲、刘鹤、刘慧慧、吕澄澄、曲瑶、汝成、孙静之、孙丽薇、王萌薇、杨化龙、张金亮、赵庆侠